Découvrez l'histoire par les archives de presse

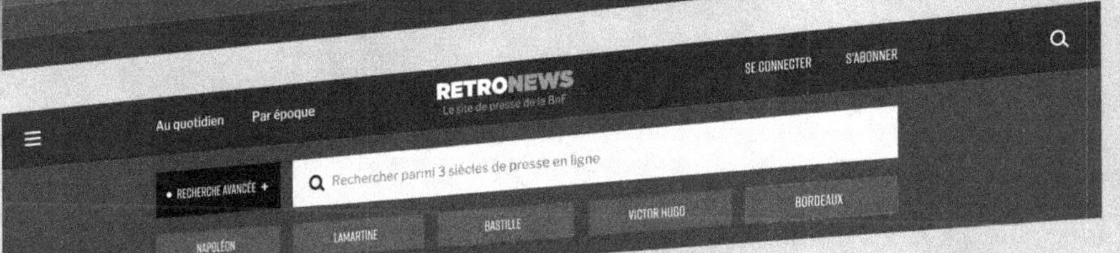

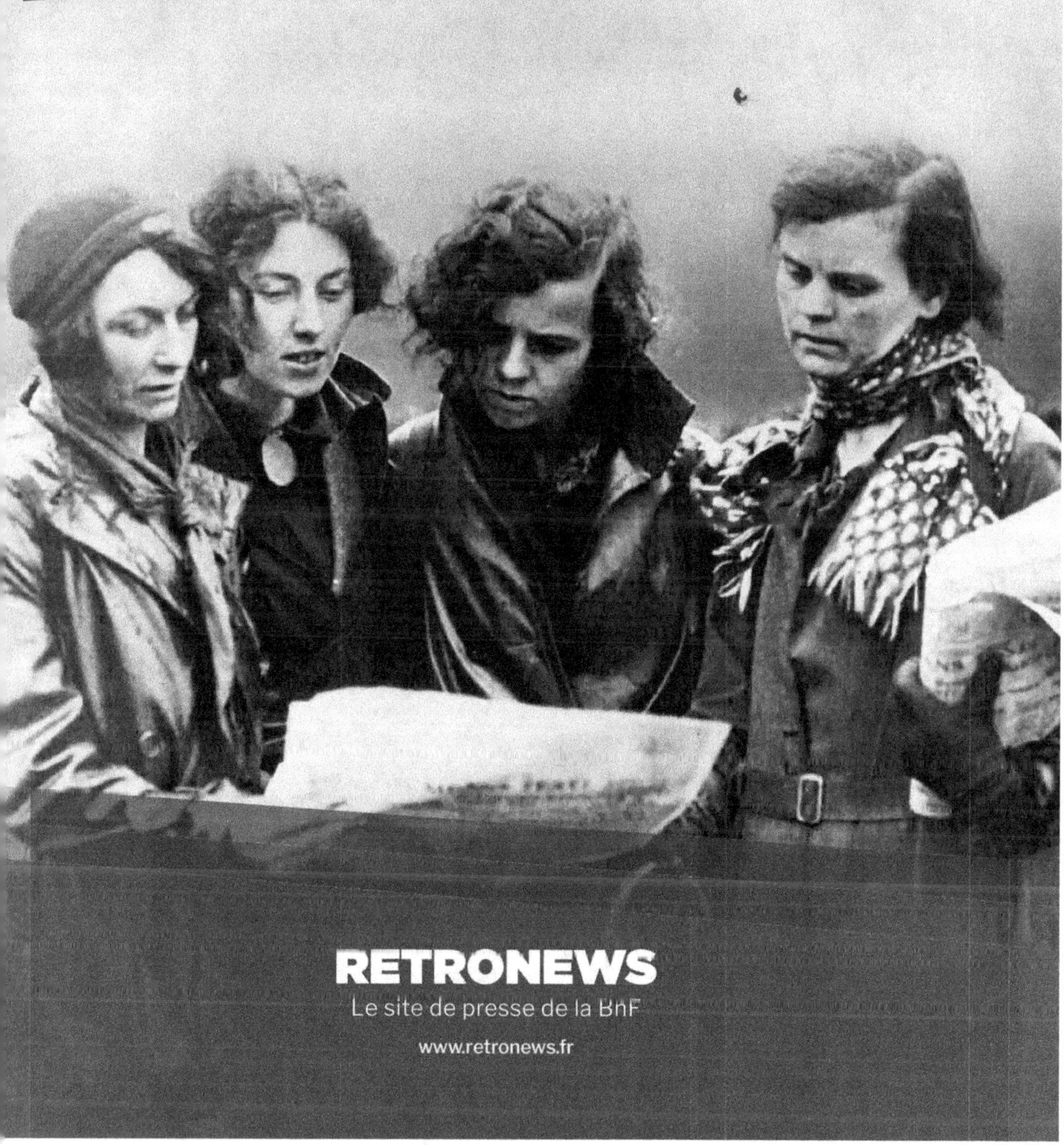

RETRONEWS
Le site de presse de la BnF

www.retronews.fr

NOUVELLES ARCHIVES
DE L'ART FRANÇAIS

REVUE DE L'ART FRANÇAIS ANCIEN ET MODERNE

(6ᵉ ANNÉE, 1889)

Nogent-le-Rotrou, imprimerie DAUPELEY-GOUVERNEUR.

NOUVELLES ARCHIVES

DE

L'ART FRANÇAIS

TROISIÈME SÉRIE

TOME V

ANNÉE 1889

REVUE DE L'ART FRANÇAIS ANCIEN ET MODERNE

(SIXIÈME ANNÉE)

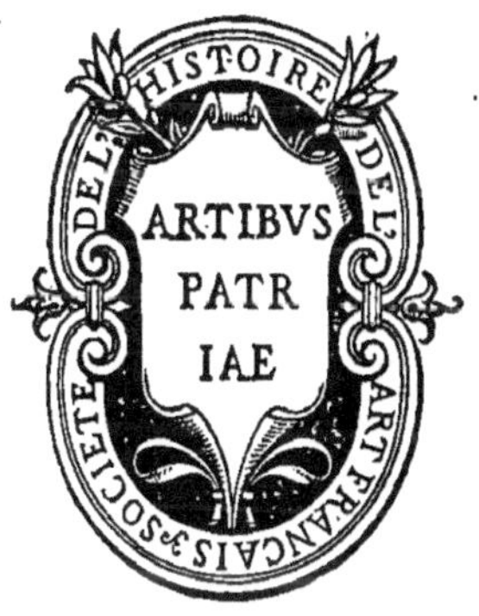

PARIS

CHARAVAY FRÈRES

LIBRAIRES DE LA SOCIÉTÉ DE L'HISTOIRE DE L'ART FRANÇAIS

4, RUE DE FURSTENBERG

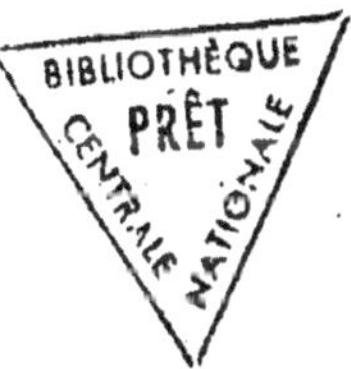

LISTE ALPHABÉTIQUE

DES MEMBRES FONDATEURS

DE LA SOCIÉTÉ

DE L'HISTOIRE DE L'ART FRANÇAIS

EN 1889.

La Bibliothèque de Copenhague.
La Bibliothèque de Florence.
La Bibliothèque de Grenoble.
La Bibliothèque de Lille.
La Bibliothèque de l'École nationale de Limoges.
La Bibliothèque du Palais des Arts, à Lyon.
La Bibliothèque de Munich.
La Bibliothèque de la Ville de Paris.
La Bibliothèque de Pau.
La Bibliothèque de Saint-Étienne.
La Bibliothèque de la préfecture de la Seine (bureau des Beaux-Arts).
La Bibliothèque de Troyes.
La Bibliothèque de l'École des Chartes.
La Bibliothèque de l'École nationale des Arts décoratifs.

MM.

André (Édouard), à Paris.
Arnauldet (Thomas), à Niort.
Bailly, membre de l'Institut, à Paris.
Bapst (Germain), à Paris.

Barbet de Jouy, membre de l'Institut, à Paris.

Berger (Georges), à Paris.

Bonnaffé (Edmond), à Paris.

Bonnassieux, membre de l'Institut, à Paris.

Bouvenne (Aglaüs), à Paris.

Bouvrain, architecte, à Paris.

Burbure de Wezembeech (le chevalier Léon de), à Gand.

Capetter (Gustave), à Angoulême.

Chabouillet, conservateur du Cabinet des Médailles, à Paris.

Charavay (Étienne), à Paris.

Chennevières (le marquis de), membre de l'Institut, à Paris.

Chevrier (Maurice), à Paris.

Corroyer (Édouard), architecte du gouvernement, à Paris.

Courajod (Louis), conservateur-adjoint au Louvre, à Paris.

Darcel (Alfred), directeur du Musée de Cluny.

Dassy (Léon), architecte, à Paris.

Decaux (G.), éditeur, à Paris.

Delaborde (le vicomte Henri), membre de l'Institut, à Paris.

Delagrave, à Paris.

Delaherche, à Beauvais.

Delisle (Léopold), membre de l'Institut, à Paris.

Destailleur, architecte, à Paris.

Devrez (Désiré), architecte du gouvernement, à Paris.

Doucet, à Paris.

Dreyfus (Gustave), à Paris.

Dubost (R.), à Courbevoie.

Duplessis (Georges), conservateur du Cabinet des Estampes.

Fabré, à Paris.

Fréville (E. de), à Paris.

Gautier, à Versailles.

Gérard, à Paris.

Gérardin (Alfred), à Paris.

Gonse (Louis), à Paris.

Grandmaison (Charles de), à Tours.

Guiffrey (Jules), à Paris.

Havard (Henry), à Paris.

Hédou (Jules), à Rouen.

Heiss (A.), à Paris.

Héluis, à Paris.

Herbet, à Paris.

Herluison (H.), libraire, à Orléans.

Jacob, notaire, à Angerville.

Jarry (Louis), à Orléans.

Jeancourt (Charles), à Paris.

Jouin (Henry), à Paris.

Laborde (le marquis de), à Paris.

Lacombe (Paul), à Paris.

Lafenestre (Georges), conservateur des peintures au Louvre, à Paris.

Laisné (Charles), architecte du gouvernement, à Paris.

Leblanc (Paul), à Brioude.

Le Breton (Gaston), à Rouen.

Lemarié, à Paris.

Liepmannssohn (Léon), libraire, à Berlin.

Lisch (Just), architecte du gouvernement, à Paris.

Lopinot (Amédée), à Paris.

Louvrier de Lajolais, directeur de l'École des Arts décoratifs.

Lucas (Charles), architecte, à Paris.

Maciet, à Paris.

Mantz (Paul), directeur honoraire des Beaux-Arts, à Paris.

Marcille (Eudoxe), à Paris.

Mareuse (Edgar), à Paris.

Marmottan (Paul), à Paris.

Marx (Roger), à Paris.

Mauban (Georges), à Paris.

Mely (F. de), à Paris.

Merson (Olivier), à Paris.

Molinier (Émile), attaché à la conservation du Louvre, à Paris.

Montaiglon (Anatole de), professeur à l'École des Chartes, à Paris.

Müntz (Eugène), à Paris.

Nicard (Pol), à Paris.

Pallier, à Viroflay.

Paris (Gaston), membre de l'Institut, à Paris.

Patenotte (Mᵐᵉ), à Paris.

Pécoul (Auguste), à Paris.

Périn, architecte, à Paris.

Petit (F.), à Paris.

Popelin (Claudius), à Paris.

Port (Célestin), membre de l'Institut, à Angers.

Portalis (le baron Roger), à Paris.

Raynal (E. de), conseiller référendaire à la Cour des Comptes.

Regnier (L.), à Gisors.

Reiset (Frédéric), directeur honoraire des Musées nationaux.

Revilliod de Watteville, à Genève.

Richard, archiviste du département de la Vienne, à Poitiers.

Rondot (Natalis), au château de Chamblon (Suisse).

Salles (E.), à Paris.

Scheffer, directeur de l'École des langues orientales, à Paris.

Sourdois, au château de Vaux, à Creil.

Stein (Henri), à Paris.

Sully Prudhomme, de l'Académie française, à Paris.

Tamizey de Larroque, à Gontaud (Lot-et-Garonne).

Tempier (D.), archiviste des Côtes-du-Nord, à Saint-Brieuc.

Tourneux (Maurice), à Paris.

Vaillant (V.-J.), à Boulogne-sur-Mer.

Valabrègue (Antony), à Paris.

Valton, à Paris.

Vandeuvre (Gabriel de), à Paris.

Varennes (le marquis de), à Paris.

Vasselot (Marquet de), statuaire, à Paris.

TABLE

DES PORTRAITS

EXPOSÉS

AUX SALONS DU DIX-HUITIÈME SIÈCLE

JUSQU'EN 1800

PAR JULES GUIFFREY.

———

La table que nous publions comprend tous les portraits ayant figuré aux Salons de l'Académie de peinture, de 1673 à 1791, et aux expositions de la période révolutionnaire, de 1793 à 1800. On y a fait entrer aussi bien les peintures à l'huile et les pastels, les statues et les bustes, que les dessins et les gravures, les médailles et les jetons. Sous la rubrique *portraits*, *bustes*, etc., sont placés les renvois aux numéros sous lesquels sont mentionnés des personnages dont le nom ne figure pas au livret; mais on a relaté avec soin toutes indications pouvant aider à reconnaître ces portraits anonymes. Il y aurait eu peu d'inconvénients sans doute à supprimer ces nomenclatures assez arides. Nous les avons conservées cependant, parce que nous considérons une table incomplète comme à peu près inutile, surtout quand il s'agit de noms propres et de représentations figurées. L'orthographe des noms propres a été le plus souvent conservée sous la forme donnée par le livret, sauf le cas où le nom d'un personnage bien connu était trop évidemment dénaturé.

Cette table nous avait paru jadis le complément nécessaire de la réimpression des livrets entreprise il y a tantôt vingt ans et nous y avions consacré les loisirs d'un long siège. Nous avions même rédigé à cette époque la table alphabétique de tous les sujets historiques, anecdotiques et autres, exposés durant le cours du XVIII⁰ siècle. L'étendue de cette table en rend la publication à peu près impossible.

Nous nous contenterons donc de donner la liste des portraits cités dans les livrets des anciens Salons, dans l'espoir que notre travail pourra aider à retrouver les modèles ou les auteurs de certaines toiles conservées, soit dans les musées régionaux, soit dans les collections particulières.

Le lecteur voudra bien regarder cette table comme un chapitre, un très petit chapitre, de l'iconographie française, venant s'ajouter aux nombreux ouvrages déjà publiés sur ce sujet.

Les numéros des pages inscrits à la suite des dates renvoient à notre réimpression des anciens livrets.

A

---

1. Fille aînée de Louis XV, tante de Louis XVI, née en 1732, morte en 1800.

2. Fils du chef du dernier ministère de Louis XV. C'est lui qui figure dans le portrait de la duchesse d'Aiguillon avec son fils, qui suit.

3. Dominique de la Rochefoucauld occupa le siège d'Albi de mai 1747 à avril 1759.

---

1. Ne serait-ce pas *François-Joseph Bélanger* ?

C

D

G

<h2 style="text-align:center">H</h2>

---

1. Peut-être la femme du fermier général Harenc de Presle.

---

1. Il n'y a pas eu de commissaire au Châtelet nommé Hébert. C'est Hubert que le rédacteur du livret a sans doute voulu dire.

2. Probablement Hennin.

K

L

M

---

1. Sans doute l'acteur Michot.

N

O

P

p. 13; 23, 26; -65, p. 12, 18, 19, 21, 22, 23, 30; -67, p. 12, 18, 20, 28, 32, 34, 40; -69, p. 12, 16, 18, 28, 29; -71, p. 14, 15, 18, 30, 32, 34, 35, 36, 38, 51; -73, p. 19, 21, 23, 27, 33, 36, 46, 49; -75, p. 15, 19, 24, 25, 27, 28, 29; 43, 44; -77, p. 12, 15, 26, 30, 36; -79, p. 22, 27, 34, 38, 40; -81, p. 20, 23, 33, 34; -83, p. 22, 23, 34, 35, 37, 39, 57; -85, p. 20, 22, 29, 30, 33, 35, 38, 53, 54; -87, p. 16, 20, 23, 25, 26, 28, 30, 32, 46; -89, p. 13, 15, 27, 31, 32, 56, 57; -91, p. 13, 18, 20, 29, 37, 43, 44, 45, 47; -93, p. 11, 12, 15, 17, 19, 22, 26, 29, 31, 32, 33, 34, 35, 42, 43, 49, 50, 54, 55, 56, 92, 93, 98, 99, 101, 102, 103, 104, 106; -95, p. 13, 15, 19, 21, 30, 35, 37, 39, 49, 50, 54, 62; 86; -96, p. 25, 29, 31, 35, 37, 38, 40, 45, 46, 47, 51, 53, 55, 57, 58, 63, 64, 69, 71, 81, 85; -98, p. 13, 15, 17, 19, 20, 27, 28, 34, 35, 37, 49, 56, 60, 68, 87, 88; -99, p. 17, 18, 21, 26, 31, 35, 37, 38, 44, 55, 57, 58, 59, 66, 88, 89, 90, 91; 1800, p. 11, 15, 16, 18, 19, 20, 23, 27, 29, 31, 33, 36, 41, 46, 48, 49, 55, 58, 63, 64, 83.
Portraits d'hommes : 1673, p. 35; 1704, p. 36; -40, p. 30 (M. de T***); -43, p. 21, 35; -45, p. 24 (M. de *** dans son cabinet, en velours noir), 32 (M. de *** en robe rouge), 32 (M. de *** en cuirasse); -46, p. 14 (M. *** dans son cabinet), 20 (les mains dans un manchon), 22 (en robe), 24 (le père et le fils), 27 (M. *** en jardinier); -47, p. 23 (M. *** tenant l'Iliade d'Homère), 24 (M. ***, avocat),

28, 33 (M. *** en habit de bal); -48, p. 23 (M. *** en veste bleue; M. *** dans son cabinet), 28 (M. ***, de l'Académie de musique); -50, p. 25 (— tenant une tabatière), 31 (M. de *** en habit de velours noir; M. *** en robe de chambre); -51, p. 29, 31; -53, p. 25 (M.*** en robe de chambre de taffetas rayé), 26, 30; -55, p. 15, 18 (M. *** en petit déshabillé, ayant une brochure et une tabatière à la main), 18 (M. *** dans son cabinet, un papier à la main), 23; -57, p. 26 (le chevalier de ***, en buste), 27 (M.*** en ovale); -59, p. 18 (M. de *** tenant une brochure), 21 (M. de *** en pied), 22 (le comte de *** en pied; le comte de *** et le chevalier de *** en Savoyards; le comte de *** en hussard), 25 (M. de *** jouant de la harpe, M. ***, docteur en Sorbonne); -67, p. 18 (M. et Mme *** faisant de la musique), 22; -69, p. 28; -73, p. 21 (vieillard de quatre-vingt-trois ans); -77, p. 27, 37; -87, p. 23, 32 (M.***, vêtu de velours vert, dessinant; M. *** en habit de satin noir, tenant la carte de la Guadeloupe; M. ***, en habit noir de velours ciselé, appuyé sur son bureau); -91, p. 13, 17, 18, 20, 22, 23, 24, 25, 26, 27, 28, 29, 45, 50, 53; -93, p. 22 (tenant un livre), 28, 35, 102 (garde national), 106, 111; -95, p. 16, 21, 22, 24, 25, 30, 36, 39, 42 (avec son cheval), 49, 50, 51, 54, 58, 61, 62; -96, p. 17 (assis au bord d'un lac), 19, 25, 27, 36, 43, 45, 49, 53 (en jockey), 61, 68, 70 (ayant le cou

18 (tenant son enfant), 28 (entre ses trois filles, dont deux jumelles), 30, 32, 34 (tenant une lettre), 35 (assise, tenant une jeune fille sur ses genoux), 40 (appuyée sur une harpe), 41, 43 (occupée à écrire), 44, 48, 50, 54, 55, 61, 65, 89, 90; 1800, p. 12 (jouant du piano), 20 (âgée, tenant un livre), 26, 28 (faisant sécher des plantes), 35, 38, 44, 45 (portant son enfant), 46, 50 (assise sur un banc), 60, 62 (regardant à sa croisée), 86 (avec son enfant), 86, 87, 88.

Portraits de jeunes filles : 1741, p. 19; -43, p. 35, 39 (en mantelet de satin bleu); -45, p. 24 (tenant un mantelet); -50, p. 25 (en mantelet bleu, parements blancs), 31 (tenant un petit chat; en robe verte); -51, p. 24, 29; -53, p. 22 (en laitière); -55, p. 19, 20 (en Flore), 23, 25; -59, p. 22 (tenant des raisins), 25 (sentant une rose); -61, p. 23 (quittant sa toilette); -67, p. 24 (venant de recevoir une lettre et un bouquet); -71, p. 33 (en Dryade); -91, p. 14, 15, 17, 20, 45; -93, p. 10 (à son chevalet), 29; -95, p. 42 (se regardant dans un miroir); -96, p. 36, 45, 53; -98, p. 21 (dessinant), 27, 45 (touchant du piano), 65; -99, p. 44, 48, 57 (assise sur un tabouret); 1800, p. 23, 35 (à son piano), 36 (id.), 53, 57 (avec son frère).

Portraits d'enfants : 1673, p. 33; 1769, p. 18 (en Espagnol, pastel), 31 (endormi sous la garde d'un chien); -71, p. 22; -87, p. 30; -91, p. 10 (jouant avec des cartes), 26 (avec un tambour), 27 (id.), 46 (avec sa poupée), 49 (jouant avec un chien); -95, p. 42 (mort à six mois, sous forme d'un ange), 43, 51, 58, 61, 62; -98, p. 39, 49 (tenant un pigeon), 64 (jouant avec les restes de son déjeuner), 65, 86; -99, p. 31, 34 (tenant une corbeille de fleurs), 41, 49, 52, 54 (avec sa nourrice), 64 (faisant des bulles de savon), 90 (dans un jardin); 1800, p. 45 (en Amour), 54, 60 (jouant au cerf-volant).

Portraits de famille : 1798, p. 40, 49, 88; -99, p. 43; 1800, p. 26, 45, 58, 65, 87.

Portrait allégorique : 1795, p. 41.

Portrait en camée : 1799, p. 40.

Portrait en cheveux : 1796, p. 82.

Portrait en cire : 1777, p. 46.

Portraits en émail : 1755, p. 28; -57, p. 25; -69, p. 31; -71, p. 28; -73, p. 29, 33, 34; -75, p. 21, 28, 33; -77, p. 23, 30, 36; -79, p. 27, 34; -81, p. 26; -83, p. 27, 28; -87, p. 23; -89, p. 58; -91, p. 18; -93, p. 22; -98, p. 17; 1800, p. 60.

Portraits à la gouache : 1795, p. 48; 1800, p. 18.

Portrait sur ivoire : 1798, p. 43.

Portraits en médaillon : 1771, p. 51; -73, p. 50; -77, p. 52; -79, p. 52; -93, p. 40; -95, p. 39.

Portraits en miniature : 1737, p. 30; -38, p. 28; -39, p. 24; -40, p. 22; -45, p. 28; -46, p. 22; -53, p. 24, 26; -55, p. 18; -57, p. 18; -65, p. 23; -69, p. 31, 32; -71, p. 28, 36, 37; -73, p. 29; -75, p. 21, 28, 33; -77, p. 23, 30, 36; -79, p. 34; -81, p. 30; -83, p. 28; -87, p. 38; -89, p. 58; -93, p. 19, 24, 25,

---

1. Ce doit être le marquis de Pombal.

Ruisseau (Mme du) : 1751, p. 31.

Russie (l'ambassadeur de) : 1763, p. 23, 25.

— (l'impératrice de), buste : 1773, p. 42.

Ruyter (l'amiral) : 1787, p. 23.

S

S... (M.) : 1798, p. 31.

Sc... (Mme) : 1799, p. 13.

Sacchini (M.), en médaillon : 1783, p. 56.

Sage (M.), chimiste : 1777, p. 50; -99, p. 48; 1800, p. 15.

Saïd-Pacha, ambassadeur extraordinaire du Grand Seigneur : 1742, p. 24.

Saiffert, médecin : 1793, p. 43.

Sainscey (M. de), buste : 1767, p. 36.

Saint *** (Mme de) : 1751, p. 29.

Saint-Albin (Charles de), archevêque de Cambrai : 1742, p. 35.

Saint-André (le curé de), médaille : 1781, p. 52.

Saint-Auban (le marquis de). — Voy. Barathier.

Saint-Aubin (Mme) : 1798, p. 17 (dans le rôle de Lisbeth).

Saint-Aubin (Mme) : 1800, p. 39.

Saint-Clément (Mme de) : 1783, p. 27 (émail).

Saint-Dié (l'évêque de). — Voy. Chaumont de la Galaisière.

Saint-Florentin (le comte de) : 1750, p. 21 (assis, tenant une lettre); -69, p. 32.

Saint-George (M. de), capitaine de vaisseau : 1739, p. 19.

Sainte-Huberty (Mme de) : 1785, p. 24 (en Didon); -91, p. 45 (rôle d'Iphigénie en Aulide).

Saint-Huruge : 1793, p. 27.

Saint-Jean-en-Grève (le curé de) : 1673, p. 33.

Saint-Lambert (Mme de) en Naïade : 1739, p. 21.

Saint-Léger (M. de), docteur en médecine : 1777, p. 23.

Saint-Martin (l'abbé de) : 1704, p. 35.

Saint-Méderic (le curé de) : 1704, p. 17.

Saintomer, professeur d'écriture : 1799, p. 21.

Saint-Pierre (l'abbé de) : 1704, p. 25.

Saint-Prix, artiste du Théâtre-Français : 1798, p. 39.

Saint-Simon (Claude de), évêque de Metz : 1745, p. 35.

Sainte *** (Mme de) : 1769, p. 18 (pastel).

Sainte-Maure (la marquise de) en Sultane : 1743, p. 24.

Sainval (Mlle) dans le rôle de Mérope, buste : 1793, p. 70.

Salior (M.), tapissier du Roi : 1737, p. 27.

Sallantin (Mme), du théâtre Feydeau : 1798, p. 24.

Sallé (Mlle) : 1742, p. 31.

Sallin, doyen de la faculté de médecine : 1785, p. 53 (jèton); -87, p. 53 (buste); -89, p. 50.

Salvator Rosa, peintre : 1796, p. 80.

Santeuil, poète : 1704, p. 39.

Santilly (M. et Mme de) : 1704, p. 34.

Sarazin (Mme) ayant un serin sur le doigt : 1741, p. 21.

Sardaigne (le roi de) : 1763, p. 38.

Sarette (M.) : 1791, p. 14.

Sassenage (le comte de) : 1748, p. 24.

T

Voyer (le marquis de), lieutenant général : 1753, p. 23.

— (les enfants du marquis de), bustes : 1767, p. 36.

W

Wailly (M. de), architecte : 1738, p. 26.

— (Mᵐᵉ de), buste : 1789, p. 42.

Waldener (le comte de) en buste : 1753, p. 22.

Washington : 1787, p. 51 (buste); -89, p. 54 (médaille); -93, p. 67.

— (le colonel), médaille : 1789, p. 55.

Wasserchlebe (M.) tenant une lettre : 1746, p. 20.

Watelet (Claude-Henri), receveur général des finances : 1753, p. 23; -63, p. 28; -65, p. 25; -67, p. 39.

Wille (Jean-Georges), graveur : 1765, p. 25; -81, p. 51.

Winckelmann, buste : 1800, p. 70.

With (Mˡˡᵉ de) aînée avec son jeune frère : 1793, p. 52.

Woual (M.), ambassadeur d'Espagne en Angleterre : 1753, p. 15, 16.

LA PETITE-FILLE DU PEINTRE *PETITOT.*

La note suivante se passe de commentaires. Son intérêt est d'une nature plus générale que les documents sur les artistes que nous publions ordinairement. Elle montre quels procédés étaient mis en œuvre pour assurer tous les effets de la révocation de l'Édit de Nantes. Il faut lire dans le livre de M. J.-J. Rigaud, sur les beaux-arts à Genève[1], à quelles extrémités on se porta sur un vieillard octogénaire, — *Petitot* était né à Genève le 12 juillet 1607, — pour arracher une abjuration que le malheureux s'empressa de rétracter aussitôt qu'il put s'enfuir dans sa patrie. Il n'avait pas eu moins de dix-sept enfants de ses deux mariages.

J. G.

A M. Dugué de Bagnols, 24 juin 1686.

Le Roy m'ordonne de vous escrire que son intention est que vous fassiez remettre entre les mains du sieur de Zurlauben la nommée de Graignon, petite fille du sieur *Petitot*, peintre nouveau converty, aagée de cinq ans, laquelle fut arrestée à Valenciennes il y a quelque temps. Je profite de cette occasion pour vous assurer que je suis, etc.

(Arch. nat., O¹ 30, fol. 227.)

---

1. Genève, Ramboz, 1846. In-8°, 2ᵉ partie, p. 36.

CHARLES-BERNARD CLÉRION,

PEINTRE PRIVILÉGIÉ SUIVANT LA COUR,

ET *JACQUES VARIGNON.*

(1683-1739.)

Il est assez malaisé de déterminer exactement les fonctions de ces artistes suivant la cour, dont on rencontre parfois le nom dans les anciens recueils. Cette charge s'achetait; cela ne fait pas de doute. Mais quels émoluments, quels profits ou quels privilèges le titulaire retirait-il d'une charge qui se payait à beaux deniers comptants? Nous serions heureux si un de nos lecteurs pouvait fournir une réponse satisfaisante à cette question. On voit par le second extrait publié ci-après qu'une veuve pouvait exercer la charge de sculpteur privilégié suivant la cour. Ces fonctions n'impliquaient donc pas des connaissances techniques bien sérieuses.

J. G.

I.

22 juillet 1683.

Privilège de peintre pour Charles-Bernard Clérion.

Louis-François de Bouchet, etc., salut. Sçavoir faisons qu'en conséquence de l'édit de création de deux privilèges dans tous les corps des marchands, arts et mestiers de Paris, pour servir à la cour et suitte de Sa Majesté, du 25 juin 1666, vériffié au Grand Conseil le 22 juin 1672, et de l'arrest dud. Grand Conseil du 28 mars 1682 portant conservation et suppression d'aucuns desd. privilèges, et par la démission de *Jean-Baptiste Ollivier,* conservé par ledit arrest, *Charles-Bernard Clérion* est peintre privilégié suivant la cour et conseils de Sa Majesté, y tenant train concernant sondit art, comme estant du nombre des peintres privilégiés.

A Paris, le 22 juillet 1683.

Signé : SOURCHES.

(Arch. nat., V³ 194, fol. 136 v°.)

II.

18 juillet 1739.

Privilège de sculpteur pour Marie-Marguerite Chaudron.

Louis de Bouchet, etc. Sur la démission de *Jacques Varignon, Marie-Marguerite Chaudron,* veuve d'*Estienne Richard,* est sculpteur privilégié suivant la cour et conseils de Sa Majesté.

A Paris, le 18 juillet 1739.

Signé : DE MONTSORREAU.

(Arch. nat., V³ 197, fol. 151 v°.)

PIERRE PUGET.
(1656.)

Quelques mois après la quittance, donnée le 17 décembre 1655, des quatre tableaux qu'il venait de terminer pour l'église de la Valette, près Toulon, et pendant qu'il se préparait à exécuter le portique et les cariatides de l'hôtel de ville, dont le marché avait été conclu le 24 janvier 1656, *Pierre Puget* fut sommé par les recteurs de la confrérie de Notre-Dame-du-Rosaire de Carnoules, pour les motifs qu'on verra dans la sommation, de reprendre le tableau qu'il avait fait pour cette confrérie et de rembourser les trente livres qu'il avait reçues d'avance sur les quatre-vingt-dix livres, prix convenu de ce tableau. Nous nous sommes rendu à Carnoules, commune de 1,500 habitants environ et distante de Toulon de 35 kilomètres, pour savoir si le tableau de *Puget* s'y trouvait. Il nous a été dit, par le curé de la paroisse, que la petite église de Notre-Dame-du-Saint-Rosaire existait encore, mais qu'elle ne renfermait aucun tableau.

Ch. Ginoux.

Sommation pour les recteurs de la Confrairie Notre-Dame-du-Saint-Rosaire de Carnoulles.

Sommation.

Ayants les recteurs de la Confrérie de Notre-Dame-du-Saint-Rosaire du lieu de Carnoulles baillé à vous *Pierre Puget*, maître peintre de ceste ville de Thollon, de leur faire un tableau de la largeur de six pans (1^{m}40)[1] et de huict d'hauteur (1^{m}72), avec les images de Notre-Dame, saint Dominique, sainte Catherine de Sienne et quelques anges, moyennant le prix de nonante livres, et vu que dessus et par promesse privée passée entre les recteurs et vous Me *Puget*, à compte de laquelle somme vous en auriez reçu trente livres, et d'autant que vous avez fait ledit tableau d'une plus petite largeur et autheur, contraire au clause de ladite promesse et autres manquemans aud. tableau, est la cause que Louis et Henry Ginovèse, recteurs modernes de ladite Confrérie, vous déclarent ne veulent point recevoir ledit tableau pour les manquemans ci-dessus par vous faicts, lors vous offrant et vous somment de le reprandre et de leur randre et restituer lesdites trente livres par vous receues.

---

1. Avant la période révolutionnaire de 93, le pan égalait 24 centim.

Lesdits recteurs ont protesté et protestent de tout ce qu'ilz pourront et debvront protester contre de vous et de tous despans,
dommages, intérêts, et faute de randre lesdits trente livres requérant... de vostre response pour leur servir, signé Villoyose pour
lesdits recteurs et frères de ladicte Confrérie, à l'original.

Réponse.

L'an mil six cens cinquante-six et le dixiesme du mois d'apvril,
avant mydi, et au requis desdits recteurs, par moy, notaire royal
à Toulon soubsigné, la susdite sommation protestation et tout
son contenu a esté intérimée et signifiée, l'offre du tableau y contenu a esté fait rallement de ce faict audit sieur *Puget*, lorsque
après en avoir ouy la lecture a dict qu'il ose prétendre à faire
connoistre par gens experts cy ledict tableau estre de la longueur,
largeur et qualité portée par ladite promesse, auquel cas les som-
mans ne pourront ni debvront reffuser de faire l'entier payemant
pour raison duquel il proteste et se pourvoie comme il appartiendra, ayant cependant reçu et retiré ledit tableau soubz la mesme
protestation et autres de droict, requérant acte fait et publié à
Tollon, dans la maison où ledit sieur *Puget* habite, presans
Sylvaire Dragon, prestre, et Pierre Bérenguier, marchand dudit
Carnoulles, tesmoins requis soubsignés avec ledict sieur *Puget* à
l'original.

(Minutes de Mᵉ Mouton, année 1656, p. 228. — Étude de Mᵉ Bertrand,
successeur de Mᵉ Thouron.)

PIERRE PUGET.
(1656.)
IMPOSTE EN FER REPOUSSÉ EXÉCUTÉE D'APRÈS LE DESSIN DE *PIERRE PUGET*[1].

Prix-fait pour Mesʳˢ les Consuls contre Pierre Laugier, Pierre
Augier *et* Pierre Gautier, *maîtres serruriers.*

L'an mil six cent cinquante-six et le trantième jour du mois

---

1. Sans en donner le prix-fait, nous avons parlé, à deux reprises différentes,
de la belle imposte en fer repoussé au marteau qu'exécutèrent, en 1656, trois
habiles serruriers de Toulon. Ce morceau de ferronnerie occupe tout le plein
cintre du portique de l'hôtel de ville, que surmonte le balcon soutenu par les

d'août, après midy, pardevant moy, notaire royal de Tollon, establis Messieurs Anthoine Bonnaud, advocat, et Anthoine Burgues et Barthélemy Gairoard, escuyers, consuls, lieutenants pour le Roy au gouvernement de ladicte ville, seigneurs de Valdardeyne, lesquels, au nom de leur Communauté, ont donné à prix-fait à *Pierre Laugier, Pierre Augier* et *Pierre Gautier*, maîtres serruriers dudit Tollon, présans, stipulans, les ouvrages suivants à faire à la grande porte et huissière de la maison de ville dudict Tollon, sur le quai : En premier lieu, sera posé sur le haut de ladite porte une pièce de bois de noyer suivant qu'est porté par le dessein donné par le sieur *Puget (Pierre)*, esculteur, rière lesdits s^{rs} Consuls, et aux despans de ladite communauté, et sur icelle porte sera faite par lesdits entrepreneurs une pièce de fer de la longueur de la voussure et d'un tiers de pan de large, et despesseur d'un tiers de pouce, comme aussi une autre pièce contenant tout le fond de ladite porte pour y enchasser les balustres en proportion de la platte-bande d'un quart de pan de largeur, et despesseur d'un quart de pan ; et, despesseur et de largeur d'un quart de pouce, sera fait un petit centre où aboutiront toutes les balustres de la mesure, largeur et espesseur, du grand centre, dans lequel (petit centre) sera faict un ornement (il contient une tête-soleil) proportionnée à l'ouvrage desdits balustres, en nombre de six, seront ouverts conformément au susdit dessein, depuis le mitan (milieu) en bas toute d'une pièce et en haut seront marqués les feuillages dudit dessein. Les autres quatre balustres grands, et les deux demi-balustres de dessus la plaque de ladite porte, seront faite dessus une barre de fer enjolivée suivant led. dessain, le tout fort au plus qui se pourra. Le balustre ou masque du mitan (balustre du milieu portant une tête de mascaron) sera pareillement faict suivant le mesme dessein, en suivant le mesme ordre qu'au reste de l'ouvrage, et finalement tout ce qui sera enchassé dans la taille sera revesti de plomb ; et quand il sera besoin de poser led. ouvrage que lesdis entrepreneurs feront, ladite Communauté leur fera faire les estagères aux despans d'icelle, tous desquels susdits ouvrages lesd. *Laugier, Augier* et *Gautier* fairont comme ils promettent, solidairement d'un pour

---

cariatides, et mesure 2^m11. Il est très riche en ornements du plus grand goût et méritait bien d'être doré en entier, ainsi qu'avait dû le manifester le grand sculpteur.

les autres, le seul pour le tout, sans division et discussion, renonçant au bénéfice d'icelle, et fourniront tout le fer nécessaire audict,
de manière que ce congnoissans dans deux mois prochains du
jourdhuy, à peine de tous despans, dommages, intérêts, ausquels
entrepreneurs, pour ce prix-fait, sera payé par lesdits sieurs Consuls ou leur trésorier la somme de deux cens septante-cinq livres
tournois, représentant cent trente-sept livres dix sols que lesdits
Laugier, *Augier* et *Gautier* ont receu de s^r Laurens Gubert,
bourgeois, trésorier de la Communauté, payant des deniers de sa
recepte, sy présent en pièces de huict réaux et mognoy faicte réelle
numération, desquels satisfaits et payés en quittent ledit sieur
trésorier et Communauté, et les cent trente-sept livres dix sols
restantes lorsque les susd. ouvrages sera parfaict et recepté par
lesdits sieurs Consuls, lesquels promettent faire ratiffier ce contract
par le Conseil ordinaire de la Communauté à la première tenue
d'iceluy ; et de plus a esté accordé que ledit ouvrage sera tout uny
par le derrière, et que lesdits sieurs Consuls fourniront le plomb
pour les enchasser, obligeant, pour l'observation des présentes,
lesdits entrepreneurs leurs personnes et biens aussi, sollidaire-
mans, et lesdits sieurs Consuls les biens et revenus de ladite Communauté, à toutes Cours concédant.

Acte fait et publié à Tollon dans la maison de ville, présans
Martial Lavau, marchand d'Ollieules, et Jean-Charles Vialis, cler
de ladicte ville, témoings requis et soubsignés qui a seu (signer)
à l'original.

Pierre Arnaud, notaire.

(Arch. comm., DD 6, registre.)

NOTES

POUR SERVIR A L'HISTOIRE D'UN CHEF-D'ŒUVRE INCONNU :
LE PELETIER SUR SON LIT DE MORT, PAR DAVID.

Lettre à M. Jules Guiffrey.

Ce n'est pas la première fois, mon cher confrère, que nous nous
trouvons posséder à l'insu l'un de l'autre des documents concernant le même personnage. Il y a quelques années, grâce au bon
accueil de la *Gazette des beaux-arts*, j'ai pu compléter ainsi votre

étude sur les legs et les fondations de *La Tour*. Aujourd'hui, je viens vous apporter quelques éclaircissements et aussi quelques rectifications, touchant l'un des deux chefs-d'œuvre dont *David* réclamait la restitution par la lettre que renferme le numéro de novembre de notre *Revue*.

Ce n'est pas non plus la première fois que l'attention des curieux est sollicitée par la destinée mystérieuse de ce tableau que nul œil vivant ne peut se flatter d'avoir vu et qui, néanmoins, existe très probablement encore. Dès 1880, une question, posée par M. Jules Claretie dans une chronique du *Temps* et reproduite par l'*Intermédiaire* (XIII, 633), avait provoqué, entre autres réponses, celle de M. *J.-L.-J. David*, auteur du dernier et du plus important travail consacré au grand artiste[1], qui avouait avoir réitéré auprès des descendants de Le Peletier d'inutiles démarches pour obtenir au moins une certitude.

Ni dans cette réponse, ni dans son livre, M. *Jules David* ne fait allusion à un travail du baron Chaillou des Barres[2], qui renferme non seulement sur le tableau, mais sur le dessin original de *David* des détails importants et dont la place est tout indiquée ici. Selon cet écrivain, Mlle Le Peletier, devenue, par un mariage consanguin, la marquise Le Peletier de Mortefontaine, acheta en 1810 du fils de *David*, au prix de 2,400 francs, le dessin qui « devait être » gravé par *P.-A. Tardieu*, dit-il, qui l'a été, dirai-je, ou, tout au moins, dont il subsiste une épreuve, peut-être unique, appartenant à la réserve du Cabinet des Estampes (et non à la collection Michel Hennin, comme le dit par erreur M. *David*); cette épreuve, ou plutôt ce fragment, montre le cadavre de Le Peletier étendu sur la couche funèbre au-dessus de laquelle se balance la pointe d'un glaive où perlent des gouttes de sang. En dépit des lacérations qui ont enlevé toute la partie supérieure de l'estampe, il est permis de penser que la planche de *Tardieu* eût été digne

---

1. *Le Peintre* Louis David (*1748-1825*). *Souvenirs et documents inédits publiés par* J.-L.-J. David, *son petit-fils*. Paris, Victor Havard, 1880, grand in-4°, pl.

2. *Notice sur le château de Saint-Fargeau, extraite de l'* « *Annuaire historique de l'Yonne.* » Paris, imp. Maulde et Renou, 1839, in-8°, 2 ff. et 135 p. 3 lith. par *Victor Petit*. Réimpr. sans changement dans un travail collectif du même auteur : *les Châteaux d'Ancy-le-Franc, de Saint-Fargeau, de Chastellux et de Tanlay*. Paris, typ. Lacrampe, 1845, in-4°. Lith. par *Victor Petit* (différentes pour Saint-Fargeau de celles du premier tirage).

de l'artiste et de l'œuvre qu'il interprétait, car jamais peut-être son burin n'a été plus souple et plus brillant. Il semblerait que la cession du dessin eût dû avoir pour conséquence immédiate et logique la destruction de la planche, tandis que, suivant M. *J. David*, celle-ci ne fut brisée qu'en 1826, en présence de M. de Forbin, directeur général des musées. Quelle que soit sa date, cet acte de vandalisme explique l'intérêt et la rareté de l'épreuve du Cabinet des Estampes, regravée depuis très lourdement à l'eau-forte par M. *Jules David*.

Le dessin, transporté au château de Saint-Fargeau, fut long-temps caché dans un placard dont le secret n'était connu que de Mme de Mortefontaine et d'un domestique fidèle. Toutefois, la marquise consentit plus tard à prêter le dessin à son oncle Félix Le Peletier, entre les mains de qui il se trouvait encore lorsque la marquise mourut, le 19 août 1829. Bien plus, Félix Lé Peletier crut pouvoir en disposer d'abord par un premier testament en faveur de sa fille naturelle[1] et d'une dame Cazin qu'il instituait ses légataires universelles, puis, par un testament postérieur en faveur d'un de ses amis, M. Raguenet, selon M. Chaillou des Barres, M. Raguenoy, selon la *Gazette des Tribunaux*, directeur de l'administration des tabacs à Bruxelles. Mmes de Boisgelin et de Talleyrand, filles de Mme de Mortefontaine, intentèrent aux héritiers de leur oncle un procès dont vous trouverez le résumé et le jugement dans la *Gazette des Tribunaux* des 9, 19 et 26 juillet 1837. Sur la plaidoirie de Me Delangle et malgré les efforts de Me Benoist (de Versailles), la huitième chambre du tribunal de première instance de la Seine ordonna la restitution sous trois jours aux héritiers de Mortefontaine du dessin en litige. Dès lors on perd entièrement sa trace.

C'est seulement en 1826 que Mme de Mortefontaine avait pu joindre à ce dessin le tableau restitué à son auteur en 1795, con-servé, sous une couche de blanc, dans son atelier pendant l'Empire, puis, lors de l'exil, dans celui de Gros. Un traité, dont M. *Jules David* semble avoir eu connaissance, mais dont il n'a

---

1. Chaillou des Barrès, dans le premier tirage de son travail, nomme en toutes lettres Mme *Hommé* (*sic*) et dans le second Mme *Heim*, la *Gazette des Tribunaux* désigne comme l'un des héritiers éventuels de Félix Lepeletier M. *H...*, peintre. Il ne peut cependant être question de *François-Joseph Heim*, puisqu'il avait épousé l'une des filles de *Cartelier*. Voy. la lettre de décès de Mme *Heim* dans le *Bulletin* de 1878, p. 186.

pas donné le texte, stipulait que les vendeurs s'engageaient à faire couvrir le glaive et les deux inscriptions : *Je vote la mort du tyran. A Pelletier* (sic), DAVID; les acheteurs reconnaissaient aux héritiers David le droit de s'assurer périodiquement que le tableau n'était pas détruit, clause qui semble être de bonne heure tombée en désuétude. L'acte existait encore, il y a une vingtaine d'années (écrivait M. *Jules David* en 1880), chez Mᵉ Duval, notaire à Paris.

Ce préambule un peu long, mais nécessaire, m'amène au document que je suis heureux d'offrir à la *Revue*. M. Viollet-le-Duc fils a bien voulu me communiquer l'an dernier les cahiers du journal intime et inédit de son grand-oncle, *Jean-Étienne Delécluze*. J'en ai extrait divers passages sur Mérimée que j'ai employés ailleurs; j'ai communiqué à M. Paul Cottin, avec l'agrément de M. Viollet-le-Duc fils, d'autres pages qu'il publie en ce moment dans la *Revue rétrospective;* j'avais gardé par-devers moi celle que vous allez lire.

L'un des élèves favoris de *David, Delécluze*, avait tout naturellement accès auprès de ses enfants et il en profita pour prendre deux croquis des tableaux exposés en 1826, 11, rue Cadet, dans un salon particulier. Ces croquis ne sont malheureusement pas joints au cahier du journal, mais le témoignage écrit qu'ils accompagnaient n'en est pas moins curieux. Je le reproduis tel quel, avec ses répétitions, ses négligences et ses incorrections. Si la description du *Le Peletier* est à peu près identique à celle que M. *J. David* avait dû emprunter aux *Souvenirs de soixante ans* de l'auteur, les détails piquants que donne celui-ci sur Mᵐᵉ de Mortefontaine voient ici le jour pour la première fois. Vous me pardonnerez de ne pas retrancher ce que *Delécluze* écrivait à la même date au sujet de la *Revue du premier Consul*, d'*Isabey*, gravée par *Pauquet* et terminée par *Mécou*. Ce n'est point sortir de notre domaine et, dussions-nous nous en écarter un peu, il faudrait excuser cette infraction en faveur de la réflexion par laquelle termine *Delécluze* et qui a dû souvent traverser l'esprit de plus d'un de ses contemporains.

Veuillez agréer, etc.

Maurice TOURNEUX.

23 mars [1826].

Hier, j'ai vu, chez Eugène David, le fils du peintre célèbre qui vient de mourir, plusieurs ouvrages de son père, qui avaient été cachés depuis 1794, entre autres les portraits de Marat et de Pelletier de Saint-Fargeau.

Ces deux compositions, qui ne consistent chacune qu'en une figure, sont remarquables à cause des sujets et même pour l'exécution.

Le Pelletier mort est étendu sur un lit, le corps découvert jusqu'à la ceinture et laissant voir la blessure que lui fit le sabre dirigé par Pâris, au-dessus de l'os des illes. Au-dessus de la poitrine du personnage est suspendu, comme l'épée de Damoclès, un sabre des gardes du Roi, corps dans lequel servait Pâris; dans la lame est enfilé un morceau de papier sur lequel est écrit : *Je vote la mort du Tyran.*

Dans l'angle droit du tableau on lit : *à Pelletier, David.*

L'exécution de cette figure est fort bonne; le dessin et le modelé, deux qualités que *David* mettait ordinairement dans ses ouvrages, sont frappants dans celui-ci.

La couleur est vraie, mais elle manque de force, de profondeur, de vivacité, comme dans tous les ouvrages du même peintre.

Le portrait de Marat est également vrai de couleur, mais cette couleur est encore plus faible que dans le tableau précédent; à dire le vrai, c'est un beau dessin sur lequel on a indiqué quelques teintes.

Malgré ce défaut, le tableau de Marat est fort supérieur à celui de Pelletier; et à mon avis cette petite composition est une de celles où l'imagination de *David*, qui en avait fort peu, semble avoir travaillé davantage.

Il était enthousiaste de Marat. En le peignant mort, et en faisant ce tableau dans l'idée qu'il serait exposé aux regards du peuple, comme cela fut fait, il est vraisemblable qu'il se regarda comme appelé par son talent à remplir un devoir important devant la nation.

Dans le fait, malgré la laideur amère de Marat, le peintre a trouvé moyen de donner de la grandeur à sa physionomie, sans altérer sa ressemblance. C'est une chose instructive pour les artistes de comparer la tête de ce tableau avec le moule tiré sur le personnage après sa mort. C'est peut-être un des moyens les plus sûrs de comprendre l'espèce de mérite qui distinguait *David.*

Il est fâcheux pour *David* que ce soit un aussi triste sujet qui l'ait inspiré. Le personnage de Marat, si hideux et qui de plus en plus deviendra si obscur, ne permettra guère que ce tableau soit exposé; on s'attend à ce que quelque Anglais en fasse l'acquisition.

La vente des tableaux, dessins et croquis de *David* doit se faire le 17 du mois prochain. On m'a donné hier le catalogue de tous ces ouvrages et ce petit livre mérite d'être conservé par la singularité des rapprochements qu'il fait faire. C'est d'ailleurs le meilleur abrégé de la vie du peintre que l'on puisse donner.

Ainsi on y voit des portraits de M. de Trudaine, de Bailly, le dessin du *Jeu de Paume*, la *Mort d'Hector*, la *Peste de Saint-Roch*, les tableaux de Marat et de Pelletier, le dessin d'une esquisse pour la toile du Théâtre-Français, où Chalier est représenté montrant le couteau de la guillotine, la mort du jeune Barra, les esquisses des *Sabines* et des *Thermopyles*, le portrait de Mme Récamier, vêtue d'une robe légère et ayant les pieds nus, le premier Consul passant les Alpes, l'Empereur en grand costume, l'Empereur couronnant Marie-Louise, le portrait du Pape Pie VII et enfin des sujets mythologiques dont *David* s'est particulièrement occupé pendant son exil à Bruxelles.

J'ai fait un croquis de deux tableaux de Marat et de Le Pelletier, car il est difficile de savoir le sort qui attend ces deux ouvrages. Il est probable que le Marat sera conservé, mais le Le Pelletier pourrait bien être détruit en tout ou en partie.

La fille de Le Pelletier, Mme de Morfontaine, et son gendre sont en marché avec les héritiers David pour acheter le tableau qui représente leur père.

Comme *David* a toujours témoigné une prédilection pour ces deux ouvrages qu'il estimait les meilleurs qu'il eût faits, ses enfants par obéissance aux recommandations de leur père, et, il faut le dire, enchantés d'augmenter la succession, tiennent, comme l'on dit, la dragée haute à la famille Saint-Fargeau. Le prix demandé par les héritiers est fort élevé. Si j'en ai connaissance, je le dirai. Mais, outre ce prix, il est question de passer le contrat de vente entre les deux familles par-devant notaire, et les héritiers David ont l'intention de stipuler qu'on ne détruira du tableau que l'épée et les deux inscriptions : *Je vote la mort du Tyran;* et celle-ci : *à Pelletier, David,* avec la date de la mort.

Comme ce dernier tableau sera mutilé, selon toute apparence, et que celui de Marat pourrait bien être enfoui dans quelque galerie anglaise, j'ai eu l'idée d'en faire des croquis qui en rappellent les dispositions générales.

Ces jours derniers, on parlait dans une maison où je me trouvais du désagrément qui résultait de l'exposition des tableaux de *David* et de l'impression du catalogue pour la famille Saint-Fargeau-Le Pelletier. On plaignait Mme de Mortefontaine, sa fille, d'autant mieux, disait-on, que, loin d'avoir jamais partagé les opinions de son père, elle est excessivement royaliste (ce qu'on appelait *ultra royaliste* il y a trois ou quatre ans). Pendant qu'on s'apitoyait sur le sort de cette personne qui va être rançonnée par la famille David pour obtenir le tableau du *martyr* Le Pelletier, Mme la marquise de Catelan, qui ne laisse jamais échapper l'occasion de draper ses voisins, dit : « Mme de Mortefontaine est bien royaliste; cependant elle n'a pas jugé à propos de refuser ou de rendre *les fermes* dont elle a été dotée par la Convention, après avoir été déclarée *fille de la Nation.* » Cette boutade a beaucoup fait rire, d'autant mieux qu'il paraît que le fait est vrai. Ainsi que bien d'autres, je trouvais dur pour la famille Saint-Fargeau d'être obligée de racheter le pendant du tableau de Marat, mais l'histoire *de la fille de la Nation* et la circonstance *des fermes* m'ont singulièrement tranquillisé. Cette histoire rentre dans la catégorie de celle de l'indemnité aux émigrés : on n'est royaliste, chevalier, religieux, etc., etc., que jusqu'à l'article de l'argent exclusivement.

24 mars.

Je suis retourné aujourd'hui chez E. David, où j'ai conduit M. de Saint-Aignan, sa fille et M. Beugnot, son gendre. Les deux tableaux de Marat et de Pelletier sont vernis. Ce sont deux ouvrages magnifiques, empreints de grandeur et de vérité. Nous avons su là que le marché avec Mme de Mortefontaine est presque conclu. Outre le prix que je ne sais pas encore et qui, selon toute apparence, sera fort élevé, le nouveau propriétaire, après avoir fait disparaître les inscriptions qui le tourmentent, s'engage à faire voir l'ouvrage à l'un des héritiers David *tous les six mois*.

Après ces deux tableaux, ce qui a le plus fixé notre attention est le dessin du serment du Jeu de Paume. La gravure qu'en a faite *Jazet* est beaucoup trop noire et manque de finesse de dessin.

Nous n'avons pu nous empêcher de remarquer comme tout ce que *David* a fait sous l'Empereur, les portraits de cet homme entre autres, ont l'air poupée, mannequin, en comparaison de ses autres ouvrages.

Le Jeu de Paume, Le Marat et le Pelletier sont certainement les ouvrages de *David* faits avec le plus de verve. Il faut ajouter le portrait de Pie VII. Dans ces quatre productions, il a été lui, tout à fait lui-même.

Puisque j'en suis sur le temps de la Révolution, il est bon que je note ici l'apparition d'une gravure curieuse qui a été publiée il y a trois ou quatre mois. C'est la Revue de Bonaparte, premier Consul, dans la cour des Thuilleries en 1800.

Le dessin original fut fait par *Isabey* en 1800, peu de mois après la bataille de Marengo ; tous les généraux français qui ont assisté à cette bataille célèbre y sont représentés, entourant le premier Consul ; on distingue particulièrement Lasne, Duroc, Caffarelli, Eugène Bauharnais, Macdonald, Berthier, Savary, etc. Près du Consul se trouve Carnot, alors ministre de la guerre, et le seul homme important du nombre de ceux qui avaient pris part au gouvernement dit *de la Terreur* dont Bonaparte se servît encore.

Cette gravure est extrêmement intéressante, quoiqu'il s'en faut bien qu'elle soit parfaite sous le rapport de l'art ; chaque personnage pris en particulier est rendu avec une grande vérité. Pour raccommoder le spectateur avec la forme des chapeaux en clabaud qui couvrent la tête de ces guerriers, je dirai que le peintre a pris soin de reproduire ceux mêmes que les généraux portaient à Marengo.

Le port et l'attitude de Bonaparte, aussi bien que ses traits, sont rendus avec une fidélité extrême. J'ai fait l'acquisition de cette gravure et quand je jette les yeux dessus, il me semble que je suis reporté à 1800, que j'assiste à ces revues qui faisaient alors l'objet de la conversation et de la curiosité de toute l'Europe, et que, soulagé du souvenir des crimes de la Révolution qui menaçait encore, tout le monde, en voyant Bonaparte vainqueur de l'étranger et prêt à opposer une digue aux factions de l'intérieur, rêvait un bonheur politique que Napoléon ne nous a pas donné ; toutes ces productions des arts, le Jeu de Paume, Marat et Le Pelletier, le Consul passant la revue, l'Empereur à Tilsitt et à Wagram sont comme des souvenirs de rêves qui se réveillent tout à coup dans l'esprit. Il me faut une réflexion soutenue et aidée de la solitude pour me persuader qu'il est certain que j'ai assisté à la Fédération de 1790 au Champ de Mars, que j'ai vu Louis XVI, Robespierre, Barras, Buonaparte, Napoléon, Louis XVIII, et que je n'ai que quarante-cinq ans.

LE SIÈGE DE GRANVILLE PAR LES VENDÉENS
PAR *JEAN-FRANÇOIS HUE.*

Bien peu des touristes qui vont passer une partie de l'été sur les côtes de la Manche ont vu le tableau dont on vient de lire le sujet. Cette peinture, commandée par le gouvernement au continuateur de la suite des Ports de France, au peintre *Jean-François Hue*, élève de *Joseph Vernet*, était destinée à rappeler l'échec des Vendéens sur Granville, quand ils tentèrent de s'emparer d'un port sur l'Océan pour communiquer avec les Anglais. Exposé au salon de 1800, le tableau fut offert à la cité, qui avait reçu le nom glorieux de Granville-la-Victoire, pour y perpétuer le souvenir de sa belle résistance. Il est exposé dans une des salles de l'hôtel de ville ; mais comme ces salles sont très sombres, comme la maison municipale, située dans la haute ville, n'offre d'ailleurs aucun autre objet d'intérêt aux étrangers, presque personne ne va voir le tableau de *Hue*. Voici la description que nous avions écrite sur place il y a quelques années.

Vue de la ville et du port de Granville assiégés par les Vendéens au moment où ses habitants dévouent la basse ville aux flammes pour en chasser les rebelles[1].

Les assiégés, dans une sortie, mettent le feu aux maisons de la

---

1. C'est le titre donné à la composition par le livret de 1800.

rue des Juifs dans lesquelles les Vendéens s'étaient installés et d'où ils gênaient les défenseurs des remparts. La lueur de l'incendie et des bombes éclairent la scène. A droite, la ville haute ; au milieu, les maisons en feu ; à gauche, sur le premier plan, les Vendéens en déroute traversent un pont supprimé il y a seulement peu d'années ; dans le fond, on aperçoit les canonnières venues de Saint-Malo pour concourir à la défense de la place.

Autrefois, la bordure de ce tableau portait cette inscription qui n'existe plus : « J'y étions et j'y serions co (encore). »

La toile mesure 1 mètre 75 centimètres de hauteur sur 3 mètres de largeur.

Ce tableau qui a noirci a récemment été restauré par les soins du ministère des Beaux-Arts.

J. G.

ACHAT DE TABLEAUX PAR LE GOUVERNEMENT.

(24 avril 1815.)

Document communiqué par M. Paul Marmottan.

Dans un dossier de manuscrits relatifs aux beaux-arts, dont je me suis rendu acquéreur dernièrement, j'ai trouvé un état de sommes à payer à divers artistes de l'Empire par le Ministère de l'intérieur, qui m'a paru intéressant pour les Archives de l'Art français. Il est daté du 14 avril 1815, en pleine époque des Cent-Jours, et est signé par le ministre et grand patriote Carnot.

Chaque gouvernement qui s'est succédé en France a toujours marqué son passage au pouvoir par des achats aux artistes. Ce chapitre si honorable des libéralités envers les artistes n'a jamais été fermé, même dans les périodes agitées de notre histoire, témoin ce document inédit et fort typique à cet égard. Je n'ai pas à présenter au lecteur plusieurs des noms de peintres ici cités, car ils sont restés familiers aux amateurs et critiques d'art érudits. Notre génération connaît suffisamment encore *Abel de Pujol, Berthon, Bouchet, Lafond, Mauzaisse et Swebach,* tous représentés dans quelques monuments, dans les musées nationaux et dans les dépôts de l'État en province, faits notamment en 1872 sous le ministère de M. Jules Simon. En outre, les dictionnaires et ouvrages spéciaux fournissent des renseignements sur ces peintres qui ont eu leur heure de célébrité et représentent une époque. Le grand ouvrage de Landon nous a conservé en outre des gravures au trait d'après les tableaux de *Blondel, Duperreux, Trézel, Vafflard.* De ce dernier, peintre d'histoire peu connu, le Musée d'Évreux offre une très belle œuvre : *la dernière bénédiction de l'évêque Bourlier,* morceau fort important et comprenant une quarantaine de personnages.

Le Musée et l'Hôtel de Ville d'Amiens possèdent aussi de *Bouchet* des œuvres dignes d'éloge. Charles Lebel a laissé de fins portraits.

L'état que nous publions est curieux aussi au point de vue des prix qu'obtenaient alors les tableaux.

P. M.

MINISTÈRE DE L'INTÉRIEUR.

État des sommes à payer aux artistes ci-après nommés pour prix de tableaux achetés par le Gouvernement.

Noms des artistes [1].	Sujets des tableaux.	Prix de ces tableaux.	Pièces à fournir.
Abel de Pujol	Mort de Britannicus	4,000 fr.	Certificats
Berthon	Angélique et Médor	5,000	individuels de
Blondel	Tendresse maternelle	4,000	livraison des
Bordier	Combat d'Hypolite (*sic*)	1,800	tableaux.
Bouchet	Homère chantant ses poésies	1,000	
Duperreux	Vue du château de Joinville	2,400	
Lafond	Saül	3,000	
Le Bel	Trait de piété filiale	800	
Mauzaisse	Arabe pleurant son coursier	3,000	
Pellier	Œdipe	2,000	
Servières	Lancelot et Geneviève	1,600	
Swebach	Une auberge	1,800	
Trézel	Phèdre jugée aux Enfers	1,800	
Vafflard	Electre	3,000	
	Total :	35,200 fr.	

Arrêté le présent état à la somme de trente-cinq mille deux cents francs.

Paris, le vingt-quatre avril mil huit cent quinze.

Le Ministre de l'Intérieur, Comte de l'Empire,
CARNOT.

(4ᵉ division. Comptabilité générale. 1ᵉʳ Bureau. — Numéro et date de l'ordonnance : 3397, 24 avril 1815.)

---

1. Dans une première colonne en regard de chaque ligne, les artistes ont signé.

LE PEINTRE *REGNIER*.

(1829.)

AUTOBIOGRAPHIE.

Où sont les neiges d'antan ? Où sont les élèves de *Bertin* et *Bertin* lui-même ? L'un d'eux, *Jacques-Augustin Regnier*, peu confiant dans l'histoire, s'est fait son propre biographe. Sa notice n'est pas datée, mais elle fut évidemment écrite entre 1827 et 1830. Notre preuve, la voici : *Regnier* parle du salon de 1827 et ne dit mot d'une toile envoyée par lui, en 1830, à l'exposition du Luxembourg.

H. J.

A Monsieur François Grille.

Je m'empresse, Monsieur, de vous faire remettre la note que vous me demandée relativement à votre dictionnaire historique des artistes français; j'aurais désiré, Monsieur, fournir à votre plume un chapitre plus intéressant que l'énumération de quelques tableaux à peine distingués au Salon, mais l'ouvrage que vous voulez bien entreprendre et la place honorable que vous me destinée me flatte trop pour ne pas sentir tout ce qu'elle a de flatteur pour moi.

Recevez d'avance, Monsieur, mes remerciements sincères et l'assurance de ma considération distinguée.

REGNIER.

Note autobiographique.

Jacques-Augustin *Regnier*, né à Paris en 1787, élève de *Bertin*, paysagiste, a exposé au Salon de 1817 un grand paysage avec sujet du roi Arthur. Ce tableau a été acquis par la Maison du roi et placé en la galerie du Luxembourg.

Ce paysage, qui eut quelques succès à l'exposition de 1817, obtint à son auteur un mot obligeant de la part de l'un de nos premiers peintres, M. *Gérard*, qui voulut bien encourager M. *Regnier*, en lui disant qu'il avait saisi la nature au collet.

Un paysage représentant *Jeanne d'Arc*, commandé par la Maison du Roi pour la galerie de Diane de Fontainebleau, exposé au Salon de 1819.

Un autre paysage avec sujet de *Macbeth*, exposé au même Salon.

Une *Vue du château de Pierrefonds*, près de Compiègne; ce

tableau a été commandé par S. A. R. Monseigneur le duc d'Orléans.

Ces trois tableaux ont valu à leur auteur une médaille d'or
d'encouragement en 1819.

Une grande *Vue de Royat* prise en Auvergne, exposée en
1822, et achetée par la Société des Amis des Arts.

. . Un paysage de 6 pieds sur 9 pieds avec *Sujet de William Wal-
lace*, acheté par la Maison du Roi au Salon de 1824 pour la décoration du château de Compiègne.

Au Salon de 1827, un grand paysage représentant une *Chartreuse* où l'on voit des cénobites en méditation et plusieurs études
prises en Auvergne, où l'auteur a fait différents voyages en 1820,
1823 et 1827. Voyages en Angleterre, en Bretagne et en Normandie, où l'auteur s'attache à dessiner sous des effets neufs et
piquants nos vieux châteaux et vieilles abbayes en ruines.

Vue d'un cimetière de campagne chez S. A. R. Madame la
duchesse de Berri.

Plusieurs lithographies de l'ouvrage de M. *Taylor* sur l'ancienne France ont été exécutées d'après mes dessins faits d'après
nature en Normandie.

Trois tableaux de lithographies, chez M. le duc d'Orléans, la
Vue de Pierrefonds, *Vue des environs de Riom*, *Vue prise dans
son bois de Saint-Leu-Taverny*.

Une *Vue du cimetière de Royat*, lithographiée pour la duchesse
de Berri.

ANTOINE (JACQUES-DENIS), ARCHITECTE

ET

ANTOINE, SCULPTEUR.

(1779.)

Il nous paraît vraisemblable que le sculpteur *Antoine* nommé dans la
pièce suivante était le frère de l'architecte; mais nous en avons vainement
cherché la preuve. Tous les historiens de l'art qui se sont occupés de l'auteur
des plans de la Monnaie de Paris, même Lussault et Renou qui ont écrit
une notice détaillée au moment de la mort de l'artiste, passent le sculpteur
sous silence. Or, comme notre architecte, né en 1733, n'avait que quarante-

six ans en 1779, il paraît difficile d'admettre que son collaborateur pour la décoration de la maison des Feuillants fût son fils.

Peut-être est-il permis de supposer que le sculpteur n'a pas été étranger à la décoration de la façade de l'hôtel de la Monnaie qui présente tant de charmants détails délicatement travaillés. Sur les constructions élevées par les Feuillants en 1779, on lit dans le *Guide* de Thiéry le passage suivant : « Ces « religieux ont fait construire, depuis quelques années, sur les dessins et « conduite de M. *Antoine*, architecte du Roi, un bâtiment immense donnant « sur la rue Saint-Honoré. Ce corps de bâtiment a le caractère propre aux « maisons de location. »

J. G.

Mémoire des ouvrages de sculpture en pierre exécutés à la façade du Bâtiment neuf des Révérends Pères Feuillants de la rue St-Honoré, sous les ordres de M. Antoine, *architecte du Roi, par* Antoine, *m^{tre} sculpteur, dans le courant de l'année 1776.*

Avoir exécuté en pierre six pommes de pin, etc. . . . 36 l.

Avoir exécuté trois grandes consolles semblables. . . 93 l.

Pour l'exécution en pierre des armes des RR. PP. Feuillants et du modèle qui en a esté fait du quart de la grandeur. Ces armes sont composées d'un grand escusson sur lequel il y en a un petit entouré d'une couronne d'épines, et une grande branche de palme et une grande branche de laurier croisés sous l'écusson et noués par un ruban, s'étendent chacune dans le fronton et la garnissent dans toute son étendue, qui est d'environ 18 pieds. Il faut, pour l'exécution de toutes les parties qui composent ces armes, y compris les frais de modèle en terre et en plâtre, la somme de . . . . 425 l.

Total. . . . . . 554 l.

Je soussignez reconnois avoir reçu la somme de cinq cent cinquante-quatre livres, à laquelle a été réduit le présent mémoire.

Paris, ce 2 juin 1779.

Antoine, sculpteur.

(Arch. nat., L 943.)

REQUÊTE DES CONSULS ET COMMUNAUTÉ DE TOULON CONTRE LE SIEUR *DE FOUQUIÈRES*[1].

(3o octobre 1632.)

Dans le numéro de février 1888 de la *Revue de l'Art français*, il est parlé du séjour du peintre *Fouquières* à Toulon, de ses démêlés avec les consuls, de ses prétentions à vouloir se faire payer par la communauté un tableau non commandé et non exécuté, et que, l'eût-il exécuté, cette dernière pouvait refuser, puisque, précédemment, les consuls avaient satisfait aux désirs du Roi Louis XIII en lui offrant, en présent, deux toiles représentant la ville de Toulon et ses environs, toiles dont *Fouquières* avait reçu le prix. La pièce suivante, relative aux démêlés sans fin de *Fouquières* avec les consuls de Toulon, montre une fois de plus combien ces derniers furent en butte aux obsessions de ce peintre, peu délicat, bien que gentilhomme ordinaire de la chambre du Roi.

Ch. GINOUX.

Nosseigneurs de Parlemant,

Supplie humblement les Consuls de la Communauté de la ville de Tholon, que, bien que les suppliants ayent satisfaict aux intentions du Roy en ce que concerne le plan et prospective dudict Tholon, et qu'il aye plu à sa Majesté d'agréer le portré que lesdits suppliants ont eu l'honneur de lui faire randre par leurs depputés, puis environ deux mois, de la ville, plan, paysage d'icelle; toutesfois, présuposant *Jacques de Fauquières*, se disant gentilhomme ordinaire de la chambre du Roy, avoir obtenu permission de sa dicte Majesté pour faire le plan, tableau et prospetive des villes capitalles de cette province, le voir arrivé audit Tholon le vingt-deux de ce mois d'octobre pour faire le pourtré d'icelle, ayant à ceste fin rendu auxdits suppliants une lettre de cachet de sa Magesté; et quoyque lesdits suppliants lui ayent représenté que il n'estoit point nécessaire de prendre ladicte portraiture, attendu qu'il y avoit jà esté satisfait, et qu'en effect sa lettre de cachet estoit surannelle depuis l'année mil six cent vingt-neuf et le secrétaire qui a signé icelle descédé; néanmoins ledict *de Fauquière*, ayant avec lui un appelé Giraud qui se dit exploi-

---

1. Voy. sur cet artiste les nombreuses communications faites dans la *Revue* par M. Ch. Ginoux : année 1885, p. 65-66, 100-102 ; année 1888, p. 57-60.

tant par tout le royaume, il auroit, en conséquance d'un extrait de sesdites lettres patantes, quoyque de l'année mil six cens vingt-six, et par vertu de certain arrest donné par la cour séant à Sallon en l'année mil six cens trente, et du mois de febvrier, quoyque surannel aussi et que ne soit jamais été exécuté, faict gaiger les suppliants pour la somme de trois cens livres, par exploict du vingt-cinq de ce mesme mois, avec menace de continuer ses exécutions; surquoy désirent sur ce lui estre prouvé.

Ce considéré, attendu ce que dict et ce dont s'agist, et veu la surannation desdictes lettres qui n'ont jamais été exécutées quoique obtenues despuis l'année mil six cens vingt-six, et que les suppliants ont satisfaict aux intentions de sa Magesté, voyant ledict *de Fauquière* rien prendre ny travailler pour raison de ladicte portréture, plaise à la Cour de sa grâce, ... (illisible) opposant lesdits suppliants auxdites exécutions, leur octroyer adprovement contre ledict *de Fauquière*, pour voir déclarer icelles nulles et cortionnelle (?) et comme telles cesser avec tous despans, domaiges et satisfect à tous événemens, voir dire que les parties se pourvoiront pardevant sa Magesté pour y estre pourvu par icelle, ainsi que sera de son bon plaisir; et cependant, ordonne playne et entière main-levée estre faicte auxdicts suppliants de ladicte gagerie, avec deffanse audict *de Fauquière* de faire exécution, et auchun qu'il appartiendra, de continuer ny faire aucunes exécutions par vertu desdictes commissions surannelles, à peyne de mil livres, suspension de leur charge et nullité de procédure, despans, domaiges et intérèts et vous ferez bien.

A. Tassy, consul.

Jullien, notaire.

(Faict le 3 novembre 1632, Jullien.)

(Arch. comm., cartons 305-321.)

GASPARD PUGET ET NICOLAS LEVRAY

SCULPTEURS.

(1649-1655.)

Nos lecteurs n'ont pas oublié les communications intéressantes dues à M. Charles Ginoux sur les sculpteurs *Gaspard Puget* et *Nicolas Levray* (voy. *Revue de l'Art français*, année 1888, p. 164, 165, 193-195).

Aujourd'hui, ce n'est plus une pièce isolée, c'est presque un dossier de documents inédits sur les deux artistes provençaux que nous offre notre collaborateur. Nous l'en remercions vivement.

H. J.

I.

Quittance donnée à la Communauté de Tollon par Gaspard Puget *et* Nicolas Levret.

L'an mil six cens quarante-neuf et le vingt-sixiesme jour du mois de mars, advant midy, sont esté présants pardevant moy et notre trésorier *Gaspard Puget* et *Nicolas Levret*, maîtres tailleurs de pierre de ceste ville de Thollon, lesquels ont confessé et confessent avoir reçu des sieurs Consuls et Communauté de ladite ville, et par mains de s^r Jean Isnard, escuyer, trésorier dicelle, présant, stipulant, la somme de cinquante livres présentement en pièces de huict réaux et en bonne monoye valable, numération faite, pour reste et entier payement de cent cinq livres, prix des deux fontaines d'Astour et Portal-d'Amont baillées à prix-fait aux sieurs *Puget* et *Levret*, acte, moy notaire, mois d'octobre et novembre derniers, payant ledict s^r trésorier ensuite de la délibération du Conseil portant mandat, et payé ladite somme du vingt-deux du courant, desquelles cinquante livres lesdits *Levret* et *Puget*, comptents et satisfaits, en ont quitté et quittent ladite Communauté et consentent en barrant la convention d'un acte en vertu des présentes pour l'observation desquelles obligent leurs biens à toutes les Cours.

Acte fait et publié audit Tollon, dans la maison dudit s^r trésorier, en présence de Jehan-Baptiste Muradour et Pierre Arnaud de ladite ville, tesmoings requis et soubsigné qui a seu [signer] à l'original, et moi Laurent.

Blancard, notaire.

(Arch. comm., DD 5, registre, fol. 89.)

II.

Prix-fait pour la Communauté de Tollon avec Gaspard Puget *et* Nicolas Levray.

L'an mil six cens quarante-neuf et le vingt-sixiesme jour du mois de mars, avant midy, sont esté présants pardevant moy

notaire, et tesmoings sieurs Jacques Decuers et Jehan Beaussier,
escuyers, Consul et lieutenants pour le Roy au gouvernement de
ceste ville de Tollon, seigneurs de la Valdardaine, lesquels, au nom
de la Communauté de ladite ville de Tollon et sous promesse de faire
ratifier ce contract à la première assemblée de leur Conseil, ont baillé
à prix-fait à *Gaspard Puget* et *Nicolas Levret*, maîtres tailleurs
de pierre (sculpteurs de pierre), résidant audit Tollon, présants,
stipulants, la fabrique et construction d'une fontaine en pierre de
Calisaine (Calissanne), bonne marchandise et receptable, en la place
de la porte du quartier Saint-Lazare, et au mesme lieu de celle
que y est maintenant, laquelle les entrepreneurs desmoliront, et,
à cest esfect, ils mettront à la conque du bassin huict desdictes
pierres de Callisaine, de quatre pans de large, presque en forme
de degré, pour lhier le bassin et de la façon que sera dit et désigné par Pierre Arnaud, fontanier, et laquelle pourront fonder et
d'abord d'icellecy de bonnes briques, conformes aux autres fontaines. Feront ladite fontaine en mesme pierre de Calisaine, avec
un bassin pour recepvoir l'eau, de la mesme auteur et largeur
et qualité de celle du Portal-d'Amont; et au plus hauct dessus
ledit bassin, rejaillissant à quatre tuyeaux, feront l'image d'un
saint, en mesme pierre, tel que lesdits sieurs Consuls leur ordon-
neront, de l'autheur et largeur nécessaires. Et, si lesdits sieurs le
trouvent bon, fourniront, lesdits entrepreneurs, toute la pierre,
chaux, sable et autres matériaux qui conviendra à l'Administration, excepté la fourniture plomb et tuyaux de bronze, qui seront
fournis par la Communauté; laquelle fontaine les sieurs *Puget*
et *Levret* seront tenus, come promettant et s'obligeant solidairement l'un pour l'autre, le seul pour le tout, sans division et discussion, d'avoir fait posé et parachevé bien et deubment et comme
il appartient, en tout issy et les festes de Pentecostes prochain,
moyennant le prix et somme de cent huictante livres tournois,
que lesdits sieurs consuls feront payer, par leur trésorier moderne,
aux susdits entrepreneurs, sçavoir : nonante livres dans huit jours
prochains, et l'autre moitié après l'ouvrage parachevé, obligeant
les parties pour l'observation de ce contract, à paine de tous despans, dommaiges, intérêts, lesdits entrepreneurs leurs personnes
et biens solidairement, comme dict est, et lesdits sieurs Consuls
ceux de la Communauté à toutes Cours et tout juge requérant.

Acte faict et publié audit Tollon, dans la maison commune, en
présance de Pierre Arnaud, fontanier, et Jean-Baptiste Muradour

de ladite ville, tesmoings requis et soubsignés qui a signé à l'original, et moi Laurent.

Blancard, notaire.

(Arch. comm., DD 5, registre.)

III.

Prix-fait pour la Communauté de Tollon avec Gaspard Puget
et Nicolas Levray.

L'an mil six cens quarante-neuf et le neufviesme jour du mois
de juin, advant midy, sont esté présants pardevant moy, notaire,
et tesmoings sieurs Jacques Decuers et Jehan Beaussier, escuyer,
consul et lieutenants pour le Roy au gouvernement de ceste ville
de Tollon, seigneurs de la Valdardaine; lesquels ont baillé à
prix-fait à *Gaspard Puget* et *Nicollas Levret*, esculteurs, résidant audit Tollon, présant, stipulant, la fabrique et construction
d'un *saint Louis*, pierre de Callisaine, avec la couronne, le
septre à sa main, avec tous les ornemants royaux, bien et deubment travaillé, avec son piédestaille, et la mesme autheur et
pareille à la figure de Notre-Dame que est au-dessus de la fontaine
du Portal-d'Amont; laquelle figure *saint Louis* sieurs *Puget* et
Levret seront tenus d'avoir faict et parachevé bien et deubment
entre issy et par tout le mois de juillet prochain, moyennant le
prix et somme de trante livres tournois que lesdits sieurs Consuls
seront tenus comme promettant, de faire payer auxdits entrepreneurs par leur trésorier. Laquelle figure *saint Louis* sieurs *Puget*
et *Levret* seront tenus poser bien et deubement au-dessus le bassin de la fontaine, à la Poissonnerie de ceste ville. L'observation
de ce contract vise *Levret* et *Puget* dans leurs personnes et biens,
et lesdits sieurs Consuls les biens de la Communauté en toutes
Cours.

Acte fait et publié à Tollon, dans mon estude, en présance de
Jacques Decuers et Jean-Baptiste Muradour, consuls de ladite
ville, tesmoings requis et soubsignés qui a signé à l'original, et
moi Laurent.

Blancard, notaire.

(Arch. comm., série DD 5, registre (1648-1654).)

IV.

Quittance de la Communauté de ceste ville à Nicolas Levray.

Le seizième [jour du mois de febvrier mil six cent cinquante-

cinq, pardevant moi, notaire, et tesmoings, *Nicolas Levré*, esculteur de ceste ville de Thollon, lequel a de son gré confessé recevoir comptant des sieurs Consuls et Communauté de ceste ville,
et des mains de s^r Louis Tononier fils, payant, chargé du s^r Laurent, son père, absent, trésorier de ladite communauté, la
somme de cent vingt livres que lui a été promise par advance
par du prix-fait de la fontaine d'Aloy (Saint-Éloi), riere moy,
notaire, du dixième jour du mois, et ordonné par le Conseil tenu
ce jourdhui, et baillant cauption; pour lesquelles cent vingt
livres comme par lui recues en realle coing d'Espagne et autre
bonne monoye, réelle numération et expédition faicte, et quitte
ledit trésorier, par mesme mois, ladite Communauté, promesse
ne fere plus demander au..... pour Anthoine Clavel, bénéficiaire
dudit *Levré*, lequel, pour sa réquisition et pour l'assurance des
cent vingt livres sus receus, s'est rendu sa plege cauption, renonçant à la loy du principal, premier convenu; laquelle cauption a
été recue par lesdits sieurs Consuls sur promesse faicte par ledit
Levré, et rettenu sa cauption indemne, obligation de leurs biens
et leurs personnes aux rigueurs de toutes Cours, renonçant à tous
droits, et l'ont juré.

Registré acte faict et publié sur mon bureau, en présence de
Henry Hodoul, comis à l'Ordinaire, et· Estienne Anthelme,
m^e chirurgien de la ville, tesmoings requis etc.

Jacques Benoist, notaire.

(Arch. comm., DD 6, registre.)

V.

*Prix-fait pour les sieurs Consuls et Communauté de Tollon
avec* Nicolas Levray, *sculpteur.*

Le vingt-deuzième jour du mois d'apvril mil six cens cinquante-cinq, pardevant moy, notaire, est vesnu establir en leurs
personnes sieurs Anthoine Martinenq, Anthoine Martiny et Gaspard Montanary, escuyers, consuls et lieutenants pour le Roy au
gouvernement de cette ville de Tollon, seigneurs de la Valdar-
dène, lesquels, de leurs grès et ladite qualité, ont baillé à prix-fait
à *Nicolas Levré*, maître esculteur, habitant en ceste ville, stipulant, à faire un pourtal sive entrée à la maison de ville, qui
est à la salle de midy d'icelle, visant au quái, tout ainsi qu'elle
est démontrée par le dessain faict qu'il a été signé des parties et

retenu rière moy, notaire, pour le conserver jusqu'elle soit parachevée, sçavoir : est depuis l'ordre du balcon qui sera à l'hauteur jusques à la cornisse pierre de taille, et bas de deux pans et demy, et sortie de seize pans, et largeur en toutes les autres mesures et proportions seront observées[1] tant pour le dict que de..., oblige ledit entrepreneur de faire le tout en pierre de Callizanne, et à la plus belle et fine qu'il sera possible, laquelle sera fournye, le travail d'ycelles bien pollies, et son possemant par ledit entrepreneur à ses despans, ainsi qu'il faudra faire des aultres matériaux des maçons, pour chaux..... Et, au regard de la pierre de taille, quand ledit entrepreneur les aura posées et qu'il aura faict et parfaict bien et deubement, de icy durant six mois prochains à compter du jourd'huy, le tout moyennant la somme de mil deux cens livres, [un tiers] dans huit jours de avril, quatre cent livres au mittan (moitié) de l'œuvre, et les autres quatre cents livres icelle parachevée, en la présance de Anthoine Clavel, marchand, beau-frère de *Levré*, lequel a connaissance de tout le contenu ci-dessus comme faict en sa présence à la réquisition dudit son beau-frère, c'est pour lui susdit, rendre ladite communauté randeu caution et pris observation de tout le contenu cy-dessus, renonçant à la loy du principal, premier convenu, duquel apleyeman iceluy *Levré* promet se dellivrer indamne ; et, pour l'observation de tout ce que dessus, lesdits sieurs Consuls ont obligé leurs biens et ceux de la Communauté, ledit entrepreneur et plege, leurs personnes et biens aux rigueurs de toutes Cours, renonçant à tous droits contre, et l'ont juré requérants.

Acte faict et signé dans la maison de ville, en présance de Mᵉ Jean Guillot, marchand, et François Fabre, praticien de ladite ville, témoings etc.

Et tout incontinent a esté d'accord ledit *Levré* retirera ledit dessain comme il est faict, deubment signé, afin de travailler conformément à icelluy, et a signé avec sadicte caution (son beau-frère) à l'original.

Jacques Benoist, notaire.

(Arch. comm., DD 6, registre, fol. 140.)

On n'a pu encore connaître les motifs qui firent que *Levray* obtint

---

1. Porte dont l'ouverture, du sol à 0ᵐ60 au-dessous du balcon, qui sera au niveau de la corniche en pierre de taille, aura en hauteur 3ᵐ84 et une largeur proportionnelle dans toutes ses parties.

la construction de la porte de l'hôtel de ville, alors que les consuls avaient sous la main *Pierre Puget*. Ce dernier était-il absent du 16 février 1655, jour de la délibération du conseil relative à la construction de cette porte, au 22 avril de la même année, date du marché; ou bien ne le connaissait-on pas encore comme architecte ? Nous ne pouvons le dire. Mais nous savons par des documents authentiques que *Puget* avait fixé sa résidence à Toulon, qu'il s'y trouvait le 23 mai 1654 et qu'il y passait marché avec le recteur de l'église de la Valette pour quatre tableaux qu'il devait livrer aux fêtes de la Toussaint de la même année, et qu'il se trouvait également dans cette ville le 17 décembre 1655, jour où il donnait quittance desdits tableaux. Il avait fait dans cette dernière année le tableau du *Salvator Mundi*, que lui avait commandé la confrérie du *Corpus Domini* de Marseille, ouvrage qui fut livré le 30 décembre 1655. Toujours est-il que le marché passé avec *Levray* fut résilié, et qu'un second marché fut passé avec *Pierre Puget* neuf mois après, c'est-à-dire le 29 janvier 1656.

Ch. GINOUX.

OFFRE D'UNE SUITE DE REPRÉSENTATION

DE TOUS LES ROIS DE FRANCE

SCULPTÉS EN AGATHE.

(1783.)

Il est peu probable que Simonneau, commissaire au Châtelet, fût l'auteur de ces agathes gravées représentant les rois de France, sur lesquelles *Pierre* porte un jugement si sévère. Ce serait cependant le renseignement le plus curieux qu'il eût pu nous donner que de nous dire l'auteur de ce travail. Il n'en est pas question. Au reste, d'après le jugement du premier peintre, nous ne perdons pas beaucoup à ignorer le nom de ce graveur en pierres fines.

J. G.

Au Roy.

Sire,

Dans ce moment, chacun s'empresse à supplier Votre Majesté d'agréer les vœux qu'il forme sans cesse pour la conservation de ses précieux jours, me sera-t-il permis de mesler ma supplique à la multitude et d'espérer que Votre Majesté ne trouvera point mauvais qu'outre l'assurance de mon très profond respect je prenne la liberté de luy offrir pour bouquet les *augustes représentations de tous les Roys de France depuis Pharamond jusqu'à Votre Majesté*, tous sculptés sur agathe et propres à être mis

en bagues, chacun séparément, costumés suivant l'usage des tems
et rassemblés sur un marbre oval de la longueur d'environ dix
poulces. Ce morceau est unique. Si Monseigneur le Comte de
Maurepas, qui avoit pour moy beaucoup de bontés, existoit, il
auroit encore celle d'offrir à Votre Majesté mon hommage; mais,
hélas! il ne vit plus; il ne me reste donc qu'à supplier très respectueusement Votre Majesté de vouloir bien me permettre de le luy
offrir. Ma reconnoissance de ce bienfait égalera le dévouement et
le respect très profond avec lequel je suis, en attendant vos ordres,
Sire, de Votre Majesté, etc.

Simonneau,
Commissaire au Châtelet de Paris.

1ᵉʳ septembre 1783, écrit à M. *Pierre*, premier peintre, pour
qu'il aille examiner la collection proposée.

Le 8, après compte rendu au Roy, écrit à M. Simonneau pour
remerciement.

Lettre de M. Pierre *sur la proposition de M. Simonneau.*

Monsieur,

A la seconde visite, j'ay trouvé M. le Commissaire Simonneau.
M. *Vien* m'accompagnoit. Le marbre qui sert de fond aux médaillons peut avoir un pied et quelques pouces en largeur, un peu
moins de hauteur.

Les testes d'agathe sont adaptées sur un petit ovale d'une pierre
quelconque qui est blanche, et peut avoir un peu plus d'un pouce
dans sa plus grande dimension. Le tout est incrusté par ordre dans
le fond général.

L'ouvrage, quant à l'art, fait pitié. Le faire est un peu meilleur
que celuy des testes que l'on voit au bout de ces manches d'ivoire
pour les couteaux..

Le costume est faux. Pharamond porte une couronne fermée
dont il ne s'est jamais douté. On a même cru voir une croix qui
la termine. Pour n'être pas injuste, il faut convenir que quelques
Rois sont casqués et cuirassés vers les tems de la chevalerie. Le
médaillon du feu Roy fait la clôture et domine par sa grandeur.
Ou l'ouvrage n'est pas ancien, quoy qu'on doive le juger, ou ce
médaillon a été ajouté.

Je suis avec un profond respect...

Pierre.

4 juillet 1783.

TABLEAUX DE *MIGNARD*

REPRÉSENTANT LA PEINTURE, LA SCULPTURE ET L'ASTRONOMIE
PROPOSÉS AU ROI.

(1784.)

La correspondance suivante peut se passer de commentaires, d'autant plus que les tableaux soumis à l'examen de *Pierre* et déclarés par lui bien inférieurs à ceux que le Roi possédait déjà ne furent pas acquis par M. d'Angiviller. Le directeur des bâtiments était en butte, à la fin du xviiie siècle, à une foule de sollicitations semblables à celle-ci, et on ne saurait trop admirer la patience et l'urbanité avec lesquelles il accueillait toutes les propositions.

J. G.

Lettre de la baronne de Grantheville à M. d'Angiviller.

Monsieur,

Mons. de Saint-George m'avoit fait espéré que vous viendriez voire trois beaux tableaux que j'ay de *Pierre Mignard*, premier peintre de Louis quatorze. N'ayant point eu l'avantage de vous voir, je pense que vos affaires vous auront empêché la satisfaction que j'aurois que vous les vissiez; pour les acheter, ils sont très beaux, et comme arrière petite-fille de Mons. *Mignard*, je désirerois que ces tableaux soient chez le Roy. C'est le génie de la peinture, la sculpture et l'astronomie; le génie de la peinture tient et montre le portrait de *Pierre Mignard*. Je ne les vendrez pas, Monsieur, que je n'ay eu l'honneur de recevoir de vos nouvelles. Vous me rendrez grand service si vous les acheté, et ce ne sera pas des médiocres tableaux que le Roy aura de ce maître. J'ay l'honneur d'estre, etc..., Monsieur, votre très, etc...

Baronne DE GRANTHEVILLE.

Rue et à côté de l'ancienne Comédie françoise.

Lettre de M. d'Angiviller à la baronne de Grantheville.

A Versailles, le 13 aoust 1784.

Je ne me rappelle point, Madame, que M. de Saint-George m'ait parlé des tableaux de *Mignard* que vous possédez, ni d'avoir reçu aucune lettre relative à cet objet; j'aurois fait mon possible, dans quelqu'une des courses, quoique rares, que je fais à Paris, pour voir ces productions d'un des hommes dont le talent fait le plus d'honneur à la France; mais je ne présume pas que les occupations qui m'attachent ici me le permettent de sitôt; comme, au surplus, je ne me déciderois pas sur le jugement que j'en porterois moi-même, je crois devoir charger le premier peintre de S. M. de voir ces tableaux pour m'en rendre compte; il ne tardera point d'avoir l'honneur de vous voir et de me mettre à portée de pouvoir vous faire une réponse positive.

J'ai l'honneur d'être, etc...

Lettre de M. d'Angiviller à Pierre.

A Versailles, le 13 aoust 1784.

Une arrière petite-fille, Monsieur, de M. *Mignard*, qu'on nomme Mme la baronne de Grantheville, m'a écrit la lettre cijointe pour m'annoncer qu'elle a trois tableaux de son bisayeul d'une grande beauté, et qu'elle est disposée à les céder au Roy. Vous me feriez plaisir de les voir le plutôt possible (car cette dame paroît pressée de les vendre) et de me marquer ce que vous en pensez. Vous sçavez que nous ne sommes point riches en morceaux de cet artiste; peut-être seroit-ce une occasion d'en acquérir si ceux-ci sont vrayment de son plus beau temps et si, d'ailleurs, on en fait une composition honnête.

J'ai l'honneur d'être, etc...

Lettre de Pierre *sur les* Mignard *proposés au Roi.*

Monsieur,

Les trois tableaux de *Mignard* sont mauvais. J'ay dit à Mme son arrière petite-fille que le Roy possédoit de plus belles choses, et qu'ainsi je ne présumois pas que trois enfans, en trois tableaux, pussent être placés dans une galerie précieuse. On voit dans la galerie d'Appollon deux ou trois tableaux de *Mignard* qui, sans être piquans, sont supérieurs. Les appartemens de la Reine aux Thuilleries sont décorés de plusieurs *Mignard* du premier ordre, et qu'il ne faut pas confondre avec les ouvrages de son frère *Nicolas*, et qui a beaucoup travaillé dans les mêmes apartements. Les morceaux du *Pierre* ou grand *Mignard* sont austères et figureroient bien dans une galerie ou dans le Museum, en les remplaçant par des sujets plus à la mode.

M. *Vien* vit dimanche matin M. *Tonnay*, qui reçut l'ouverture du voiage de Rome avec transport; il vint sur-le-champ chez moy et me dit qu'il avoit trouvé un ancien ami de ses parens qui s'étoit pretté à luy avancer cent louis pour faire quelque séjour en Italie. Si vous luy accordés une place, Monsieur le Comte, il vous supplie de l'envoyer comme simple pensionnaire; il veut s'arracher à cette mauvaise habitude de gagner de l'argent. Étudier et augmenter son talent. Sur votre réponce, ou j'auray l'honneur de vous le présenter pour vous remercier, ou il aura celuy de vous écrire.

Je me tromperois fort, ou il y aura cette année deux premiers prix, M. *Tonnay* et M. *de la Chaix*, voilà les quatre places remplies. M. *de la Chaix* n'a eu, à la vérité, qu'un second prix, mais il a fait tant de sacrifices que la grâce accordée à son zèle seroit peut-être un objet d'émulation.

J'estime cependant que, dans l'arrangement qui sera fait, il faudra prévoir le départ de l'élève qui remportera le premier prix l'année prochaine. Ces quatre nouveaux entrant ensemble reculeroient trop la marche suivie, s'ils restoient les quatre années de suitte; mais il est à présumer que M. *Tonnay*, qui en est actuellement à son second voyage, pourra céder à un autre place.

L'un des *Van Loo* fils vient de finir un portrait du Roy en pied à Versailles, ainsi deux à la surintendance, un à Paris, font bien trois dont vous pouvés disposer. M. *Vanloo* fils en terminera incessament un à Paris, donc quatre. La copie à laquelle travaille M. *Lassave* sera un peu plus longue à terminer.

Permettés-moy, Monsieur, de vous observer qu'il me faudroit un ordre pour six portraits au moins. J'ay cru devoir aller en avant en attendant cet ordre, dont il a été question dans le tems, et qui a été oublié. M. *Vanloo*, de Versailles, pourroit alors recommencer son travail à Versailles.

Je vais remettre une seconde fois les tableaux du Magazin dans un ordre qui me paroît meilleur que celuy que j'avois suivi dans le premier moment. Les tableaux sont à plat sur les tréteaux, je crains que les chassis ne marquent à la longue, je les mettray sur champ.

Je suis avec, etc..., Monsieur, votre très, etc...

Pierre.

Paris, 18 aoust 1784.

M. d'Angiviller à Mme de Grantheville.

A Versailles, le 25 aoust 84.

Quoique je présume, Madame, que M. *Pierre*, qui a eu l'honneur de vous voir au sujet des tableaux de *Mignard* que vous me proposiez de céder au Roy, vous ai dit ce qu'il en pensoit, je crois devoir vous marquer qu'ils ne sçauroient convenir au Roy. Vous sçavez, en effet, que tous les plus grands artistes ont des inégalités, et les tableaux dont il s'agit, quoique bien des peintres s'en fissent encore honneur, sont toutefois au-dessous de divers tableaux que le Roi possède de cet artiste célèbre. Cette raison ne me permet pas d'en faire l'acquisition pour S. M. Je vous prie, toutefois, de recevoir mes remercimens sincères de la peine que vous avez prise de m'écrire pour m'en faire l'offre.

J'ai l'honneur, etc...

ACQUISITION PAR LE ROI D'UN TABLEAU DE *PANINI*.
(1785.)

Le n° 278 du Catalogue de l'école italienne au Louvre représente un festin donné sous un portique d'ordre ionique, de forme ronde, mesurant 2^m 12 de diamètre, c'est-à-dire environ 6 pieds et demi. C'est le seul des tableaux du Louvre dont le signalement réponde à celui que le roi achetait du duc de Choiseul en 1785. Dans la prochaine édition du Catalogue, il ne faudra donc plus imprimer que ce tableau a fait partie de la collection de Louis XVI, puisqu'il n'est entré dans la collection royale que quatre ans avant la Révolution.

J. G.

Je soussigné, reconnois avoir reçu de Monsieur Cuvillier, premier commis des bâtimens du Roy, la somme de six mille livres, dont je tiendray compte à Monsieur le duc de Choiseul, pour un tableau de *Jean-Paul Panini*, forme ronde, six pieds et demi de proportion, représentant un festin, tableau qu'il a cédé à Sa Majesté, et que j'ay reçu de M. le duc de Choiseul et déposé par les ordres de M. le comte d'Angiviller dans le dépôt des tableaux du Roy au Louvre, dont quittance ; à Paris, le 3 mars 1785[1].

Robert,
Garde des tableaux de Sa Majesté.

---

1. D'après une autre pièce jointe à celle-ci, mais inutile à reproduire, le tableau venait de *Chanteloup*.

PORTRAIT DE LOUIS XV

POUR LES SAUVAGES DU CANADA.

(1759.)

Le 21 mars 1759, Bon du Roy par lequel Sa Majesté autorise
M. de Marigny, directeur général des bâtiments, à faire faire un
portrait de Sa Majesté en buste avec son cadre pour les sauvages
du Canada, qui l'ont très humblement demandé.

(Arch. nat., O¹ 1064.)

ROSÉE ET *BERINZAGO*, PEINTRES DE BORDEAUX.

(1765.)

Je soussigné, peintre-architecte italien et décorateur du théâtre
de Bordeaux, certifie à tous ceux qu'il appartiendra que M. *Jacques-
Robert Rosée*, peintre de païsage, le meilleur en son genre qu'il
y ait en cette ville et qui joint à la célérité de l'expédition une
exactitude très rare dans ses proportions, est affligé d'une maladie
sur les yeux qui donne lieu de craindre qu'il ne soit privé de
la vue.

A Bordeaux, le 21 mars 1765.

Jant-Antoine Berinzago,
Peintre-architecte, décorateur du théâtre de Bordeaux.

Ce *Rosée* demeurait sur les remparts de Porte-Dijaux. On ne devinerait
jamais la nature du travail que ce peintre à moitié aveugle adressait au directeur des bâtiments le 28 mai 1765 et qu'il essayait de recommander par
l'attestation qu'on vient de lire. C'était un mémoire concernant une nouvelle
méthode de trouver les proportions.

Rosée ne figure dans aucun des ouvrages consacrés aux artistes bordelais
que nous avons pu consulter. Son protecteur est mieux connu.

Le nom de *Berinzago* se rencontre plusieurs fois dans ces livrets raris-
simes des salons bordelais du xviiiᵉ siècle que la précieuse réimpression de
M. Ch. Marionneau a mis à la portée de tous les curieux. En 1771, *Berinzago* expose « un projet pour la peinture de la voûte de la Chartreuse qu'il
exécute à fresque. » Son nom reparaît à diverses reprises sur les livrets à
titre d'amateur possédant certains tableaux exposés. On trouve enfin, dans
l'ouvrage de M. Marionneau, une notice très complète sur le peintre italien
(p. 119-122), né près de Milan, et qui vint se fixer à Bordeaux en 1758,
pour retourner vers 1786 dans son pays natal, où il mourut âgé de quatre-
vingts ans.

LE MOULAGE DES ANTIQUES

EN 1799.

Documents communiqués et commentés par M. Paul Marmottan.

La majeure partie des statues, alors exposées dans la galerie des antiques au musée, provenait des conquêtes de l'armée d'Italie en l'an V sous les ordres du général Bonaparte. Conformément au traité de Tolentino, elles avaient été choisies au Capitole et au Vatican par les citoyens *Barthélémy*, *Bertholet*, *Moitte*, *Monge*, *Thouin* et *Tinet*, nommés par le Gouvernement commissaires à la recherche des objets de sciences et d'arts.

Ces trophées de la victoire nous ont été enlevés en grande partie, en 1815, lors de la mise à sac du musée par les troupes alliées. En 1799, l'arrivée des chefs-d'œuvre de l'ancienne Grèce promenés dans Paris triomphalement[1], jointe à la grande vogue qu'avait alors le culte de l'antiquité, donnèrent une impulsion nouvelle à la confection des moulages. Une commission fut instituée, chargée d'en surveiller les délicates opérations.

Les lettres ci-après sont adressées par l'ancien conventionnel Quinette à ladite commission. En 1799, Quinette venait de quitter le conseil des *Cinq Cents* dont il était membre pour prendre le ministère de l'intérieur, où il ne fit d'ailleurs qu'un court passage.

La première autorisation du ministre, reproduite par nos soins, touche le peintre *Regnault* qui étudiait l'antique comme tous ses illustres confrères. *Regnault* a des tableaux au Louvre, notamment *les trois Grâces* (galerie Lacaze), œuvre souvent remarquée à juste titre.

Le citoyen *Taunay*, dont il est question dans la seconde lettre, n'est pas le charmant peintre de ce nom, mais son frère, *Auguste*, le sculpteur, né à Paris en 1769, mort à Rio-de-Janeiro en 1824. *Auguste Taunay*, élève de *Moitte* et 1er prix de Rome en 1792, a laissé des sculptures estimées, notamment sur l'arc du Carrousel,

---

1. Un superbe vase de Sèvres, conservé au musée de la manufacture nationale, représente en frise l'arrivée à Paris des antiques ramenés par nos armées. La peinture de ce morceau fort distingué est due au peintre *Béranger*. Il date du premier Empire.

pour lequel je viens d'obtenir une restauration. La note mise au bas de la page nous apprend encore que le peintre *Vincent* était membre de la commission des moulages et qu'il lui avait été donné un atelier au Louvre, appelé alors « Palais national des Arts. »

Paul Marmottan.

I.

Liberté (sceau de la R. F.) Égalité.

Paris, le 20 vendémiaire an 8 de la République
française une et indivisible (oct. 1799).

*Le ministre de l'intérieur à la Commission chargée de surveiller
le moulage d'après les figures antiques.*

Citoyens, le citoyen *Regnault* m'a demandé l'autorisation de faire couler à ses frais quelques plâtres d'après les figures antiques dont les creux sont déjà exécutés. J'ai consenti à cette demande et vous invite à donner des ordres en conséquence au citoyen *Getti*.

Salut et fraternité.

Quinette.

(5ᵉ division. Bureau des Beaux-Arts et Fêtes nationales. — Autorisation de faire couler quelques plâtres d'après l'antique.)

II.

Liberté (sceau de la R. F.) Égalité.

Paris, le 15 brumaire an 8 de la République
française une et indivisible (9ᵇʳᵉ 1799).

*Le ministre de l'intérieur à la Commission chargée de surveiller
le moulage des figures antiques* [1].

Citoyens, le citoyen *Taunay* m'a demandé une autorisation pour faire couler à ses frais la figure de Castor d'après l'antique. J'ai acquiescé à cette demande et je vous invite à donner des ordres en conséquence au citoyen *Getty*.

Salut et fraternité.

Quinette.

(5ᵉ division. Bureau des Beaux-Arts et Fêtes nationales. — Figure en plâtre accordée au citoyen *Taunay*.)

---

1. Adresser au cit. *Vincent*, peintre au Palais national des arts.

UN ATELIER DE SCULPTURE SUR BOIS

DEUX FOIS CENTENAIRE.

Communication de M. Charles Ginoux.

Il existe à Toulon, dans la rue traverse Denfert-Rochereau, 1, un atelier de sculpture décorative créé, vers la fin du xviiᵉ siècle, par *Duthoit*, originaire d'Amiens, dont le dernier des descendants directs, *Jean-Baptiste Duthoit,* né à Toulon, le 10 août 1811, est mort dans cette dernière ville le 11 décembre 1883, laissant un digne successeur en son ancien élève et associé *Cuisin.*

Pendant la période de deux cents ans, environ, il a été exécuté dans cet établissement, plusieurs fois déplacé, un nombre considérable de travaux de sculpture sur bois pour la décoration des vaisseaux marchands et des églises. Des statues en pierre sont également sorties de cet atelier.

Pour donner une idée de l'activité qui a régné à certaines époques dans l'établissement fondé autrefois par *Duthoit,* nous présentons ici un extrait des livres de comptes de 1853 à 1862, en négligeant de mentionner les navires dont les sculptures ont peu d'importance. L'on trouve dans ces livres que, dans l'espace de dix années consécutives, il a été fait dans cet établissement des décorations, ornements et figures, pour soixante-huit gros navires, à voiles ou à vapeur, construits dans le chantier de la Seyne, ville située au fond de la rade de Toulon, et dans celui de la Ciotat, port placé entre Marseille et Toulon. Le total de la dépense pour la sculpture, non compris la valeur des bois qui ont été fournis par la Direction de ces chantiers, s'élève à 131,904 francs. Nous devons ajouter que l'importance des travaux de décoration navale n'est plus la même depuis que la plupart des bâtiments de commerce sont, comme ceux de l'État, construits en fer; et que, par suite, le personnel de l'atelier bi-centenaire qui fait le sujet de ce petit travail se trouve aujourd'hui bien réduit.

Navires décorés.

Noms.	Prix.	Ports.
1853.		
Thabor.	1,800 fr.	Ciotat (La).
Périclès.	475	Ib.

Avenir.	1,400	Seyne (La).
Chevalier-Rose.	300	Ib.
L'Africain.	1,200	Ib.

1854.

Sinaï.	1,800	Ciotat.
Tambours dû Sinaï.	375	Ib.
Henri IV.	1,350	Seyne.
Sully.	700	Ciotat.
France.	3,200	Seyne.
Bysantin.	950	Ib.
Carmel.	1,500	Ciotat.
Assyrien.	1,050	Seyne.
Brésil.	3,200	Ib.

1855.

Provence.	1,100	Ib.
Normandie.	1,050	Ib.
Léonidas.	800	Ciotat.
Danube.	1,700	Ib.
Le Var.	650	Seyne.
Le Kabyle.	1,530	Ib.
L'Helvétie.	1,530	Ib.

1856.

Adour.	2,020	Ib.
Zouave.	1,530	Ib.
Cydnus.	1,700	Ciotat.
Arriège.	2,020	Seyne.
Aventin.	1,700	Ciotat.
Ville-de-Lyon.	3,850	Seyne.
Sahël.	1,530	Ib.
Hermus.	1,700	Ciotat.

1857.

Amérique.	3,200	Seyne.
Céphise.	1,640	Ciotat.
Estramadure.	2,900	Ib.
Quirinal.	2,900	Ib.
L'Oasis.	1,530	Seyne.
Marabout.	1,530	Ib.

Pausilippe.	2,966	Ciotat.
Phase.	1,700	Ib.
Alerte.	1,630	Seyne.

1858.

Elbrousse.	1,530	Ib.
Le Balkan.	1,700	Ciotat.
Taurus.	1,690	Ib.
Néva.	1,700	Ib.

1859.

Guienne.	2,900	Ib.
Tambours de la Guienne.	600	Ib.
Navarre.	2,900	Ib.
Tambours de la Navarre.	600	Ib.
Autel de la Sainte-Vierge (Paroisse Saint-Louis).	1,200 »»	Toulon.
Autel de l'église de la Miséricorde.	750 »»	Seyne.

1860.

Le Béarn.	3,500	Ciotat.
Tambours du Béarn.	930	Ib.

1861.

L'Alecton.	696	Seyne.
Castor.	696	Ib.
Magicien.	696	Ib.
Alphée.	3,900	Ciotat.
Érymanthe.	3,900	Ib.
Dupleix.	4,500	Ib.
Labourdonnaie.	4,500	Ib.
Napoli.	1,620	Seyne.
Firenze.	700	Ib.

1862.

Meïnam.	4,590	Ciotat.
Péluse.	4,500	Ib.
Marsala.	700	Seyne.
Bosphore.	500	Ciotat.

La Vienne.	600	Seyne.
Numidie.	1,800	Ib.
Maria-Pia.	3,050	Ib.
San Martino.	3,100	Ib.
Le Nil.	4,500	Ib.
Le Tigre.	1,600	Ib.

TABLEAUX A ACQUÉRIR DE M. *BIROUST*

RUE DE GRENELLE-SAINT-HONORÉ (HOTEL DE LYON).

(1785.)

SCHIDONE, une Madelaine . . . . 5,000 l.
VANNI, une sainte Famille. 3,000
Albert DURRE, un Christ à la colonne 1,500
Cavalier BERNINI, Prédication de Saint-Jean-Bap-
tiste. 750
PARMESAN, une sainte Famille 750

11,000 l.

Mettre le payement en distribution ce 19 juillet 1785.

D'ANGIVILLER.

La distribution en ordre de payement a été expédiée le 20 juillet 1785 sur l'exercice 1785.

M. le directeur général a dit verbalement que le marché étoit
conclu et consommé par la livraison que le vendeur avoit faitte
aux gardes du dépôt des tableaux.

UN PORTRAIT DE LA FAYETTE.

Vois ce jeune héros en qui la majesté
Sur son visage aimable éclate sans fierté.
Dieux! comme il réunit par un rare assemblage,
Les talens du guerrier et les vertus du sage.
Les arts sont éclairés par ses yeux vigilans;
Né pour tous les emplois il a tous les talens
D'un chef et d'un soldat; d'un citoyen d'un maître;
Ce héros n'est pas roi; mais il enseigne à l'être.

Ces huit alexandrins se lisent sur la plaque d'émail blanc qui sert de revers à un portrait en miniature : les caractères sont de petites majuscules en or; dorées aussi sont les guirlandes de feuillage et les étoiles qui décorent les deux cintres situés au haut et au bas de l'inscription. Autour de l'ovale qui mesure 55 millimètres dans son grand axe, se développe un encadrement composé d'un ruban ondulé aux trois couleurs nationales : grâce à une disposition assez originale, sur la partie gauche c'est le rouge qui se trouve à l'extérieur, tandis qu'il occupe l'intérieur sur la droite : le même filet ondulé, qui sépare cet encadrement tricolore du champ sur lequel l'inscription elle-même a été tracée, est semblablement rouge dans la partie de gauche et bleu dans celle de droite.

Le « jeune héros, » doué de toutes « les vertus » et de « tous les talens, » civils, sociaux, artistiques et militaires, est représenté de profil tourné vers la gauche. Au premier coup d'œil, on reconnaît dans ce portrait Marie-Jean-Paul-Roch-Yves-Gilbert de Motier, marquis de la Fayette, précurseur de la Révolution française et parrain de la grande république des États-Unis : nez droit et fin, quelque peu pointu et mince, lèvre supérieure un peu longue, œil brun, clair et calme, pommettes saillantes, front haut et fuyant, crâne allongé. Tel en effet le figurent les peintres, les dessinateurs et les graveurs du xviiie siècle.

Ses cheveux poudrés s'enroulent en une sorte de bourrelet sur le derrière de la tête à la hauteur des oreilles ; la coiffure se complète par une longue queue mince nouée d'un ruban noir. Il porte l'uniforme aux trois couleurs : habit bleu, plastron blanc, comme la cravate et le jabot de mousseline plissée, collet rouge bordé de bleu, avec l'épaulette d'or des majors généraux étoilée d'or sur le corps de la patte, et la croix de saint Louis suspendue par un ruban bleu et rouge dont une rosette blanche parfait le tricolore.

La peinture est fine, le dessin correct et expressif, la couleur brillante, vive, ferme et puissante, tout en restant délicate et transparente dans le modelé de la tête, et en subordonnant les détails à l'unité de l'ensemble qui est remarquablement harmonieux. La tête et le buste, qui descend presque jusqu'aux hanches, s'enlèvent, vigoureux et lumineux, sur le fond d'un bleuté argentin que fait encore mieux valoir le cristal bombé de son cadre d'or.

Aucune signature ne révèle le nom du miniaturiste qui a exécuté ce médaillon doublement précieux au point de vue de l'art et de l'histoire[1]; aucune date ne signale l'occasion pour laquelle cette œuvre charmante et curieuse a pu être composée. Les vers de l'« envoi » pourraient seuls fournir par induction quelques indications plus ou moins vraisemblables.

Si le héros de la guerre de l'Indépendance américaine est « jeune, » s'il a combattu, s'il a rempli « tous les emplois, » s'il a montré ses « vertus » au grand jour de la publicité, s'il a exercé le pouvoir, s'il est acclamé par les artistes, les poètes, les patriotes et les militaires, cette indication sommaire et générale de ses mérites peut convenir aux trente-deux premières années d'une existence déjà si bien remplie sur le vieux et le nouveau continent. Né en 1757, La Fayette avait cet âge, lorsqu'il reçut de la noblesse d'Auvergne le mandat de député aux états généraux de 1789, délégation de la puissance souveraine.

Pour que le poète osât le louer d'être digne du trône dont il enseignait le chemin à ses compatriotes, il fallait que le titre d'aristocrate et de royaliste ne fût pas une suprême injure et une invitation à monter sur l'échafaud.

Les deux dates extrêmes entre lesquelles il est possible de placer l'auteur de cette miniature et son œuvre seraient donc 1789 et 1792. Quant à la circonstance spéciale qui préciserait l'année même et le fait particulier, un des membres de la *Société de l'histoire de l'Art français* nous les révélera, je l'espère.

La solution de ce petit problème, dont le centenaire de 1789 augmente l'intérêt, me paraît indiquée par un détail déjà décrit, la disposition du ruban bleu et rouge de l'ordre que nous avons vu surmonté d'une petite rosette blanche qui sert de trait d'union à ses deux moitiés.

C'est La Fayette, on le sait, qui proposa d'allier les couleurs de la ville de Paris à la couleur de France et de former ainsi le tricolore national. Ce serait donc du lendemain de la prise de la Bastille, de l'acclamation de l'hôtel de ville qui lui conféra le titre de chef de la milice nationale, de sa nomination de commandant général de la garde nationale, qu'il faudrait dater cet intéressant portrait de La Fayette.

En tout cas, le nom du peintre resterait à trouver.

V.-J. Vaillant.

---

1. Il fait partie du cabinet de M. Ch. Harbaville, de Boulogne-sur-Mer.

EUSTACHE RESTOUT.

Dire qu'en 1854 j'avais consacré les trois quarts d'un volume à la glorification de l'innombrable famille des *Restout*, peintres et écrivains d'art, et que, dans ces 250 pages, je n'avais pas trouvé place pour les vingt lignes où j'aurais pu concentrer l'éloge mérité par le rôle très particulier de ce bon religieux dans l'ensemble des travaux de la dynastie des *Restout!* L'occasion était unique pourtant; et cela s'est bien vu, puisque, son heure étant perdue, le personnage m'était sorti de la mémoire, et le carnet où j'avais, au temps jadis, consigné les souvenirs de mon passage à Mondaye avait pu, sans me faire trop défaut, s'égarer pendant près de quarante ans. « Ce que nous avons à dire d'*Eustache Restout*, » — écrivais-je à la page 267 du troisième volume des *Peintres provinciaux*, — « dépassant les bornes d'un paragraphe, nous renvoyons le lecteur à l'étude détaillée que nous lui consacrerons plus tard. » — C'est qu'en effet j'entrevoyais dès lors un chapitre spécial, digne de quelque intérêt, à ajouter à ceux de mes autres provinciaux, l'histoire d'un moine s'appliquant à la décoration des maisons de son ordre, et matière, à son propos, au curieux et rapide examen des religieux français qui se sont fait honneur par leur pinceau. Certes, il ne faut point demander aux couvents de notre pays rien qui ressemble de très loin aux *Fra Filippo Lippi*, aux *Fra Angelico*, aux *Fra Bartolommeo*, aux *Fra Sebastiano* de l'Italie, ni même à la moyenne honnête des autres dominicains du P. Marchese. Ce sont d'humblés et très modestes génies que ceux de nos moines artistes, je parle des peintres et des sculpteurs postérieurs au xv⁰ siècle, car je n'entends pas remonter aux admirables enlumineurs du moyen âge, en supposant que les plus beaux missels d'église soient, comme il est probable, œuvres de monastères. Je m'en tiens au groupe de ces « religieux qui ont excellé en peinture, » et dont l'abbé de Marolles nous a déjà dressé une certaine liste dans ses sauvages quatrains : l'*Alexandre Dubuisson*, chanoine régulier de Saint-Victor, le rival de *Nanteuil* dans ses portraits au pastel; — « le Père *de Saillans*, peintre en miniature, entre les Augustins acquit un grand renom, fut connu dans Paris et mort en Avignon, » et qui exécuta pour le commandeur Del Pozzo, protecteur du *Poussin*, les portraits des plus belles dames du Comtat; — « *Frère Ambroise Fredeau* fut célèbre en son ordre (le même ordre des Augustins) et comme excellent peintre et comme bon sculpteur. » Mariette en parle dans son *Abecedario :* « L'on voit dans l'église de ces religieux à Toulouse plusieurs autels dont les tableaux, les sculptures et l'architecture ont été exécutés par lui et méritent d'être vus. Il a servi de maître à *Jean-Pierre Rivalz.* » — « A Tours également, *Guénaud* fut admirable, dont son couvent orné garde de grands tableaux, qui se peuvent priser entre tous les nouveaux, mais il devint aveugle et fut inconsolable. — *François Courde,* augustin, a d'Estienne Rabache, des Pères Augustins le saint réformateur, fait le portrait dévot..., » et aussi la procession de la châsse de saint Félicissime. — « *Dunstan,* bénédictin, a donné de Tarisse, général de son ordre, un excellent portrait que *Morin* a gravé dans son œuvre parfait... On peut aussi louer des Mineurs la peinture : *Frère Luc*, récollet, est un peintre excellent; *Antonin,* capucin, égale son talent... » Et il n'est pas indifférent pour nous Normands de savoir que *Nanteuil* a gravé, d'après ce Rév. Père *Antonin,* le portrait de Léonor de Matignon, évêque de Coutances, puis de Lisieux. — « Des Pères Cordeliers on en connaît d'habiles : le Père *Jean-François* a fait de beaux portraits qui, gravés par *Cossin,* conservent leurs attraits; le Père *Peroteau* trouve aux siens des asiles. »

Au moment où j'allais ajouter à cette série le nom du *Frère André,* dont les œuvres semblent un reflet assez vigoureux de celles de *Jouvenet,* comme les reflétera bientôt, avec plus de douceur, le meilleur des *Restout,* je m'aperçois que j'ai déjà, à l'occasion de ce fécond et inventif dominicain, passé, dans mes *Portraits inédits d'artistes français,* une revue pareille des religieux de notre pays qui s'étaient, avant lui, adonnés à la peinture. J'en retranscris ici la nomenclature sommaire, ne fût-ce que pour le prétexte d'adjurer une fois encore un jeune laborieux de bonne volonté de consacrer un livre à ce curieux sujet. Le même abbé de Marolles, l'homme aux quatrains, n'a-t-il pas, pour dénombrer les moines de différents ordres « qui ont été savants dans le dessin pour les choses de mathématiques et d'architecture, » torturé, dans un nouveau chapitre de ses rimes horribles, les noms des honnêtes gens dont il possédait des estampes? « *Jésuites :* Combien d'hommes savants d'entre les Jésuites ont aussi dessiné sur des sujets divers ! Pour les beaux bâtiments, leurs livres sont ouverts; *Martelange* et *Derrand* ont leurs règles écrites. Frère du Breuil a fait l'art de

la perspective; Georges Fournier la montre à Bourdin de Moulins; Vattier de Normandie invente des moulins et Pierre Robinet mérite qu'on le suive. Claude-François Milliet Descales fortifie...
— *Cordeliers* : d'*Haroldus*, cordelier, nous avons des emblèmes; de *Gabriel Le Fèvre* on a d'autres dessins; ceux de *Loüys Boulai* se trouvent assez pleins; ceux des Carmes *Gaifard* et *Gaspard* sont problèmes. — *Bénédictin* : de *Gislain de la Rue* on connoît la pratique... — *Bernardin* : le moine de Chailli Guillaume Guilleville fit aussi des écrits qu'on garde chèrement... — *Prémontré* : de *Loüys Barbaran* on voit le monastère de l'ordre Prémontré dessiné nettement; car il estoit bon peintre et peignoit justement des objets naturels gardant le caractère. » (Marolles parle là du *Barbaran,* chanoine régulier de Saint-Martin de Laon et prieur-curé de Missy, dessinateur et graveur du « plan de la célèbre et royale abbaye de Saint-Jean des Vignes de Soissons. ») — « Un *Feuillant* : de son livre achevé, le Feuillant d'Abbeville de Sainte-Magdelaine eut loisir d'y songer... — *Jacobins et Augustins : Frère Jacques Cillars,* jacobin dans la Flandre, a peint de beaux sujets; et pour les *Augustins : Frère Eugène Vanmol,* promettant des festins, montre avec *Padelou* qu'on ne peut s'y méprendre. »

Voilà pour l'abbé de Marolles; de son côté, Hilaire Pader, Toulousain, apportait les noms de *Frère Vitalis,* du Père *Epiphane* et du Père *Cosme,* capucins, dont l'un excellait à la miniature et le second en la perspective; à quoi la Picardie pourrait ajouter, outre le *Frère Luc,* récollet, cité par Marolles, natif d'Amiens, élève de *Vouet,* et dont le vrai nom était *Claude-François, Dom Robart* du prieuré de Saint-Pierre d'Abbeville, qui fut le premier maître de *Daullé,* le chanoine de Beauvais *François Gaget* et le capucin *Bonaventure d'Amiens,* qui tous deux apprirent leur art à *Quentin Varin.* Je ne veux point parler du *Primatice,* qui ne fut peut-être pas un abbé très sérieux de Saint-Martin, ni du jésuite *Jacques Courtois,* le peintre de batailles; mais comment taire ce *Frère Joseph,* feuillant, qui avait peint sous *Vouet* avant que d'aller à Rome, où il se noya dans le Tibre; puis les deux chartreux provençaux *Imbert* et *Benoît;* puis le *Frère Luc Buisset,* qui peignait au Canada; puis le *P. Attiret* et le *P. Belleville,* qui peignirent en Chine; puis le *Frère Lucas de la Haye,* premier maître de *Tournières,* et qui peignait en Basse-Normandie dans le même temps que les deux *Restout,* les Prémontrés, y multi-

pliaient leurs ouvrages et que le *Frère Daniel d'Eaubonne* minia-
turait à Jumièges !

La *Revue de l'Art français* a déjà fait un aimable accueil, dans
ses livraisons de 1887, à ce qui n'était qu'un supplément à certaines notices de mes *Peintres provinciaux*, depuis *Finsonius* et
Daret jusqu'à *Saint-Igny* et *Quentin Varin*. Et voilà qu'aujour-
d'hui je lui offre un vrai chapitre nouveau de ce même livre, mais
un chapitre qui n'est qu'une immense parenthèse de mon travail
sur les *Restout*. Je suis par là dispensé de reprendre *in extenso*
leur grouillante généalogie d'artistes, dont les alliances se rami-
fient de proche en proche, non seulement avec les *Jouvenet*, mais
par eux avec les *Levieil*, les *Rabon*, les *Hallé*, tout ce qui, en haute
et basse Normandie, tient brosse ou ciseau. Qu'il me suffise de
rappeler que ces *Restout* sont d'origine caennaise, et que comme
peintres de père en fils ils remontent au xvi° siècle. *Marguerin
Restout* est père de *Marc Restout*, né à Caen, en 1616, et mort,
en 1684, dans la même ville dont il avait été échevin. De *Marc
Restout* et de sa femme Jeanne Heuste naissent : en 1655, *Eustache;* — en 1658, Anne-Thérèse; — en 1663, *Jean;* — en 1664,
Jeanne-Marie; — en 1666, Pierre; — en 1668, Charles; — en
1669, *Marc,* dont le parrain est « maistre *Le Telier*, maistre
peintre à Rouen, » témoignage de l'étroite amitié entre *Marc
Restout* et *Le Tellier*, *Le Tellier* de Vernon, l'allié du *Poussin*,
amitié que l'on ne cessera d'affirmer avec orgueil dans les livres
de la famille; — en 1671, Thomas; le parrain de celui-ci est
Jacques-François Restout; les registres de Caen signalent en 1754
la mort de *Thomas-François Restout*, peintre, âgé d'environ
quatre-vingt-deux ans; — enfin, en 1673, Jeanne-Élisabeth Restout, dont le parrain fut *Eustache*, l'aîné de ses frères, et la marraine Anne-Thérèse, l'aînée de ses sœurs. Chacun sait que *Jean
Restout*, l'illustre de la famille, celui qui fut en son temps « peintre
ordinaire du Roi, ancien directeur, recteur et chancelier de son
Académie de peinture et de sculpture, associé titulaire de l'Académie royale des sciences, belles-lettres et arts de Rouen et membre
de celle de Caen, » était né à Rouen, en 1692, de *Jean Restout*,
— le second fils de *Marc*, compagnon de voyage en Italie du
Poussin, — et de *Marie-Magdeleine Jouvenet*, la sœur de l'autre
grand maître normand. Le fils de *Marc* peignait; la sœur de *Jouvenet* peignait; c'est dire que l'enfant apprit à dessiner à peine

sorti des langes. Par malheur, il perdit trop tôt père et mère, sa mère en 1698, son père en 1702, quand il avait dix ans; et voilà le pauvret sous la tutelle de ses oncles. C'est alors qu'on va voir apparaître notre *Eustache Restout.* « *Jean Restout* passa successivement sous la garde de deux oncles, *Thomas* et *Pierre Restout.* L'un, son tuteur, dans les soins qu'il prit de son éducation, cultiva peu ses dispositions pour la peinture; l'autre, religieux prémontré, eût pu lui donner les secours que le premier lui refusait. Il connaissait la pratique de la peinture et plus encore la théorie, mais, au lieu d'instruire le jeune *Restout,* le religieux le négligea encore plus : quel guide pour une âme destinée aux beaux-arts! Le dégoût l'eût flétri, sans l'enthousiasme qu'une première vue des chefs-d'œuvre de *Jouvenet* lui avait inspiré. Un troisième oncle, *Eustache Restout,* autre prémontré, qui a enrichi plusieurs églises de très beaux plafonds[1], se montra enfin plus sensible que ses frères. Il vint à Paris, parla à *Jouvenet* en faveur de leur neveu commun et ce pupille infortuné eut un asile dans la maison de cet oncle maternel. Il y pouvait trouver un écueil non moins dangereux que les revers, c'étaient les douceurs de l'aisance au sein d'un monde poli. Il se laissa surprendre par ses charmes; un regard du maître ramena l'élève à l'étude. »

C'est ce généreux mouvement de cœur, cette tendre pitié d'oncle pour un neveu abandonné, qui tout d'abord a sauvé de l'oubli le nom d'*Eustache Restout* et le rattache, avant aucun autre titre, à la grande histoire de notre peinture française. Mais pourtant il est juste de dire qu'il avait hautement droit à un renom personnel. Son talent de peintre, il est vrai, n'était pas inventif; c'était un talent correct et savant d'interprète et de copiste. Cela n'avait rien de rare en ce temps où l'on voyait un peintre de l'Académie royale de peinture, *Ch. Du Fresne de Postel,* occuper ses dernières années, dans la même Basse-Normandie où travaillaient les *Restout,* à peindre, pour l'église Saint-Germain d'Argentan, une grande copie d'après la *Prédication de saint Jean-Baptiste* de *Louis Carrache* et, pour l'église Saint-Sauveur de Bellesme, un *Christ mort soutenu par les saintes femmes* d'après *Nicolas Poussin.* Comment, alors que je publiais le troisième volume des

---

1. L'auteur de l'éloge posthume de *J. Restout* à l'Académie de Caen disait : « L'un des deux Prémontrés a demeuré longtemps à l'abbaye de Mondaye et il y a fait le plafond de cette église. »

Peintres provinciaux, avais-je pu oublier moi-même que trois ans avant, aux pages 31 et 32 de mes *Observations sur le musée de Caen et sur son nouveau catalogue*, imprimées à Argentan, en 1851, j'avais à peu près écrit sur *Eustache Restout* ce qu'il pouvait suffire d'en savoir ?

« *Eustache Restout* est représenté au musée de Caen par une grande peinture de dix pieds de haut sur dix-huit de large, *le Repas chez Simon le Pharisien*, copie d'après le *Poussin*. Cet immense tableau est, je crois, le seul que le musée de Caen doive au fâcheux dépouillement de l'abbaye de Mondaye, et il est l'un des meilleurs qu'on en ait fait sortir. On sait que l'église de l'abbaye des Prémontrés de Mondaye avait été bâtie sur les plans fournis par *Eustache Restout*, qui l'avait lui-même décorée d'immenses toiles copiées pour la plupart d'après les peintures les plus accréditées de son temps. La renommée des tableaux de Mondaye s'était si bien répandue dans tout le Bessin que la première révolution ne manqua pas d'en enlever les plus considérables pour en enrichir les édifices des villes les plus voisines. On les voit aujourd'hui encore dans les croisées et dans les chapelles de la cathédrale de Bayeux, dans la chapelle particulière de l'évêché, enfin dans le musée de Caen. Bon nombre, par bonheur, — ou trop petits, ceux encastrés dans le maître-autel et dans les chapelles des nefs basses, — ou trop grands, les deux coupoles, — sont demeurés encore où *Eustache Restout* les avait adaptés ; ils attendent que le bon sens des administrations civiles et religieuses du département renvoient à leurs crochets, restés pendants à la muraille de Mondaye, les vastes toiles leurs sœurs qui cachent et déparent les purs et délicats détails d'architecture de la cathédrale de Bayeux. A Bayeux et à Caen, ces pauvres peintures exilées ne sont plus que de pâles et languissantes copies d'œuvres souvent douteuses : à Mondaye, ce seraient les parties harmonieuses d'une décoration abondante et splendide ; Mondaye, ayant reconquis ses tableaux épars, redevient par son homogénéité, étant sortie tout entière du cerveau d'un humble moine, un des plus curieux monuments religieux de notre province. C'est au tact de monseigneur l'évêque que nous faisons appel, c'est aussi à sa justice. Et n'a-t-il pas tout à gagner en renvoyant en leur lieu, où elles feront honneur à son diocèse, des peintures qui font tache dans son admirable basilique ? *Non erat hic locus.* »

« M. G. Mancel a donné sur *Eustache Restout* des renseigne-

ments qui ne sont point inexacts. C'est bien, en effet, à l'abbaye de
Mondaye, et en 1743, qu'est mort le peintre prémontré, âgé de
plus de quatre-vingts ans. Mais qui a pu fournir ces détails à
M. Mancel, si ce n'est l'épitaphe même d'*Eustache Restout*, tracée par ses élèves sur l'une des dalles de l'abbaye de Mondaye? Il
nous faut croire alors que la copie qui a été communiquée à
M. Mancel était incomplète. Voici la nôtre, douteuse encore en
quelques mots, qui se trouvaient cachés en partie par les bancs de
prières; pour les dates du moins nous en garantissons l'exactitude :

HIC JACET

R^{dus} p^r EUSTACHIUS RESTOUT

HUJUS DOMUS PRIOR MULT(IS ANNIS)[1]

UNICO SIBI NECESSARIO

TOTA VITA CONTENTUS

NE MINIMIS UNQUAM

REGULAE SUAE OMISSIS

IN OMNIBUS OBEDIENTIA DUCT(US)

TEMPLUM HOC AB IMIS

AD ALTA CONDUXIT

VIX CONSTRUCTUM

ILLICO SOLUS DITAVIT PICTU(RIS)

FUNERI SUPERSTES

VIVIT IN MULTIS

QUAS DECORAVIT ECCLESIIS.

PICTORES, SCULPTORES, ARCHITECTI,

AB EO FORMATI

FRUCTUM CAPIUNT IN TERRIS

IPSI SIT MERCES IN CŒLIS.

SIC VOVEANT ET PRECENTUR LECTORES.

OBIIT SUPPRIOR DIE I NOVEMBRIS

ANNO DOMINI M DCC XXXXIII

ÆTATIS SUÆ LXXXVIII.

« Cette date précise, ce témoignage incontestable de l'âge auquel
est mort *Eustache Restout* nous servent encore à d'autres induc-
tions qu'à compléter la note de M. Mancel. M. P.-A. Lair a donné
à la bibliothèque de Caen le « portrait d'un moine prémontré
tenant une feuille de musique » comme étant celui d'*Eustache
Restout*. Les traditions qui s'attachent à ce portrait doivent assu-

---

1. *Multoties*, a sans doute mieux lu M. Lavalley-Duperroux.

rément le mettre hors de doute, pour qu'un homme aussi grave que M. Lair lui ait garanti un nom aussi intéressant. En tout cas, nous croyons fermement que ce portrait appartient à la première moitié du xviiie siècle. Or, il suffit de comparer, même en souvenir, le portrait dit d'*Eustache Restout*, appartenant à la bibliothèque, et le « portrait d'un moine prémontré tenant un livre, » appartenant au musée et relégué à tort au grenier, pour s'assurer que ces deux bonnes et grasses peintures sont indubitablement d'un même pinceau, d'un même temps et se font quasiment pendants. J'affirmerai même que les deux portraits sont d'un *Restout ;* cela se voit à la pâte et à la touche de cette peinture claire et tranquille ; reste à savoir de quel *Restout ;* serait-ce du grand *Restout ?* La chose ne serait pas impossible. Il est certain que *Jean Restout* dut visiter plus d'une fois, non seulement Caen, berceau de sa famille, pour laquelle il avait peint les tableaux qui se voient encore aujourd'hui dans le collège et le morceau de réception qu'il avait voulu donner à l'Académie de Caen dont il était membre..., *Jean Restout* dut plus souvent et plus longuement encore visiter Mondaye et son oncle *Eustache*, vers lequel l'appelaient les plus légitimes sentiments de pieuse reconnaissance. Partant, il serait fort naturel qu'il eût peint à Mondaye les portraits de son oncle et d'un ami de son oncle. Je présumerai même que le portrait du *Frère Romain* (le *Frère François Romain*, dominicain, architecte du Pont-Royal de Paris, né à Gand et mort à Paris en 1735, portrait peint par *François Jouvenet*, le frère du grand, et qui se voit au musée de Caen) n'est pas venu à Caen par un autre conduit que par les relations toujours actives entre les *Restout* de Mondaye et de Caen et les *Jouvenet* de Rouen et de Paris. Car il y avait encore des *Restout* à Caen, du moins s'il faut en croire la compilation manuscrite du *Moreri des Normands* que possède la bibliothèque de Caen : « *Restout*, de la famille des précédents (il vient de parler d'*Eustache* et de *Jean*), était peintre en portrait à Caen. » Mais j'aime mieux croire que ces deux portraits sont de la main du bon vieux prémontré *Eustache Restout*, qui a dû peindre encore plus d'un autre portrait de ses frères en religion, de ses supérieurs et de ses élèves. » — Je retrouve, dans mon calepin de 1851, la description du portrait d'*Eustache Restout*, offert par M. P.-A. Lair à la bibliothèque de Caen et restauré par M. *Julien* de Caen (hauteur, 2 pieds et demi ; largeur, 2 pieds) : « Peinture tout à fait de la même main et de la même date que celle du musée (l'autre portrait de prémontré). Le religieux est assis vers la gauche, la tête un peu retournée, regardant l'autre portrait ou du moins lui faisant pendant. Cheveux blancs sous calotte blanche; le costume de l'ordre est tout blanc. Le personnage ne paraît guère avoir plus de soixante-cinq ans; figure douce et bonne et intelligente; l'œil ouvert et bleu; le teint frais et rose et rasé, nez aquilin et délié, bouche fermée et bien ondulée et souriante; la main gauche posée sur la feuille de musique, hymne latin noté qui recouvre son chapeau blanc à grands bords. Bonne et grasse peinture qui paraît être de 1730, tout à fait dans le goût large du pinceau des *Jouvenet* et qui est digne de *Jean Restout,* si elle est d'*Eustache.* »

Il ne faudrait certes point tout à fait mépriser le témoignage de M. Lair, qui par son âge était presque contemporain des derniers *Restout,* quand il affirme que ce portrait était bien celui du « prémontré, peintre et architecte, qui a construit l'église de Mondaye; » cependant la présence en ce portrait d'une feuille de musique ne porterait-elle point à soupçonner que le personnage représenté pourrait bien être, non pas *Eustache*, mais celui de ses frères dont parle la *Galerie française* et qui avait écrit un traité resté inédit « *de l'harmonie des couleurs*, où, pour les comparer entre elles, on imagine un clavecin oculaire? » D'ailleurs, M. Lair lui-même, interrogé à ma demande, en août 1851, par mon ami M. Trébutien sur ce point délicat, n'avait su répondre bien clairement: « Il n'a pu me dire l'origine du portrait de *Restout* que vous avez vu à la bibliothèque. Ce portrait *lui est venu avec d'autres.* »

J'ajoute ici la note écrite dans le même temps sur la toile du musée que je comparais tout à l'heure au cadre de la bibliothèque : « Le *portrait d'un moine prémontré*, qui figure au musée de Caen sous le n° 198 et qui est faussement attribué par le catalogue à *Jean-Bernard Restout*, représente un vieillard d'environ soixante-cinq ans, revêtu du costume entièrement blanc de cet ordre. Il est assis, tourné vers la droite; il tient un livre d'une main et appuie l'autre sur son large chapeau blanc; figure douce et béate, à double menton, teint clair et coloré, yeux clairs, bouche souriant avec bonhomie, calotte blanche sur cheveux blancs, tel est à peu près le signalement de cette tête. Même costume, presque même pose, même teint, même âge, mêmes cheveux, même expression, un moment j'ai cru à l'identité du personnage, en le comparant de souvenir avec le portrait de la bibliothèque. »

Quelques années plus tard, je rencontrais chez Georges Bouet
un troisième portrait curieux de religieux prémontré, assis de face,
à mi-corps, et tenant un bréviaire. Il était, à n'en pas douter, de
la même main que les deux de la bibliothèque et du musée. Une
telle série de Prémontrés par un *Restout* est vraiment bien intri-
gante. S'il n'est point avéré qu'ils soient d'*Eustache*, comme une
certaine apparence et le sentiment y poussent, j'en viendrai peut-
être à croire que toutes ces figures de Prémontrés sont de ce *Thomas*, mort, nous l'avons dit, en 1754, âgé d'environ quatre-vingt-
deux ans, frère, semble-t-il, de celui de Mondaye et renommé à
Caen pour ses portraits; en tout cas, ce seraient de beaux échantillons d'un portraitiste de talent; ils ont tous, par surcroît, les
caractères de la peinture de famille, plus Restout encore que Jouvenet, ton gris général, un peu bleuâtre et à larges touches.

Comment me sentais-je donc si bien armé et équipé que j'eusse
la vanité de prétendre redresser les torts du savant M. Georges
Mancel? C'est que je venais justement, quelques semaines auparavant, de visiter et de scruter, avec une curiosité très éveillée par
mes amis de Caen, le monument où *Eustache Restout* s'était
exercé, de l'équerre et du pinceau, durant toute sa longue vie de
moine et d'artiste; et je pouvais désormais avec assurance feuil-
leter et transcrire, comme je le fais aujourd'hui, les notes de mon
carnet. Le 15 août 1851, j'avais gagné Mondaye, à deux bonnes
lieues et demie, au sud de Bayeux; deux routes, celle de Tilly et
celle de Caumont, mènent à ce charmant pèlerinage dans la plus
riante et la plus verdoyante contrée du Bessin, tout près de Juaye.
Au milieu d'un riche damier de champs ombragés de pommiers
et d'herbages bordés de haies d'ormeaux, de frênes, de chênes et
de peupliers, apparaît la tour coiffée d'un dôme de l'abbaye de
Mondaye. L'on vous dira qu'il se tient une louerie sous la magnifique futaie de chênes et de châtaigniers, à l'ombre desquels les
vénérables moines devaient venir souvent promener leurs austères
méditations et leurs douces conférences sur Dieu, sur l'enseignement populaire, sur la théologie éthérée de saint Augustin qu'ils
avaient pour mission de prêcher parmi les hérétiques. Tout près
de cette futaie coule la gracieuse petite rivière d'Aure. Du côté de
Juaye, le pays est plus gras, plus vert, plus entrecoupé de haies;
moins de champs et plus de prés encore que du côté de Monceaux.

Les maisons de cultivateurs sont toutes d'anciens châteaux de la plus fière architecture; ou bien les fermes nouvelles, couvertes d'ardoises et bâties de belles pierres blanches, font honte aux anciennes gentilhommières. C'est le pays riche par excellence et qui a la conscience de sa richesse. Dans une telle contrée, la maîtresse chapelle d'une abbaye florissante devait viser naturellement à une certaine splendeur, et Mondaye s'excitait d'autant mieux à bien faire qu'à ce moment même du xviiie siècle la maison mère faisait reconstruire, à Prémontré, dans le diocèse de Laon, son abbaye saccagée, en 1567, par les calvinistes. La tour octogone du dôme, percée de huit fenêtres à grand encadrement cintré et reposant elle-même sur une tour carrée, se détache bien de loin et avec une certaine grandeur, au milieu des massifs de verdure qui chargent le coteau et entourent les bâtiments demi-ruinés du couvent. L'église abbatiale est, on le sait déjà, des premières années du xviiie siècle ou plus exactement peut-être des tout dernières années du xviie[1]. Ce qu'elle rappelle le mieux, comme goût d'architecture, au visiteur banal, c'est Saint-Roch de Paris, ou, pour rester plus juste dans la vérité du pays, la façade de Mondaye semble de prime abord copiée exactement d'après la façade de la Gloriette à Caen, la Gloriette étant alors réputée dans nos parages une perle d'architecture : c'est toujours au fond l'ancien portail célèbre de Saint-Gervais, alourdi et simplifié. Les colonnes supérieures sont corinthiennes; celles d'en bas et les pilastres sont ioniques. Sur la porte de bois, les bustes en bas-relief du *Christ* et de la *Vierge*. L'église intérieure est aussi fraîchement conservée qu'elle pouvait l'être en 1789. Ceux de nous qui ont bonne mémoire pourraient se rappeler le charmant petit tableau de *Georges Bouet*, exposé au salon de 1861 et qui représentait une *vue intérieure de l'église de l'abbaye de Mondaye (Calvados)*;

---

1. Il en est toujours ainsi : c'est quand je viens de retranscrire mes notes de 1851 que l'on me met entre les mains le numéro, publié en avril 1861, du *Bulletin de la Société des antiquaires de Normandie*, contenant un intéressant travail de M. Lavalley-Duperroux sur l'église de Mondaye. C'est là que nos lecteurs doivent se reporter pour la description et l'analyse vraiment compétente de l'architecture de cette église et les particularités singulières de son caractère mi-ogival, mi-roman, de ses voûtes et de ses croisées, qui, au dire de M. Lavalley, font de « cet édifice, moitié romain, moitié français, » et où nos vieilles traditions d'architecture nationale se trouvent habilement mêlées et combinées avec les nouveautés introduites par la Renaissance, « le dernier soupir de l'architecture française. »

c'est à coup sûr l'une des plus délicates et fines peintures qu'ait exécutées l'artiste archéologue de son pinceau le plus clair, le plus léger, le plus précis et le plus précieux. L'architecture religieuse, telle qu'on l'entendait au xviiie siècle, nous apparaît là d'abord en toute sa noble sobriété, j'entends dans les piliers de la nef; seulement les trois voûtes, la grande et les deux petites latérales, ont des courbures et des nervures gothiques assez inattendues et qui ne sont pas sans élégance. Le maître-autel, au-dessous de la coupole, est décoré, par devant, d'une mise au tombeau rappelant la manière de *Le Brun*, par derrière d'une autre peinture, également sur panneau, et qui représente un *miracle opéré durant le saint sacrifice de la messe* : une flamme apparaît au-dessus de la tête de l'officiant. On pourrait attribuer ce second ouvrage à *Eustache Restout* lui-même, parce que dans cette composition, qui ne rappelle précisément aucun tableau célèbre, l'artiste, toujours fidèle aux types et aux reflets de chair de l'école de *Jouvenet*, mais ne suivant plus un modèle convenu, se montre un peu plus indécis dans sa pratique. C'est un peu plus une peinture de moine par la douceur, et la bonhomie, et la piété du sentiment. — La coupole au-dessus du maître-autel représente le *Christ montant dans sa gloire*, entouré et supporté par des anges. C'est, je crois, la copie d'une coupole de l'époque de *Le Brun;* cela, me semble-t-il, a été gravé. Les quatre pendentifs de la coupole sont décorés par les figures de quatre Pères de l'Église. — La coupole de la chapelle de la Vierge s'accorde avec la sculpture de son autel. Cette grande composition sculpturale représente la *Vierge sortant du tombeau* et enlevée sur des nuages par des anges et des chérubins. L'un des deux grands anges, resté assis sur le bord du tombeau, regarde et touche avec respect le linceul qu'y a laissé la Vierge. Quant à Marie, debout sur la nue, elle tend les bras vers le ciel, c'est-à-dire vers la coupole, dont la peinture est encore imitée de *Le Brun* ou de *Mignard* (?) et où l'on voit la Trinité assemblée et entourée de groupes d'anges volant et chantant les louanges de la mère de Jésus, que le fils présente à Dieu le Père. Le groupe de l'autel de la Vierge manque peut-être, comme sculpture, de solidité, mais non de légèreté et de bel effet. — La peinture des deux coupoles, étant données leur importance et leur supériorité comme art, doit être incontestablement attribuée à la main d'*Eustache Restout* lui-même, dont ils sont peut-être les chefs-d'œuvre, tant il en faut louer la vigueur et la ferme liberté de pinceau et le grand aspect décoratif. — Quant au fond du chœur, derrière le maître-autel, là où sont rangées les stalles des religieux, la boiserie en est sculptée dans ce goût d'ornement léger et délicat qui nous ravit dans les meubles d'alors, nous rappelant l'adresse traditionnelle des huchiers de Normandie, perpétuée dans les armoires de mariage, dont on retrouverait encore dans le département de la Manche de très habiles sinon bien sévères artisans. — Le petit dais du fond est surmonté d'un beau *Christ en croix*, ayant à ses pieds un groupe de petits anges terrassant le dragon. Sur une console en pierre, à droite, se voit la statue de la *Madeleine;* à gauche, celle de la *Mère de douleurs.* Le crucifix et le groupe d'anges, et les deux statues, et le mur qui leur fait fond sont coloriés. — Les quatre statues des *Évangélistes* qui sont dans le chœur, en avant de la Madeleine et de la Vierge, sur des consoles et dans des niches pareilles, ne sont point coloriées; mais elles ont entre elles quatre *Prophètes* de l'Ancien Testament, Moïse, Daniel, etc., qui sont peints en camaïeu vert, comme de feintes statues de bronze posées sur des piédestaux, sur lesquels sont représentés en manière de bas-reliefs des événements de l'histoire des prophètes. Le goût de ces sculptures, modelées ou taillées par *Eustache Restout* ou sous sa direction, n'est assurément pas sans manière et parfois sans faiblesse; mais on trouve dans leurs expressions une onction réelle, qui, dans les figures du crucifix, de sa mère et de la Madeleine, s'élève jusqu'à une grande beauté de sentiment digne d'un artiste supérieur. — Aux deux faces des piliers qui supportent la coupole centrale, huit médaillons peints en ovale, représentant le *Christ et les pèlerins d'Emmaüs* et le dernier banquet des apôtres avant la séparation (ces deux ouvrages sont faibles et me paraissent d'élèves); un *Prophète dans le temple*, copié d'après celui d'*Antoine Coypel* en son tableau d'Athalie; un morceau de la *Manne* du *Poussin* (celle du Louvre); *Moïse frappant le rocher*, fragment d'après *Le Brun;* un fragment du *Serpent d'airain*, d'après le même *Le Brun;* le *Sacrifice d'Abraham*, paraît d'après *Jouvenet* ou peut-être l'un des *Boullongne;* et enfin *Abraham recevant les présents d'Abimelech*, d'après *Raphaël.* J'ai dit que les deux premiers de ces huit médaillons étaient d'une exécution inférieure; les autres pourraient être de *Restout* ou retouchés par lui. — L'église de Mondaye avait, en outre, quatre petits autels latéraux dans l'enfoncement des fenêtres des basses nefs. Les tableaux que ces autels ont conservés sont de très humble dimension et de forme cintrée : un moine prémontré auquel un saint abbé, porté sur des nuages, montre un cœur enflammé; — l'*Éducation de la Vierge*, d'après *Jouvenet;* — à droite, le *Martyre de saint André*, d'après *Le Brun* (?); — puis le plus médiocre de tous, la *Mort de saint Joseph.* — La sculpture de l'orgue est très riche et très fleurie, très chargée de bouquets de fleurs et de figures d'anges.

Le goût de peinture d'*Eustache Restout* n'est point, à coup sûr, celui d'un grand maître; en principe, nous l'avouons sans peine, tous ces *Restout* de Caen ne sont point des découvreurs d'horizons inconnus, ce sont des gens à la suite, tout frottés qu'ils soient, de père en fils, de la fréquentation du *Poussin* et de *Jouvenet;* mais il n'est pas moins certain que l'artiste qui, à lui seul, a bâti, peint et sculpté cette église et lui a donné cette belle et tranquille harmonie, où la peinture et la sculpture se font les accommodantes servantes de l'architecture, l'auteur de cet ensemble heureux et vraiment noble, n'était pas seulement un praticien, mais dans sa mesure un créateur, un créateur portant en lui-même, avec le feu de la foi, le sentiment de l'accord que l'art exige pour l'unité d'une œuvre, et puis aussi cette flamme sympathique qui fait éclore des imaginations et des disciples autour de soi. — Sa peinture est molle et un peu pâteuse, mais intelligente et grave comme une fresque. Il se défie de sa propre invention; il est moine et en a l'humilité; mais il copie bien; et avec une interprétation sérieuse, les ouvrages conçus par les contemporains qu'il honore par tradition de famille, ou dont il a pu, de près ou de loin, recevoir les leçons, ouvrages popularisés d'ailleurs et consacrés par les meilleures estampes des graveurs de son temps et qui doivent tenir leur place dans tous les parloirs des monastères. — Sa couleur, je le répète, est un peu terne et passée, comme serait une coloration de vieille tapisserie ou de détrempe; elle est propre à l'effet tranquille qu'il veut produire, à ce que nous appelons la peinture murale. Il est de l'école qui entendait si bien les grandes machines et l'espace ne l'effraie point. Les murs de l'abbaye gardent encore scellés les crochets qui y supportaient les toiles immenses que l'évêque de Bayeux a fait transporter dans sa cathédrale[1]. Ces vastes toiles étaient sus-

---

1. Par M. Lavalley-Duperroux, j'apprends encore, au dernier moment, qu'à la même heure où, en 1851, je sollicitais de monseigneur de Bayeux la restitution à Mondaye des tableaux de la cathédrale de Bayeux, pareille supplique était adressée par une voix plus autorisée que la mienne, celle du

pendues entre les fenêtres, sous l'orgue, au fond des deux bras de l'église, la croisée à gauche en avant de la chapelle de la Vierge. Ces grands morceaux de la décoration de Mondaye sont reconnaissables aux encadrements feints qui sont peints sur la toile. Je ne vois de place, dans l'église du couvent, que pour huit de ces peintures. — Les tableaux de la cathédrale de Bayeux, qui, par leurs bordures feintes d'or et d'un ornement semblable, palmettes aux quatre coins et au milieu des côtés, marquent leur provenance certaine de Mondaye, sont : la *Cène* d'après le *Poussin;* — le *Centurion au pied du Christ*, et les *Vendeurs chassés du Temple* d'après *Jouvenet*, de la grandeur de l'original; — la *Pêche miraculeuse*, d'après le même, forme cintrée, presque demi-circulaire. Puis le *Baptême de Jésus-Christ* d'après *J. Restout*, grand tableau cintré; — (que, si l'on s'étonne de voir à Mondaye une copie d'après *J. Restout*, il faut se souvenir que le neveu d'*Eustache* avait commencé à peindre dès avant 1713 et qu'il était professeur de l'Académie royale dix ans avant la mort du vénérable prémontré). — *Jésus-Christ sortant du tombeau*, dans le goût de l'école de *Le Brun;* — la *Descente de croix* d'après *Jouvenet;* — l'*Exaltation en croix*, sans doute d'après le même; — le *Christ succombant sous la croix*, fragment de la composition de *Le Brun*, par un élève d'*Eust. Restout;* — l'*Ascension du Christ* agrandie d'après le *Jouvenet* du Louvre; — le *Christ aux anges* d'après *Le Brun*, copie médiocre; — enfin, la *Flagellation d'un saint*, lié et jeté par terre, dépouillé de ses vêtements, et de dessous lequel on retire une draperie, paraît peint d'après *Le Brun*. — Tous ces tableaux, suspendus aujourd'hui dans les chapelles latérales de la nef de la cathédrale de Bayeux, comme le furent, au commencement du siècle, les tableaux des *Mays* dans Notre-Dame de Paris, sont hauts d'environ huit pieds et larges de cinq pieds et demi. — Il faut noter aussi dans cette même cathédrale de Bayeux une excellente copie du *Massacre des Innocents* d'après *Le Guide*, sous laquelle sont inscrits les mots : *Ex dono Œgidii Guerin.* — N'oublions pas dans la chapelle de l'évêché de Bayeux des copies de même origine et plus petites que les toiles de la cathédrale : le *Martyre de saint Étienne* d'après *Le Brun* et le

---

savant M. Charma, dans la *Normandie illustrée*, p. 112, et cette voix fut écoutée, et ce que je décris comme décorant Bayeux allait être presque aussitôt reporté à Mondaye pour y compléter l'œuvre d'*Eustache Restout*.

Mariage de la Vierge d'après le *Jouvenet* d'Alençon; ce sont là deux des meilleures peintures provenant de Mondaye.

Quant à l'histoire de l'église elle-même, elle est écrite tout entière sur les deux pierres tombales, placées dans la nef, un peu en avant du chœur. La plus rapprochée de la grille du maître-autel porte l'épitaphe suivante :

HIC JACET

REVERENDUS ADMODUM PATER

D. D. PHILIPPUS LERMITE

HUJUSCE MONASTERII

ABBAS REGULARIS

QUI HOC TEMPLUM

PIETATIS SUÆ MONUMENTUM

AB IMIS CONSTRUXIT

MAGNA QUE EX PARTE DECORAVIT.

PLENUS MERITIS ET VIRTUTIBUS

DIEM CLAUSIT EXTREMUM

DIE DECIMA SEPTIMA JUNII

ANNI 1725,

ÆTATIS VERO SUÆ ANNO 73

REQUIESCAT IN PACE.

J'ai retranscrit plus haut, pour l'avoir déjà donnée dans mes *Observations sur le musée de Caen*, l'épitaphe d'*Eustache Restout*, tracée sur la pierre tumulaire, faisant suite, dans la nef, à celle de Philippe Lermite. Quand j'aurai dit que la pierre tombale de *Restout* porte gravés à ses deux angles supérieurs les attributs des arts : à gauche ceux de la peinture, à droite ceux de l'architecture, et au-dessous de la dernière ligne de l'inscription, une tête de mort, couronnée d'épines, s'il m'en souvient, et appuyée en arrière par la pelle et la faux de la mort entrecroisées, — il ne nous restera plus qu'à commenter en quelques mots les deux épitaphes, qui délimitent chacune la part dans l'œuvre commune des deux bons Pères de Mondaye. — Le très révérend Père Philippe Lermite, abbé régulier du couvent des Prémontrés, *templum ab imis construxit magna que ex parte decoravit*, ce qui veut dire en bon français que c'est lui qui a entrepris et conduit à bon terme l'œuvre importante, non seulement de la fondation (*ab imis*), mais aussi de la première construction et des projets de décoration. Il a sous la main et comme conducteur incomparable des travaux son frère en Dieu, le serviteur prédestiné de sa maison, le R. P. *Eustache Restout,* qui *templum hoc ab imis ad alta conduxit, vix constructum illico solus ditavit picturis.* Le, P. Philippe Lermite a conçu le monument et en a trouvé les ressources. En 1700, il a trente-huit ans; — *Eustache Restout,* quarante-cinq ans. Celui-ci, dans la plénitude de son savoir et de son expérience d'artiste, et déjà sans doute accrédité dans sa province par maint ouvrage dont il a décoré nos églises depuis Bayeux jusqu'à Falaise (*multis quas decoravit, ecclesiis*), secondé d'ailleurs par les élèves qu'il a formés, se voue de toute son ardeur, qui ne se refroidira plus durant quarante ans, à l'entreprise de son supérieur le P. Lermite; à lui l'entière responsabilité d'art, comme architecte, peintre, sculpteur de figures et d'ornements. Son épitaphe, — et il faut croire à l'absolue véracité de ceux qui l'ont tracée, et qui n'auraient pu mentir devant l'épitaphe toute voisine du R. P. Lermite, — lui attribue la complète intégralité de la conduite de l'ouvrage : *templum hoc ab imis ad alta conduxit, vix constructum illico solus ditavit picturis.*

« *Funeri superstes, vivit in multis quas decoravit ecclesiis.* » Il est à coup sûr difficile de déterminer la part des ouvrages de peinture qu'au dire de son épitaphe exécuta *Eustache Restout,* pour les églises de sa province, soit avant de se livrer à sa maîtresse entreprise de l'église abbatiale, soit quand il distrayait, au profit des paroisses qui l'en sollicitaient, quelques heures de l'œuvre qui l'absorbait. Né en 1655, et peintre né, nous le savons, par les habitudes de son étonnante famille, il était certainement armé et mûr pour la pratique de la peinture, pour sa vocation d'artiste avant de l'être pour sa vocation religieuse. Admettons qu'à vingt-cinq ans il fût en état de couvrir une toile pour la décoration d'une chapelle; il aurait donc pu, de 1680 à 1700, travailler vingt ans durant pour les églises de son pays, avant d'être réclamé impérieusement par les exigences du R. P. Lermite. Quelle autre part faut-il faire à 'la seconde moitié de sa vie, à celle où, entre deux vastes copies pour sa chère église, il lui était loisible de se détendre en une œuvre de complaisance en faveur d'une paroisse de sa région, où sa famille comptait tant de parents et d'amis, et où il avait pour l'aider la petite troupe de ses élèves ? Il est en vérité bien difficile de voir très clair en cette question, et nous ne pouvons qu'énumérer au hasard, et un peu en bloc, les peintures qui nous paraissent avoir le droit d'être attribuées soit à lui soit à son école. La vie réglée du religieux, habituée à un incessant labeur, sevrée de toute préoccupation mondaine, peut seule expliquer l'abondance d'ouvrages accomplis de la main ou dirigés par la tête de l'humble prieur de Mondaye. Il ne signe pas ses toiles, comme les *Delavente*, bien que la plupart soient, à n'en pas douter, de son propre pinceau ; mais alors à quoi les distin-guer sûrement et à quelle date les assigner, avant 1700 ou après 1700 ? Ses élèves ne sont-ils pas là qu'il a formés à seconder sa pratique dans toute tâche de cette sorte ? Nous n'avons trouvé sur notre chemin que Bayeux et Falaise, Caen par hasard ; mais si l'on parcourait village à village ce coin de Basse-Normandie, ne relèverait-on pas une liste autrement considérable de ces toiles semées partout, sans compter, par la piété du moine de Mondaye ? Que le lecteur excuse donc l'exiguïté de notre bagage, et surtout le vague et l'incertitude de nos attributions.

Le meilleur morceau, entre les copies décorant l'église de Saint-Patrice de Bayeux, est la toile peinte en forme de lunette ronde, représentant un *Père Éternel*, d'après *Jouvenet*; — dans la même église, une grande copie d'un *Baptême du Christ* d'après *J. Restout*; — une *Élévation en croix* d'après *Mignard*; — un *Martyre de saint Étienne* d'après *Le Brun*; — un *Repas chez Simon* d'après *Le Poussin*; — une *Cène* d'après *Rubens*, faisant pendant à cette copie du *Poussin*; — une *Salutation angélique* d'après *Lemoine*.

Dans l'église Saint-Gervais de Falaise, de vastes toiles, taillées pour décorer des coupoles, ou remplir des cintres, copiées par *Eustache Restout*, d'après le *Crucifiement du Poussin* et d'après le *Baptême de Jésus-Christ* de *J. Restout*; celui-ci même modèle que la copie de la cathédrale de Bayeux ; — une *Adoration des Mages* d'après *Jouvenet*. On peut d'autant moins blâmer cette préférence d'*Eustache Restout* pour la peinture de son parent *Jouvenet* que c'est, à coup sûr, celle qu'il traduit avec le plus de bonheur, soit qu'il la comprenne mieux, soit qu'il en ait étudié les principes d'après la palette même du grand peintre de Rouen. Aussi retrouve-t-on partout des copies de l'*Adoration des Mages*. — A Falaise encore, — je suppose que c'est dans l'église de la Tri-nité, — chapelle des fonts : prêtre à l'offertoire, cinq personnages et le répondant assistent au saint sacrifice de la messe. Bonne et très religieuse peinture que j'attribuerais à *Eustache Restout* lui-même ; elle sert de pendant, par la forme et l'encadrement feint, au tableau des offrandes de la même église. Ces deux toiles appartiennent plutôt, par le sentiment pieux, à l'école de *Le Sueur* qu'à celle de *Le Brun* à laquelle elles se rattachent pourtant par une certaine pesanteur d'exécution. — Au-dessus de l'autel de la troisième chapelle à gauche du chœur, bonne copie, fort endommagée, et dans la manière d'*Eustache Restout* d'après le *Martyre de saint Laurent* de *Le Sueur;* de même grandeur que l'original. — Une grande copie du *Crucifiement* d'après *Le Brun*, et de même attribution, décore et remplit la travée gauche de l'abside à gauche de la chapelle de la Vierge. — Deuxième chapelle, au-dessus de l'autel, petite copie d'après la *Madeleine* de *Le Brun;* — chapelle du transept gauche de l'église, autre petite copie de la *Lapidation de saint Étienne* d'après *Le Brun,* — même école d'*Eustache Restout*.

Est-ce par l'exemple et l'influence de Mondaye et de son peintre *Eustache Restout* que nous voyons les églises de Basse-Normandie abonder en bonnes copies? Il faut bien observer qu'au jugement des âmes pieuses, les bonnes copies de chefs-d'œuvre reconnus, si elles traduisent fidèlement le sentiment des maîtres, doivent être préférables comme décorations d'églises, pour l'édification des yeux et des esprits, à des originaux douteux ou médiocres. Cette question des copies de peintures religieuses, il n'est pas permis de la trancher à la légère, car elle correspond à l'un des plus impérieux besoins du culte. Quand j'étais chargé de la direction des Beaux-Arts, j'eus à m'en préoccuper gravement, et comme elle avait été soulevée dans mes derniers temps du Palais-Royal, je n'eus pas le temps d'en appliquer la solution, mais seulement de la préparer. Je n'avais été que trop frappé de la médiocrité des toiles qui, sur la demande des personnages politiques, étaient couramment expédiées, de toute éternité, aux pauvres églises de nos provinces. Cela roulait sur une quinzaine de modèles, tous d'une banalité navrante : la *Vierge à la grappe* d'après *Mignard*, la *Salutation angélique* d'après *Louis de Boullongne*, la fameuse *Conception* d'après *Murillo*, et l'éternel *Christ en croix* d'après *Philippe de Champaigne*. Tout-puissants ceux qui obtenaient la *Mise au tombeau* d'après *Le Titien* ou la *Vierge aux donateurs* d'après *Van Dyck*. La *Belle jardinière* d'après *Raphaël*, ou la *Visitation* d'après *Sébastien del Piombo*, ou la *Sainte Véronique* d'après *Le Sueur* étaient méprisées pour leurs petites dimensions. Et quelle médiocrité dans l'exécution ! Mon premier soin avait bien été de recommander aux inspecteurs des beaux-arts un choix plus sévère entre les copies proposées. Mais la banalité et la monotonie restaient toujours là immuables, invincibles, et le mal était double, car les églises étaient servies d'œuvres ennuyeuses et de bien petit sentiment religieux, et les pauvres artistes qui se vouaient à une telle industrie et à un si piètre gagne-pain n'avaient aucune chance d'y voir se développer, même à la longue, le talent qui pouvait faire d'eux, selon le but ordinaire de pareilles études, des peintres de quelque valeur dans l'avenir. Je pensai à renouveler et à épurer la série des modèles, en imposant aux copistes une liste de tableaux de maîtres entre lesquels seuls l'administration choisirait désormais ses acquisitions. Je chargeai donc un beau jour les inspecteurs des beaux-arts Ronchaud, P. de Saint-Victor et Gruyer de dresser cette liste, en en cherchant les éléments dans les plus purs et les plus nobles ouvrages que possédassent notre galerie du Louvre et notre musée du Luxembourg, et nos églises et nos palais nationaux, voire certains musées de province, pour les copistes provinciaux, en remontant hardiment jusqu'aux plus sévères et profitables modèles que pussent offrir à l'étude le xve et le xvie siècle. Un premier relevé fut fait par cette commission intime dont Gruyer était le secrétaire, et je me souviens d'en avoir vu entre ses mains la copie. Mais le dépouillement définitif se fit attendre, et n'eut pas la suite à laquelle il devait aboutir. Plus tard vint une certaine heure où ces copies religieuses furent en quelque sorte honnies et proscrites, et tacitement effacées du budget des acquisitions. Je ne sais si · elles ont repris beaucoup de leur antique faveur. Je serais étonné toutefois qu'elles fussent tout à fait rayées des satisfactions à donner à certains solliciteurs politiques, voire aux moins dévots, me souvenant personnellement des instances bien inattendues de quelques personnages de cette dernière espèce. Mais copies pour églises, ou copies pour musées de province, je crois encore que mon projet d'un choix plus élevé dans les modèles à imposer aux jeunes copistes était une pensée juste et à laquelle il faudra revenir. Bien mieux, il convient de ne pas oublier, et l'exemple de l'école de Mondaye est là pour nous en faire souvenir, que les meilleures reproductions sont celles exécutées d'après des maîtres contemporains; les copistes, pour avoir vu ces maîtres opérer sous leurs yeux, les comprennent mieux et d'instinct, pénétrant plus familièrement leurs procédés et leur facture, leurs types et leurs expressions intimes, en un mot le sentiment idéal qui court dans les visées particulières de chaque époque, et qui se perd et s'efface, à peine intelligible pour les générations suivantes.

« *Pictores, sculptores, architecti, ab eo formati, fructum capiunt in terris; ipsi sit merces in cœlis.* » — Aujourd'hui, quand la commission des monuments historiques entreprend de restaurer l'une des merveilles qu'elle a prises sous sa garde, il se forme, pour quelques années, autour du monument ce qu'on appelle un chantier, c'est-à-dire un groupe d'artistes et d'ouvriers, qui entretiennent dans le pays, et le plus souvent y font naître, le goût et l'exercice des travaux de sculpture, d'architecture ou de ferronnerie, qu'il voit pratiquer par ces artisans. C'était évidemment un chantier de cette sorte.qu'*Eustache Restout* avait organisé pour la construction et la décoration de l'église de Mondaye. Il y a cinquante ans, je rencontrais dans les bocages sauvages de la Trappe, en Perche, un religieux d'autre habit, l'un des plus grands savants et des médecins les plus accrédités de notre province, se promenant avec quelques élèves qu'il instruisait aux mystérieux effets des plantes bienfaisantes et de celles qui nuisent à l'homme; secrets.de Dieu que ce moine de.l'ordre le plus austère entr'ouvrait à ses disciples, au nom de Dieu lui-même, sous la voûte des bois, ou bien penchés au bord de leurs étangs, ou marchant le long des sentiers tortueux et odorants traversant les landes à bruyères. Ce devait être un spectacle aussi touchant et aussi pieux, celui du bon moine *Eustache Restout* entouré de ses plus jeunes frères en religion, les instruisant, tout en chapant sous la futaie du monastère, des règles et des conditions de beauté communes à tous les arts, de la noble science des proportions, de ces lois de perspective aérienne qui préoccupaient tant son neveu, de la douce harmonie des couleurs, du tranquille équilibre des lignes dans les œuvres composées, leur racontant la. gloire des grands artistes, peintres, sculpteurs, architectes, dont il leur révélait l'enseignement et leur proposait les chefs-d'œuvre pour modèles, — particulièrement ceux qui avaient porté la robe de saint Dominique ou la robe de saint Augustin, privilégiées toutes deux dans l'histoire des arts.

Mondaye fut un séminaire d'artistes décorateurs. Il est évident que ce groupe de jeunes gens, se conformant aux principes et à l'exemple d'*Eustache Restout*, était forcément conduit, par son étroitesse même, et le mélange inévitable de leurs travaux communs, à étudier à la fois l'architecture, la peinture et la sculpture; n'avaient-ils pas dû en effet, pour profiter à l'école de leur maître, pratiquer du premier coup, par nécessité, par simple bon sens, à la bonne franquette, et sans se vanter de la merveille, cette fameuse théorie de la simultanéité des trois arts devenue le dernier mot et le fin du fin de notre philosophie de l'enseignement? Et c'est ce qui donne à Mondaye l'unité, l'harmonie qui en font une œuvre à part, un monument modèle. Et je voudrais voir, dans quelques coins de Paris et de la province, plusieurs ateliers organisés comme celui de Mondaye, sous le patronage du clergé, pour le service de ses églises; il ne faudrait pas d'autre direction des beaux-arts à l'usage des monuments religieux; j'en recommande la pensée à nos évêques et archevêques. — Entre les artistes de l'atelier de Mondaye, ceux qui semblent les plus étrangers à l'éducation première d'*Eustache Restout*, qui est toute une éducation de peintre, ce sont les sculpteurs. Et cependant ils ont une part bien marquée dans l'ensemble des travaux de l'édifice, où ils font corps, non seulement avec l'architecture, mais encore avec la peinture, ainsi que je l'ai dit à propos de ce groupe, en terre cuite, de l'*Assomption de la Vierge*, servant de retable à l'autel du transept de gauche, et qui va rejoindre la coupole peinte au-dessus de cet autel. M. Lavalley-Duperroux croit à une certaine influence de cette décoration sculptée de l'église de Mondaye sur maint autre ouvrage pareil des chapelles abbatiales de notre province, et cite l'abbaye du Val-Richer, celle du Val-en-Cinglais, celle de Tournebu et l'église Saint-Paul du Vernay, dont il attribue le bas-relief de la *Conversion de saint Paul* à l'invention d'*Eustache Restout* lui-même.

Bien que dans son épitaphe il ne soit question que de peintures, il ne me répugne pas de croire que le prieur de Mondaye a dû mettre la main aux sculptures de son église. Il ne manquait pas en ce temps-là d'habiles sculpteurs en Basse-Normandie, et moi-même en ai cité quelques-uns en un autre endroit de ce recueil. Mais le bon moine n'aura pu se défendre, et c'était presque son devoir, pour la parfaite unité de son entreprise, de fournir tout d'abord la maquette d'où devait sortir le plus important morceau d'une chapelle à laquelle il attachait à coup sûr, pour l'étonnement des yeux et la nouveauté de l'effet, un intérêt capital; la liberté même de la sculpture donnerait à penser qu'il y a du peintre là-dedans et que le conducteur des travaux n'a pas pu ne point triturer lui-même quelque peu l'argile, — non seulement ici, mais pour les autres figures du monument. Autrement que signifierait l'allusion des mots : *pictores, sculptores et architecti ab eo formati,* si ce n'est que, par son exemple et par les conseils de sa main, il avait puissamment aidé à l'éducation de ses jeunes modeleurs? D'ailleurs l'usage de la terre cuite était général dès longtemps en tout pays et particulièrement dans notre province où manque le marbre, et rappelez-vous que vingt ans avant la décoration de Mondaye (de 1679 à 1681) Joseph Chauvel de Cantepie, « bourgeois de la ville de Falaise et sculpteur de l'Académie royale » (de Caen?), remplissait l'église d'Almenêches, près Argentan, de figures et surtout de bas-reliefs en terre cuite vraiment admirables, et qui pouvaient exciter l'émulation de toute la Basse-Normandie. Jusqu'à Bellesme en Perche, à l'autre bout du diocèse de Séez, on eût trouvé à l'heure même de Mondaye des figures en terre cuite, un *saint Gilles* et un *saint Maclou* dans la chapelle de l'hospice. — Quant à ses dons d'architecte, outre les talents singuliers dont il avait fait preuve dans la conception et les détails de son église abbatiale, *Restout* trouvait encore une application de son ingéniosité de dessinateur en inventant pour ses sculpteurs d'ornement les rinceaux légers et capricieux et les savantes moulures des boiseries décorant l'arrière des stalles au fond de son monument. La tradition normande commandait pour les lambris de chœur les plus merveilleux efforts de nos sculpteurs sur bois, et Mondaye ne pouvait faillir à cette tradition. Souvenez-vous de ces fameuses boiseries de chœur de notre abbaye du Val-Dieu, dont les morceaux dispersés font encore aujourd'hui l'honneur de l'église de Mortagne et de la bibliothèque d'Alençon.

Les plus fidèles et les plus habiles continuateurs des services rendus à nos églises de Basse-Normandie par *Eustache Restout* et par les élèves formés sous sa discipline ont été les *Delavente,* de Vire. Il m'a été dit qu'un de nos compatriotes avait écrit sur ces très savants praticiens une étude des plus complètes. Il me suffira peut-être, pour leur faire leur juste part dans le présent travail, de transcrire ici la lettre datée de Vire, le 23 juin 1853, et qu'adressait à Georges Bouet un peintre de valeur, *E. Legrain,* fort apprécié dans notre province pour ses portraits, et surtout pour des paysages au fusain où il excellait. « Je ne sais, me disait G. Bouet, si vous connaissez *Legrain* autrement que par son tableau de M. de Bras; mais il est un de nos meilleurs artistes normands. Je regrette beaucoup de n'avoir pu le décider à exposer un fort beau portrait de sa mère, qui, je crois, eût été remarqué. » — Voici telle quelle la lettre de *Legrain :*

« Mon cher Bouet, si je n'avais essayé de recueillir sur les *Delavente* quelques renseignements plus précis que ceux que j'ai pu vous donner autrefois, vous auriez reçu depuis longtemps déjà une réponse à votre lettre. Malheureusement, mes recherches ont été à peu près stériles. — On se souvient encore de deux frères *Delavente*, peintres, dont le dernier est mort en 1812. Des générations antérieures, on ne sait presque rien. — Les *Delavente* sont originaires de la Touraine. Sous Louis XIII, un *Delavente*, peintre et graveur, habitait Vire. Je ne connais rien de lui. Je n'en connais pas davantage d'un de ses descendants, peut-être son fils, qui peignit sous Louis XIV. Un autre, qui signait *Franciscus Delavente Viriensis*, est l'auteur des grands tableaux (copies) qui sont à la cathédrale de Coutances. Ses deux fils, *François* et *Vincent*, ceux-là dont on se souvient à Vire, furent élèves de *Vien. Vincent* quitta la peinture assez vite et entra dans les fonctions publiques. Il fut, je crois, magistrat. *François* peignit beaucoup de tableaux pour les églises. — Voici la liste des tableaux des *Delavente* connus par moi : 1º *Saint Roch intercédant pour les pestiférés* d'après *Rubens : Franciscus Delavente pinxit 1743.* Copie assez bien dessinée, d'une couleur terne. C'est pour moi le meilleur des tableaux signés *Delavente* (chapelle Saint-Thomas à Vire). D'après la date qu'il porte, il doit être de *François Delavente*, auteur des tableaux de Coutances. — 2º Une copie d'après *Le Brun*, la *Madeleine repentante* (Mlle de la Vallière), *Delavente Viræus pinxit, 1783.* — 3º Un *saint Augustin* dont je ne connais pas le modèle; même signature, même date. Ces deux tableaux se voient dans la chapelle de l'hôpital. — 4º Une *Sainte Famille : Franciscus Delavente pinxit 1808.* Est-ce une copie ? Est-ce un original ? Je n'en sais rien (chapelle de l'hôpital). — 5º La *Séparation de saint Pierre et de saint Paul avant le supplice* d'après *Lanfranc.* C'est un des derniers ouvrages de *François Delavente*, décédé en 1812 (église Notre-Dame de Vire). — 6º Une *Apparition du Christ aux apôtres : Vincent Delavente ætatis suæ 18.* Très faible (église Notre-Dame de Vire). — Je n'ai pas besoin de vous dire que, dans presque toutes les églises des environs de Vire, on voit des tableaux des *Delavente*. Vous les connaissez autant, sinon plus que moi. — Le tableau de l'Hermitage de Saint-Sever a servi de modèle aux *Delavente*. Ils l'ont reproduit souvent, soit réduit, soit avec quelques légers changements. Je ne puis rien vous dire de l'origine de ce tableau qui a beaucoup souffert. Je n'en sais que ce que vous trouverez dans Richard Séguin (*Essai sur l'histoire et l'industrie du Bocage*, ch. xv, page 246). — Si M. de Ch. s'occupe des *Delavente*, je crois que ce serait justice de ne pas oublier *J.-J. Guernier*, décédé à Vire en 1848. — Originaire de Saint-Lô, élève de *Regnault*, de *Saint* et de *P. Guérin*, il vint à Vire en 1816. Il y fonda une école de dessin qui a prospéré et qui est encore bien suivie. Il a laissé de bons portraits, entre autres celui du poète Chênedollé, des miniatures qui rappellent celles de *Saint* pour lequel il faisait souvent des copies, et un grand nombre de tableaux d'église. Parmi ceux-ci, il faut remarquer une *Fuite en Égypte*, tableau original qui orne la chapelle du collège, et une *Résurrection*, copie très large et très brillante d'après *Vanloo*, qu'on voit à Sourdeval. Il a aussi fait deux grands ouvrages de décoration : les *Vertus théologales* à la chapelle du collège et les peintures de la chapelle du Rosaire à Notre-Dame. Je me garde d'apprécier ces œuvres, vous les connaissez et vous êtes plus compétent que moi. Dessin assez sévère et bon goût d'arrangement, ce sont là, je crois, les qualités dominantes de *Joseph-Joachim Guernier*. »

Pour en revenir aux *Delavente*, c'est avec les notes d'album de G. Bouet que je vais pouvoir mettre quelque ordre dans la généalogie des peintres virois et grossir quelque peu le catalogue fourni par la lettre de M. Legrain. Le plus ancien ouvrage certifié par leur signature ne remonte pas au delà des dernières années de Louis XIV. Dans l'église de Clinchamps, près Saint-Sever, une *Adoration des Mages* est signée : *la Vente junior — Vireus pinxit 1709*. Quant au *Delavente,* déjà fixé à Vire au temps de Louis XIII, et qui n'avait peut-être pas l'habitude de signer et de dater aussi exactement ses ouvrages que les trois générations de peintres de son nom, faudrait-il chercher sa main et son talent dans certains tableaux des églises de villes voisines dont les attributions nous semblent difficiles à fixer, tels que la *Descente du Saint-Esprit sur les apôtres*, que l'on voit à Saint-Gervais de Falaise, fort bonne peinture qui me semble être de l'époque de Louis XIII; il y a là des têtes un peu cherchées et d'autres d'un style ferme et bien rencontré; point signé, mais certainement original; — ou bien cet autre tableau, de la même époque, et essentiellement bas-normand, malgré son influence mi-partie italienne, mi-partie flamande, mais plutôt flamande, et qui montre au chevet de la Trinité, dans la chapelle de la Vierge, la *Vierge et l'enfant Jésus distribuant le Rosaire à sainte Claire et à saint Dominique*; à l'entour de ce sujet central, quinze médaillons représentant les quinze sujets de stations du Rosaire ou plutôt de la vie de la Vierge? — Du *La Vente* le jeune de 1709, nous passons brusquement au *François Delavente*, copiste du *Saint Roch* d'après *Rubens*, en 1743, l'année même de la mort d'*Eustache Restout*. Je soupçonne fort ce *François* d'avoir été, dès son enfance, l'élève du bon Prieur de Mondaye, à en juger par la manière et par l'espèce de ses propres tableaux, qui ne sont que la continuation des travaux du maître, dans le même genre, d'après les mêmes modèles et selon la même palette. On en peut juger par la fort bonne copie du *Jésus-Christ guérissant le paralytique* d'après *J. Restout*, signé *Franciscus Delavente Virœus pinxit 1760*, et qui décore l'église Saint Nicolas de Coutances. On ne saurait lui reprocher que d'imiter trop parfaitement les tons de tapisserie, et l'on sait que ces tons de détrempe sont le défaut ou la qualité des peintures quasi-murales de la petite école de Mondaye et des enseignements de son chef. — D'après une note de Bouet, dans le transept nord de l'église Saint-Pierre, même ville de Coutances, une autre œuvre de même date, du même *François Delavente*, 1760. Et Bouet me signalait encore, à Montchamps-le-Grand, un tableau portant double inscription : *Ex dono — Domini de Sainte-Marie — de la Hudayrie 1767*, et *F. de la Vente Virœus pinxit*. — A l'exposition rétrospective organisée, en 1861, à l'hôtel de ville de Caen, par la Société des beaux-arts, se voyait un portrait de *Pierre-Jean-François Turpin*, par *Fr. Delavente*. Ce Turpin, né à Vire en 1775, mort en 1840, et qui sans doute avait appris les premiers éléments de son art chez les *Delavente*, bien qu'on assure « qu'il s'était formé sans maître, » devint un artiste fort réputé dans son genre, comme dessinateur d'histoire naturelle et spécialement de botanique. C'est sans doute le dernier des *François Delavente* qui se donna l'honneur de peindre ce compatriote et confrère d'importance. — « Au maître-autel de Sainte-Marie-Outre-l'Eau, près Pontfarcy, un tableau bien composé et assez bien dessiné, mais d'une couleur mate et criarde, *Esther et Assuérus*, signé *J. De la Vente, Virœus inv. et pinx. 1789*. Sur les deux portes de sacristie, placées de chaque côté de l'autel, sont peints

deux sujets en camaïeu, la *Visitation* et la *Mort d'Holopherne*,
ce dernier paraissant copié d'après quelque tableau de *Rubens*.
Ces deux sujets ne sont que pochés, mais ne sont pas sans mérite. »
La signature, en tout cas, mérite d'être remarquée : *J. Delavente,
inv. et pinx. 1789.* Avons-nous affaire là à un nouveau *Delavente*, qui, au lieu de copier bonnement des compositions peintes
ou arrangées d'après des gravures, comme ses ascendants, s'avisait
d'inventer lui-même les sujets de ses tableaux ? — A l'occasion
de ces camaïeux sur portes de sacristie, G. Bouet me signalait
même particularité d'un autre peintre des mêmes parages, assez
peu digne, avoue-t-il, d'être tiré de son obscurité. C'est l'auteur
du tableau du maître-autel de l'église de Varaville, signé *Jumel
inv. et pinxit 1699* (on doit au même artiste le tableau d'autel de
l'hôpital de Saint-Louis de Caen, un *Christ en croix*). *Jumel* a
donc, lui aussi, décoré de peintures les deux portes de sacristie
qui flanquent son tableau de Varaville. — Quant à ce tableau de
l'Hermitage de Saint-Sever [1] que M. *Legrain* nous disait avoir
été maintes fois répété, sauf quelques modifications, par les *Delavente*, pour les environs de Vire, Bouet nous apprend qu'il s'agit
de l'*Assomption* qui orne le maître-autel de l'ancien couvent des
Camaldules dans la forêt de Saint-Sever. « Il paraît être une copie
d'après un maître italien. Je ne sais s'il est signé. » C'est dans
cette même chapelle de l'Hermitage que Bouet avait relevé la
signature *F. Lucas Carmelita, Pinxit*, sur une *Annonciation*,
signature fort intéressante pour les amis de l'art normand, puisqu'elle certifiait une œuvre de celui que *Robert Tournières*
avouait pour son premier maître. J'en ai parlé, à propos de celui-ci,
dans la livraison d'octobre 1886 de la *Revue de l'Art français*,
mais le nom du *Frère Lucas* de la Haye revient volontiers ici
sous ma plume, dans ce chapitre où je le vois contemporain des
vénérables religieux de Mondaye. Sa manière n'était pas la leur,
s'il est vrai, comme l'atteste G. Bouet, que l'*Annonciation* de
l'Hermitage, « tout en ne manquant pas de mérite, paraît être d'un
peintre qui n'avait pas l'habitude des grandes toiles. » — *Robert*

---

1. L'abbaye de Saint-Sever, entre Vire et Villedieu. Voir, au Cabinet des
estampes (*Topographie du Calvados*), les vues, qu'il eût été très intéressant
de reproduire dans le *Calvados pittoresque*, de Saint-Sever, de Condé, de Vire,
de l'abbaye de Notre-Dame-d'Aulnay, à six lieues de Vire (1706), d'après les
dessins faits par ordre de l'intendant Foucault.

Tournières, non plus, ne manqua pas de mérite, et les petites toiles firent mieux son affaire que les grandes, en quoi il semble, du premier coup, avoir rencontré son vrai maître. La nature a mesuré d'avance la taille et l'utilité de chaque artiste. Il suffit qu'alors petits et grands aient travaillé pour la gloire de leur ordre et de leur couvent. « En fait de peintures en partie pillées, mais avec un grand talent, d'après des gravures, » me disait encore G. Bouet à l'occasion des *Delavente*, « connaissez-vous les peintures du couvent des Carmes ? J'ai su le nom du peintre, mais je l'ai oublié, et hier je l'ai inutilement cherché. On dit qu'il était carme et qu'il est mort d'une chute faite en peignant une voûte. Je ne pense pas que ce soit *F. Lucas*, car ces peintures paraissent bien plus hardies; malheureusement elles sont très effacées. »

Et vers le même temps où le *Frère Lucas* de la Haye travaillait pour les Camaldules de l'Hermitage Saint-Sever, où les Prémontrés de Mondaye formaient école de décorateurs pour les églises relevant de la cathédrale de Bayeux, où *Ch. Dufresne* peignait à Argentan et à Alençon des copies de tableaux sacrés, où les *Delavente* couvraient de leurs vastes machines les chapelles et autels de leur pays virois, là-bas à Granville, le maître-autel de l'église Notre-Dame s'ornait d'un curieux tableau, qui intéressé à la fois l'honneur des arts à Coutances et le clergé du diocèse. C'est une grande *Assomption de la Vierge*, d'un dessin assez incorrect, mais d'une bonne et riche couleur, et portant cette signature : *peint par Claude-Emmanuel Coüey, prestre à Coutances, l'an 1712.* — Rappelons-nous qu'en France, comme partout d'ailleurs, le goût du bâtiment, de la reconstruction, de l'ornementation nouvelle a toujours procédé, par à-coups, par entraînement, par mode; et la période des dernières années du xviie siècle et des premières du xviiie a vu réédifier et décorer, selon un type majestueux et nouveau, nombre d'églises, de cathédrales, d'abbayes, de palais épiscopaux, sans parler des hôtels aristocratiques des grandes villes. Le haut clergé de Basse-Normandie favorisa magnifiquement, pour sa part, ce mouvement de décor pompeux dans les édifices qui relevaient de sa protection ; les monuments en souffrirent parfois; mais il ne faut pas méconnaître la bonne volonté de nos évêques, puisqu'elle nous a valu, en certains arts utilisés par eux, tels que la ferronnerie, pour la clôture de nos nefs par des grilles du plus bel enroulement, des œuvres d'une richesse et d'un goût supérieurs. Ainsi l'on trouve dans la *Topographie de la Manche,* au Cabinet des estampes, un fort intéressant dessin de la grille de fer au chœur d'Avranches, qui donne idée du meilleur goût de la ferronnerie à la fin du xviie siècle. Est-ce là un ouvrage exécuté par ordre ou sous l'inspiration de Daniel Huet, notre évêque bien-aimé d'Avranches ? On le voudrait croire.

Le nom de Léonor de Matignon inscrit au bas d'une estampe témoigne encore d'un autre semblable patronage. Je veux parler de la belle et grande gravure, d'un pied et demi de haut, représentant la « *Perspective de l'église cathédrale de Notre-Dame de Coutances,* dédiée à Monseigneur l'illus^{me} et Rev^{me} Léonor Gouyon de Matignon, évêque de Coutances, par son très humble et très obéissant serviteur *R. Bichue.* » — Cette excellente pièce que l'on croirait exécutée par un graveur spécial d'architecture, tant la perspective a de précision et d'exactitude, et dont les premiers plans et les petits personnages ont tout l'esprit et la liberté sémillante d'un contemporain de *Cochin* et de *Le Bas,* est signée : *R. Bichue Constan. del. et i^e sculpebat — ann.* 1747. — Mais il reste en son pays d'autres preuves, et d'un autre genre, du talent de cet habile artiste. Dans la même église de Notre-Dame de Granville, décorée du tableau de *Couëy,* le prêtre de Coutances, qui fut, on peut le penser, le maître de *Bichue,* notre ami Guiffrey (*Inventaire général des Richesses d'art, province, monuments religieux,* t. Ier, p. 3 et 4) cite une toile qu'il décrit ainsi : « La *Vierge et plusieurs saints.* Signé : *R. Bichue,* 1748..Haut., 2^m5o; larg., 1^m35. — La Vierge occupe le haut du tableau; elle est implorée par deux saints; à droite saint Sébastien, aux pieds duquel gît un casque; à gauche, un pèlerin, tenant son bâton, relève sa robe pour montrer un trou qu'il a à la cuisse, et qu'un petit ange ailé, placé auprès de lui, semble regarder. (Ne serait-ce pas saint Roch ?) — Au-dessus de ce tableau, dans un cadre rond, entouré de nuages à rayons dorés, on voit apparaître un évêque vu de buste et tenant à la main une tête de mort. Diam. o^m75. »

Et les voyageurs qui de Granville remonteront à Coutances, cité natale de notre peintre, remarqueront dans l'église Saint-Nicolas un bon tableau, d'une jolie couleur *Vanloo,* et d'un dessin assez ferme, représentant un *Moribond soutenu par sa femme et guéri par deux apôtres.* Il est signé : *Bichue, pinxit* 1765; — et de moindre valeur un *Saint Sébastien secouru par un ange,* tableau portant même date et même signature. Le nom de *Bichue* est resté commun dans cette ville, où on le retrouve sur les enseignes de plusieurs boutiques.

Notre-Dame de Granville nous fournira encore un dernier nom et deux derniers tableaux pour clore la présente liste, à peine ébauchée, des copies de peintures religieuses exécutées avant la Révolution pour nos églises de Basse-Normandie. Moi-même avais noté jadis la reproduction d'une partie de la *Pêche miraculeuse* de *Jouvenet*, signée : *De Bonneville pinxit anno 1780.* La femme qui, assise par terre, ramasse le poisson et le tend à celle qui porte un panier sur la tête est coiffée et corsetée à la mode de Granville. Et pourquoi non ? N'était-ce pas une Dieppoise que *Jouvenet* avait peinte ? Répétons et répétons encore que *Jouvenet* était bien le maître normand par excellence; ses compatriotes l'ont si bien compris qu'on ne voit du haut en bas de sa province que des copies de ses œuvres. J.-J. Guiffrey a lu un peu différemment la date de cette peinture d'après *Jouvenet;* il a vu *1787,* et sans doute a-t-il raison. Mais de plus il a trouvé la signature de *Bonneville* sur une autre toile de 2^m75 sur 1^m25, faisant pendant à celle-ci et représentant « *Saint Paul au milieu de la Tempête :* une barque chargée de pêcheurs au milieu d'une mer agitée. Dans la barque, un vieillard debout regarde le ciel, où un ange, venant de la gauche, tient déployée une banderole, sur laquelle on lit cette inscription : *Paul! Dieu t'a donné tous ceux qui naviguent avec toi.* » — Mais ce *Bonneville* ne serait-il pas le même qui nous est connu par les gravures de tant de portraits révolutionnaires ?

Le 11 janvier 1858 (?) se vendait rue Drouot, aux commissaires-priseurs, le portrait de Cl. Fauchet, évêque constitutionnel de Caen, portrait qui a été gravé comme peint par *Bonneville;* c'était une peinture pénible et assez médiocre. Il est possible que *Bonneville* ait quitté sa province vers l'époque de la Révolution et que, par souvenir du pays, il ait peint avec complaisance et gravé l'un des premiers dans sa série le portrait de son compatriote par adoption, devenu député girondin.

Dans cette innombrable série de *Portraits de personnages historiques de la Révolution,* dessinés par *François Bonneville,* d'aucuns « au tribunal révolutionnaire, » pour être gravés par lui-même à l'eau-forte et au pointillé, d'une façon assez « noire et lourde, » œuvre en somme fort précieuse pour l'horrible chronique de ce temps-là, un portrait nous est particulièrement inté-

ressant pour la Basse-Normandie et pour nous-même : c'est celui
de Charlotte Corday. Le *Moniteur* du 13 septembre 1793 disait
de cette image de notre Charlotte par *Bonneville* : « La scélérate
Charlotte Corday est dessinée d'après nature et de la plus grande
ressemblance. » — MM. le baron Roger Portalis et Henri Beraldi,
dans leurs *Graveurs du XVIIIᵉ siècle*, ne nous apprennent rien
de la personne ni du pays de *François Bonneville*. Naturellement
il ne pouvait plus être question, en 1793, de cette dangereuse par-
ticule que l'on trouve sur les tableaux de l'église de Granville.
Une première lettre de prénom, si nous la rencontrions sur ces
tableaux, nous fixerait sur l'identité du peintre de Granville et du
dessinateur révolutionnaire de Paris. Cependant, jusqu'à preuve
contraire, nous garderons notre ferme croyance qu'il existe entre
les deux une forte probabilité de famille. Ce nom même de *Bonneville* n'a-t-il pas un parfum tout normand ?

Je dois répéter une fois encore que tout ce long travail repose
sur des notes griffonnées, il y a trente-huit ans, en 1851, sur les
feuillets à demi effacés d'un méchant petit carnet de voyage ; depuis
lors, bien des tableaux décrits ont pu changer de place et peut-
être s'enrouler pour aller périr dans quelque grenier de sacristie
ou dans un comble d'église. Aujourd'hui, je ne cède qu'à mon idée
fixe de vider de mon mieux mes calepins de jeunesse. Mais celui
qui passera après moi dans la belle contrée du Bessin pourra redresser et compléter mes souvenirs d'antan. Il excusera les erreurs,
non pas seulement probables, mais certaines et répétées, d'une
mémoire interpellée jadis par moi-même au vol, au jugé et à cent
lieues de distance de tout cabinet d'estampes, sur les auteurs pré-
sumés des peintures originales dont s'inspirèrent *Restout* et ses
élèves. Je n'ai jamais eu d'autre ambition, dans mes propres
recherches, que d'aiguiser la curiosité de mes confrères et d'offrir
un cadre aux pourchas de plus patients et de plus subtils que moi.
Ç'a été, paraît-il, le péché de ma vie de m'être plutôt appliqué à
exalter les humbles qu'à glorifier les vraiment dignes de gloire.
La faute en a été surtout à l'étroitesse de mon patriotisme qui m'a
fait songer à regarder de préférence et à relever de sous leur pous-
sière les oubliés de mon plus proche voisinage ; pensant bien que
les panégyristes de haut vol ne manqueraient pas pour les géants
incontestés, tels que *Poussin*, *Jouvenet* et *Géricault*. J'ai voulu
accomplir ma tâche de Normand de Normandie et n'ai pas cru que
ce fût besogne si inférieure de montrer quelle part avaient prise

les artistes, même les artistes de métier, au tous-les-jours de la vie
de leur province. Je demeure encore convaincu qu'il n'est indigne
d'aucun de nous de rendre un tel service à la région où il est né,
en enrichissant de notules intéressantes le bas des pages du chapitre d'art de notre grande histoire nationale.

Tant qu'il sera permis de faire servir à la gloire de Dieu l'imitation passionnée ou l'interprétation idéale des plus belles choses
créées, il se trouvera toujours, chez les peuples chrétiens (souvenez-vous des moines du mont Athos!), des prêtres ou de pieux
solitaires résolus à consacrer à l'ornement des temples de leur
religion l'habileté de leurs mains ou l'éducation naturelle de leurs
yeux. C'est pour eux un instinct si juste et si impérieux que vous
ne citerez pas de siècle, même celui de notre présente décadence,
qui soit dépourvu de ce prêtre peintre ou architecte ou sculpteur.
Monseigneur *de Ségur*[1] ne renonça à dessiner et à peindre que le
jour où il eut perdu la vue. J'ai connu jadis l'abbé *Dergny* à
Abbeville. Je me rappelle combien, en mon doux temps de Florence, Mlle *de Fauveau* m'intéressait en me racontant la légende
du couvent de Saint-Marc, qui veut que depuis le *Fra Beato
Angelico* il n'y ait jamais eu vacance, jamais interruption de religieux peignant, bons ou moindres, dans la maison favorite des

---

1. Monseigneur *de Ségur* s'était exercé de bonne heure à la pratique de la
peinture religieuse. Je me souviens qu'en mars 1839, étant venu de Bellesme
au couvent de la Trappe, près Mortagne, dans notre pays du Perche, je crus
pouvoir m'adresser au supérieur du couvent pour en obtenir une faveur.
Mon nom n'était point tout à fait inconnu de lui, car, peu d'années avant, il
avait été question d'acquérir à Argentan notre maison paternelle, devenue
vacante, pour un couvent de Trappistines. Je demandai au bon Père la permission d'acquérir, pour l'emporter à Paris, un froc de son ordre, dont le
grave et sombre caractère avait vivement frappé mes yeux et mon imagination, durant les cérémonies des religieux. — « Je ne le puis, » me répondit
doucement le supérieur, « bien que je sois assuré que vous n'en feriez point
un usage profane, » ajouta-t-il en regardant avec charité mon visage de dix-
huit ans qui aurait pu un tantinet rougir, car je rêvais tout bonnement d'une
robe de chambre qui eût fait l'envie de mes amis ; « mais cette faveur d'un
costume de notre ordre nous a été déjà demandée par un jeune peintre de
nos environs et dont nous connaissons la famille, M. de Ségur, pour la représentation d'un sujet sacré, et nous n'avons point cru devoir la lui accorder. »
— En effet, le château des Ségur était tout près de là, non loin de Laigle, et
déjà celui qui devait finir en si doux apôtre dessinait et peignait avec passion,
si bien qu'en 1841 il obtenait au salon une médaille de 3ᵉ classe, sur un portrait du comte de S. (peut-être un portrait de famille).

Dominicains. Et quand Lacordaire réveilla chez nous ce grand ordre des Frères Prêcheurs, il compta tout aussitôt, parmi ses disciples, un très savant architecte, le *Frère Piel*, et un habile peintre du plus pur sentiment, le *R. P. Besson*, élève de *P. Delaroche* et mort en Asie, le 4 mai 1861. — Depuis longtemps déjà, nous voyons, dans nos sociétés savantes, le bataillon des archéologues, c'est-à-dire des hommes épris de l'histoire des arts anciens et particulièrement des arts religieux, se recruter surtout parmi les membres de nos ordres sacrés ; ainsi le passé des siècles chrétiens appartiendra bientôt à eux seuls. — Pour le présent, il n'est si petit curé de village qui n'ait mission de son évêque de restaurer, d'achever ou de faire brillante à nouveau l'humble église confiée à ses soins et à laquelle, depuis cent ans, il a suffi de ne pas crouler. — Quant aux âges futurs, fions-nous-en à la foi et à ses indomptables besoins. Si jamais doit venir le temps abominable où l'idée de Dieu sera proscrite sur la surface de la terre, l'avant-dernier prêtre réparera le temple, le dernier décorera l'autel.

[Mon cher Jouin, ces pages qui finissent, comme elles avaient commencé, par les noms de quelques artistes dominicains, permettez-moi de les consacrer, tout indignes qu'elles soient de lui, à la mémoire de l'éloquent et bien-aimé frère, — d'un cœur si humain et si ferme, que vous venez de perdre, — au *Révérend Père Jouin*, ancien Prieur des Dominicains à Paris, à Flavigny, à Corbara, ancien aumônier militaire pendant la guerre de 1870, et chevalier de la Légion d'honneur. A Corbara surtout, son initiative et son goût pour l'art ne seront pas oubliés de longtemps. La décoration de l'église conventuelle, qui l'a inspirée et dessinée ? Qui a fait placer dans la salle du chapitre le bronze robuste de *Louis-Noël*, représentant *saint Thomas d'Aquin ?* Qui a fait prendre à Versailles, pour en enrichir Corbara, une copie du portrait du P. Lacordaire par *Janmot ?* Qui s'est préoccupé de mettre en belle place, sous les yeux de ses novices, des épreuves de choix des grands portraits de Pie IX et de Léon XIII gravés par *Gaillard ?* C'est le *Père Jouin,* et je puis fermer ces pages sur son nom.]

Ph. DE CHENNEVIÈRES.

CHRISTOPHE VEYRIER

SCULPTEUR PROVENÇAL.

(1682.)

Un violent incendie s'étant déclaré, en mars 1681, dans la chapelle du Corpus-Domini de la cathédrale, toute la décoration, en grande partie en bois doré, que *Pierre Puget* avait exécutée, dans le courant de l'année 1659, pour cette chapelle, fut détruite. Il en fut de même pour les quatre statues en bois de noyer que *Raymond Langueneux* avait faites, en 1661, après le départ de *Puget* pour Gênes, pour compléter ladite décoration. Aussitôt après, les recteurs de la chapelle du Corpus-Domini, avec l'assentiment du vicaire général de l'évêque, du chapitre et des consuls, avec lesquels ils avaient longuement conféré, résolurent la réparation du bâtiment et la réfection, en marbre et en stuc, de l'autel et de la décoration. Ces travaux, dont nous donnons le prix-fait, furent confiés à *Christophe Veyrier*, élève et neveu de *Puget*, qui avait présenté un dessin accompagné d'un devis, par contrat en date du 20 mai 1682, reçu par Mᵉ Vallavieille, notaire.

La décoration exécutée par *Veyrier* existe encore; deux beaux Anges adorateurs en marbre, qui en font partie, sont parfaitement conservés, tandis que toutes les autres figures de stuc, et dont le nombre est grand, ayant plus ou moins souffert, ont été restaurées, en 1740, par *Selmy*, père et fils, sculpteurs médiocres. Ce grand ouvrage, auquel l'artiste consacra quatre années, et qui fut payé 10,000 livres, acquit une telle renommée à *Veyrier* qu'il fut créé pour lui un emploi de maître sculpteur entretenu dans le port, bien qu'il n'eût jamais servi dans la marine et bien que *Rombeau Langueneux,* sculpteur de grande valeur, y fût resté seul maître après le départ de *Puget* et pût tenir tête à tous les travaux.

Charles GINOUX.

Prix-fait pour la réparation de la chapelle de Notre-Seigneur donné à Christophe Verrier.

L'an mil six cens quatre-vingt-deux et le vingtiesme jour du mois de may, après midy, en présence de Messire Pierre Cabasson, professeur, docteur en Stᵉ Théologie, vicaire général et official substitué du diocèse de Toulon, et de Messire Marc-Antoine d'Aymar de Pierrefeu,

aussi docteur en Théologie, chanoine de l'église castédralle de ladite
ville, administrateur de ladite église en absance de noble Honoré de
Ripert, seigneur de Carqueiranne et de l'Escaillon, premier Consul,
lièutenant pour Sa Majesté au commandement de ladite ville, et avec
l'exprès consentement de tous trois, devant nous, notaire et tesmoins,
feurent présens Mes^{rs} Gaspard Augias, advocat en la Cour, Jean Flamenq, bourgeois, prieurs de la chapelle Corpus-Christy érigée dans
l'église cathédralle de cette ville de Toulon, lesquels de leurs grès,
parce que ledit s^r vicaire général et l'administrateur l'ont ainsi trouvé
à propos, ont, par cet acte, donné à prix-fait la réparation de l'autel
et chapelle Corpus-Christy de ladite église cathédralle, à *Cristophle
Veirier*, sculpteur, habitant présentement en la ville d'Aix, cy présant, acceptant et stipulant de la manière et conformément aux
articles suivants : et premièrement, lesdites parties ont demeuré
convenants que ladite chapelle a cinquante pans (12 mètres environ)
d'hauteur, vingt-huit pans (6^m72) de largeur, et vingt-sept pans (6^m48)
de profondeur; ledit *Veirier* s'obligeant de prendre six pans dans la
sacristie de ladite chapelle, afin qu'elle ait trente-trois pans (7^m92)
bien entendu que la diminution de ladite sacristie ne donnera aucune
incommodité aux soufflets des orgues de ladite église cathédralle. Et,
pour ce sujet, construira un arc de pierre tendre, pour supporter la
muraille qui est entre la chapelle et la sacristie, et ledit arc sera conforme et ainsi qu'il est marqué dans le dessein, faira aussi faire la
voûte de la chapelle en forme de dosme ou cu de fourt. La hauteur
des collonnes et pillastres, qui sont une portion de l'architecture,
auront dix-huit pans (4 mètres 32 environ) d'hauteur, comprins leurs
chappiteaux et bazes et seront de jaspres fin de la couleur que ledit
Veirier trouvera à propos, et leurs chappiteaux et bazes seront d'astuc
(stuc) doré. Le grand bas-relief qui tient place du tableau de l'autel,
où est représenté un Dieu-le-Père accompagné de dix-huit Anges, ou
environ, sera aussi d'astuc, et les figures auront huit pans; quand au
Dieu-le-Père et les Anges seront comme nature, toutes les figures
seront aussi d'astuc. Le tabernacle sera de marbre blanc, de six pans
et demy hauteur, environ huit pans largeur, et de profondeur suffisante pour contenir commodément deux soleils et trois siboires, estant
permis audit *Veirier* de faire ledit tabernacle, avec la commodité susdite, d'une autre manière qu'il n'est pas marqué dans le dessein,
pourveu que ce soit d'une plus riche invention. Et, à la place du
soleil qui est marqué par le dessein, il y fera, de sa propre main, un
Enfant-Jésus de bois doré. Par-dessus la cornisse ou couronnement
de l'autel, il y aura un cartouche qui sera supporté par quatre Anges
de relief qui portent les ornements sacerdotaux, lesquels seront d'astuc, comme aussi quatre autres Enfans et deux chandelliers qui restent
au mitan (milieu) de l'arc seront aussi d'astuc, excepté ce qui est mar-

qué de jaune qui sera doré, excepté quelques petites parties qui seront
de bronze doré. Les rayons qui sortent du Père Eternel seront d'astuc
dorés. Les deux figures qui sont dans les niches, au costé de l'autel,
représentant St Pierre et l'autre St Paul, seront d'astuc; et leurs niches
en forme de marbre grisâtre et jaspés, et auront huit pans d'hauteur.
L'autel et l'escabeau seront de marbres jasprés, réels et non feints, et
sa largeur sera de douze pans, et de quatre d'hauteur et trois largeur.
Tous les chambrans des portes,.cornisses, soubassemants et ses plaintes
d'en bas seront de marbre ou jasprés, réels et non feints ; la couleur
desquels ledit *Veirier* mestra à son choix. Les deux Anges qui
embrassent deux chandeliers (ces deux Anges, en marbre, sont age-
nouillés et tiennent des encensoirs), les deux Chérubins qui soutiennent
le soleil (le Saint Sacrement) et le pied dudit soleil seront aussi de
marbre réel, aussi bien que les chandelliers. De même sera de marbre
blanc tous les autres petits ornemans qui composent ledit tabernacle,
les Chérubins et les rayons qui sortent du vaze de jaspre noir. La
porte du tabernacle et le cartouche qui est au-devant de l'autel seront
de bronze doré, et, généralement, ledit *Veirier* sera tenu, comme il
s'oblige, de faire pour la réparation de ladite chapelle tout ce qui est
marqué dans le dessein qu'il a dressé, lequel luy a esté tout présentement remis signé desdits sieur vicaire général, administrateur, consul et prieur ; s'obligeant de faire de sa propre main, sans abus, ainsi
avec le plus de soing et d'exactitude qu'il lui sera possible, tout ce
qui est marqué par ledit dessein, sans en rien excepter. Luy sera seu-
lemant permis de se faire aydcr pour tout ledit travail, excepté les
figures, qui seront entièrement de sa main. Et aura ledit ouvrage ren-
deu parfait et achevé dans quatre années du jourd'huy comptable,
étant obligé de fournir toutes choses nécessaires pour la construction
de l'ouvrage et bastisse, sans aucune espèce d'exception, ormy deux
choses : la première, la peinture de la voûte, laquelle ledit *Veirier*
faira faire à qui bon lui semblera, suivant son dessein, après avoir
mis ladite voûte en estat de recevoir la peinture, ycelle (la voûte?)
enduite avec de l'astuc. Et les sieurs prieurs seront obligés de payer
au peintre que ledit *Veirier* employera la somme à laquelle son travail sera réglé par ledit s^r vicaire général, administrateur, consul et
prieurs, de quoy sera dressé un marché avant que le peintre commence : ct, la seconde, que les sieurs prieurs et recteurs seront obligés de fournir audit *Veirier* tous les bois et cordages nécessaires pour
faire les échaffaux, afin de faire le susdit travail, et, aussi bien, indiqueront un lieu fermé pour pouvoir reposer les marbres et autres
matières, et y faire son attelier, le louage duquel lieu sera payé par
lesdits sieurs recteurs ; et sy, pendant ledit travail, ledit *Veirier* venoit
à mourir, les parties sont d'accord que ce qu'il y aura encore à faire
dudit ouvrage sera achevé par *Lazare Veirier*, sculpteur du lieu de

Tretz, neveu dudit *Christophle*. Le prix-fait a esté donné moyennant les prix et somme de dix mille livres, à tant moingz desquelles ledit *Veirier* a présentement receu des mains de Mre Jean Durand, docteur en médecine, trésorier de ladite chapelle dudit Toulon, cy présent, mil huit cens livres des deniers de sa recepte, réelle numération faite au veu de moy, notaire, et témoins, desquelles mille huit cens livres ledit *Veirier*, bien payé et satisfait, en acquitte et valablement descharge lesdits sieurs recteurs, lesquels ils s'obligent de lui payer, non pas en leur propre, mais seulement en la qualité de recteurs, ainsi convenu de pache exprès les huit mille deux cents livres restants à mesure et proportion du travail, bien entendu néanmoins que lorsque ledit ouvrage sera achevé, lesdits recteurs auront encore entre leurs mains mille livres, lesquelles ne seront payées audit *Veirier* que le lendemain que ledit ouvrage aura été parachevé et recepté par gens à ce connaissants, dont les parties conviendront. Et pour l'assurance de ses mille huit cens livres que ledit *Veirier* vient de recevoir jusqu'à ce qu'il ait fait du travail suffisant pour les avoir utillemant consaumées. Icy présant *Laurent Jacques*, peintre de cette ville de Toulon, lequel à la prière dudit *Veirier* s'est pour luy envers lesdits recteurs acceptants rendu et constitué plege cauption et principal payeur des six mille huit cens livres jusques à ce que ledit *Veirier* les aye comme l'on vient de dire employées utillement pour ledit travail, renonce à la loy de disention de principal, veu esté le premier convenu, duquel cauptionnemant et de toute sorte de recherche ledit *Veirier* promet se rendre indemne. Et néanmoins lesdites parties sont esté d'accord que le lendemain que ledit *Veirier* aura fait d'ouvrage pour la valeur de mil huit cens livres ledit *Laurent-Jacques* demeurera deschargé dudit cauptionnement sans pouvoir en estre recherché sous quel prétexte que ce soit, tout ce que dessus ainsi convenu entre lesdites parties, qui, pour l'observation, ont obligé lesdits *Veirier* et *Jacques* leurs biens présants et avenir, et lesdits recteurs les rantes et revenus de ladite chapelle Corpus-Christy, tant seulement à toutes cours, l'ont juré et requis acte, concédé, fait publié audit Toulon et dans le Palais épiscopal, en présance de Bernabel Roux, chapelier, et Honoré Brué, dudit Toulon, témoins requis et soussignés avec lesdites parties, lesquelles dites parties sont dessus nommées, cy devant et payant en exécution du mandat desdits s^r vicaire général, administrateur et recteurs.

> Cabasson, vicaire général substitué; Pierrereve, chanoine; Carqueiranne, consul; Francessey; Recycal; Durand, trésorier; *Veirier; Laurent Jacques;* Barnabel Roux; Brué; Vallavieille, notaire.

(Minutes de Me Vallavieille, notaire; année 1682, pages 230 à 234, déposées chez Me Bertrand, notaire, successeur de Me Thouron.)

CONSTRUCTION ET DÉCORATION
DE LA FAÇADE DE LA CATHÉDRALE DE TOULON

Par *ALBERT DU PARC*[1] et *ANTOINE FLEURY*.

(1696-1702.)

Nous avons donné un extrait de l'acte contenant le prix-fait et le devis des travaux d'architecture et de sculpture de la façade actuelle de la cathédrale de Toulon, qu'*Albert Du Parc* et *Antoine Fleury*, sculpteurs, avaient obtenus à l'adjudication, en 1696, au prix de 12,000 livres[2]. Aujourd'hui, nous présentons quelques nouveaux détails sur ces travaux et une quittance de payement.

Après avoir reçu divers acomptes formant presque la totalité des 12,000 livres promises, *Du Parc* et *Fleury*, se trouvant sans doute en perte dans leur entreprise, cessèrent, avant son entier achèvement, de travailler à la façade, et le premier se rendit à Marseille. Sur les menaces des recteurs et prieurs de la chapelle de Notre-Dame-des-Saintes-Reliques, Pierre Barcillon, maître du Jeu-de-Paume, qui s'était porté caution, et *Fleury*, son gendre, prirent des arrangements avec eux, et, le 16 février 1701, il y eut transaction entre ces derniers et l'économe de l'église cathédrale, transaction par laquelle il fut arrêté que les entrepreneurs subiraient des retenues sur le prix convenu qui serviraient à payer les ouvriers devant terminer la façade. Dans cette transaction, il fut, en outre, spécifié que Barcillon et *Fleury* pourraient exercer des poursuites contre *Du Parc* pour lui faire supporter tous les dépens et pertes occasionnées par son absence. Le dernier paiement, s'élevant à la somme de 90 livres 10 sols 9 deniers, fait à *Fleury* et Barcillon, est de 1702. Des divers acomptes touchés par les entrepreneurs de la façade, nous transcrivons la quittance de celui reçu le 18 décembre 1698.

Charles Ginoux.

---

1. *Albert Du Parc*, sculpteur et architecte, était père d'*Antoine Du Parc*, qui, après avoir travaillé en Provence, se rendit à Coutances, en Normandie.
2. Voyez *Revue de l'Art français*, année 1887, p. 49-51.

Quittance pour la Communauté et le Chapitre contre le sieur Albert
Du Parc.

L'an mil six cens quatre vingt dix huit et le dix huistième jour de
décembre, avant midy, pardevant nous, notaire, estant présent les
personnes *Antoine Fleury*, sculpteur, demeurant en cette ville de
Toulon, lequel tant en son nom propre qu'en qualité de procureur
exprès constitué du sieur *Albert Du Parc*, au moyen de sa procura-
tion receue par Me Garelly, notaire, le..... a receu comptant les louis
d'argent et autre monoye, faite valable numération, en notre présence
de Messire Laurent Ardisson, prêtre baillé du vénérable Chapitre,
payant en la présance de Messires Joseph-Marie Isnard, chanoine théo-
logal dudit Chapitre, et du sieur Jean Eynaud, trésorier moderne de
la Communauté, aussi présant et acceptant, payant en la présence de
Messires Joseph Fournier et Antoine Grasset, consuls, lieutenants de
Roy au gouvernement de cette ville, seigneurs de la Valdardenne, la
somme de quatre cens cinquante livres qui a esté fournie, sçavoir :
cent cinquante livres par ledit Chapitre, des mains desdits Messires
Ardisson, et trois cens livres par ladite Communauté, des mains dudit
sieur Eynaud, trésorier ; à diminuer de ce qui est encore deu des sept
mille livres promises audits *Fleury* et *Du Parc* sous la caution
dépense... pour l'édiffice et construction des entrées de ladite église,
suivant le contrat sur ce passé le vingt deux may de l'année mil six
cens quatre vingt seize, à qui ladite Communauté doit entrer et contribuer pour deux tiers, et ledit Chapitre pour le tiers restant, au
moyen de quoy ledit *Fleury*, tant en son nom qu'en ladite qualité de
procureur dudit *Albert Du Parc*, absans, et content des quatre cens
cinquante livres en quitte et... ledit Chapitre et Communauté, d'après
lequel ledit *Fleury* oblige ses biens et ceux de son constituant, est
venu faire serment réglementaire. Acte fait et passé à Toulon, dans
l'hôtel-de-ville, présans M. Fournier, Trotebas, adjoint, et Thomas
Laure, de ladite ville, témoins requis et soubsignés.

> Isnard, théologal administrateur ; Fournier, con-
> sul ; Grasset, consul ; J. Eynaud ; *A. Fleury ;*
> Ardisson ; Trotebas, adjoint ; Laure.
>
> Roustan.

Controllé à Toullon, le 29 décembre 1698, fol. 19 v°, n° 6, venu
douze sols, 6 deniers.

> Colete.

(Arch. comm., DD. 18, registre, fol. 145 et autres.)

THOMAS REGNAUDIN, SCULPTEUR DU ROI.
(1695.)

Thomas Regnaudin, sculpteur ordinaire du Roi, professeur en la ville de Rome et adjoint à recteur de l'Académie royale de peinture et sculpture, et Marguerite-Louise Ménier, sa femme, ont donné à *Antoine-François Regnaudin,* sculpteur élevé en l'Académie royale, leur fils, 200 livres de rente au denier dix-huit...

20 octobre 1695.

(Arch. nat., Y 265, p. 466.)

(Note communiquée par M. J. G.)

PIERRE-ATHANASE CHAUVIN
PEINTRE DE PAYSAGES.
(1774-1832.)

Documents communiqués et annotés par M. Paul Marmottan.

I.

Voici un nom peu connu des amateurs de peinture à notre époque. Ce nom est pourtant digne de mémoire. Que si l'on en doutait, je renverrais les sceptiques aux paysages dorés et pleins de conscience possédés par M. Charles Chauvin, fils du peintre, et chez les amateurs cités par Auvray comme en détenant. M. Charles Chauvin a bien voulu se dessaisir sur ma demande de quelques documents inédits relatifs à son père, dont je vais ici donner copie en tout ou en partie. Disons d'abord que le paysagiste *Pierre Chauvin* a habité l'Italie de 1802 jusqu'à la fin de sa vie et qu'il s'est presque exclusivement confiné dans la représentation des beaux sites, tous faits d'après nature, du royaume de Naples, des environs de Rome et de la principauté de Bénévent. — *Pierre Chauvin* était fort estimé des artistes ses contemporains, dont plusieurs alors habitaient Rome ; citons : *Ingres, Wicar, Auvray, Lorimier,* etc. Quand ses paysages furent exposés à Paris, le célèbre Talleyrand goûta à ce point le talent de *Chauvin* qu'il se l'attacha par une pension et lui commanda annuellement des tableaux. Élève de *Valenciennes, Chauvin* possède un dessin savant comme *Bertin,* mais avec plus de chaleur dans le coloris. Les sites choisis de la terre italienne ont rarement trouvé d'interprète plus fidèle et plus habile. Sa touche, en effet, est grasse et ses perspectives d'une douceur exquise. Les portraits de *Chauvin* et de sa femme, dessinés en 1814 à Rome par *Ingres,* appartiennent à notre excellent portraitiste contemporain *Bonnat*..

Acte de naissance de Pierre Chauvin.

L'an mil sept cent soixante quatorze, le dix juin, a été baptisé *Pierre-Athanase*, né du jour précédent, fils de Pierre et Athanase Chauvin, m^d boucher, et de Françoise-Agathe Locquet, sa femme, demeurant vieille Place aux Veaux : le parrin (*sic*), Pierre Langlois, bourgeois de Paris, demeurant rue de Moussy ; la marraine, Agathe Dufour, femme de Jean-François Locquet, dem^t rue de la Savonnerie, laquelle a dit ne savoir signer.

(Suivent les signatures.)

Pour extrait conforme délivré le 20 février 1809 :

> L'auditeur au Conseil d'État, secrétaire
> général de la Préfecture : SHELY.

(Préfecture du département de la Seine. Ville de Paris. Paroisse Saint-Jacques-la-Boucherie. — Extrait du Registre des actes de naissance de l'an 1774, fol. 54. — N° 1. État civil. Naissance *Chauvin.*)

II.

Lettre de M. de Talleyrand au peintre Pierre Chauvin.

> Paris, le 30 fructidor an XIII.

Vous m'aviez déjà, Monsieur, inspiré beaucoup d'intérêt par vos dispositions et votre talent, lorsque j'ai été informé de la perte[1] que vous avez faite. Je désire la réparer et me mettre à la place de la personne qui vous avait mis à portée de continuer à Rome vos études. Il serait fâcheux pour l'art et pour vous que vous fussiez obligé de les suspendre ou que votre position ne vous permît pas de laisser à votre talent tout son essor. N'ayez, Monsieur, aucune inquiétude pour le présent ni pour l'avenir. Veuillez me laisser le soin du présent, tous les amateurs de beaux paysages se chargeront de l'avenir.

J'hériterai volontiers des arrangements que M. Morin avait faits avec vous et je désire, en me substituant à lui, que ma date commence du jour où vous l'avez perdu. Veuillez donner sur tous ces points quelques détails à M. Alquier, ambassadeur à Naples, à qui j'écris sur le même objet.

J'ai l'honneur de vous saluer.

> *Signé sic :* Ch.-Mau. TALLEYRAND.

---

1. Allusion à la perte de son premier protecteur, M. Morin.

Une lettre du secrétaire de l'Académie de Saint-Luc que j'ai sous les yeux (écrite de Saint-Apollinaire, 22 novembre 1813) apprend à *Chauvin* qu'il est nommé membre de cette célèbre association :

« ... L'accademia Romana di S. Luca preso avendo in considerazione il suo distinto valore... lo ha formalmente, a tenore delle Costituzioni amesso fra i suoi accademici *di Merito*. »

A mesure que ses tableaux sont remarqués aux Salons de Paris où il les envoie régulièrement, *Chauvin* obtient les faveurs gouvernementales. Outre la protection du prince de Talleyrand[1], *Chauvin* ne tarde pas à être distingué plus officiellement encore. Le document suivant en fait foi :

Paris, 16 juillet 1814.

J'ai l'honneur de vous prévenir, Monsieur, que le Roi a daigné vous accorder la Fleur de Lys ; vous êtes en conséquence autorisé à vous en décorer.

Agréez, etc. »

Le premier valet de chambre du Roi,
HUE.

(Décoration du Lys, n° 843. M. *Chauvin*, peintre. — Enregistré à l'ambassade extraordinaire de S. M. T. C. à Rome, sous le n° 25.)

Le 1er mars 1820, Louis XVIII, comme l'atteste une lettre de M. de Pradel, directeur de sa maison, accorde à *Chauvin*, à la suite du Salon, la grande médaille d'or, « destinée par Sa Majesté aux auteurs des meilleurs ouvrages de cette exposition. »

Le 28 juillet 1827, une lettre du secrétaire perpétuel de l'Académie Quatremère de Quincy apprend au consciencieux paysagiste que la Compagnie l'a choisi pour un de ses correspondants. Le 24 avril 1828, *Chauvin* reçoit du vicomte de Larochefoucauld, aide de camp du roi, chargé du département des Beaux-Arts, avis qu'il est nommé membre de la Légion d'honneur. L'ordonnance qui le fait chevalier lui est notifiée le 26 mai suivant par Macdonald, grand chancelier.

Ces documents suffisent pour montrer que le talent de *Chauvin* avait rencontré les suffrages qu'il méritait. Ce peintre aurait sans doute laissé parmi nous une plus grande réputation s'il n'eût pas entièrement consacré son existence à l'Italie. L'influence du climat de Rome fut nuisible à sa santé et abrégea sa vie. *Pierre Chauvin* mourut à Rome, le 29 octobre 1832.

Paul MARMOTTAN.

---

1. Cette protection est attestée par plusieurs lettres du prince qu'il serait trop long de reproduire (notamment celles du 4 janvier 1815, du 14 novembre 1817, de janvier 1819 et de janvier 1832).

LE CONTRAT DE MARIAGE DE *QUENTIN WARIN.*

(1607.)

Grâce à la *Revue de l'Art français* et à ses excellents collaborateurs, les documents biographiques sur nos anciens artistes se font chaque jour plus nombreux.

Plus que tout autre, le peintre *Quentin Warin* a joué de bonheur depuis quelque temps. Tandis que M. le marquis Ph. de Chennevières imprimait un très intéressant article sur cet artiste picard[1], où il développait et rectifiait un des plus curieux chapitres de ses *Peintres provinciaux de l'ancienne France*[2], un amateur d'art découvrait, à l'autre bout de notre pays, un contrat d'apprentissage passé par le même peintre le 19 avril 1597, et le publiait[3] avec le fac-similé de sa signature. Ce document nous a fait connaître le séjour, — que l'on ne soupçonnait guère et qui vraisemblablement se prolongea trois ans, — de *Quentin Warin* à Avignon, en même temps que l'existence d'un de ses tableaux, une *Sainte Famille*, signée, chez un particulier de cette ville.

Mais aucun de ces deux écrivains n'a connu le travail de feu J.-R. Boulenger, intitulé : *Varin et sa fille, peintres picards*, et paru[4], il y a quelques années, à Amiens. Si cet auteur répète ce qui a été dit longtemps avant lui, il n'a pas moins signalé à notre attention quelques faits qui méritaient d'être connus et qu'il aurait dû mettre davantage en lumière. Le moment nous a paru propice pour signaler aux historiens de l'art français ce que peuvent fournir les archives picardes sur celui dont le plus beau titre de gloire est d'avoir été le maître du *Poussin*. J.-R. Boulenger a simplement effleuré ce qui méritait d'être discuté et approfondi.

Et d'abord on a toujours supposé que *Q. Warin* s'était marié peu de temps avant 1627. Il faudra désormais reculer cette date de vingt ans pour être dans la vérité. Voici le texte complet de

---

1. *Revue de l'Art français ancien et moderne*, 1887, pp. 1-47.

2. Tome I (Paris, Dumoulin, 1847), pp. 217-236.

3. *Notes biographiques sur Quentin Warin*, par M. l'abbé Requin, dans « Réunion des Sociétés des beaux-arts des départements, douzième session » (Paris, 1888), pp. 340-343.

4. *Mémoires de la Société des Antiquaires de Picardie*, 3ᵉ série, t. VIII (1885), pp. 103-141.

son contrat de mariage, rencontré par M. A. Dubois dans le minutier d'un notaire d'Amiens[1] et resté jusqu'ici complètement inédit :

Furent présents en leurs personnes *Quentin Warin*, m⁰ pintre en ceste ville d'Amiens, y demeurant, fils à marier de Jéhanne Blochet, veuve de feu Anthoine Warin, vivant marchand cordonnier demeurant à Amiens, paroisse de Saint-Firmin-en-Castillon, assisté de Toussains de la Motte, son cousin, d'une part, et Raoult Mareschal, aussi m⁰ pintre, et Margueritte Corsin, sa femme, demeurant au village et paroisse de Ailly-sur-Somme, assisté de Lois Pestel, marchant thanneur, oncle à cause de sa femme à la dite Corsin, demeurant au dict Amiens, d'autre part; et ont accordé les dites parties pour parvenir au mariage encommanché par fianssailles, et lequel au plaisir de Dieu prendra perfection en face de notre Mère Saincte Eglise catholique, apostolique et romaine d'entre ledit *Quentin Warin* et Antoinette Mareschal, fille des dits Raoul Mareschal et Corsin, de laquelle Antoinette lesdits Mareschal et Corsin se sont et se portent fort, de par icelle promettent et seront tenus faire agréer et ratiffier le présent contract et contenu cy après faicte pendant la huitaine d'huy, et lorsqu'elle en sera requise; et auparavant aulcun lien ou promesse dudit mariage, les déclarations, dons, conventions, accords et traictés ont esté faicts et sont conclus, ainsy comme enssuivent : c'est assavoir de la part du dit *Quentin Warin*, il déclare en sa possession à luy appartenant, tant en argent monnayé et biens mobiliers jusques à la valleur de trois cents livres pour une fois, moiennant laquelle déclaration lesdits Raoult Mareschal et sa dicte femme, en se portant toujours forts de leur dicte fille, ont déclairés qu'ils se sont tenus et tiennent contens des personne et biens dudict *Quentin Warin*, sans qu'il en soit plus ample déclaration; et de la part desdits Raoult Mareschal et sa dicte femme, iceulx ont déclairé qu'ils ont ceddé, quitté et transporté à ladicte Anthoinette Mareschal, leur fille, ce acceptant pour elle par ledit *Warin* son futur mary, par don d'entrevifs et irrévocable.....[2] par la meilleure forme et manière que ce fust..... de la dicte Anthoinette, pour elle et ses hoirs, appréhender le vouldra, le total d'une maison, court, lieu, pourprins et tennement, ainsy qu'elle se comporte et estend, séant au dict Amiens, basse rüe Notre Dame, où est à présent demourant Jehan Moisnet, tailleur d'habits, tenant d'un costé à Jehan Alleban, d'autre costé

---

[1] C'est grâce à une aimable communication de M. Dubois, membre de la Société des Antiquaires de Picardie, que je puis donner ici le texte de ce document.

2. Les points remplacent des mots absolument illisibles dans l'original.

à....., par derrière à la maison de l'Ange, et par devant sur ladicte
rue, pour d'icelle maison lesdits donataires ont dict leur appartenir à
juste titre, en joir, user et possesser par la dicte Anthoinette Mareschal et ses hoirs du jour de la consommation de son mariage pour
tout et à toujours, à la charge de huit livres six sols huit deniers
fesant moitié de seize livres treize sols quatre deniers de rente rem-
boursable..... au denier douze, dont icelle maison est chargée envers
Mᵉ Thomas Lesot, procureur, l'autre moitié d'icelle rente demeurant en la charge du dict Mareschal et de sa dicte femme, et dont ils
seront tenus en acquiter..... à la dicte Anthoinette leur fille..... ladicte
maison, et en faire le rembour en dedans ung an d'huy, et faire en
sorte que les dicts marians ne soient inquiétés, mesmement les dicts
Mareschal et sa dicte femme tenus faire réfectionner icelle maison
en tout aucunes réfections..... à leurs despens pour le dict jour du
dict mariages ; les dicts Mareschal et sa dicte femme feront vestir,
habiller et estorer icelle Anthoinette leur fille bien et honnestement,
selon sa qualité, pour le jour et lendemain.....; et par le traicté du
dict mariage conclu par accord entre les partyes que, arrivant le
déceds de la dicte Anthoinette Mareschal auparavant le dict *Quentin Warin*, icelluy aura et remportera avant part franche tous ses
habits.....; et au contraire déceddant le dict *Warin* auparavant la
dicte Anthoinette Mareschal, elle appréhendra son...... commun ou
non, et que de son mariage y ait enffans ou non, elle aura et remportera aussi avant part franche tous et chacuns ses habits, bagues et
joyaux servant à elle et sur son corps, son lict et chambre estorée
et estoffée, comme à son estat appartient, avecq la somme de dix-
huit cens livres pour une fois, en cas que la dicte maison.....
immeuble soit vendu et aliéné, à prendre icelle somme sur les plus
claires..... que a et délaissera le sieur *Warin*, notamment sur la dicte
maison, laquelle....., demeurera toujours affectée et hypothéquée.....;
laquelle charge l'acquéreur ou les acquéreurs ne s'en pourront...., et
chacun des dits cas elle aura et remportera..... et avant part franche-
ment, comme dict est, tous ses habillements, bagues et joyaux servant à elle et à son corps, avecq ung lict et chambre estorée et estoffée, comme à son estat appartient, comme dessus est dict..... Faict et
passé à Amiens, en la maison du dict Roussel, le vingtiesme jour de
novembre mil six cens sept. — (Signé :) *Quentin Warin*, Raoul
Maressal, Marguerite Corsin, Pestel, T. de la Motte ; Rogeau et
Roussel, notaires.

Quel âge pouvait avoir *Warin* lors de la signature de ce contrat ?

On a voulu lui donner dix à douze ans de plus qu'à *Nicolas
Poussin* et lui attribuer trente ans environ lorsqu'en 1612 il don-

naît des conseils au futur maître, aux Andelys. A cette époque, *Warin* était assurément beaucoup plus âgé. Pour s'être trouvé à Avignon dès 1597 et y avoir laissé des traces d'un talent déjà assis, il a dû naître en 1570 au plus tard. Il se serait donc marié à l'âge de trente-sept ans.

Mais ceci n'est qu'une hypothèse, basée, il est vrai, sur des faits authentiques. Ce qui est tout à fait certain, c'est que le beau-père de *Warin*, *Raoul Mareschal*, était peintre à Ailly-sur-Somme, ce que l'on ignorait jusqu'à présent. Ce qui est également prouvé d'une manière incontestable, c'est que, de cette union avec Antoinette Mareschal, *Warin* eut quatre enfants. Le premier, venu au monde le 6 octobre 1609, s'appelait Nicolas; le second, né le 8 janvier 1611, fut une fille, Madeleine, laquelle devint par la suite religieuse ursuline à Amiens et hérita des dispositions artistiques de son père; les deux derniers, Raoul et Jean, naquirent le 12 avril 1613 et le 30 mars 1615. Les conjoints habitèrent jusqu'à cette dernière date la maison qui leur avait été donnée rue Basse-Notre-Dame, à Amiens, par le contrat; leurs enfants furent tous quatre baptisés sur la paroisse Saint-Firmin-en-Castillon, comme en font foi les actes de baptême conservés à la mairie d'Amiens.

On ne peut douter dès lors que, de 1607 à 1615, *Quentin Warin* n'ait eu la ville d'Amiens comme résidence fixe; il la quittait bien momentanément pour aller travailler de son art aux Andelys (le tableau conservé à l'église Sainte-Clotilde de cette ville est daté : 1612), à Abbeville (le tableau conservé à l'église Saint-Gilles de cette ville est daté : 1614) ou ailleurs. Ces indications confirmant celles que l'on possédait déjà d'ailleurs, il paraît vraisemblable qu'en 1616, chargé de famille et sans doute dans une situation difficile, il quitta définitivement la capitale de la Picardie pour aller vivre à Paris, où il devait retrouver son beau-frère Mareschal (ou Maressal), valet de chambre du roi et peintre lui-même.

Il est inutile de reparler ici de la fameuse affaire de la *Ripozographie*, qui lui fit si malencontreusement perdre la précieuse commande des travaux du Luxembourg, et qui permit à *Rubens* de le supplanter auprès de Marie de Médicis. M. le marquis de Chennevières a publié dans la *Revue de l'Art français* de nouveaux détails inédits sur cette affaire curieuse, et je n'ai rien à y ajouter.

Mais on me permettra d'ajouter quelques mots sur l'époque de
la mort de *Quentin Warin*, qui a été fixée jusqu'ici, mais à tort,
à l'année 1634. Jal avait publié comme son acte de décès la pièce
suivante :

Du lundy, 27ᵉ mars 1634, conuoy general de feu noble homme
Roch (sic) *Vuarin*, viuant valet de chambre, peintre et architecte du
Roy, pris rue Royalle. M. le Curé present. Service, messe des dames.

Jal avait trouvé jadis cette pièce dans les registres paroissiaux
de la ville de Paris, paroisse Saint-Paul. On a voulu expliquer
le « Roch » par une bévue du copiste, mais il n'en est rien. On
ne peut même pas lire *Raoul Vuarin* (ce qui serait possible paléo-
graphiquement), car son fils Raoul, âgé seulement de vingt et un
ans, ne pouvait aussi jeune posséder les titres importants que
l'acte lui décerne. Il faut donc renoncer à reconnaître dans ces
quelques lignes la mention d'un membre de la famille de *Quentin
Warin*, encore bien moins de *Quentin Warin* lui-même.

En effet, *Quentin Warin* était mort dès 1627. Cela ressort clairement d'un document signalé par J.-R. Boulenger dans le petit
travail mentionné ci-dessus, et provenant également des archives
d'un notaire d'Amiens. Lorsque Madeleine, sa fille, entra en
religion aux Ursulines d'Amiens, le 16 mars 1629, un acte fut
passé chez Mᵉ Bazin[1], où elle se déclara « fille de deffunct *Quen-
« tin Warin*, peintre ordinaire du Roi, et de Antoinette Mares-
« sal, demeurant à Paris, rue Saint-Antoine, parroisse Saint-
« Paul. » Elle devait avoir tout récemment perdu son père, dont
la présence à Paris est constatée quelques mois auparavant. *Quentin Warin*, si nos conjectures se confirmaient, serait donc mort
à l'âge de cinquante-cinq ans bien sonnés.

Il reste à découvrir son acte de baptême. Le connaîtra-t-on
jamais ? Malgré ses perspicaces recherches, M. A. Dubois ne l'a
pu rencontrer, et d'ailleurs, pour le xviᵉ siècle, les collections de

---

1. Cf. *Mémoires de la Société des Antiquaires de Picardie*, 3ᵉ série,
t. VIII (1885), p. 132. — Par cet acte, Raoul Maressal, mᵉ peintre, grand-
père de la nouvelle religieuse, s'engage à payer trois mille livres au couvent
des Ursulines, et donnera, en outre, trois tableaux « peints en toilé de la
main de feu sieur *Warin*, » le premier, « avec un crucifix, » de 5 pieds
2 pouces 1/2 de hauteur et 3 pieds 3 pouces de largeur ; le deuxième, « avec
les trois Maries, » de 5 pieds 10 pouces de hauteur et 6 pieds 1 pouce de
largeur ; le troisième, « avec la Magdeleine, » de 4 pieds 7 pouces de hauteur et 3 pieds 7 pouces de largeur.

registres paroissiaux sont bien incomplètes. Sait-on même dans quelle ville il y aurait quelque chance de le retrouver?

Les historiens du Beauvaisis tiennent *Quentin Warin* pour un enfant de Beauvais, et lui-même, dans des actes qu'il a authentiqués de sa signature, se réclame de cette patrie; cela semble suffisamment probant au premier abord. On sait seulement, avec certitude, qu'il prit à Beauvais, dans sa jeunesse, des leçons d'un chanoine de cette ville, nommé Gaget. Mais, de tout cela, on a conclu qu'il était né à Beauvais, et c'est l'opinion la plus accréditée aujourd'hui[1].

Toutefois, comment expliquer que son père, Antoine, un modeste cordonnier, se fût établi à Amiens, si *Quentin Warin* n'avait pas vu le jour dans cette ville? Comment expliquer, d'autre part, les indications très précises que fournit l'écrivain Simon dans son *Supplément à l'histoire du Beauvoisis?*

Il est vrai que cet ouvrage, imprimé en 1704, peut bien n'avoir été composé que d'après des renseignements insuffisamment exacts, car, lorsque Simon nous donne la date de 1610 comme celle de l'année où *Quentin Warin* quitta Beauvais après un long séjour dans cette ville, il est fort loin de la vérité. Les documents cités plus haut attestent, au contraire, sa présence régulière à Amiens aux environs de cette année.

Mais, si le doute continuera encore à régner au sujet du lieu de naissance de *Quentin Warin,* d'autres points de sa vie seront désormais indiscutablement éclaircis.

Henri STEIN.

ACHAT D'UNE PLACE DE MAISON PAR *JEAN PANON*
MAÎTRE SCULPTEUR.

(1670.)

Jean Panon n'est pas entièrement inconnu des lecteurs de la *Revue de l'Art français.* Ce sculpteur toulonnais a, plusieurs fois, collaboré avec *Pierre Puget,* entre autres en 1659, année où il exécuta le grand retable absidial encadrant les belles sculptures en bois que ce dernier avait faites pour la décoration de la chapelle

---

1. Notons cependant que Mariette et Félibien le disent originaire d'Amiens.

du *Corpus-Domini* de la cathédrale de Toulon. En 1668, *Panon* a également sculpté, sous la direction de *Puget*, un modèle en bois destiné à la même chapelle.

Ch. Ginoux.

Quittance pour Jean Panon *contre la communauté de Tollon.*

L'an mil six cens septante et le trantième du mois d'apvril, advant midy, pardevant moy, notaire, et tesmoings, establi sieur Jacques Barry, trésorier de la Communauté de ceste ville de Tollon, ladite Communauté cessionère de Pierre et Jean Pomet, frères, héritiers par inventère de feu Antoine, acte moy notaire le vingt huict novambre mil six cens soixante neuf, de son gré confesse avoir reçu de *Jean Panon*, fils d'autre *Jean*, maître sculteur de ladite ville, présent, stipulant, la somme de cinq cens trente sept livres, dix sols, quatre deniers comptant en pistolles coing d'Espaigne, piesses de huict réaux, réelle numération faicte es mêmes presances, procédant cinq cens quinze livres, huict sols, quatre deniers contenues en ladite cession, laquelle fust faicte pour payement du capital, intérêts et despans du prix d'une place de maison vandue, par ladite communauté audit feu Pomet, acte Me Rostaignenq, du vingt un juin mil six cens cinquante un, rangée ladite Communauté en quastrième degré de la santance d'ordre des créanciers dudit feu Pomet et par prefférance, du douze febvrier audit an mil six cens soixante neuf, faisant ledit *Panon* ce payement ensuite de ladite cession, sur le tant moins du reste du prix de la maison acquise dudit héritage à l'anchère publique, acte Me Lieutaud, notaire, et les vingt deux livres, deux sols pour intérêts de ladite somme, comptant puis le vingt un juin dernier, pour dix mois neuf jours jusques aujourd'huy. D'icelles cinq cens trente sept livres, dix sols, quatre deniers, le sieur Barry audit nom et qualité en quitte ledit *Panon*, auquel faict cession des droicts et actions de ladite Communauté pour s'en servir et prévalloir comme verra bon estre, sans toutefois que ladite Communauté lui soict tenue que de ce qui la concerne; et pour l'observation des présantes à tous despans, dommages et intérêts, ledit sieur Barry oblige les biens de ladite Communauté, suivant sondit pouvoir, à toutes Cours requises, avec deube renonciation et sermant concédant. Acte faict et publié audit Tollon dans la maison dudit sieur Barry, en présence de Honoré Cambal, fils, de Pierre-Joseph Gautier, de la ville, tesmoings requis et soubsignés qui a seu (signer) à l'original.

Martelly, notaire.

(Arch. comm., série DD. 10, fol. 329.)

DEMANDE DE SÉJOUR A TOULON PAR *JOSEPH BONNET*

SCULPTEUR DE LA VALETTE, VILLAGE VOISIN.

(1672.)

Communication de M. Charles Ginoux.

Citadinage de Joseph Bonnet, *esculteur de la Valette.*

L'an mil six cens soixante douze et le dixneufviesme jour du mois
de septambre, après midy, resgnant notre très heurheu prince et souverain seigneur Louis quatorziesme du nom, par la grâce de Dieu
roi de France et de Navarre, comte de Provence, pardevant moy,
notaire royal, messieurs Thomas d'Astour, Nicolas de Bonnegrace,
advocat ez la Cour, et Louis Calems, conseuls, lieutenants pour le
Roy au gouvernement de ceste ville de Tollon, seigneurs de la Valdardennes, et de moy notaire greffier de la Communauté dudit Tollon, feust présant en sa personne *Joseph Bonnet*, esculteur, fils de
Jean-Baptiste Bonnet, marchand du lieu de la Valette, lequel a
exposé auxdits sieurs Conseuls, en la présance, authorization et consentement de son père, qu'ayant apris ledit mestier d'esculteur en
ceste ville, désirant d'y travailler et d'y faire son habitation et sa
résidance actuelle, il y auroit loué une maison. Parceque, pour être
censé véritable habitant, il a besoin du titre en veue duquel il puisse
ce quallifier tel, ledit auroit supplié de luy accorder ladite cession,
qui est son acte de citadinage; à quoy lesdits sieurs Conseuls, adhé-
rant de leurs bons grés et en veue du pouvoir de leur charge, ont
par ces présantes reçu et agrégé ledit *Joseph Bonnet*, sy présant et
humblemant et demeurant, au rang et nombre des habitants et citadins dudit Tollon, pour dorénavant jouir des droits, franchises, pro-
rogations et... dont les autres habitants et citadins jouissent; à qualité que ycelluy *Bonnet* demeurera soumis au payemant de toutes
impositions mises et à mettre audit Tollon par le Roy, le pays ou
ladite Communauté, soit ailleur despartement, promettant de se
comporter, en ladite ville, en bon habitant et fidelle sujet de Sa Majesté,
aller à la garde et exposer sa vie jour et nuit, quand l'occasion s'of-
frira, pour le service du Roy et deffance de la patrie, même de maintenir et garder les réglemonts pollitiques et dellibérations de ceste
Communauté. Lesdits sieurs Conseuls, en leur nom, donnant pouvoir audit *Bonnet* fils d'entrer audit Tollon une boute (tonneau contenant 560 litres) de vin, à chascune recolte, de celui qui sera recolté
des biens possédés par son père au terroir du lieu de la Valette pour
sa boisson, pendant dix années à compter de ce jourd'huy; toutefois,
s'il se marie audit Tollon, ladite facultée sera augmentée d'une autre
boutte, en telle sorte qu'après son mariage il pourra entrer deux

bouttes de vin (l'équivalent de 1,120 livres); et, après les dix années,
il pourra faire entrer tous les vins qui lui appartiendront dudit terroir
de la Valette et de la Garde (autre commune limitrophe) conformément auxdits habitants, ayant ledit *Bonnet* fils faire foy de tout ce
qu'il a promis sy dessus des mains desdits Conseuls, toujours autho-
rizé par sondit père par ses présantes, pour l'observation desquelles
lesdits sieurs Conseuls ont obligé les biens, rentes et revenus de ladite
Communauté, et ledit *Bonnet* fils les siens présants et advenir, l'auto-
risant susdits intervenants à toutes Cours avec les venants et témoins
requis, concédant acte faict et publié à Tollon dans la salle de l'hôtel
de ville, présents Melchior-Barthélemy Prat et sieur Alphonce Lar-
modieu, marchand, de ladite ville, témoings requis et soubsignés,
avec les parties, à l'original, et aussi que vollontairement il se sous-
met. Collationné.

Vialis, notaire.

(Arch. comm., série DD. 11, fol. 294.)

CESSION DE PENSION A *CHRISTOPHE VEYRIER.*

(1683.)

Communication de M. Charles Ginoux.

Quittance pour la communauté de Tolon contre Christophe Verrier.

L'an mil six cens quatre vingz trois et le sixiesme jour du mois
d'octobre, après midy, devant moy notaire royal à Tolon et témoins,
establi en sa personne *Christophe Verrier*, maistre sculpteur de la
ville d'Aix, habitant en cette ville de Tolon, en qualité de cession-
naire et ayant droit et cause de Me Honoré de Pétra, advocat en la
Cour dudit Tolon, par acte de Me Vallavieille, notaire, du vingt six
avril dernier; lequel de son gré confesse avoir heu et receu des sieurs
Consuls et Communauté de ladite ville, et par les mains du sieur
Joseph Légier, bourgeois, trésorier moderne de ladite Communauté,
sy présant, acceptant et stipullant, payant des deniers de sa recepte,
la somme de mil livres présentement en pistolles, escus blanqz et
monoye, réelle numération faite au veu de moydit notaire et tesmoins, estant cette somme pour les intérêts du capital de vingt mil
livres, qui escheront les huit febvrier et seize mars prochain, que
ladite Communauté en est débitrice audit maistre de Petra, desquelles
mille livres ledit *Verrier*, comme bien comptant et satisfait, en a
quitté et quitte ladite Communauté, ledit trésorier, quy paye ensuite
de la délibération du Conseil du jourd'huy, intervenant avec promesse qu'il ne sera point recherché, déclarant ledit sieur trésorier

faisant ce payement desdits inthérêts par advance et suivant ladite délibération; attendu de quoy s'agist par ces présentes pour l'observation desquelles ledict trésorier oblige ses biens présans et advenir à toutes Cours, ont juré et requis acte concédé, fait et publié audit Tolon, dans mon estude, en présence de François Cogorde et Joseph Bouche, clerc, dudit Tolon, tesmoins requis et soubzsignés avec les parties, à l'original. Collationné.

Gairoard, notaire.

(Arch. comm., série DD. 14, fol. 228 v°.)

MODÈLES D'ORNEMENTS POUR LA PAROISSE SAINT-LOUIS
Par le sculpteur *JEAN-MICHEL. VERDIGUIER.*

(1745.)

Communication de M. Charles Ginoux.

La chapelle *Corpus-Dominy* de la paroisse Saint-Louis ayant un absolu besoin de quelques ornemen pour décorer l'autel, le trésorier et marguilliers dicelle se seroient déterminés à commencer par l'acquisition de deux bras à deux girandolles chacun et soutenir quatre cierges à côté du très-saint Sacrement lorsqu'il est exposé, mais attendu que laditte chapelle ne se trouve pas en fond suffisant pour les faire fabriquer en argent, on a jugé à propos en attendant un temps plus favorable de se contenter qu'ils soient en fonte, en (avec) bas reliefs, suivant et conformément à l'esquisse et modèle qui a été adressé par M. *Verdiguier*. En conséquence de quoy, le sieur Pierre Marin, trésorier de ladite chapelle, auroit proposé au sieur *Jean-Gaspard Henra.*, m^d orfèvre, de mettre cet ouvrage à exécution moyennant un prix convenu, pour éviter les contestations qui pourroient s'en suivre faute de cette clause, de manière que les parties ont acquiescé à ce qui suit, savoir : que moy sousigné *Jean-Gaspard Henra* m'oblige à faire les deux dits bras conformément au modèle qui a été dressé par le sieur *Verdiguier*, de finir la fonte en bronze et généralement toutes les matières qui seront nécessaires pour rendre le plus fini en bas relief que faire se pourra, le rendre fait et parfait quatre jours avant la feste Dieu prochaine, moyennant-le prix et somme de cent cinquante livres qui seront comptées à moi *Henra* par ledit sieur Marin, trésorier de laditte chapelle, savoir : cinquante deux en avance, et les cent livres restant pendant le cours de l'octave prochaine du St Sacrement; mais en cas que le susdit ouvrage ne fut pas rendu au temps cy-dessus fixé et convenu, alors lesdits cent livres restant ne seroient payées audit *Henra* que trois mois après la livrai-

son de l'ouvrage dont il s'agit, à quoy de part et d'autres nous nous
sommes soumis et avons signé la présente en double pour nous en
servir comme de justice contre les contrevenants, à Toulon le 10 au
20 avril 1745.

Signé : Marin, Henra.

(Arch. comm. de Toulon, série GG. 12, armoire 15.)

CHARLES NATOIRE ET LA PEINTURE HISTORIQUE.

(1747.)

Communication de M. Henry Jouin.

Notre devancier et l'un de nos maîtres en critique, M. Paul Mantz,
a publié, en 1852, dans les *Archives de l'Art français* (t. II, p. 246-
305) de curieuses lettres de *Natoire* et d'Antoine Duchesne. Cette
correspondance éclaire la vie du peintre, et M. Mantz a bien dit,
lorsqu'il résume son opinion sur les documents qu'il met au jour
par ces mots : « On connaissait mal *Natoire;* on le saura par cœur
lorsqu'on l'aura lu. » Rien de plus exact. Or, comme nous avions lu
Natoire, nous ne pensions pas qu'il nous fût possible d'apprendre
encore sur son compte. Nous croyions le bien connaître. Erreur. Le
peintre nous réservait une surprise. Une lettre de lui, longue, semi-
railleuse, où le fond ne manque ni d'ampleur ni de solidité, nous
tombe sous la main. Cette lettre est de 1747. La correspondance
publiée par M. Paul Mantz débute quelques années plus tard. Il y a
donc tout profit à pénétrer chez *Natoire* de meilleure heure que ne
l'ont fait ses biographes. Certains événements de l'existence du peintre
nous sont révélés par lui, mais ce qu'il expose avec verve, avec conviction, ce sont avant tout ses opinions sur l'art. Que *Natoire* soit de
son temps par certains côtés, cela ne fait pas doute. Nous allons le
voir combattre les idées d'Antoine Duchesne sur la peinture d'histoire, mais, en revanche, il dira leur fait aux financiers et aux beaux
esprits de son époque qui ne savent commander aux peintres que des
« Dessus de portes! » Duchesne, en sa qualité de prévôt des bâtiments du Roi, s'est orienté de toutes les forces de son esprit vers l'art
élevé, vers les compositions susceptibles de fournir un aliment à la
pensée en même temps qu'elles plairont au regard. Sans doute
l'Histoire ne marche pas sans la Fable dans les plans de Duchesne.
Son esthétique manque de netteté. Mais comment espérer qu'un
contemporain de *Vanloo* ait la vision précise du but qu'atteindra
David? Si troubles que soient les idées de Duchesne sur la peinture

d'histoire, ce sont celles d'un précurseur. Et nous ne serions pas surpris que la lettre officielle adressée le 17 janvier 1747 au président de l'Académie royale de peinture par M. Le Normant de Tournehem, directeur général des Bâtiments, fût l'œuvre personnelle de Duchesne. Par cette dépêche Tournehem fait savoir à l'Académie qu'il a désigné dix de ses « officiers » pour peindre autant de tableaux de « six pieds de long sur quatre de haut » dont le sujet demeure au choix des auteurs. La mesure était libérale. *Natoire* se trouvant au nombre des artistes désignés par Tournehem, Duchesne prit la plume et fit parvenir à son ami les conseils qui vont suivre :

Antoine Duchesne à Natoire.

Versailles, 1er avril 1747.

Je vous envoye, mon cher ami, une vraie bouffonnerie, mais c'est cependant le témoignage de mon amitié et le fruit de mes méditations pendant la sainte quinzaine. Je souhaite que vous puissiez y trouver quelque utilité au gré de mes désirs. Vous y verrez du moins ma bonne volonté et mon sincère attachement. M. le Directeur général des Bâtiments et Arts n'a eu d'autres vues, dans la distribution des dix tableaux faite à votre Académie, que de donner aux peintres qui la composent une louable émulation et de les engager, conformément aux intentions du Roi, à se surpasser eux-mêmes dans cette carrière. Attentif à recueillir les jugements du public pour la perfection des arts, il semble entrer dans le sentiment de quelques connoisseurs qui se plaignent que les peintres d'histoire, charmés de ces vains faits pris de la métamorphose et de l'histoire sacrée et prophane, répètent ces mêmes faits qui les ont frapés dans les tableaux des grands maîtres. Cette plainte n'est pas sans fondement solide. La peinture est la poésie des yeux. Un peintre qui lit les poètes anciens et modernes et qui connoît l'histoire y trouve des sujets neufs, des faits intéressants qui méritent d'être transmis à la postérité. Si nos grands maîtres avoient été frapés de cette vérité, nous aurions, à la vérité, moins de *Sainte Famille*, de *Nativité*, de *Vénus à la toilette*, de *Diane sortant du bain* et autres sujets rebatus; mais nous aurions une suite de faits, une histoire suivie des principaux événements de tous les païs et de tous les siècles. Les galleries des princes seroient des Bibliothèques amusantes et instructives.

Tous les faits, à la vérité, ne sont pas également favorables à la composition; mais c'est au grand peintre à faire un choix. Un événement pris dans l'histoire et rendu savamment par un habile artiste, avec les caractères de son héros et des personnages épisodiques de son tableau, est un poème dans son genre comme l'*Iliade* dans le sien.

Baile a compris cette vérité. Vous trouverez dans son *Dictionnaire*, au mot *Charlemagne*, le plan qu'il fait au peintre d'histoire pour la composition d'un tableau qui pourroit représenter un événement très singulier.

La *Vie des plus fameux peintres*, que j'ai sous les yeux, me fournit un passage de la vie de *Léonard de Vinci*, bien glorieux pour la peinture, et qui mérite, selon moi, d'être traité par une aussi habile main que la vôtre. Vous entendés que je veux parler de sa mort à Fontainebleau, entre les bras de François Ier.

Le peintre chef de l'école florentine ne vaut-il pas bien un chef d'ordre monacal? Elève de *Verochio*, qu'il égale bientôt, émule de *Michel-Ange* et maître en quelque façon de *Raphaël*, auteur d'un traité de Peinture et d'études extraordinaires où il a su rendre les passions de l'âme, [*Léonard*] est un homme que la peinture devroit faire connoître autrement que par les traits de son visage. Le portrait d'un peintre satisfait peu l'amateur curieux; un fait de sa vie, rendu avec art dans le tableau d'un peintre moderne, satisferoit tout autrement le spectateur. C'est là véritablement l'histoire des peintres. L'intérieur de sa chambre peut nous représenter sensiblement son caractère. Cet homme, occupé à distiller des huiles et à préparer des herbes pour faire ses vernis, a fait dire à Léon qu'*il ne finiroit jamais rien puisqu'il pensoit à la fin de son ouvrage avant que de le commencer*. N'en déplaise au Saint-Père, ce reproche, si j'ose le dire, ne peut être assés mal fondé. La Peinture à l'huile étoit toute nouvelle du temps de *Léonard*, et ces recherches étoient très utiles au peintre qui vouloit rendre ses ouvrages durables. Il seroit bon, je crois, de faire voir tous les ingrédiens servant à ces préparatifs.

On dit qu'il portoit à sa ceinture des tablettes pour saisir les têtes bisares que le hazard lui procuroit, circonstance fréquente [qui] donne une belle leçon à ses confrères d'imiter toujours la nature et de la chercher partout.

On lui reproche de n'avoir imité que la nature et d'avoir négligé l'étude des figures antiques. On peut méditer sur cette particularité et tâcher de la faire sentir.

Il faisoit venir, dit-on, des boufons et des musiciens pour dissiper l'ennui de ceux qu'il peignoit. Ainsi on pourroit admettre un musicien tenant une guitare pour le dissiper dans sa maladie. Il a fait des études de chevaux et des desseins sur la physionomie. Son traité de Peinture ne doit pas être oublié, et, comme il fut aussi architecte et savant dans l'hydraulique, des plans répandus çà et là feroient connoître son génie pour cette partie. Sa statue équestre, qu'il trouva moyen de fondre d'un seul jet, orneroit sa table d'un modèle en petit qui feroit voir qu'il a connu la sculpture.

Comme on raporte des choses prodigieuses de sa force, sa stature, quoique atténuée par la maladie, devroit représenter un homme vigoureux, en un mot Hercule malade.

La belle Feronnière qui est chez le Roi pourroit se trouver sur son chevalet et pourroit occasionner la visite de François Ier qui passoit ses plus doux moments avec sa maîtresse et les arts.

Enfin, mon cher, si cette idée vous plaît, médités et médités longtemps. Si l'interval d'ici au prochain Salon n'est point trop court pour un morceau de cette conséquence, je suis persuadé qu'avec vos lumières et votre belle composition vous pourriés entrer dans les vues de notre nouveau Directeur général et faire voir au public qu'un habile homme fait ce qu'il veut, et, quand il a présent le goût de son siècle, il sait le servir à son gré et mériter ses sufrages.

Trois personnages et le portrait de la belle Feronnière feroient toute la composition. *Léonard de Vinci* malade dans son fauteuil, François Ier le prenant dans ses bras, le musicien jetant sa guitare et attentif à la chose. Le portrait de la belle Feronnière sur le chevalet et diférens attributs répandus dans l'intérieur de la chambre d'un peintre qui fit des recherches sur une manière naissante, je veux dire la Peinture à l'huille.

Je ne prétens pas vous tracer votre canevas. Si l'idée vous est agréable, vous en prendrés ce que vous trouverés convenable et vous y substituerés ce que vous jugerés à propos.

Mais, avant d'arrêter votre composition telle qu'elle soit, je vous invite à méditer fortement sur ce qu'on désire aujourd'hui. Ce sujet ou un autre est capable de vous faire réussir dans les circonstances présentes, et ce conseil vient d'un ami qui a sondé le guet, qui vous embrasse et qui est tout à vous.

A. Duchesne.

Duchesne avait daté sa lettre de Versailles. Il habitait alors « l'hôtel Seignelay, rue de l'Orangerie, proche la Grille. » *Natoire* restait à Paris. Il ne songea point à se déplacer pour discuter avec son ami. Nous y aurions perdu. Voici en quels termes il répliqua :

Natoire à *Antoine Duchesne.*

A Paris, ce 7me avril 1747.

Vray ment, mon très cher, la peinture vous ait bien obligée de vous occuper de ses mistère et luy faire part de vos méditation instructive. Nous ne pouront pas manquer dorenavant que de nous bien conduire, puisque des personne eclerée veulent bien nous aider à remplir notre pénible carière. Sepandant souffré qu'en bon sitoyen de ce noble art je reponde à vos reflections. Je conviendré avec vous que les peintres repettent trop souvent des sujet rebatu ; je vous diray la dessus quil ne sont pas si coupable ; je commanseray par les peintre ancien. Nous n'avons deux communément que des morceau detaché qui leurs ont été demandé par diferent particuliers et je suis bien sûr quil ont été limité pour tous les sujet quil ont tretté. En Italie le peuple a toujours preferé tout ses sujet usé par une abitude exterieure de piété. Voila ce qui nous a fourny tant de madone et autre dans ce goût là. Les tableaux ensuitte d'Eglise ont perpetué ce genre. Les plus grand peintre dans ses païs la ont eté dans la necessité de passer une partie de leurs vies dans ses sortes d'occupations, et il faut tout dire, quoy que la plus par de ses suiet ne paroissent pas intéressant, il le sont beaucoup pour la peinture. Il fournissent des objet susceptible a developer bien de belle partie de cet art que les peintres coignoisse mieu que tout ote. Cela na pas empeché que les même grand hommes nait treitté des sujet d'histoire de toutte nature, et il san sont servi dans les lieux convenable, comme dans les palais des princes, des gallerie et tout lieu propre à former un histoire suivie. Voila les ouvrage que vous n'avez pas dans ses païsi et qui font juger un peintre trope legèrement sur leur conduitte. Il faut dire encore que les peintres ne travaillent presque jamais pour eux même, et comme les goût son sy varié, il nait pas etonant quil soit forcé à faire bien des choses à quoy ils novoits pas pansé. Pour revenir au traits d'histoire que vous dites que les peintre negligent, *Rubins* sen ait servi à propos dans la galerie et formé un poeme tout entier. Se grand homme avoit bien assés desprit pour imaginer tout ce qui pou-

voit contribué à relever son art; cela na pas empêché quil naye
donné comme les otes dans des idées usée, mais l'habille homme
sait toujours donner des trais nouveaux dans les suiet les plus
commun. Pour nous presentement, pauvres modernes, on nous
veut accabeler des grief de nos antien, sil en on eu, et apres nous
avoir reduit à nous ucher sur des portes, lieux sœuls ou nous
pouvons faire briller nos talans, on veut que dans des pareilles
place onteuse nous donions lessort a toutte ses belles idées. Vou-
droit on que nous fassion l'histoire dun prince en pareille place?
Cela ne me paroîtroit pas dessan. Le public, plus reisonable,
nous demande pour les mêmes lieux des sujet agréable, et depuis
que je suis a Paris on ne ma jamais demandé ote chose. Il nait
pas etonant que nous nayons pas un peut fatigué ce genre, mais
nous nen sommes pas la cause. Ensuitte de quoy les formes
bisares, les couleurs non propres à faire valoir les tableau, en un
mot mille assujetissement desagréable, voila pourtant sur quoy
nous roulons, et nos tableau son moins regardé comme tableau
que comme une sorte de meuble qui peut se lier avec toutte
lajustement bisare de lapartements. Sest pourquoy tel fait faire
des dessus de porte à la chinoise ou bien doté en camayeux de
toutte couleur, et nous voyons nos habille peintre du temps
ocupé à ce fanatisme de peinture, tel est limconstance frocoise. Si
le superieur actuelement attantif veut bien soucuper un peut de
nous et tacher de faire revivre le talan abatu, il trouvera, je crois,
encore dès sujets rempli dun nouveau zèle pour satisfaire ses
veues. Les tableau quil vient de distribuer luy serviron dechan-
tillon pour voir ceux qui peuvent valoir encore quelque choses,
pourveu que son conseil soit bien monté dans cette suitte d'ouvrage; netant point limité pour le sujet, il ne doivent pas exgiger
que chaque artiste travaille dans leurs nouvelles idée. Le peintre
alors ne cherche qu a prendre des choses suseptible a faire valoir
les parties quil a. Tous les sujets ne vont pas a tout le monde.
Ainsy chacun dans cette occasion prandra ses petits aventages
quand apres lexamen on voudra distribuer des ouvrages de plus
grande consequance; nous reservons volontiers leurs méditation,
car labileté d'un peintre ne consiste pas seulement a maitre beaucoup desprit dans son ouvrages, tel qul noroit que cette partie
feroit de très movais tableau. Du temps de M. *Le Brun*, la peinture avoit encore ses avantages; ce peintre a eu occasion de se
signaler en bien des ouvrages digne de remarque. On trouvera

en tout tems des hommes, mais il faut des occasions pour les faire
valoir, car cet toujours un movais prejugé que nous avons en
tout genre pour nos contemporin de dire quil n'y a plus personne.
Voila ce que lon nous donne pour toutte recompance des grandes
études que nous fesons dans notre jeunesse; il est vray que le
nombre ne sera jamais bien grand, mais du moin la bonne destination que lon feroit de nous ne tendroit pas à le rendre encore
plus petit.

Je vous ay grande obligation de linteraits que vous prenés pour
mon tableau démulation du nombre des dix. Vous ne devez pas
douter que je naye dejea bien medité, bien tatté et eseyoué et de
plus consulté des amateurs, qui tous, avec bien de lesprit, ne mon
rien doné de mieux que ce que jay trouvé dans mon scay perso-
nel. Je rend justice a lidée que vous me donné de la mort de
Leonard de Vinsy; elle et singulière et fort honorable pour la
peinture; je suis charmé que cette lecture vous aye frappé au
point de souhaitter de voir ce trait flatteur exécuté, mais, malgré
tout cet avantage, je difereray à men servir. Il nait pas douteux
que tout ne se puisse representer, et, comme vous dite fort bien,
tout nait pas avantageux. Je preferé donc un sujet qui me procure
des partie nue pour que je puisse faire valoir celle du dessain,
qui ait si belle et que peut de personne connoisse. Puisque lidée
du fondateur n'a pas été de nous jener, et, quoy que lon en puisse
dire, les peintres judicieux seront toujours plus en état de sentir
ce qui leur convient et qui est propre à lart que tout ote grand
esprit prevenu en faveur de leur découverte. Ils ont beau faire,
ils ne trouveront pas mieux que ce que lon a déja trouvé. Javoue
que le peintre assujeti par un travail regullier, il ne peut vacquer
a toutte les lecture quil conviendroit a son ars, cet pourquoy nous
serons tres obligé à ceux qui nous communiqueront leurs reflec-
tion, car les pauvres peintres on les regarde comme de pauvres
ouvriers qui travaillent machinalement. Malgré moy, je suis faché
de convenir que, parmi le nombre, il y en a qui peuvent ficxer
cette idée. Il faut que je sois modeste sur cet artiqle.

Vous voyé, mon cher, quinsensiblement je menfonce à radoter
bien mieux que vous, puisque je ne finis pas. Je crois quil y a
un peu de malice dans mon fait, quand ce ne seroit que celle de
vous faire couter du port pour vous apréndre a parler peinture et
a vous ensevelir dans listoire de nos sectateurs. Je ne scay si cette
lecture est assé edifiante pour la sainte quinzaine. Je vous par-

donne en faveur de la participassion que vous avé daitre en partie confrère et, par conséquent, un peut licentieux. Je vous exorte à vous endoctriner de plus en plus, espérant que vous me feré par de vos bonne meditation, dont je feray toujours grand cas par le bon cœur dont vous les assaisoné. Je nay plus de papier, heureusement pour vous, car il faut que tout finisse dans ce monde ; mais ce ne sera pas sans vous avoir assuré de ma parfaite amitié et du profond respect pour vos dames, dont jay l'honneur daitre, Monsieur et très cher amy,

Votre très humble et obéissant,

Natoire.

Mon chancelier vous dira le reste.

Deux hommes moins sincères, moins étroitement unis, moins épris d'art que ne l'étaient *Natoire* et Duchesne auraient borné le débat à cet échange de lettres. Il est évident que *Natoire* n'entend pas démordre de sa façon de voir ; il ne se laisse pas entamer, et, comme il le dit lui-même, il entre « un peu de malice dans son fait. » Mais Duchesne ne parut pas s'émouvoir de la résistance de son ami et, quelques jours plus tard, il lui écrivait :

Antoine Duchesne à Natoire.

10 avril 1747.

Si la mort de *Léonard de Vinci* fournit un sujet triste, mais glorieux, pour la peinture, l'histoire de la poesie françoise nous offre un trait plus riant et aussi intéressant, qui, par une agréable contre-partie, peut faire pendant au sujet précédent.

Le trait est fort connu, et je ne crois pas qu'il ait jamais été employé par aucun peintre. Je vais vous en rappeler l'histoire.

Tout le monde sait que, sous le règne de Charles VII, Alain Chartier étoit un des plus beaux esprits et un des plus laids hommes de son siècle. Cette dernière considération n'empêcha pas que Marguerite d'Écosse, alors femme du Dauphin, qui fut depuis Louis XI, passant par une salle où Alain Chartier s'étoit endormi, ne s'approchât de lui et ne le baisât. Et, comme les dames de sa suite paroissoient surprises qu'elle eût baisé un homme si laid, *je n'ai pas baisé l'homme, leur dit-elle, j'ai seulement baisé la bouche, d'où il est sorti tant de belles choses.* Cette seule aventure suffit pour faire voir quelle idee on avoit d'Alain à la cour et dans le reste du roiaume, qui règle d'ordinaire ses jugements sur ceux de la cour. La Normandie se fait gloire encore aujourd'hui d'avoir produit un aussi grand homme qu'Alain Chartier. C'est peut-être celui de tous nos vieux écrivains à qui notre langue est le plus redevable. Il étoit secrétaire de Charles VII et l'avoit aussi été de Charles VI. Il fut l'un des bons orateurs et des bons poètes de son temps. De là vient aussi que Marot l'appela :

Le bien disant en rime et prose Alain.

Mais, quoique ses vers fussent estimés, c'étoit de la prose qu'il tiroit sa principale gloire jusque là qu'on le surnommoit communément le Père de l'Éloquence françoise (*Traité de la Poésie françoise, par l'abbé Massieu*, de l'Acad. fr. Paris, 1739).

Voici le même trait raporté par André Duchesne, qui cite un auteur ancien, Enguerrand de Monstrelet : « Monsieur le Dauphin Louïs, fils du Roè Charles VII, avoit épousé la princesse d'Écosse, nommée Marguerite Stuard. Cette Princesse, toute parfaite aux beautés de l'âme et du corps, favorisa les beaux esprits de son siècle. Et, comme Maître Alain Chartier étoit de ce temps là estimé l'un des premier de la cour, aussi le jugea-t-elle si rare qu'elle l'honora d'une faveur singulière, car, passant par une salle où il dormoit sur un banc, elle le baisa, puis, pour satisfaire à l'étonnement des seigneurs et des dames qui la suivoient, adjousta *qu'elle ne baisoit pas la personne, mais la bouche, dont étoient sortis tant de beaux discours.* »

Remarqués, s'il vous plaît, un contraste assez singulier dans ces deux événemens. Un grand Roi se trouve dans un logement simple qu'il décore par sa présence et sa suite, et le poete se trouve humblement assis sur un banc dans une antichambre où il s'endort en attendant que le prince soit visible. Si le courtisan a pu, par ses assiduités à la cour, être honoré par hazard d'une faveur unique, le Peintre, accoutumé à recevoir les grands chés lui, est visité par un Roi protecteur des Arts dans un moment ordinairement réservé aux Parens et aux vrais amis.

Dans un des deux tableaux, on verroit François Ier et ses ministres et courtisans ; dans l'autre, une Dauphine et les dames de sa suite. Ces deux tableaux, vus l'un après l'autre, forment un spectacle complet, tragédie et petite pièce. Rien n'empêcheroit, je crois, de transporter le site de la petite pièce dans un bosquet d'une maison roialle, où il seroit plus décent au poëte de s'endormir au murmure d'une cascade qui l'empêcheroit de s'éveiller à l'approche de plusieurs femmes. Une fable ingénieusement trouvée feroit ses jets d'eaux et pouroit avoir un suport direct ou indirect à la poésie ou au sujet principal.

Vincennes étoit du temps de Charles VII le séjour des Rois. Le bois de Vincennes pouroit être le lieu de la scène et le château vu dans le lointain.

Autre esquisse.

Trouvés-vous le costume du xive siècle maussade pour la peinture et voulés-vous rendre ce sujet plus pittoresque? Alors vous pouvés couvrir cette vérité de l'histoire du voile ingénieux de la fable. Quittés le vieux langage gaulois dont peu de gens comprennent aujourd'hui la gentille naïveté, parlés le langage des dieux, et tout homme d'esprit vous entendra et vous saura bon gré de votre ruse. Votre pinceau y trouvera son compte et pourra nous tracer artistement les grâces et la correction du dessein.

Ce n'est point le libertinage, c'est la sagesse enflammée par l'amour des belles-lettres qui a fait donner ce baiser. Faites revenir le temps des Métamorphoses. Transformés Marie Stuard en Diane, placés la, si vous voulés, dans le camp de Mars, pour caractériser le règne belliqueux de Charles VII, ou bien placés la dans une forêt. Alain Chartier, tout laid qu'il étoit, deviendra un bel Apollon, les dames de la suite de la Dauphine seront, si vous le voulés, les Nymphes de Diane. Médités et composés.

Si l'on vous demande dans quel livre des Métamorphoses d'Ovide vous avez trouvé Diane donnant un baiser à Apollon, vous repondrez tout naturellement que, comme Ovide, en recueillant les métamorphoses éparses dans différents auteurs, a pris la licence, en qualité de poète, d'y ajouter des métamorphoses de sa façon, vous, en qualité de peintre, vous avez profité de la même permission pour faire connoître un trait d'histoire honorable à la poésie françoise, que vous avés dessein de célébrer par votre pinceau.

Vous cherchés un sujet neuf et vous voulés cependant rester dans le genre qui a fait l'étude de toute votre vie, je crois que ces deux qualités se trouvent complettement rassemblés sous ce point de vue, car vous en serés quitte pour donner dans le livre de l'explication des tableaux du Sallon une note instructive de la vérité de l'histoire que vous aurés voulu traiter et de la fable allégorique qui représente cette vérité.

Vous aurés encore un avantage : vous pourrés hardiment montrer votre tableau à tous les antiquaires de Paris et leur donner cet énigme à deviner; mais le mot, une fois donné au Sallon, passera de bouche en bouche. Tout Paris le retiendra.

Autre idée.

Pour avoir occasion de rendre les paroles de la princesse d'Écosse, representés une nymphe surprise de l'action de Diane et une autre écrivant sur le sable, avec la pointe de son dard, *non deum blanditur, sed orem* (sic) *eloquentem,* « ce n'est point le dieu qu'elle caresse, mais sa bouche éloquente, » et une troisième qui, avec un agréable sourire, montre à la première les mots que la seconde vient d'écrire. Les attributs d'Apollon et les équipages de chasse sont plus que sufisans pour orner la scène.

Tout à vous,

A. Duchesne.

Comment *Natoire* reçut-il ces plans de tableaux? Nous aimerions à l'apprendre. Mais il est probable que Duchesne fit suivre sa lettre d'un exprès qui annonça son prochain voyage à Paris, et *Natoire* se contenta d'assurer son ami de la joie qu'il aurait à le voir. Le billet qu'il écrivit le 12 avril ne renferme aucune allusion aux lettres qu'on vient de lire. Les deux amis auront vidé la querelle en paroles véhémentes, mais l'écho ne nous les a point redites.

Natoire *à Antoine Duchesne.*

Je resois avec grand plaisir, monsieur et cher amy, vos nouvelles. Nous nous portons bien tous a ce qui me paroit. Vous nous menassez donc de nous voir mercredy, et vous ferez fort bien, puisque lon vous y vera. J'ay vu M. de Tournehem depuis ma lettre ecritte. Je crois fort que, sy larticle que je demande devient vaquant, je laurois, selon ce que jay put penetrer de sa reponce en lui fesant voir deux petits dessains pour les tableau de la Reine. Tout ce passa fort gratieusement de part et d'autre. Sy vous ne venés point, on fera un effort pour vous y aller voir. Jattans toujours le pastel de Mgr le Dauphin, et d'abord après je veux fairé ma coûr.

Votre petit pastel ait fai. Vraysanblablement, vous lemporteré à votre retour. Bien des complimens respectueux à vos dames et suis très sincèrement votre très humble et obéissant

Natoire.

A Paris, 12 avril 1747.

Les pièces qui précèdent sont tirées des papiers inédits d'Antoine Duchesne et du cabinet de M. de la Sicotière, sénateur.

DE L'EMPLACEMENT LE PLUS PROPRE

A L'ÉRECTION

DE L'ARC DE TRIOMPHE DE *L'ÉTOILE*.

(1806.)

Communication de M. Henry Jouin.

1°

Rapport de *DUFOURNY, HEURTIER*, architectes, et *DEJOUX*,
statuaire, membres de l'Institut.

Quand une chose est faite et bien faite on ne s'inquiète guère de
savoir ce qu'elle a coûté de recherches, d'études patientes, de discus-
sions amiables. L'Arc de triomphe de l'Étoile est l'un des monuments
les plus imposants de la capitale. La place qu'il occupe ajoute à son
caractère grandiose. La pensée ne vient à personne qu'on eût pu
l'ériger avec raison sur un point de Paris autre que celui qu'il occupe.
Cependant, en 1806, on n'était pas fixé. Les avis étaient partagés.
L'Empereur penchait pour le faubourg Saint-Antoine; Champagny,
ministre de l'Intérieur, songeait à la barrière de Chaillot, mais il était
difficile au ministre de heurter de front dans ses plans le vainqueur
d'Austerlitz. Champagny chercha des auxiliaires, j'allais dire des
complices. Il fit nommer une commission de six personnes choisies
parmi les membres de l'Institut. Vaine tentative. La commission ne
fit que jeter du désarroi. Elle eut son plan, qui n'était pas celui de
l'Empereur, et qui contrecarrait le projet de Champagny. Nous avons
parlé de ces hésitations, de ces divisions passionnées au cours de la
notice sur l'Arc de l'Étoile insérée par nous dans l'*Inventaire des
richesses d'art de la France* (Paris, *Monuments civils,* t. I, p. 158-
187), mais le texte intégral du rapport adressé au ministre par trois
des commissaires nommés sur sa proposition est inédit. Nous le
publions ici.

*Rapport fait à Son Excellence le Ministre de l'Intérieur sur
l'emplacement le plus propre à l'érection d'un Arc de
Triomphe.*

Monseigneur,

Conformément à votre invitation, la Commission s'est réunie
pour examiner la nouvelle question que vous lui avez soumise :

*Y a-t-il dans Paris ou à l'une de ses entrées un point plus
propre à l'érection d'un Arc de Triomphe que la place formée
par la réunion du Boulevard, de la rue Saint-Antoine et de
celle du Faubourg?*

I.

Aucun des points de la circonférence de Paris n'est propre à l'érection d'un Arc de Triomphe.

Elle a commencé son examen par les points de la circonférence de la nouvelle enceinte de Paris qui pourraient appeler l'attention; ces points, en commençant par le sud-est, sont :

1° La tête méridionale du Pont d'Austerlitz.

2° La Barrière des Gobelins.

3° Celle de la rue d'Enfer.

4° L'extrémité du Champ-de-Mars, vers la rivière.

5° La Barrière de l'Étoile ou de Chaillot.

6° La Barrière du Trône.

Nul doute que ces différents points, répondant à de grandes routes et formant les principales entrées de la ville, ne fussent absolument susceptibles de recevoir des Arcs de Triomphe; on ne peut même dissimuler que la Barrière du Trône, et plus spécialement encore celle de l'Étoile, n'offrent assez d'avantages pour que plus d'une fois des Architectes distingués y aient projeté de pareils Monuments; mais ces deux points ont, ainsi que tous les autres placés à la circonférence, l'inconvénient d'être hors la ville, pour ainsi dire, trop éloignés du centre de la circulation et de la route que tiennent ordinairement les cortèges et les marches militaires dans les cérémonies publiques; inconvénient très grave et qui empêche la Commission de proposer le choix d'aucun de ces points.

II.

Ceux de l'intérieur de la ville ne sont guères plus favorables.

L'intérieur de la ville ne présente guères plus de ressources; la plupart des places publiques ayant déjà une destination ou étant disposées et décorées de manière à ne point admettre un monument de ce genre. Les points sur lesquels on pourrait jeter les yeux se réduisent à ceux-ci :

1° Le Boulevard des Capucines, en face de la nouvelle rue dirigée sur la place Vendôme.

2° Le Boulevard des Italiens, au droit de la rue de Richelieu.

3° L'entrée de la Place de Thionville du côté du Pont-Neuf.

4° L'extrémité de l'Esplanade des Invalides, vers la rivière.

5° La demie-lune du centre des Champs-Élysées, à la croisée de la grande avenue et de celle des Veuves.

Mais une revue successive de chacune de ces positions a con-vaincu la Commission qu'il n'y en a aucune d'entièrement satis-faisante, et que chacune au contraire prête à des objections qui se présentent en foule, et qu'elle s'abstiendra de détailler parce qu'elles sont aisées à pressentir.

III.

L'entrée de la Place de la Concorde, vers le Pont, est le point à préférer.

Un seul emplacement lui a paru, après l'examen le plus mûr, réunir à bien des égards les conditions requises, et mériter sous tous les rapports la préférence sur ceux qui ont été jusqu'à présent ou pourraient être par la suite proposés; c'est l'ouverture de la place de la Concorde, du côté du Pont, précisément au droit du fossé qui ferme cette place, et au point coté A sur le plan ci-joint[1], qui est le point de rencontre de l'axe de la place et du Pont de la Concorde avec celui prolongé de la terrasse de l'eau des Tuileries.

Les avantages d'une telle position sont évidents et faciles à saisir.

D'abord, un Arc de Triomphe élevé sur ce point servirait à marquer l'entrée principale de la Place de la Concorde qui de ce côté est beaucoup trop vague et ne présente aucune ligne assez élevée pour arrêter la vue.

Il formerait à la fois un point de vue intéressant pour le Palais du Corps-Législatif et pour le Pont; pour la Place et l'Édifice de la Madeleine; pour les Champs-Élysées et pour la superbe ter-rasse de l'eau; et, pouvant être aperçu des deux rives de la Seine, depuis Passy jusqu'au Pont-Neuf, c'est-à-dire dans une étendue de plus d'une lieue; le Monument contribuerait à enrichir l'aspect de ce magnifique Canal.

Ce point est des plus fréquentés de la Capitale; il sert de com-munication journalière aux deux quartiers les mieux habités : le faubourg Saint-Germain et le faubourg Saint-Honoré. C'est par là que passent le magistrat et le militaire, le Conseiller d'État et le Ministre qui vont à leurs fonctions, et l'Empereur, lorsque, accompagné de son cortège, il se rend au Corps-Législatif.

---

1. Nous n'avons pu découvrir le plan annexé à la minute originale de ce rapport, mais le texte est suffisamment clair pour qu'on ne regrette pas outre mesure la perte de cette pièce.

Les jours de fête, le concours y est immense, ce lieu étant le passage nécessaire de tout ce qui de Paris se rend à Saint-Cloud, à Meudon, à Versailles, aux Champs-Élysées ; le Monument y deviendrait alors l'objet de la curiosité et de l'admiration des citoyens qui, libres d'affaires, s'arrêteraient pour le contempler à loisir.

Enfin, ce point devant être regardé comme la tête et le commencement des anciens Boulevards, l'érection d'un Arc de Triomphe y devient indispensable, afin que dans les circonstances solennelles les cortèges militaires, après s'être formés au Champ-de-Mars, puissent, au commencement de leur marche, défiler sous un Arc de Triomphe pour se déployer ensuite sur cette magnifique avenue des Boulevards, si favorablement disposée pour devenir notre *voie triomphale*.

Il serait facile et peu dispendieux d'élever par la suite sur les piédestaux établis sur les piles du Pont, ainsi que sur les guérites qui bordent la Place, des trophées, des statues, ou tout autre ornement propre à donner le caractère *triomphal* à tout cet ensemble, que pourrait animer encore une statue équestre érigée au centre et deux fontaines placées aux points B et C de la place.

C'est ainsi que, par le seul choix de l'emplacement indiqué, le Gouvernement arriverait en peu de temps à compléter et à lier toutes les parties de l'ensemble le plus magnifique qui existe.

C'est ainsi qu'à peu de frais, et par l'érection d'un seul Monument, la ville de Paris se trouverait, à l'instar de l'ancienne Rome, enrichie d'un Pont, d'un Arc et d'une Voie consacrée aux marches triomphales.

A ces considérations déterminantes, si Votre Excellence ajoute celle de l'activité qui pourrait immédiatement être mise dans les travaux, que nul obstacle ne paraît retarder, et l'accélération de jouissance qui en résulterait, elle demeurera persuadée avec la Commission : « Qu'aucun autre point de la circonférence ou de l'intérieur de Paris n'offrant les mêmes avantages que le point indiqué de *l'entrée de la Place de la Concorde du côté du Pont*, c'est ce point qui, sous tous les rapports de goût, de convenance et de célérité, mérite d'être préféré pour l'érection d'un Arc de Triomphe. »

Fait à Paris, ce 15 avril 1806.

Heurtier. — L. Dufourny. — Dejoux.

(Bibliothèque d'Angers. — Manuscrits, n° 1048.)

Les conclusions de ce rapport ne furent pas maintenues par les membres de la Commission. Il y eut retour d'opinion. Les commissaires savaient par expérience peut-être qu'on ne heurtait pas sans péril les plans de l'Empereur. Or, celui-ci avait songé à placer l'Arc de triomphe « à l'entrée des boulevards du côté de la rue Saint-Antoine. » Proposer un autre emplacement sans y mettre toutes les formes voulues, sans marquer la condescendance que des sujets avisés, sinon convaincus, devaient garder à l'égard du souverain, parut aux signataires du rapport précédent un acte d'audace qu'il fallait atténuer. C'est alors que dans une seconde pièce la Commission se déjugea. Elle proposa d'ériger l'Arc auprès du canal Saint-Martin, le monument devant faire face aux boulevards Bourdon et Contrescarpe dont le tracé avait été décrété en février 1806. Pauvres commissaires ! En abdiquant sous l'impression de la crainte, ils ne gagnèrent pas le ministre à leur cause. Champagny jugea le codicille moins sensé que ne l'était le testament, c'est-à-dire le rapport étendu, réfléchi, raisonné qu'il avait reçu.

Il soumit pour la forme cette dernière proposition au Conseil des Bâtiments, qui ne l'approuva pas. Puis prenant la plume, Champagny rédigea son rapport à l'Empereur. On va voir qu'il ne marqua guère de respect pour les conclusions des commissaires. Le ministre semble mettre quelque malice à détruire les projets des trois artistes. Ne lui gardons pas rancune, car, s'il a substitué un plan qui lui était personnel à celui de la Commission, nous sommes juges de l'excellence de ce plan. C'est à Champagny et à lui seul qu'est dû le choix de l'emplacement de l'Arc de l'Étoile. On va voir avec quelle diplomatie le ministre de l'Intérieur sut plaider la cause qu'il avait à cœur de faire réussir.

2°

RAPPORT A L'EMPEREUR ET ROI.

Sire,

Par l'article 2 de votre décret du 18 février de cette année, vous avez ordonné qu'il serait élevé *un Arc de Triomphe à la gloire de nos Armées, à l'entrée des Boulevards, du côté de la rue Saint-Antoine.*

Je viens rendre compte à Votre Majesté des mesures que j'ai prises pour que cette disposition soit convenablement exécutée.

A peine les Artistes connurent-ils vos magnanimes intentions qu'ils s'empressèrent de m'adresser des projets d'Arcs de Triomphe, de Monuments de toute espèce. Embarassé du choix, je crus devoir m'en rapporter à une Commission composée de quatre architectes distingués, et de trois sculpteurs pris dans l'Institut[1].

Je ne me contentai pas de les consulter sur le choix d'un projet d'Arc de Triomphe; je les chargeai de désigner avec précision, sur le plan, le lieu qu'il devait occuper.

Je n'appris point sans quelque surprise quel était l'emplacement que la Commission proposait de choisir pour ce Monument. Ce n'était point l'entrée du Boulevard, comme je l'avais pensé, d'accord avec les auteurs des projets; ce n'était point non plus l'entrée du faubourg Saint-Antoine, comme semblait l'indiquer le Décret Impérial : elle préférait à ces deux points le milieu d'une place qu'elle supposait projetée sur le terrain de la Bastille. Cet emplacement est désigné par la lettre C sur le plan joint à ce rapport. En proposant ce point, la Commission demandait que l'Arc de Triomphe fût parfaitement carré et que ses quatre façades offrissent la même décoration d'architecture, et, en effet, il eût été tout-à-fait inconvenant de placer ainsi, isolément, au milieu d'une place, un monument de forme parallélogramme.

Les motifs du choix de la Commission pour le placement au point C du Monument étaient :

1º Qu'il ferait face non seulement à l'ancien Boulevard du Temple, mais même aux deux nouveaux Boulevards qui vont être plantés sur les rives de la gare que l'on creuse en ce moment.

2º Qu'il se trouverait à peu près sur l'alignement des deux rues de Saint-Antoine et du faubourg dont le redressement est indispensable et peut être exécuté promptement, mais à grands frais; qu'à la vérité, il se présenterait très obliquement au Boulevard et qu'il ne se trouverait même parfaitement d'équerre sur aucune des lignes capitales auxquelles il devrait répondre, telles que celles de la rue Saint-Antoine et du faubourg; mais que la grande distance à laquelle se trouverait l'édifice de tous ces points et le peu d'étendue des lignes que présenteraient ses façades diminueraient de beaucoup l'apparence de ce défaut, et que l'œil le plus exercé aurait peine à s'en apercevoir.

3º Enfin, que le Monument serait vu dans sa totalité depuis l'extrémité du Boulevard du Temple jusqu'à la tête du pont d'Austerlitz, du côté du jardin des Plantes.

---

1. MM. *Gondoin, Heurtier, Dufourny, Thibault,* architectes; *Roland, Dejoux,* sculpteurs.

Aucun de ces motifs ne m'avait paru même spécieux, et le Conseil des Bâtiments civils auquel je renvoyai l'avis de la Commission les combattit par les raisonnements que j'avais prévus.

D'abord, le Monument demandé par la Commission, devant être carré, perdait absolument le caractère d'*Arc de Triomphe;* et, quoique l'on trouve un exemple chez les anciens d'un édifice dont les quatre côtés sont égaux, et que nous avons improprement appelé Arc de Triomphe, il n'en est pas moins certain qu'isolé au centre d'une place, un Édifice, parfaitement carré et ouvert de tous côtés, aurait bien moins l'apparence d'un Arc de Triomphe que d'un Portique ou d'un Temple. D'ailleurs, un monument carré doublerait au moins les frais de construction, et surtout de sculpture, et, dans un édifice qui doit coûter plusieurs millions, cette considération n'est pas à négliger.

Mais, en supposant que le redressement de la rue Saint-Antoine et du faubourg s'exécute (ce qui peut-être sera différé d'un grand nombre d'années) et que l'on parvînt à faire passer l'axe de ces rues par le milieu du Monument, ainsi que l'espère la Commission, le Monument ne serait pas encore vu de très loin, ni de l'un ni de l'autre côté. En effet, la rue Saint-Antoine, un peu avant la rue de Beautreillis, et le faubourg, un peu après la rue Le Noir, éprouvent une courbure à laquelle il est impossible de remédier.

Nul doute que ce ne soit pour le Boulevard principalement que l'Arc de Triomphe doit être érigé; et dans le projet de la Commission l'axe du Boulevard n'aboutit à aucune des entrées du Monument; il en frappe une extrémité et presque un des angles. Le spectateur n'apercevrait donc du Boulevard qu'une masse informe, sans aucun jour.

M. Crétet partage mon opinion sur l'inconvénient de cette position.

Le Conseil des Bâtiments était d'avis aussi que la majorité des artistes qui ont présenté des projets d'élever l'Arc de Triomphe au point A du plan, à l'entrée des Boulevards, et, si ce point n'était pas agréé, il préférerait encore au point C du milieu de la place le point B à l'entrée du faubourg Saint-Antoine.

La Commission au contraire persiste à proscrire ces deux emplacements, mais surtout l'emplacement A à l'entrée des Boulevards. Elle objecte qu'à ce point l'Arc ne sera plus un Monument, mais une Porte sous laquelle on passera avec indifférence, sans même la remarquer; qu'il faut être obligé de se détourner, de s'arrêter pour considérer un Monument, pour qu'il fasse quelque impression sur l'esprit; que d'ailleurs l'Arc touchera pour ainsi dire aux maisons voisines, surtout à la maison Beaumarchais, et que ce cadre mesquin dans lequel il paraîtra resserré en atténuera l'effet; qu'enfin, placé au point A, il se trouverait précisément à la chute d'une pente d'environ dix pieds, qui, du Boulevard, ne permettrait de l'apercevoir que de haut en bas; qu'il semblerait écrasé, anéanti, etc.

Il est bien facile de répondre à toutes ces objections.

Un Arc de Triomphe n'est pas seulement un Monument, il faut aussi qu'il ait au moins l'apparence de l'utilité. Lorsque, sous les Portes, il passe avec affluence des hommes, des voitures, surtout des militaires, c'est précisément ce que veut l'autorité qui en a ordonné l'érection. Qu'importe, au reste, que des bâtiments particuliers se trouvent sur ses côtés? L'essentiel est que devant ses deux grandes faces principales il n'y ait rien qui empêche de les considérer, et que l'on puisse voir assez loin au travers de ses trois portes.

Sans doute, ce serait un inconvénient dans la position de l'Arc de Triomphe au point A, s'il était vrai que du Boulevard on ne pût l'apercevoir que du haut en bas. Mais il n'est pas vraisemblable que cet effet doive résulter d'une pente de dix pieds sur toute la longueur du boulevard Saint-Antoine. Elle doit être presque insensible, comparée à la hauteur du Monument.

Je viens d'avoir l'honneur de vous exposer, Sire, les différentes opinions qui se sont élevées sur l'emplacement de l'Arc de Triomphe. Votre Majesté a pu voir qu'elles étaient très divergentes. S'il doit être près de la place Saint-Antoine, nul doute que sa position à l'entrée des Boulevards ne soit celle qui lui convienne davantage; cet avis est celui des membres du Conseil des Bâtiments civils et d'un grand nombre d'artistes. Mais Paris, dans son enceinte et dans sa vaste circonférence, ne présente-t-il pas une position encore plus avantageuse? C'est ce qu'il est convenable d'examiner; c'est sur quoi j'ai appelé l'attention de la Commission. Je rends compte à Votre Majesté de son opinion et de la mienne.

Dans *l'intérieur de Paris*, il est assez difficile de trouver un emplacement favorable. La plupart des places publiques ayant déjà une destination ou étant disposées et décorées de manière à ne point admettre un Monument de ce genre, les points sur lesquels on pourrait jeter les yeux se réduisent à ceux-ci :

1º Le Boulevard des Capucines, en face de la nouvelle rue dirigée sur la Place Vendôme;

2º Le Boulevard des Italiens, au droit de la rue de Richelieu;

3º L'entrée de la Place de Thionville du côté du Pont-Neuf;

4º L'extrémité de l'Esplanade des Invalides vers la rivière;

5º La demie lune du centre des Champs-Élysées à la croisée de la grande avenue et de celle des Veuves;

6º L'entrée de la Place de la Concorde vers le Pont.

Une revue successive de chacune de ces positions convaincrait facilement qu'il n'y en a aucune d'entièrement satisfaisante, pas même la dernière, que l'on m'a souvent indiquée comme très favorable. Je détaillerai cependant les motifs que l'on m'apportait à cette préférence.

Un Arc de Triomphe, disait-on, élevé sur la Place de la Concorde, en face du Pont, servirait à marquer l'entrée principale de cette place qui, de ce côté, est beaucoup trop vague, indéterminée; il fournirait un point de vue pour l'entrée du Corps-Législatif, pour le Pont, pour la Place et l'Édifice que l'on construira sur le terrain de la Madeleine. D'ailleurs le Pont est un des plus fréquentés de la Capitale par le militaire et le magistrat, et c'est surtout le passage de Votre Majesté lorsqu'elle se rend au Corps-Législatif et au Champ-de-Mars. Cette route deviendrait vraiment la *Voie triomphale*. Enfin on pourrait, dès à présent, y travailler sans être obligé d'abattre aucun édifice; l'emplacement est tout préparé.

Voyons maintenant s'il n'y aurait point à quelques-unes des Entrées de la Capitale de meilleures positions pour ce Monument.

En examinant à *la circonférence de la nouvelle Enceinte de Paris* les points qui pourraient appeler l'attention, on trouve, en commençant par le Sud-Est :

1º La Tête méridionale du Pont d'Austerlitz;

2º La Barrière des Gobelins;

3º Celle de la rue d'Enfer;

4º L'extrémité du Champ-de-Mars vers la rivière;

5° La Barrière de l'Étoile ou de Chaillot;

6° La Barrière du Trône.

Nul doute que ces différents points, répondant à de grandes routes et formant les principales entrées de la Ville, ne pussent être très convenablement ornées par des Arcs de Triomphe. Mais on ne peut dissimuler que tous ces points n'offrent le grave inconvénient d'être, pour ainsi dire, hors de la Ville, d'être trop éloignés du centre de la circulation et de la route que tiennent ordinairement les cortèges et les marches militaires dans les cérémonies publiques.

Cependant, cet inconvénient n'existerait pas, pour ainsi dire, si l'on choisissait la Barrière de Chaillot ou de l'Étoile. Ce point fait, en quelque sorte, partie du plus beau quartier de Paris, puisqu'il y est joint par une promenade, les Champs-Élysées. Un Arc de Triomphe à l'Étoile fermerait, de la manière la plus majestueuse et la plus pittoresque, le superbe point de vue que l'on a du château impérial des Tuileries. Cette Barrière, d'ailleurs, est très fréquentée par les citoyens de toutes les classes qui vont respirer l'air de la campagne les jours de fête et se reposer dans la promenade publique la plus voisine de Paris, le Bois de Boulogne.

Je ne dois pas dissimuler que l'on craint que cet Arc de Triomphe, placé au milieu des deux Pavillons qui servent de Barrières et qui, de loin, ressemblent à deux Temples, ne nuise au bel effet de ces Pavillons, ou n'en soit lui-même écrasé. Mais il me semble qu'il y aurait encore assez d'espace entre les Pavillons et le Monument pour que l'on pût apercevoir des deux côtés un grand Arc de l'horizon, et conséquemment ces édifices se dessineraient tous les trois bien distinctement sur le ciel et l'effet des uns ne pourrait empêcher l'effet de l'autre. Au reste, c'est ce qu'il serait très facile de vérifier par l'érection d'un simulacre quelconque du Monument avant de procéder à sa construction.

Il ne faut pas aussi se dissimuler que cet Arc, supérieur à tout ce qu'on a fait jusqu'à présent dans ce genre, exigerait qu'il eût pour cette position des dimensions presque colossales et qui en augmenteraient la dépense. Mais que d'avantages dans cette position! Le Monument serait vu de très-loin et ne cacherait aucun point de vue. On l'apercevrait des hauteurs de Neuilly, on le verrait de la place de la Concorde. Il frapperait d'admiration le voyageur entrant à Paris, car des Monuments de ce genre font bien plus d'effet à une grande distance, en laissant un champ plus libre à l'imagination; il imprimerait à celui qui s'éloigne de la Capitale un profond souvenir de son incomparable beauté. Et, regardant le Palais de Votre Majesté comme le centre de Paris, ainsi que Paris est le centre de l'Empire, ce Monument serait vu du centre de la Capitale, il serait vu de la place la plus spacieuse et la plus régulière et de la promenade la plus fréquentée, et cependant il ferait l'entrée de la Ville, véritable destination des Monuments de ce genre. Quoique éloigné, il serait toujours en face du Triomphateur; Votre Majesté le traverserait en se rendant à la Malmaison, à Saint-Germain, à Saint-Cloud même et à Versailles, en prenant la route du Bois de Boulogne, que son agrément peut faire préférer.

Si Votre Majesté s'arrêtait à cette idée, je lui proposerais cependant de ne pas laisser sans décoration ce quartier Saint-Antoine, qu'Elle a déjà embelli par une promenade et par un pont. Cela peut être fait sans une grande dépense. L'entrée de Paris par la rue du faubourg Saint-Antoine, correspondant à l'allée de Vincennes, est une des plus magnifiques de Paris. Deux colonnes colossales en sont un digne ornement, et, quoique faites à moitié, produisent un effet pittoresque. Que Votre Majesté les fasse achever, qu'on y mette des ornements analogues à cette immortelle campagne qui a décidé du sort de l'Europe, alors les deux principales entrées de Paris retraceront ce glorieux événement dont chaque pas fait en France rappellera de plus en plus le souvenir.

Votre Majesté pourrait assigner cette dépense sur le quart réservé du produit des coupes de bois des Communes.

Je supplie Votre Majesté de faire connaître quelle est celle de ces différentes pensées qu'Elle adopte.

Je suis, avec un profond respect, Sire, de Votre Majesté Impériale et Royale, le très obéissant, très dévoué et très fidèle serviteur et sujet.

Le Ministre de l'Intérieur,
Champagny.

L'ARC DE TRIOMPHE DE L'ÉTOILE
EN 1828.

Communication de M. Henry Jouin.

Le rapport du ministre de l'Intérieur adressé en 1806 à « Sa Majesté l'Empereur et Roi » décida de l'emplacement de l'Arc de l'Étoile. On se mit à l'œuvre. Mais combien de péripéties dans la marche des travaux! Les architectes se succédèrent et aussi les gouvernements! chaque régime nouveau s'inquiéta du caractère qu'il convenait de donner au monument triomphal en cours d'exécution. Le premier souci du pouvoir inopinément substitué au pouvoir de la veille fut de prendre ombrage des plans de son prédécesseur. *Chalgrin*, *Goust*, *Huyot* forment une sorte de triumvirat d'architectes toujours prêts à se combattre au détriment de l'œuvre dont ils sont chargés. Louis XVIII aide à compliquer le problème en décidant que l'arc sera le monument commémoratif de la guerre d'Espagne. *Huyot*, en lutte avec *Goust*, succombe. Mais *Huyot* entre à l'Institut! C'est au tour de *Goust* de quitter la place. Nous sommes en 1828. M. de Corbière, ministre de l'Intérieur, a cédé son portefeuille à M. de Martignac. *Huyot* se sent plein d'audace. Les plans fourmillent dans sa tête et, sous son inspiration, François Grille, chef de la division des beaux-arts au ministère, adresse à M. de Martignac le rapport qui suit, demeuré jusqu'à ce jour inédit. Il a son intérêt.

PROPOSITIONS RELATIVES A L'ACHÈVEMENT DE L'ARC DE TRIOMPHE DE L'ÉTOILE.

A Son Excellence le Ministre de l'Intérieur.

Monseigneur,

Le directeur des travaux de Paris a envoyé à Votre Excellence les projets de M. *Huyot* pour l'achèvement de l'Arc de Triomphe de l'Étoile.

L'architecte s'est renfermé dans les limites tracées. Il se sert de tout ce qui existe, et ce qu'il propose n'est plus que d'accessoire et de décoration.

- Mais ces parties secondaires sont encore cependant fort importantes; elles modifient le caractère du Monument et les gens de l'art ont pensé qu'elles l'améliorent.

L'évaluation primitive des dépenses était de . 8,550,000 fr.

Les sommes payées se sont élevées à . . . . 5,444,000 fr.

M. *Huyot* demande. . . . 2,816,000   8,260,000

On sera donc en dessous de l'aperçu de . . . . 290,000 fr.

L'idée générale qui domine dans le projet de M. *Huyot*, c'est, après l'achèvement de la maçonnerie dont il réduit autant que possible les frais en proposant l'emploi des matériaux les moins chers, c'est, dis-je, de faire en bronze toutes les inscriptions, les bas-reliefs et les statues.

Il est certain que le marbre est plus long à obtenir, plus coûteux d'achat et de travail.

Ces considérations peuvent balancer celles de la perfection et de la durée qui en général sont plus grandes.

Au reste, les opinions sur ces différents systèmes de décoration sont très divergentes. Les uns ne veulent que du bronze, les autres ne veulent que du marbre; ici, pour tout concilier, M. Héricart de Thury voudrait qu'on employât le marbre à la fois et le bronze; mais l'architecte n'est point de cet avis et je ne proposerai point non plus de faire ce mélange, qui, au lieu d'être une richesse, finirait peut-être par devenir une confusion.

De plus, pour faire les figures en marbre, comme le directeur des travaux l'indique, il y aura 200,000 francs à débourser et des retards à craindre : deux raisons pour que je m'unisse en cette occasion au vœu exprimé par M. *Huyot*.

La pensée première de l'Arc de Triomphe avait été d'en faire un Monument plutôt sévère qu'élégant. Nous avions fait la guerre en Italie d'abord, et puis nous l'avions faite en Égypte; c'était sur une étude prise d'après les styles comparés de l'architecture de ces deux pays que le plan de *Chalgrin* avait été conçu.

Ceux qui étaient appelés à approuver les plans se souvenaient des formes colossales des édifices de la vallée du Nil. On redoutait bien moins, en élevant l'Arc de l'Étoile, de tomber dans la pesanteur que d'encourir le reproche de légèreté.

D'autres temps amènent d'autres soins; M. *Huyot* a vu Milan, Florence, Rome, Naples; il a visité aussi les ruines de Thèbes et de Memphis; il a passé par la Syrie et il a rapporté des croquis de Jérusalem. Mais il s'est arrêté surtout en Grèce; son goût s'est formé à Athènes, aux détails de ces constructions qui sont l'exemple et le modèle de nos ateliers et de nos écoles.

Il garde ce qu'il trouve du plan primitif qu'il doit terminer; mais on doit lui savoir gré des perfectionnements qu'il s'efforce d'y apporter en adoucissant les formes trop rudes, en montrant sous un aspect nouveau, et avec le tact des convenances que nul ne lui conteste, les parties qui étaient susceptibles d'être embellies.

Dans son projet tout se lie et s'enchaîne. Il a mûrement réfléchi au parti qu'il a adopté. Ce n'est pas un homme qui ne travaille que pour ses honoraires. Il ne cède qu'aux inspirations de la gloire, et quand il attache son nom à un monument, quand il en prend l'exécution sous sa responsabilité, on peut lui marquer de la confiance et se reposer sur le zèle généreux qui le guide.

Voilà ce que je devais dire à Votre Excellence, et ce n'est pas en d'autres termes que M. le vicomte Héricart de Thury parle de M. *Huyot.* C'est un artiste qui a des vues à part, et qui, objet de votre bienveillance, Monseigneur, déclare qu'il s'appliquera de tous ses efforts à la justifier.

Je crois donc qu'il y a lieu tout à fait d'adopter son *plan d'achèvement* tel qu'il le développe dans la note et les dessins que je joins à mon rapport.

Les trophées, les inscriptions sur des boucliers, les ornements de la corniche, les statues au nombre de trente-six à placer sur le couronnement, tout me paraît devoir être admis, et ce bel ensemble sera de nature à frapper les regards à cette noble entrée de Paris qui se trouve sur la voie principale d'une de nos plus riches provinces et sur l'avenue de ce Bois de Boulogne, rendez-vous habituel de la classe la plus élevée de la population.

D'après le devis de M. *Huyot,* vérifié par M. de Thury, les frais seraient répartis de la manière suivante :

1. Maçonnerie.	915,878 fr.
2. Charpente . . . . : . .	32,430
3. Serrurerie	40,000
4. Sculpture	130,322
5. Bas-Reliefs . . . . :. . .	221,600
6. Bronze	718,000
7. Statues de l'Attique	612,000
8. Frais d'agence	145,770
	2,816,000 fr.

La marche des travaux de M. *Huyot* est réglée pour que tout soit fait et clos en quatre années, 1828, 1829, 1830, 1831.

Pour cela il demande :

Sur le 1er exercice.	500,000 fr.
Sur le 2e —	700,000
Sur le 3e —	800,000
Sur le 4e —	800,000

Les Budgets diffèrent de ces indications. Celui de l'année courante porte bien un demi-million, mais celui de 1829 n'est point augmenté. Ce n'ést donc pour ces deux années qu'un million au lieu de 1,200,000 francs; et encore faut-il rappeler que sur le crédit de 1828 il y a une anticipation de 300,000 francs, en sorte qu'il ne reste plus que 200,000 francs environ pour les payements de la campagne.

Mais, si au lieu de quatre années il en faut six afin de faciliter les moyens d'acquitter les prix alloués, ce n'est pas là ce qui peut empêcher l'approbation des plans de l'Arc de Triomphe. Il me semble convenable, au contraire, de prendre dès aujourd'hui une détermination à cet égard, pour que l'architecte et le directeur des travaux publics puissent sans délai s'occuper des mesures d'exécution.

Ce qui sera mis en mouvement le premier, ce sera ce qui concerne la maçonnerie et les gros ouvrages qui forment le tiers de la dépense totale à faire.

Il n'y a nul inconvénient à donner des ordres à ce sujet, sauf à ce que par la suite, et section par section, il soit fait un examen spécial du mode d'emploi des fonds accordés sur le Trésor.

Je prie Votre Excellence de me faire connaître sa décision et d'agréer l'hommage de mon respect.

Le Directeur,
François Grille.

1.er mai 1828.

JEAN CORDONNIER

DIT AUSSI *JEAN DE TROYES*[1].

(† 1548 ou 1549.)

De tous les artistes du nom de *Cordonnier*, qui sont nés ou ont travaillé à Troyes aux xve et xvie siècles, celui prénommé *Jean* est resté ignoré jusqu'à ces dernières années, où un savant et infatigable chercheur, le docteur Barthélemy, de Marseille, nous l'a fait connaître en publiant un mémoire dans lequel se

---

1. Cf. *Bulletin archéologique du Comité des travaux historiques et scientifiques*, année 1885. — Mémoire par le docteur Barthélemy.

trouve le prix-fait, à la date du 30 août 1520, d'un retable peint
par *Jean de Troyes* pour l'église de Saint-Jean-de-la-Crotte,
église située dans la commune du vieux Six-Fours, près Toulon. MM. Alexandre Assier, l'abbé Coffinet, A. Bérard et, tout
récemment, Natalis Rondot nous ont entretenus, dans leurs précieux travaux, des divers artistes troyens du nom de *Cordonnier*,
mais parmi eux ne se trouve pas celui prénommé *Jean*. Il est
probable que ce *Jean* quitta de bonne heure sa ville natale « pour
faire sa tournée, » et qu'il n'y revint plus ou que, du moins, il
n'y exerça jamais son art.

L'archiviste Henry, *Horace Vernet* et nombre de connaisseurs, après avoir, à des époques différentes, admiré, à la place où
il se trouve aujourd'hui, le retable dont nous parlons, et regretté
son état de détérioration, n'ont pu que se livrer à des conjectures
sur l'âge exact et sur l'auteur de cette intéressante peinture, ren-
fermant dix sujets, dont deux groupes et huit figures de saints.

La lecture du mémoire du docteur Barthélemy nous a rappelé
qu'autrefois nous avions vu au vieux Six-Fours, dans le fond du
sanctuaire de la petite église romane de Saint-Pierre-ès-Liens
(classée), englobée dans l'église paroissiale de cette localité, construite en 1610 et érigée plus tard en collégiale, un grand retable
se rapportant, par ses dimensions, son architecture et les sujets
qui y sont représentés, au retable décrit dans le marché passé à
Marseille, en 1620, entre le syndic et un conseiller de Six-Fours,
et le frère Hermite, de l'église à laquelle ce retable était destiné,
et *Jean de Troyes*, peintre et citoyen de Marseille. A cette lecture, nous nous souvînmes également qu'il existait anciennement, au bas du versant est de la colline, au sommet de laquelle
est assis l'ancien village susdit, sous le vocable de saint Jean des
Crottes[1], une petite église où, en 1690, on célébrait encore le
service divin[2], mais qui, plus tard, fut abandonnée parce qu'elle
menaçait ruine, ce qui explique le déplacement du retable de *Jean
Cordonnier* à une époque que nous ignorons. De la chapelle du
bienheureux saint Jean des Crottes, il ne reste plus rien aujour-
d'hui ; elle a été entièrement rasée dans ces derniers temps pour

---

1. Crotte, mot provençal signifiant cave. — Il est probable qu'il se trouvait des caves auprès du lieu dit quartier des Crottes, où était située cette
petite église ou chapelle.

2. Arch. comm. de Toulon, série GG. 5 à 7.

faire place à une villa. Nous avons revu, après avoir lu le prix-fait que nous en a donné le docteur Barthélemy, la peinture possédée par la paroisse du vieux Six-Fours, et, malgré quelques différences, nous sommes resté convaincu que c'est bien celle décrite dans le prix-fait.

A l'appui des lignes qui précèdent, nous croyons utile de donner ici le document découvert par M. le docteur Barthélemy. Cet archéologue a publié la pièce en question, ainsi que nous le disons plus haut, mais le texte du prix-fait intervenu entre *Jean Cordonnier* et la communauté de Six-Fours est en latin fortement mélangé de provençal. Notre lecteur nous saura peut-être gré de placer sous ses yeux, à côté du texte original, une traduction française aussi littérale qu'il nous a été possible de l'établir.

Charles Ginoux.

JEAN CORDONNIER, DIT AUSSI *JEAN DE TROYES*.

PRIX-FAIT POUR LA COMMUNAUTÉ DE SIX-FOURS.

Traduction inédite par M. Charles Ginoux.

L'an de l'incarnation du Seigneur, mil cinq cent vingt et l'avant-dernier jour du mois d'août, qu'il soit connu que le sage homme J. Porquier, syndic du lieu de Six-Fours, Michel Audibert, conseiller dudit lieu, et frère Berriagne, de la région de la mer (la Seyne)? hermite de l'église du bienheureux Jean-de-la-Crotte, territoire de Six-Fours, ont donné volontairement à prix-fait au sage homme maître *Jean de Troyes*, peintre et citoyen de Marseille, présent, pour faire et construire en quelque façon un retable dans ladite église de Saint-Jean, suivant le marché et conditions ci-dessous et exprimés en langage ordinaire.

JEAN CORDONNIER, ALIAS *DE TROYES*.

PRECIUM FACTUM PRO UNIVERSITATE DE SEX-FURNIS.

Texte publié par M. le docteur Barthélemy.

Anno incarnationis Domine millesimo quingentesimo vicesimo, die vero penultima mensis Augusti, notum sit... quod discretus vir J. Porquerii, sindicus loci de Sexfurnis, et Michel Audiberti, consiliarius dicti loci, et frater Matheus Berriagno, loci de Maru, armitanus ecclesie beati Iohanis de la Crota, territorii de Sexfurnis, sponte, dederunt aprefach discreto viro magistro *Johanni de Troyas*, pictori et civi Massilie, presenti, ad faciendum et construendum quoddam retabulum in dicta ecclesia Sancti Johannis cum pactis et conventionibus infra scriptis in vulgari sermone descriptis.

Premièrement, il a été convenu entre lesdites parties, par une solennelle et valable stipulation légalisée, que ledit maître *Jean de Troyes* fera ou fera faire un rétable de bois de noyer bien sec et suffisant, de la hauteur totale, y compris le scabellon (partie inférieure) et le revers (partie supérieure), de dix palmes, et de la largeur de sept palmes où il y aura trois parquets, et chaque parquet aura son couronnement et ses pilastres suivant les crêtes à la moderne (style ogival des xvᵉ et xvıᵉ siècles), et le revers avec son couronnement et ses petits pilastres avec des écussons aux culs-de-lampe, au bas (?). Le scabellon sera uni, avec un soubassement de moulures, le tout en bon bois de noyer et suffisant, comme il est dit ci-dessus.

Item, il est convenu que ledit maître *Jean* peindra ledit retable, à savoir : le couronnement, les pilastres, tant du revers que du corps du retable, et les crêtes, tout d'or fin, de même que les moulures du scabellon.

Item, au parquet du milieu, sera l'image de Notre-Dame tenant son enfant au bras, peinte avec de bonnes couleurs à l'huile suffisantes, et le champ (fond) de couleurs damassées, et en rapport avec le travail.

Item, au parquet de la main droite, il peindra Saint-Jean-Baptiste, comme il convient à l'ouvrage.

Item, au parquet de la main gauche, sera Saint Pierre, et sur le revers la Véronique avec le suaire et de l'autre côté la Magdeleine, et au milieu un Christ en croix, tout de bonne couleurs fines et suffisantes à l'huile, en rapport avec l'ouvrage.

Et primo, es agu de pacti entre las dichas partidas, solemna et valida stipulation firmada, que lo dict mestre *Johan de Troyas* fara ou fara fayre un retaule de boys de nouguier, ben essuch et sufficient, da touta auctor, enclus la scabella et lo revers, de des paumes et de largor de sept paumes, onte y aura tres parques, et cada parquet aura sa cresta et sos pilies segont las crestas à la moderna, et lo revers ambe son coronament et petis pilies ambe d'escussons au cul de lampes aus bos, et l'escabella plana ambe sobeyssament de moluras, tout de bon noguier et sufficient como es dich dessus.

Item, es de pacti que lo dict mestre *Johan* pinhero lo dich retaule, si es assaber lo coronamen, los pilies tant del revers que del cors del rétaule, et crestas, tout d'or fin, et las moluras de l'escabella aussi.

Item, au parquet deu mitan sera l'emage de Nostra-Dama tenent sos enfans es brasses (*sic*), de bonas colors sufficientas à l'oli, et lo camp de colors damasadas, et equipollent à la besonha.

Item, au parquet de la man drecha, pinhera Sanct Johan Baptista coma aparten à la besonha.

Item, al parquet de la man senestra, sera sanct Pierre, et, dessus lo revers, la Veronica ambe lo soari, et de l'autra banda la Magdalena, et, au mitan, ung croseffic, tout de bonas colors finas et sufficientas à l'oli, equipolent à la besonha.

Item, il est convenu qu'au scabellon, au milieu il fera Saint Mathieu, et de çà et de là, fera deux histoires, une de Saint Pierre et l'autre de Saint Jean-Baptiste.

Item, il a été convenu que ledit ouvrage devra être fait pour la fête des Rameaux, et que ledit syndic le devra faire porter à ses dépens.

Item, il est convenu que ledit syndic et les sus-nommés lui donneront vingt-sept écus au sol, payés de la manière suivante, à savoir : dix écus au sol, que maître *Jean* a confessé avoir reçus en présence de moi, notaire, en dix écus au sol, réel compte ; et, le travail fait, le restant.

Renunciantes... sub esmenda... de quibus... etc.

Acte passé à Marseille, dans le cabinet de la maison de moi, notaire, témoins Jean Brunet, travailleur, et Leodegarius Vincent, notaire de Marseille.

Itém, es de pacti que a la scabella, au mitan, fara sanct Matyeu ; et, desay et delay, doas hystorias, una de sanct Peyre et l'autra de sanct Johan-Baptista.

Item, es agu de pacti que la dicha besonha deia estre facha à Rampal, et que lo dich sindegues lo deion far portar à sos despens.

Item, es de pacti que lo dich sindegues et los subre nommas li donaran vingt et sept scus au solelh, pagados en la maniera que sensec, so es assaber des scus au solelh, quos magister Johannes confessus fuit habuisse et recepisse, et quos habuit in présencia mei notarii in décem scutis de solelh, reale numeratione ; et facha la besonha lo démorant.

Renunciantes... sub esmenda... de quibus... etc.

Actum Massilie, in appotheca domus mei notarii, testes, Johannes Bruneti, laborator, et Leodegarius Vincencii, notarius de Massilia[1].

DÉPÊCHES DE COLBERT

RELATIVES A LA DÉCORATION DES VAISSEAUX.

Documents communiqués par M. Louis Caffaréna.

On pouvait supposer qu'après la publication des *Lettres, Instructions et Mémoires de Colbert* par P. Clément, après le *Pierre Puget* de Léon Lagrange, il serait difficile de rien découvrir d'inédit sur la décoration des vaisseaux au xviie siècle. Certains écrivains de la Provence, et au premier rang notre collaborateur M. Ch. Ginoux, s'étaient d'ailleurs occupés de la question d'une façon toute spéciale. L'abondance des renseignements qu'ils

---

1. Prot. de Massatelli, folio 365 v°. Me de Laget.

avaient su grouper était de nature à décourager les chercheurs
que ce sujet curieux pouvait tenter. M. Caffaréna, que ses fonctions au ministère de la Marine ont familiarisé avec les archives
de ce département, a voulu toutefois s'assurer qu'aucune liasse
n'était restée inexplorée. Notre collaborateur n'a pas perdu sa
peine. Les dépêches qui vont suivre sont la preuve que le fonds
n'est pas épuisé. Clément et Lagrange n'ont pas connu ou ne se
sont pas souciés de publier ces lettres, textuellement relevées par
M. Caffaréna sur les « registres des dépêches de Monseigneur »
conservés à la Marine.

H. J.

I.

*De la modération à apporter dans les ornements sculptés dont
on surcharge les vaisseaux en construction à Toulon.*

A Mr MATHAREL.

A Saint-Germain le 19 septembre 1670.

Je suis bien aise que vous ayez résolu avec Mrs de Martel d'Almé-
ras et le s^r *Puget* qu'on ne mettroit plus doresnavant de si grandes
figures aux poupes des vaisseaux. Il faut éviter cet embarras là et y
faire le moins d'ornemens qui se pourra. Les Anglais et les Hollandais dans leurs constructions d'aujourd'huy observent de n'en mettre
presque point et de ne point faire du tout de galeries, touts ces
grands ouvrages ne servant à autre chose qu'à rendre les vaisseaux
beaucoup plus pesants et à donner prise aux brûlots. Il est donc
nécessaire de les imiter en cela, et pour cet effet que le s^r *Puget*
réduise les ornemens des poupes qui restent à faire aux vaisseaux
qui sont à l'eau et sur les chantiers, en sorte qu'ils ne les puissent
point embarrasser dans la navigation. Il sera nécessaire aussy que
vous m'en envoyiez les dessins pour les faire voir à Sa Ma^{té} avant
qu'il les exécute.

II.

*De la décoration des vaisseaux en construction à Brest.
Dessins fournis par* Le Brun *pour le* Soleil Royal.

A M^r DE SEUIL.

A Dunkerque le 22 may 1671.

..... Pressez tousjours les ouvrages de sculpture, peinture et dorure,
le reste des ornemens des dits vaisseaux, a fin quilz soient au meil-

leur estat quil se pourra, lors que le Roy les verra; si vous n'avez point receu de decision de la part de M^r *Le Brun*, sur le changement a faire au premier dessein du plat fonds du *Soleil Royal*, il faut suivre l'advis du peintre quil vous a marqué par son memoire estre le plus capable de conduire ces ouvrages, par ce quil faut les achever, et quilz perdroient trop de temps a attendre de nouveaux esclaircissemens.

III.

Envoi de peintres et de sculpteurs en Angleterre pour y procéder à la décoration des vaisseaux que S. M. fait construire dans ce pays.

Au S^r Le Brun.

A Saint-Germain le 3e mars 1675.

Estant necessaire de faire travailler promptement aux ornemens des deux yacks que le Roy fait construire en Angleterre, M. Le Brun prendra la peine de disposer promptement un peintre et un m^e sculpteur habilz, avec quatre compagnons et huict sculpteurs, pour passer en Angleterre. Et aussy-tost quil aura fait ce choix, il sera necessaire quil men donne advis, et quil me fasse scavoir en mesme temps quand ilz seront tous en estat de partir. J'auray soin de leur faire donner de l'argent pour leur voyage.

IV.

Les artistes envoyés en Angleterre demeurent inoccupés, Le Brun ayant tardé à leur fournir les dessins d'après lesquels ils devront travailler.

A M. Le Brun.

A Versailles le 30 avril 1675.

M. de Ruvigny m'escrit de Londres que les sculpteurs que vous avez envoyé en Angleterre pour travailler aux ornemens des yacks que le Roy y a fait construire attendent toujours les desseins que vous devez leur envoyer pour y travailler; et comme il ny a que cela seul apresent qui retarde l'achevement de ces deux bastimens et leur passage en France, je vous prie de m'envoyer promptement vos desseins afin de les envoyer aud. c. de Ruvigny. Quoy que ces peintres et sculpteurs ayent receu II^c l. avant leur départ, ilz n'ont pas laissé de demander leur subsistance a M. de Ruvigny. Je vous prie de me faire scavoir ce qui peut leur estre accordé pour cela a chacun par mois, eu esgard a leur capacité.

V.

Nouvelles instances de Colbert auprès de Le Brun *afin que
le Premier Peintre envoie ses dessins en Angleterre.*

A M. LE BRUN.

Au camp de Timcon le 26 may 1675.

M. de Ruvigny m'escrit que les sculpteurs envoyez en Angleterre
pour travailler aux ornemens des yacks n'attendent qu'áprès les desseins de M. *Le Brun* pour y travailler. En cas qu'il ne les eust pas
encore faits, je le prie d'y travailler promptement et de les leur
envoyer aussi tost, n'y ayant rien que cela qui puisse retarder l'achevement de ces deux bastimens.

VI.

Les premiers dessins envoyés par Le Brun *ont été détruits.
L'artiste fournit de nouveaux modèles.*

A M. LE BRUN.

Au camp de Perruys le 10 juillet 1675.

J'ay esté bien aise d'apprendre par vostre lettre du 25 du mois
passé que vous avez envoyé de nouveaux desseins aux sculpteurs qui
ont esté envoyez en Angleterre pour travailler aux yacks; c'est un
malheur que les premiers que vous aviez adressez à M. de Ruvigny
ayent esté bruslez chez luy par mesgarde; aussi avais-je sujet de
m'estonner que ces ouvriers demeuroient si longtemps a attendre
vos desseins, en quoy il n'y avoit point de vostre faute, veu que s'ilz
avoient receu les premiers d'abord que vous les avez envoyez, ils ne
seroient pas demeurez si long temps jnutiles qu'jlz ont fait.

VII.

*Choix à faire entre les jeunes architectes de Paris susceptibles
d'être employés dans les ports à la surveillance des navires
en construction.*

A M. PERRAULT.

A Versailles le xxxe septembre 1676.

J'ai receu le memoire des anciens architectes de Paris que je vous
avois demandé, mais, comme il sera plus facil d'envoyer dans les

ports quelques jeunes architectes pour faire la visite des ouvrages qui s'y font, je vous prie de faire un memoire des jeunes architectes de lad⁰ ville qui ont quelque habileté, de marquer a costé du nom de chacun vostre sentiment, et de m'en parler la première fois que vous viendrez jcy.

J'ay appris que le sʳ Desmarests, qui a esté autrefois secretaire general des galeres, a plusieurs memoires concernant le corps rassemblé, et comme je seray bien aise de voir tous ceux qui concernent la marine et lesd. galeres, je vous prie de le voir et de l'engager dans la conversation a me prester les memoires qu'il a concernant lesd. galeres, sous l'asseurance que vous luy donnerez que je luy rendray soigneusement.

J'attendray de vos nouvelles sur ce sujet.

VIII.

Approbation par Sa Majesté de modèles de chaloupes destinées à être utilisées à Versailles.

A M. PERRAULT.

A Saint-Germain le xxvii⁰ novembre 1676.

Je vous envoye les desseins que vous m'avez envoyez pour les six chalouppes de Versailles, Sa Maᵗᵉ les ayant tous approuvez.

Je vous envoye aussy les devises que vous m'avez adressées pour les jettons de la Reyne; le Roy a choisy celle que vous avez faite d'un horloge avec ces mots : *cœlestes sequitur motus.*

IX.

Le Brun est chargé de modifier le dessin de la poupe du Précieux.

A M. LE BRUN.

A Saint-Germain le 8⁰ juillet 1679.

Jenvoye a M. *Le Brun* le dessein de la poupe d'un vaisseau que le Roy fait bastir au Havre[1]; comme cet ouvrage me paroist trop massif, je le prie de faire examiner ce dessein par les peintres et de le corriger ainsy qu'il estimera a propos et ensuite de me lenvoyer.

---

1. *Le Précieux.*

X.

*Modifications demandées au Premier Peintre pour la poupe
d'un vaisseau de cinquante canons en construction au Havre.*

A M. LE BRUN.

A Versailles le xxe novembre 1680.

J'envoye a M. *Le Brun* les mesures de la poupe d'un vaisseau de
cinquante pièces de canon que le Roy fait faire au Havre de Grace,
ensemble les desseins qui mont esté envoyez, et comme elle seroit
trop chargée d'ornemens s'ils estoient suivis, je vous prie de faire un
autre dessein qui soit simple et uny affin que je le puisse faire exécuter promptement.

XI.

Demande de devises pour l'Agenda de la marine de 1680.

A M. PERRAULT.

A Saint-Germain le 20 fevrier 1680.

Je vous prie de m'envoyer le plustost que vous pourrez quelques
devises propres a estre mises au commencement de l'Agenda de
marine de cette année afin que je puisse choisir celle qui y conviendra le mieux.

XII.

*Dessins demandés à Le Brun pour la décoration de la poupe
d'un vaisseau en construction au Havre.*

A M. LE BRUN.

A Saint-Germain le 8 fevrier 1681.

Il y a quelque temps que je vous envoyay les mesures de la poupe
d'un vaisseau que le Roy fait bastir au Havre de Grace, afin que
vous prissiez la peine de m'envoyer un dessein des ornemens qui
sont a y faire, et comme je n'ay point receu de vos nouvelles sur
ce sujet et que l'on attend après ce dessein pour achever ce vaisseau,
je vous prie de m'envoyer promptement ce dessein et de me croire
tout a vous.

MAITRE *JACQUES JOUIN*

PEINTRE VERRIER A EMBRUN.

(1671.)

En classant les archives du Chapitre métropolitain d'Embrun, j'ai rencontré les mentions suivantes relatives à « maistre *Jacques Jouin, alias Join,* » peintre verrier. Peut-être y a-t-il quelque intérêt à les recueillir. Ce sont les seules, à ma connaissance, qui existent aux archives des Hautes-Alpes.

P. GUILLAUME,
Archiviste des Hautes-Alpes.

24 mai 1671. — Mandat de 100 livres délivré par le Chapitre d'Embrun, en faveur de « Me *Jacques Jouin,* maistre vitrier. » (Arch. des Hautes-Alpes, G, 629.)

14 août 1671. — Autre mandat du Chapitre à « Me *Jacques Jouin,* maistre vitrier, de 50 livres, à bon compte du prix-faict qui luy a esté bailhié pour réparer toutes les vitres de l'église Notre-Dame d'Embrun. » (Ibid., G, 630.)

23 novembre 1671. — Nouveau mandat de 14 livres, en faveur de « Monsr *Join,* peintre et vitrier, ... pour le payement des armoiries et peintures qu'il a faict pour le Chapitre et pour l'entrée de monseigneur l'archevesque[1]. » (Ibid., *loc. cit.*)

INVENTAIRE DES PEINTURES DE FONTAINEBLEAU

EN. 1692 [2].

Communication de M. Félix Herbet.

INVENTAIRE DES TABLEAUX DU ROY RESTEZ AU CABINET DES PEINTURES AU CHATEAU DE FONTAINEBLEAU.

Premièrement.

Un portrait de Clément 7e, peint sur ardoise, que l'on croit estre de *Raphaël.*

---

1. Charles Brulart de Genlis, nommé à l'archevêché d'Embrun en 1668, fit son entrée à Embrun le 7 novembre 1671, et y mourut le 9 novembre 1714.

2. Arch. nat., O¹ 1432.

Un autre portrait de la sœur de Clément 7°, aussi peint sur ardoise.

Plusieurs autres tableaux enrichissent encore ce rare Cabinet, où il y en a trois excellents de Frère *Sebastien del Piombe*, homme en credit parmy ceux de cet art.

Le deuxième est un portrait du pape Clément VII. Et le troisième est celuy de la sœur de ce mesme pape, peint sur un grand fond d'ardoise; duquel Sa Sainteté fit present, et qu'elle envoya au Roy Henry II. (*Le Trésor des Merveilles de Fontainebleau,* 1642. P. Dan. 137.)

Un rittrato del medesimo (fra Bastiano del Piombo) dicon della soralla di Papa Clemente 7° in habito come allora s'usava alla Romana, fatto su lavaque (*Diarium* du commandeur Cassiano del Pozzo, 1625, p. par Eugène Müntz).

Vasari dit que *Seb. del Piombo* peignit deux fois Clément VII, la première pour l'évêque de Vasona, la seconde pour lui-même.

Une Judith peinte sur bois par *Rousse*.

Or, en ce cabinet, il y en a encore deux particuliers de sa main. Le premier, une Judith. (P. Dan.)

Del Rosso havevano alcuni pezzi, cioè una figura, grande poco men del vero, fatta per una Giuditta, con la testa d'Oloferne ai piadi; l'habito di essa e imitato assai dall' antico, cinta poco sotto le poppe; il parmeggiamento è bello et è in tabola. (Cassiano del Pozzo.)

Une Magdelaine peinte sur bois par *Rousse*.
Une Greque vetue de rouge par *Rousse*.
Un portrait de *Michel Ange* sur thoille d'après le *Salviaty*.

De là on passe un autre Cabinet de la Reine, où il y a de trés beaux tableaux, bien considérables, scavoir..... celuy de *Michel Ange*, ce fameux peintre, fait de sa propre main (Abrégé des choses les plus remarquables et les plus curieuses du chasteau du Louvre de la Maison Royale de Fontainebleau, par Pierre Poligny, conducteur des Étrangers. 1700).

Huit grands paysages à détrempe sur thoille de Messer *Nicolo*.

A *Nicolas L'Abbé*, peintre, la somme de 30 liv. pour quatre tableaux en païsage qui ont esté posées au Cabinet du Roy (1561).

A maistre *Nicolas l'Abbati*, peintre, la somme de 62 liv. 10 s. pour avoir peint plusieurs toilles en païsages, qui restoient à achever, pour la décoration du Cabinet du Roy, et aussi pour avoir peint plusieurs païsages en un passage entre la Chambre de la Reyne, mère du Roy, et le Cabinet de la dite Dame (1561).

A *Nicolas L'abbati*, peintre, la somme de 215 liv. 12 sols 6 à luy ordonnée par ledit sieur de Boullongne, pour ouvrages de peintures par luy faits au dit chasteau de Fontainebleau, à scavoir....., en la maison neufve de la Reyne qui est sur la terrasse du grand jardin, un grand païsage et deux autres petits tableaux; ... en la chambre où estoit le trésor des bagues au dessus de la chambre du Roy, quatre grands paysages (1557). (Comptes des Bâtiments du Roi, recueillis par le marquis Léon de Laborde, t. II, p. 51, 52, 195.)

Del *Primaticcio* vedemo otto pezzi di Paese a guazzo, pero assai smontati. (Cassiano del Pozzo.)

Là sont encore huit grands paysages faits à détrempe par messere *Nicolo*, et sont ces tableaux fort estimez. (P. Dan.)

Une coppie d'un St Sebastien de la main de *Franco*.

Une perspective peint sur bois par *Vignolle*.

(En marge :) Rare, le Roy n'a que ce morceau là.

Et pour ce qui est de l'Architecture et de la Perspective, un chacun scait combien *Vignole* en a parfaitement bien écrit. Or icy est de luy un grand tableau de Perspective, où se voient dépeints excellemment bien tous les ordres d'Architecture. (P. Dan.)

Un portrait d'une courtisanne, peint sur bois.

Un grand tableau du concil de Trente, peint sur thoille.

Une Cléopâtre sur bois de *Pierre Perrugin*.

Là mesme sont encore trois tableaux de *Pietro Perugino*, autre fameux Peintre. Le second est une Cléopâtre. (P. Dan.)

Une Pénélope peinte sur thoille du *Rousse*.

Une Nostre Dame, Nostre Seigneur, Saint Jean et Saint Joseph, peint sur bois, d'après *Raphaël*.

L'abbé Guilbert (Description historique des chasteau, bourg et forest de Fontainebleau) indique, dans le Cabinet de la Reine dit des Empereurs, une copie de la Vierge de *Raphaël*, par *Jean Dubois*, et une copie de la Sainte Famille sur toile par *Michelin*.

Un portrait de Louis 13e à cheval peint sur thoille, du s[r] *Desruelles*[1], Lorrain.

Un Moïse faisant sortir l'eau du Rocher, peint sur bois.

Un enfant qui tient un perroquet, peint sur bois.

Une petite Magdelaine, peint sur bois.

Un petit tableau de *Lucas*.

Une Flore, peinte sur thoille, du s[r] *Dubois*.

Une Psyché, peinte sur thoille, de *Dubois*.

Un portrait du colonel Galalis.

Un portrait du capitaine Jean.

Une autre Psyché, sur thoille, de *Dubois*.

Un tableau de Mars et Vénus sur bois.

Un Adam et Ève, peint sur thoille, d'après *Bloemart*.

Un tableau représentant un jeu de paulme, peint sur bois.

Un Céphale et Procris, peint sur bois, du *Rousse*.

Un petit tableau représentant une mer.

La tentation de St Antoine, peinte sur bois.

Un autre paysage où est Céphale et Procris.

Un chien peint sur bois.

Un paysage peint sur bois.

Une Léda, peinte sur bois, de *Leonnard de Vincy*.

---

1. *Claude Deruet.*

Vedemo poi quelli di *Leonardo da Vinci*... Una Leda in piedi, quasi tutta ignuda col cigno et due uova a pie della figura, della guscia delle quali si vede esser usciti quattro bambini ; questo pezzo e finitissimo, ma alquanto secco e massimamente il petto della donna ; del resto il paese e la verdura è condotta con grandissima diligenza, et è molto per la mala via, perchè, come che è fatto di tre tavole, per lo longo quelle scostatesi han fatto staccar assai del colorito (Cassiano del Pozzo).

Vente de Guillaume II, roi de Hollande, 1850. La Léda et ses enfants qui sortent de la coquille. Ce morceau provient des galeries de Hesse-Cassel et de la Malmaison. 24,500 florins. Roos. (Ch. Blanc, *Histoire des Peintres de toutes les Écoles*.)

Un Mars et Vénus, sur thoile.
Un portrait d'Henry Second.
Un portrait de Charles Sept.
Un portrait de Louis Douze.
Un portrait de Louis Unze.
La peinture sur thoille du s^r *Dubois*.
Un portrait de Charlemagne.
Un portrait de saint Louis.
Un portrait de Charles Huit.
Le portrait d'Érasme.

V' erano inoltre quel di Carlo VI, di Ludovico XI, Francesco I, Arrigo 2°, Carlo V, Hippolito card' de Medici del Pontormo et Erasmo. (Cassiano del Pozzo.)

Un portrait de Pierre de Bourbon.
Un portrait d'Anne de Montmorency.
Un portrait de Suzanne de Bourbon.
Un portrait d'Élisabeth, fille d'Henry Second.
François 2°, peint sur bois par *Janet*.

Seulement me contenteray-je de dire que là sont aussi les portraits de François Ier et de François II, qui sont de *Janet*, Peintre fort renommé par la Muse du Prince de nos Poètes (Ronsard). (P. Dan.)

Musée de Berlin. Portrait de François II, coiffé d'une toque noire, costumé de noir avec manches rouges : il porte l'ordre de Saint-Michel et se détache sur fond noir. Peinture sur bois, de 45 cent. sur 34. (Ch. Blanc, *Hist. des Peintres.*)

Le portrait de Jules Second, pape.
Les douze empereurs Romains, sur thoile.

Où d'abord l'on entre par un grand cabinet, appelé le Cabinet des Empereurs, parce que là en douze tableaux sont les portraits des douze Cesars à cheval, au milieu desquels dans le manteau de la cheminée paroist celuy de Henry le Grand, aussi à cheval. (P. Dan.)

Le Cabinet de la Reine, dit des Empereurs, bâti par Charles IX, communique à l'appartement du Roy, et fut nommé Cabinet des Empereurs, parce que les douze Césars y étoient représentés à cheval, avant que Louis XIII l'eût fait rétablir et orner d'un lambri doré en plein et chargé de couronnes de lauriers palmes, fleurs de lys, chiffres de Louis XIII et d'Anne d'Autriche en or et relief et de six Bustes d'Empereurs en grisaille, pour conserver sans doute la mémoire de ceux qui y étoient autrefois. (L'abbé Guilbert.)

J.-J. Champollion-Figeac s'est donc trompé et a confondu l'époque de la confection de ces tableaux avec celle de leur suppression, quand il a écrit : « En même temps (1646), *Testelin* peignit, dans le Cabinet de la reine mère, les douze Césars, dans autant de médaillons en bas-relief. » (*Le Palais de Fontainebleau*, p. 374.)

Une courtisanne avec un voile de gaze, peinte sur bois.

Une Annonciation et un St Hierosme, peint sur bois.

Le portrait de Catherine de Médicis.

Un tableau représentant la France, qui a esté posé sur une cheminée pendant la Cour à l'app^t où estoit Mademoiselle de Chartres.

Et dix-neuf petits tableaux qui paroissent estre tous portraits.

Fait à Fontainebleau, ce 19 janvier 1692.

D'ESTRECHY,

En octobre 1694, le s^r *Paillet* a vu le contenu en cet inventaire et est d'avis que l'on racommode lesd. tableaux.

EXPOSITION DES ŒUVRES DE *BARYE*

A L'ÉCOLE DES BEAUX-ARTS.

Il y avait quelque chose de hardi, de naïf même, à ouvrir cette exposition tardive de l'œuvre d'un artiste qui peut compter parmi les plus grands de notre temps en même temps que cette foire gigantesque qu'on appelle l'exposition universelle. Ici, tous les plaisirs, tout ce qui peut parler aux instincts les plus grossiers de la foule, une excitation perpétuelle de tous les sens; là, une réunion discrète d'une centaine de chefs-d'œuvre. Comment le public aurait-il hésité? Aussi, l'exposition des œuvres de *Barye* n'a-t-elle pas eu de visiteurs.

Il convient de reconnaître que, si la date choisie était inopportune, l'œuvre de *Barye* n'est pas de celles qui exerceront jamais une grande attraction sur la masse. On avait déjà formé, après la mort du maître sculpteur, en novembre 1875, et aussi dans les salles de l'École des Beaux-Arts, une exposition donnant une idée très complète de cette carrière d'honneur et de travail. Le prétexte de la nouvelle exhibition a été la nécessité de réunir des fonds pour élever un monument à la mémoire du sculpteur. Le

but sera-t-il atteint? J'en doute. Et pourtant la réunion tempo-
raire de ces chefs-d'œuvre offre aux jeunes, à ceux qui n'ont pas
vu l'exposition de 1875, une occasion unique d'étudier sous tous
ses aspects le génie d'un maître incomparable.

On lira avec fruit l'étude que M. *Eugène Guillaume*, l'éminent sculpteur, a écrite pour la circonstance, et où le maître
regretté est loué comme il le mérite. On regrettera toutefois de
n'y pas trouver tous les détails biographiques que contenait la
notice préliminaire de la précédente exposition.

Avouerai-je que ma déception a été grande en entrant dans
la salle de l'École des Beaux-Arts? N'était-ce pas le cas, puisqu'on
disposait des mêmes éléments que ceux qui avaient déjà paru à
l'exposition de 1875, de chercher à instruire le public raffiné
auquel on s'adressait, en classant méthodiquement, par ordre
chronologique, les œuvres réunies? Cette idée si simple ne paraît
pas être venue à l'esprit des organisateurs. Peut-être, pour le
classement dans les vitrines, était-on obligé de respecter les exigences et l'amour-propre des collectionneurs. Admettons-le. Mais
le catalogue aurait dû remettre les choses à leur place et suivre le
développement logique de l'œuvre. Il se borne à classer les
bronzes exposés par collections, avec les dimensions dix fois
répétées du même sujet, si le même bronze reparaît chez dix
amateurs. Il y a quelque chose de fatigant à voir partout les
épreuves multiples du même objet, n'offrant aucune différence
appréciable de ciselure ou de patine, groupées au hasard, entas-
sées les unes sur les autres. Sans doute, les renseignements que
nous nous plaignons de ne pas trouver au Catalogue eussent
nécessité des recherches et un certain travail. Mais on avait bien
le temps de se préparer à l'exposition actuelle, et il y aurait eu
avantage à la retarder de quelques mois. Nous voyons s'ouvrir
chaque jour des exhibitions faites à la hâte, sans plan bien arrêté,
sans préparation suffisante. Le public s'en dégoûte, et cela se
conçoit; car il est sollicité de tant de côtés qu'il va aux distrac-
tions futiles, où il ne trouve que plaisir et amusement.

L'exposition des œuvres de *Barye* pouvait et devait réussir;
mais il eût fallu que les organisateurs s'en occupassent un peu,
nous donnassent du moins un catalogue méthodique et raisonné.
Rien de tout cela n'a été fait. Aussi ne serions-nous pas étonné
si cette exposition n'arrivait pas à couvrir ses frais, quelque
minimes qu'ils soient.

Voici la seconde exposition ouverte à l'École des Beaux-Arts depuis le commencement de l'année 1889 qui aboutit à un résultat piteux. C'est trop.

Puisque l'occasion m'est offerte, j'en profiterai pour consigner ici quelques souvenirs que je tiens d'un ancien élève de *Barye*. *Germain Demay*, qui devait mourir chef de section aux Archives nationales et y créer de toutes pièces une merveilleuse collection de sceaux, était entré chez *Barye* comme élève, après avoir tenté différentes voies et s'être vu obligé de quitter la médecine. *Demay*, sous une apparence modeste et réservée, avait infiniment de goût et de sens critique. Il m'a plus d'une fois avoué que la personnalité supérieure de *Barye* était écrasante pour ses élèves. Professeur silencieux, *Barye* corrigeait, sans mot dire, les études qu'on lui soumettait. Pas un mot de critique ou d'éloge ; un coup de pouce ou d'ébauchoir, c'était le seul conseil qu'il sût donner. Et ce n'est pas suffisant, me disait *Demay*, pour relever le moral, corriger une direction fausse, faire comprendre les raisons de telle attitude ou de tel mouvement.

Germain Demay avait travaillé chez *Barye* non seulement comme élève, mais aussi en qualité de collaborateur, ou, si on trouve le mot trop ambitieux, d'auxiliaire. Il a exposé plusieurs fois pour son propre compte des animaux de petite dimension, dont on rencontre encore des épreuves signées dans le commerce. Elles sont généralement médiocres de fonte et de ciselure. Mais ces travaux personnels étaient l'exception. Pendant les huit ou dix années qu'il passa dans l'atelier de *Barye*, *Demay* travailla à la préparation d'un grand nombre de modèles célèbres aujourd'hui. En me donnant ces détails, il n'avait en aucune façon l'intention de revendiquer une partie du succès. Il avouait en toute sincérité que, quand il avait longtemps travaillé sur un modèle sans pouvoir arriver à se satisfaire, le maître arrivait, refaisait en une demi-heure la besogne qui avait coûté des jours de labeur à son élève et dégageait d'une œuvre informe un chef-d'œuvre de grâce, d'élégance et de justesse.

Le point le plus important à retenir des confidences de *Demay*, c'est que *Barye*, se réservant à lui seul l'exécution des lions, des tigres, des éléphants, faisait préparer par ses aides les animaux secondaires, chiens, aigles, cerfs, chevaux, etc. Rien ne sortait de chez lui et n'était mis en vente sans avoir été soigneusement retouché par le maître qui n'inscrivait sa signature que lorsqu'il était complètement satisfait. Certes, ces œuvres secondaires, exécutées dans l'atelier, sous les yeux et la surveillance de l'artiste, modifiées et corrigées par lui, lui appartiennent au même titre que les grandes pièces qui ont consacré son génie; il nous a paru cependant curieux de conserver ici les souvenirs d'un homme qui a travaillé longtemps auprès du maître et de signaler les différences, insensibles pour nous, mais considérables pourtant, qui existent entre les différentes productions de *Barye*. Aux amateurs qui ont fait une étude approfondie de cet œuvre considérable, de déterminer maintenant les bronzes appartenant exclusivement au maître et ceux pour lesquels il a accepté le concours d'une main étrangère. S'il est impossible de les distinguer les uns des autres, on aura la meilleure preuve qu'un grand artiste sait imprimer à tout ce qu'il touche sa marque personnelle et ce qu'on peut appeler, ici ou jamais, la griffe du lion.

Il est extrêmement fâcheux, puisqu'on voulait rendre un dernier hommage à un des plus grands artistes du siècle, qu'on n'ait pas placé cette exhibition dans son véritable cadre, c'est-à-dire à l'exposition centennale de l'art français. Mais on avait tant de peintures de *Manet* à étaler, tant de portraits du commissaire général des Beaux-Arts à montrer, qu'on s'explique qu'il ne soit plus resté de place pour les chefs de l'École.

J. J. G.

ANDRÉ CHÉNIER ET *DAVID D'ANGERS*.

A M. H. Jouin.

Cher Monsieur,

Le Musée de Boulogne-sur-Mer vient de s'enrichir d'une œuvre de statuaire qui intéressera, j'en ai la conviction, l'auteur de *David d'Angers, sa vie, son œuvre, ses écrits et ses contemporains :* c'est un buste en marbre blanc d'André Chénier.

Votre inventaire si exact, si précis et si précieux de l'*Œuvre sculpté et gravé* du Maître constate (t. II, p. 490) l'existence de trois bustes du poète dus au puissant ciseau de *David :* un en bronze, un en terre cuite conservé au Musée *David* et un en plâtre que j'ai admiré l'an dernier au Musée de Saumur. La série se trouve donc heureusement complétée par un quatrième en marbre.

Pour ceux à qui les trois bustes et les trois médaillons que vous énumérez sont restés inconnus de même que le portrait peint par *Suvée*, la grande toile de l'Appel des condamnés à la Conciergerie de *Müller* et l'eau-forte de *Rajon*, il ne saurait y avoir d'hésitation sur l'identité de

> Cette tête où la Muse eut son trône un moment,
> Que fit tomber la hache au début de son rêve[1] ;

le sculpteur l'indique par une dédicace et la confirme par sa signature :

AV POÈTE ANDRÉ CHÉNIER
P. J. David d'Angers.

La signature et son paraphe sont, à une légère variante près, le fac-similé de ceux de la lettre, adressée le 5 oct. 1848 à Mme Geoffroy Saint-Hilaire, que vous avez publiée en héliogravure en face de la page 552. Cette variante consiste dans l'addition des initiales P. J. (Pierre-Jean) que le graveur de l'inscription du buste a introduites devant le nom du signataire d'après quelque autre autographe. Vous mentionnez semblable dédicace *écrite à l'ébauchoir* par *David* sur le buste en terre cuite.

Le buste de Boulogne diffère du buste en bronze par ses proportions : au lieu des 54 centimètres que vous attribuez à ce dernier, je trouve au nôtre une hauteur totale de 79 cent. Cette différence de 25 cent. a une cause très simple : le socle est disproportionné, sa face ne mesurant pas moins de 25 cent. de hauteur et les deux flancs près de 40. Des 79 centimètres que j'ai constatés, si nous déduisons les 25 du socle, nous retrouvons les 54 de la terre cuite que vous avez donnés.

L'explication, sinon la justification esthétique de ce socle surhaussé, se lit sur sa face et ses deux flancs. En effet, ils portent, gravées en majuscules romaines, trois poésies dont l'une ne compte pas moins de 30 alexandrins ; sur la face s'alignent 20 vers et, sur le flanc gauche, 12 autres que suit le fac-similé de la signature avec paraphe de *M. J. De Chénier*, frère d'André. C'est afin de loger toute cette anthologie que le buste proprement dit a été sculpté sur un soubassement quelque peu disproportionné.

Ces trois petits poëmes, vous vous en doutez, ont été choisis

---

1. Émile Deschamps, *Œuvres complètes*, Paris, Lemerre, 1873 ; au t. III, p. 133 : *A David d'Angers, sur le buste d'André Chénier.*

dans l'œuvre de Marie-Joseph : je transcris, à l'usage des curieux,
le premier et le dernier vers de chacune de ces pièces :

> 1° L'espoir que des amis pleureront notre sort.......   1.
>   Sans doute vous direz — que n'est-il avec nous?   30.
> 2° Qui ne sait être pauvre est né pour l'esclavage.....   1.
>   Devant son propre cœur on n'a point à rougir.   20.
> 3° Auprès d'André Chénier avant que de descendre.....   1.
>   Et ton jeune laurier grandira sous nos pleurs.   12.

Cette sélection a dû être faite par un membre ou un ami de la
famille, par celui-là peut-être qui avait commandé à *David* les
bustes des deux frères. Or, puisque vous avez été en mesure de
les dater des environs de l'année 1844, le marbre qui orne la galerie de peinture et de sculpture de notre Musée pourrait, il me
semble, être à peu près contemporain du « marbre d'allure grandiose » de Marie-Joseph Chénier « qui va quitter » à cette époque
« l'atelier du Maître pour le Théâtre français » (t. II, p. 495) et
qui est quelque peu postérieur au buste en bronze d'André.

« Les bustes faits après la mort du modèle portent d'ordinaire
l'empreinte de la nullité, » écrivait *David* dans son *Esthétique*.
— Le buste d'André Chénier, bien que fait un grand demi-siècle
après la mort du modèle, porte l'indiscutable empreinte du génie
du maître de la sculpture de notre siècle : tel sera le jugement que
la critique rendra sur sa valeur artistique : elle retrouvera *David*
et toutes ses puissantes qualités de caractérisation dans cette physionomie élégiaque et pensive, dans ce front haut, large, pur,
mais déjà dénudé par les orages de la passion et de la politique,
dans les yeux profonds et abstraits du rêveur et dans l'air d'une
lassitude prématurée de la vie qui fait déjà pencher vers la terre
cette tête si tôt destinée à la mort, et à quelle mort !

Cette belle œuvre si touchante, qui est demeurée jusqu'ici dans
la demi-obscurité d'une petite collection particulière, n'a pour
ainsi dire pas d'histoire. Achetée, il y a plus de vingt-cinq ans,
à Paris, dans des conditions que je ne suis pas en mesure de pré-
ciser, par un amateur éclairé, M. Ch. Rigaud, elle va désormais,
grâce à la libéralité de ses deux filles, Mmes Lombard et Petit, qui
l'ont offerte à la ville de Boulogne en souvenir de leur père, recevoir une publicité plus complète, en prenant place dans la galerie
municipale à côté d'autres œuvres de *David d'Angers*, — le médaillon en bronze de Cuvier et le plâtre du buste de Henri II dont le

bronze monumental décore la fontaine des jardins de la Sous-Préfecture.·

Affectueux respects.

V.-J. VAILLANT.

Boulogne-sur-Mer, juin 1889.

Nous n'ajouterons que quelques lignes à la communication de notre correspondant M. Vaillant. Il est très exact que nous avons mentionné un buste d'André Chénier, en bronze. Le renseignement nous a été fourni par Mme David d'Angers. Nous avons lieu de le croire exact pour plusieurs raisons. Toutefois, il se pourrait que le marbre signalé par M. Vaillant fût l'exemplaire que la veuve du statuaire nous avait dit avoir été exécuté en bronze. Quoi qu'il en soit de la valeur de cette hypothèse, nous ajouterons ici un plâtre de l' « André Chénier » à la série des exemplaires dont s'est occupé M. Vaillant. L'existence de ce plâtre ne nous a été révélée qu'en 1885, assez à temps cependant pour qu'il en ait été fait mention dans notre Inventaire des Musées d'Angers. On lit en effet au tome III de l'*Inventaire des richesses d'art. Province. Monuments civils*, p. 355 : « Un exemplaire en plâtre du buste d'André Chénier a été offert par *David*, en 1844, à M. Sauveur de Chénier, neveu du poète. Ce plâtre est aujourd'hui la propriété de Mme veuve Sauveur de Chénier, à Paris. »,

H. J.

DAVID D'ANGERS

ET

LA STATUE DE GUTENBERG PAR *THORVALDSEN*.

Nous nous sommes interdit, par un sentiment de convenance, de comparer la statue de Gutenberg modelée par *David* en 1840 pour la ville de Strasbourg et le bronze de *Thorvaldsen* inauguré à Mayence le 14 août 1837. Nous avons toutefois rappelé ce mot d'un Mayençais dit en face du monument de Strasbourg : « Notre Gutenberg attend l'inspiration; le vôtre l'a trouvée. » (Voir *David d'Angers*, etc., t. I, p. 371.) Il serait imprudent de penser que le statuaire français négligea de rendre justice a son émule du Nord. La statue de *Thorvaldsen* fut fondue à Paris par les soins de *Croçatier* et c'est à *David* que la commission du monument

instituée à Mayence demanda de surveiller la fonte. (*Ibid.*, p. 368-
369.) Nous donnons ici le texte des deux lettres adressées en cette
circonstance au sculpteur français. Elles n'ont pas besoin d'un
long commentaire.

H. J.

*La Commission chargée de l'érection du monument de Gutenberg
à Mayence à Monsieur David, célèbre sculpteur à Paris.*

Monsieur,

Pour remplir un devoir d'une manière digne de son objet, la commission a l'honneur de réclamer de votre bienveillance la faveur que
voici :

Vous n'ignorez peut-être pas que la ville de Mayence, qui a vu
naître Jean Gensfleich de Gutenberg, inventeur de l'imprimerie, a
conçu le projet de lui ériger un monument sur une de ses places
publiques, que l'empereur Napoléon a créée tout exprès pour cette
destination. Cette idée trouva de la sympathie dans tout le monde
savant. Nous sommes surtout glorieux de rappeler que S. M. le roi
Louis-Philippe a daigné appuyer cette entreprise par un don propor-
tionné à sa haute position et que M. *Thorwaldsen* s'y est associé en
se chargeant spontanément de la confection du modèle de la statue
et des bas-reliefs. Quant à la fonte, nous crûmes devoir, parmi le
grand nombre de concurrents, accorder la préférence à M. *Croʒatier,*
statuaire en bronze à Paris, qui, par le grand nombre d'ouvrages
d'une exécution parfaite sortis de son atelier, s'est acquis une réputation européenne. La commission conclut donc avec lui le traité du
4 avril 1835, qui porte dans sa première clause : « Le sieur *Croʒatier* promet et s'oblige de fondre en bronze et d'un seul jet, et de
ciseler le tout convenablement *et à dire d'expers,* la statue de Gutenberg, destinée à orner le monument à élever à Mayence, le tout conformément aux plans, dimensions et proportions du modèle confec-
tionné par M. *Thorwaldsen,* etc.

Le noble caractère de M. *Croʒatier* et le prix qu'un artiste aussi
célèbre attache à sa gloire nous rassurent parfaitement sur l'exécution consciencieuse du traité; mais la commission agissant en vertu
du mandat d'un grand nombre de souscripteurs, mandat qui a pour
base le traité susdit, il ne lui est pas permis de transiger sur aucune
des stipulations qu'il renferme. Il lui faut donc un juge. Par qui cette
mission pourrait-elle être plus dignement remplie que par vous ? Oui,
il n'y a qu'un *David* qui soit compétent d'apprécier le mérite d'un
ouvrage conçu par *Thorwaldsen* et exécuté par *Croʒatier;* au surplus la commission est jalouse d'ajouter à la renommée de son monument l'éclat de votre approbation.

Par toutes ces considérations, nous nous flattons, Monsieur, que vous daignerez accueillir favorablement notre prière, qui tend à ce que vous veuillez bien examiner la statue et le bas-relief en question et constater par écrit, en deux mots seulement, votre jugement sur *leur exécution*. En ajoutant que M. le professeur *Regnier,* qui veut bien avoir la bonté de vous remettre la présente, est chargé de solder vos frais et honoraires, la commission vous prie d'agréer l'expression de sa considération la plus distinguée.

Pour la Commission :

Le Président,

Dr J.-B. PILSTRAFT,

Vice-Président de la Cour d'appel.

Mayence, 26 mars 1837.

La Commission chargée de l'érection du monument de Gutenberg à Mayence à Monsieur David, *membre de l'Institut et professeur à l'Académie des Beaux-arts, à Paris.*

Monsieur,

Par la manière délicate et généreuse avec laquelle vous avez bien voulu vous prêter à porter un jugement péremptoire sur l'exécution de la statue de Gutenberg, vous nous avez rendu un service éminent, en nous justifiant auprès de nos commettants de la responsabilité dont nous-nous trouvions chargés.

Pénétrée de reconnaissance, l'autorité municipale de Mayence a l'honneur de vous adresser sous ce pli une invitation de vouloir bien honorer de votre présence les fêtes qui auront lieu lors de l'inauguration de ladite statue, et quoiqu'en grande partie nous soyons membres du conseil municipal, nous nous faisons néanmoins un devoir tout particulier d'appuyer cette invitation de tous les moyens qui sont en notre pouvoir.

Habitué comme vous l'êtes à recueillir les applaudissements et les élans d'admiration qu'inspirent vos chefs-d'œuvre, une pareille fête aura peut-être quelqu'attrait pour vous.

Veuillez être persuadé, Monsieur, que nous éprouverions une bien douce satisfaction de voir dans nos murs le premier statuaire de France et de pouvoir lui exprimer de vive voix toute notre reconnaissance, de même que les sentiments de haute considération avec lesquels nous avons l'honneur d'être, Monsieur,

Vos très humbles serviteurs,

Dr J.-B. PILSTRAFT,

En sa qualité de président de la commission.

Mayence, le 3 juillet 1837.

REQUÊTE D'*HORACE VERNET*

DIRECTEUR DE L'ÉCOLE FRANÇAISE DE ROME, VERS 1829.

La biographie d'*Horace Vernet* n'est plus à faire. Sa vie et ses nombreuses productions ont trouvé de multiples historiographes. Le document que nous publions ici a trait à la période pendant laquelle le peintre de batailles, revenu en faveur sous Charles X, — qui jugea politique de se l'attacher, — dirigea l'École française de Rome. C'est une requête au ministère de la maison du Roi et des Beaux-Arts, relative aux améliorations à introduire dans l'établissement confié aux soins de la Direction.

Nommé à ce poste important en 1828, *Horace Vernet* l'occupa jusqu'en février 1835. Notre requête ne porte pas de date, mais tout fait présumer, forme et fond, qu'elle se rattache à la fin du règne de Charles X, peu après l'entrée en fonctions du nouveau titulaire. Le manuscrit est tout entier de la main de l'éminent artiste. Il forme un document intéressant pour l'histoire de notre école de Rome.

Paul MARMOTTAN.

Note du Directeur de l'École française de Rome au Ministère
de la maison du Roi et des Beaux-Arts.

Le Directeur de l'École de France à Rome sollicite du Ministère pour l'Établissement :

La restitution de son ancienne dénomination d'*Académie Royale de France à Rome*.

Quelques modifications dans les règlements relatifs aux travaux des Pensionnaires.

L'augmentation de la Bibliothèque qui pourrait s'effectuer sans dépense, si le Ministère, qui est dans l'usage de souscrire pour des ouvrages nouveaux, voulait accorder à l'établissement un exemplaire de ceux qui seront applicables aux études des élèves. Une note indicative du plus nécessaire a déjà été remise au Ministère.

Deux plâtres de la *Diane* (tout à fait inconnue en Italie), pour placer dans la Galerie des Antiques, qui fait partie de l'Établissement.

L'état de détérioration auquel sont arrivés les bâtiments du Palais Médicis, par l'impossibilité où l'on s'est trouvé depuis seize ans d'y faire des réparations suffisantes; le besoin d'ateliers, qui est tel qu'on a dû en louer deux hors de l'Établissement; les dégâts récents de la foudre, et surtout un arriéré d'environ 15,000 francs occasionné par le prélèvement de plusieurs sommes pendant la gestion de M. *Le Thiers*, 1° pour solder des dépenses courantes, 2° pour pourvoir à des réparations urgentes et considérables, forcent M. le Directeur actuel à demander, pour quatre ans seulement, qu'un fonds d'environ 12,000 francs soit ajouté aux 100,000 alloués pour les dépenses ordinaires.

Les dégâts occasionnés par la foudre avaient été assez graves pour que le Ministère consentît au placement de paratonnerres, à condition seulement que cette dépense serait prise sur les fonds courants de l'École : leur modicité n'a laissé aucune possibilité de profiter de cette permission.

Par suite de cette détérioration générale, il ne se trouve pas une seule pièce dans le Palais où l'on puisse recevoir convenablement les étrangers. Il serait facile de remédier à cet inconvénient en envoyant à l'Académie quelques tapisseries des Gobelins et les pièces nécessaires pour rétablir au moins l'ameublement d'une salle. On pourrait y joindre quelques autres produits de notre industrie, comme vases de la manufacture de Sèvres, bronzes, etc.

Il serait surtout à désirer qu'on prît une voye moins onéreuse que celle des Banquiers, pour faire passer les fonds, ou au moins que les versements à la maison Lafitte se fissent régulièrement et de manière à ce que son correspondant de Rome n'ait pas lieu à compter des frais considérables. Ceux de l'année dernière notamment sont montés à 7,000 francs, dans laquelle somme étaient compris 1,100 francs d'intérêts, ce Banquier s'étant trouvé en avance de 60,000 francs.

M. le Directeur prie le Ministère d'observer que le traitement de 10,000 francs accordé à son prédécesseur, et réduit actuellement à 6,000, supporte encore une retenue de 600 francs. Ces honoraires paraîtront sans doute insuffisants pour l'importance de la place et pour la considération qu'elle exige.

La nécessité d'une décoration résulte aussi de cette double raison, soit vis-à-vis des élèves ou des étrangers, le Directeur de l'Académie Royale étant à Rome la personne la plus en vue après l'Ambassadeur de France.

Mais un point dont l'utilité est sensible sera l'établissement, dans le palais de l'Académie, d'une galerie de peinture et de sculpture, composée des ouvrages de tous les pensionnaires ; là, les jeunes artistes qui se succèdent dans ce grand Établissement, et les étrangers qui le visitent, pourront avoir toujours sous les yeux l'état du progrès des Pensionnaires et la preuve des talents appelés à soutenir l'honneur de l'École Française.

Il sera facile d'établir dans le règlement le mode et l'époque dans lesquels chaque Pensionnaire sera tenu de faire un ouvrage pour cette collection.

(*En marge :*) L'Académie des Beaux-Arts s'occupe en ce moment de tous les règlements de l'École de Rome qui seront soumis incessamment à Son Excellence.

LE MOULAGE DES ANTIQUES

EN 1799.

Les quatre lettres ci-dessous sont adressées par Quinette, ministre de l'Intérieur, à la Commission des moulages dont il a été parlé plus haut, p. 79-80. Elles se distinguent des deux lettres du même genre que j'ai publiées ici, en ce que l'autorisation de mouler n'est plus donnée à un artiste ou en faveur d'un artiste individuellement, mais en faveur des écoles centrales instituées par la Convention dans les différents départements. La lecture des documents suffira, je pense, pour édifier nos contemporains sur le souci qu'avait le gouvernement du Directoire de propager dans les écoles le culte des chefs-d'œuvre. On remarquera que l'une de ces lettres vise un département disparu de la carte de France en 1815, celui de la Lys, chef-lieu de préfecture Bruges, formé d'une partie de la Flandre autrichienne après la conquête des Pays-Bas par nos armées.

Le nom de *Boichot* retiendra aussi l'attention, car il est familier à tous ceux qui s'occupent d'études sur nos arts. *Guillaume Boichot*, sculpteur et dessinateur, commençait alors modestement sa réputation dans une école provinciale, à Autun.

Pour abréger notre relevé des documents, nous mettrons une fois pour toutes, immédiatement ci-dessous, l'en-tête de la lettre ministérielle qui se reproduit d'une façon identique sur chacune de nos pièces. La date seule varie.

Paul Marmottan.

I.

Liberté. (Sceau de la République.) Égalité.

(5ᵉ Division. — Bureau des Beaux-Arts et Fêtes nationales.)

Paris, le 20 vendémiaire an 8ᵉ de la République française une et indivisible (octobre 1799).

Le Ministre de l'Intérieur à la Commission chargée de surveiller le moulage des figures antiques.

Citoyens, je vous invite à donner des ordres au citoyen *Getty* pour que les plâtres d'après les figures antiques, dont les creux sont exécutés, soient mis à la disposition du citoyen *Brissac*, professeur de dessin à l'école centrale du département de la Loire.

Les frais de cette opération et ceux du transport seront à la charge de l'administration centrale du département et devront être acquittés par le citoyen *Brissac*.

Salut et fraternité.

Quinette.

(Plâtres d'après l'antique pour l'école centrale du département de la Loire.)

II.

Du 20 vendémiaire an 8ᵉ (oct. 1799).

Le Ministre de l'Intérieur, etc.

Citoyens, je vous invite à donner des ordres au citoyen *Getty* pour que les plâtres d'après les figures antiques, dont les creux sont exécutés, soient mis à la disposition du citoyen *Dufour*, professeur de dessin à l'École centrale du département de l'Allier.

Les frais de cette opération, etc.

III.

Du 30 vendémiaire an 8ᵉ (oct. 1799).

Le Ministre de l'Intérieur, etc.

Citoyens, je vous invite à donner des ordres au citoyen *Getty* pour que les plâtres d'après les figures antiques, dont les creux sont exécutés, soient mis à la disposition du citoyen Levée, professeur de belles-lettres à l'école centrale du département de la Lys.

Les frais, etc.

Adresse : Au citoyen *Suvée*[1], membre du Conseil d'administration du Musée central des Arts, au Palais national des Arts et Sciences, à Paris.

IV.

Du 13 brumaire an 8ᵉ (nov. 1799).

Le Ministre de l'Intérieur, etc.

Citoyens, je vous invite à donner ordre au citoyen *Getty* de mettre à la disposition du citoyen *Boichot*, professeur à l'école centrale de Saône-et-Loire, les plâtres d'après les figures antiques dont les creux sont exécutés.

Les frais, etc.

---

1. *Suvée (Joseph-Benoît)*, peintre d'histoire, était né à Bruges en 1743. Il occupait déjà un poste éminent en 1799 dans les arts. Il n'est pas étonnant que la lettre du ministre passe par son intermédiaire pour parvenir à sa destination.

A.-J.-B. VINCHON.

(1840.)

BOISSY D'ANGLAS PRÉSIDANT LA CONVENTION.

La lettre qui suit éclaire la genèse d'une page d'histoire peinte par *Vinchon*, exposée en 1835 et en 1855. L'œuvre commandée en 1834 pour le Palais-Bourbon, à l'issue d'un concours, a été reléguée à la mairie d'Annonay. C'est en vain que l'artiste, trompé dans ses espérances, en appelle au ministre pour obtenir une compensation. Des peintures sont projetées pour le palais du Luxembourg. *Vinchon* demande à collaborer à cette décoration. Vaine supplique. Il ne paraît pas qu'on se soit ému de son désir.

H. J.

A Monsieur le Ministre de l'Intérieur.

Paris, le 27 février 1840.

Monsieur le Ministre,

J'ai été pensionnaire de l'Académie de France à Rome et, depuis mon retour d'Italie, je n'ai reçu aucune commande de la protection de votre Ministère.

Vous avez ouvert un concours pour la décoration de la Salle des Séances de la Chambre des Députés, et j'ai obtenu l'exécution du tableau représentant *Boissy d'Anglas présidant la Convention* au 1er prairial. Le plus grand avantage du succès de ce concours était d'avoir un emplacement si avantageux pour la réputation d'un artiste.

Par des considérations indépendantes de moi, on a changé la destination de cet ouvrage et on l'a envoyé à la petite ville d'Anonay, où personne ne le verra plus et où il est entièrement perdu pour ma réputation.

Au moment où vous allez commander des peintures pour le palais de la Chambre des Pairs, j'ose solliciter de votre bienveillance une belle place dans la salle des Séances de la Chambre des Pairs qui puisse m'indemniser de celle que j'avais obtenue et dont j'ai été privé.

Veuillez agréer, Monsieur le Ministre, l'expression de mon profond respect.

J.-B. Vinchon.
Rue Bleue, n° 11.

RÉPARATION DU PORTIQUE ET DES CARIATIDES

DE L'HOTEL DE VILLE DE TOULON,

PAR *CLAUDE DUBREUIL* ET SON FILS, SCULPTEURS.

(1709.)

Communication de M. Charles Ginoux.

Estat de la despance pour avoir réparé le balcon de l'hôtel de ville.

8 jours tailleur de pierre, à 8 s. (?).	8 l. »»	s.
Deux... plâtre et port	»	11
Pour de clou	»	15
780 livres plomb, en plaque à 14 l. 10 s. . . .	113	2
7 jours le s^r Périnot, à 30 s.	10	20
3 jours pour son garçon, à 15 s.	2	5
18 livres soudure, à 8 s.	7	4

A Mr *Dubreuil*, à son fils et à un peintre, pour avoir nétoyé, réparé et donné différentes couleurs, et tout ce qu'il y avoit de rompu, gasté, et généralement repassé tout le balcon .. . . 66 »

Deux grands crampons pesant 23 livres 4 6

8 petits crampons pesant 14 livres 2 5

Pour avoir démonté la grande fenêtre qui est sur la grande porte, l'avoir nétoyé, mis plusieurs pierres. . . . . 9 »

____

223 l. 12 s. (*sic*)

Bon pour 190 l. 12 s. (retenue de 33 l.?).

Veu par nous, conc^c access^e fesant fonction de procureur du Roy, nous consentons à l'alouement du conte cy-dessus du 23 septembre 1709.

Monier.

Certifié et arresté par nous, Consuls soussignés, à la somme de cent nonante livres douze sols.

A Toulon, ce 23e septembre 1709.

Légier; J. Marin.

(Arch. comm., CC. 612, carton.)

DOCUMENTS INÉDITS

SUR LES

ANCIENNES MANUFACTURES DE FAIENCE ET DE PORCELAINE

Recueillis et annotés par Jules Guiffrey.

I.

PROJET D'INSTALLATION D'UNE MANUFACTURE DE FAIENCE HOLLANDAISE A MANTES.

Les ouvrages spéciaux que j'ai sous la main ne font aucune mention d'une manufacture de faïence installée à Mantes au xvii° siècle. Il est donc fort douteux que le projet du Hollandais *Abraham Poocq* ait eu un commencement d'exécution. Et cependant, il serait bien étrange qu'il se fût plié à toutes les démarches nécessaires pour obtenir les lettres patentes que nous publions et leur enregistrement à la Cour des aides, pour ne pas donner de suite à ses premières résolutions. Les traces de l'existence d'une fabrique de porcelaine hollandaise à Mantes sont donc à rechercher par les érudits qui ont fait une étude particulière de l'art de la terre. En publiant la pièce suivante, nous n'avons d'autre but que de leur signaler une piste nouvelle à suivre. Quel qu'ait été le résultat de la tentative du Hollandais *Poocq*, on trouve encore ici une preuve de la préoccupation constante du grand ministre de Louis XIV, cherchant sans cesse à attirer et à fixer en France les habiles ouvriers qui pouvaient affranchir notre pays du tribut payé durant des siècles aux industries étrangères.

Lettres patentes permettant à Abraham Poocq, *hollandais, d'établir à Mantes une manufacture de fayence blanche et émaillée.*

Juillet 1668.

Louis, par la grace de Dieu, Roy de France et de Navarre, à tous ceux qui ces presentes lettres verront, salut. Nostre bien amé *Abraham Poocq*, hollandois de nation, nous a faict remonstrer que par de longues experiances et beaucoup de despences il s'est, autant quy luy a esté possible, perfectionné dans la manufacture de toutes sortes de vaisselle de fayance blanche et couverte d'émail de touttes couleurs, dont il feroit vollontiers l'establissement dans la ville de Mantes ou en quelque autres lieux du païs Vexin, sy nous avions agreable de luy en accorder la permission et les mesmes graces que nous octroyons aux ouvriers dont nous rece-

<table>
<tr><td>ART FR. VI</td><td align="right">13</td></tr>
</table>

vons les propositions. A ces causes, desirans favorablement traitter ledit *Poocq* et convier les ouvriers estrangers qui excellent dans les manufactures de venir s'establir dans nostre royaume pour y travailler, et de nostre grace spécialle, plaine puissance et autorité royalle, nous avons permis et par ces présentes, signées de nostre main, permettons audit *Poocq* et à ses associez d'establir à ses frais et despens en lad. ville de Mantes, fauxbourg et environs d'icelle, et en tous les autres lieux du païs Vexin quy seront trouvez les plus propres, une manufacture de touttes sortes de vaisselle de fayence blanche et couverte d'email de toutes couleurs, construire à cet effect toutes sortes de fourneaux et bastimens, vendre et debiter ladicte vaisselle en gros ou en détail dans nostre royaume, avec deffence à touttes sortes de personnes de contrefaire ou imiter lad. manufacture pendant le temps de vingt années dans l'estendue dud. païs Vexin, sans le consentement dud. exposant, à peine de confiscation des marchandises, mil livres d'amande aplicable, moitié à l'hospital des lieux et l'autre moitié à l'exposant, et de tous ses despens, dommages et interests; et pour traitter d'autant plus favorablement led. *Poocq*, voulons et nous plaist qu'arrivant son deceds ou celuy de ses ouvriers travaillans actuellement en lad. manufacture, ils soient censez et reputez nos regnicolles, et leurs successions recueillis par leurs enffens et heritiers tout ainsy que s'ils estoient nos vrays et naturels subjectz, et qu'en raportant par eux un certifficat du Surintendant de nos bastimens, de leur service actuel dans lad. manufacture, toutes lettres de naturalité leur soient expédiées sans frais; voulons en outre que tant led. exposant que ses ouvriers travaillans actuellement en lad. manufacture soient et demeurent exemptz de toutes tailles, contributions et autres charges, mesme de celles des villes, pourveu toutefois qu'ilz ne se trouvent présentement imposez au roolle des tailles d'aucune parroisse de nostre roiaume, le tout sans que le present privilege puisse empescher le travail des manufactures quy pouroient avoir esté cy-devant establies dans lad. ville de Mantes et païs Vexin, lesquelles nous voulons continuer leur travail, tout ainsy comme elles auroient pu faire auparavant. Sy donnons en mandement à noz amez et féaux conseillers les gens tenans nostre Cour de Parlement, Cour des Aydes, etc. Donné à Saint-Germain-en-Laye, au mois de Juin, l'an de grace 1668 et de nostre regne, le 26ᵉ. Signé : Louis. Et sur le reply : par le Roy, DE GUÉNÉGAUD.

Registrées en la Cour des Aydes, ouy le procureur général du Roy, pour estre exécutées et jouir par *Abraham Poocq*, de l'effect y contenu selon leur forme et teneur suivant et aux charges par l'arrest du jourd'huy. Donné à Paris, en la Cour des Aydes, le septieme jour d'aoust mil six cens soixante huict.

A la charge qu'à la diligence dud. *Poocq* il sera apporté et mis au greffe de la Cour, chacune année, un estat, certiffié de luy, des noms de tous les ouvriers par luy employez en lad. manufacture de vaisselle de fayence, lesquels jouiront, après que led. estat aura esté apporté et mis au greffe de lad. Cour pendant les vingt années portées par lesd. lettres, des privileges et exemptions y contenus, pourveu qu'ilz ne facent aucun traficq et commerce, qu'ilz ne tiennent ferme et n'ayent auparavant esté imposez aux roolles des tailles et aux autres conditions portées par lesd. lettres, et que les procez et differendz dont la cognoissance appartient aux officiers des eslections seront traictez en premiere instance et par appel en la Cour; faict deffenses de faire poursuittes ailleurs à peine de deschéance. Faict le viie jour d'aoust mil six cens soixante huict.

(Arch. nat., Z[ia] 565.)

II.

DEMANDE DU CORDON DE SAINT-MICHEL POUR LE S. *MIGNON*, ENTREPRENEUR DE LA MANUFACTURE DE FAÏENCE DU PONT-AUX-CHOUX A PARIS.

La manufacture du Pont-aux-Choux à Paris est bien connue des historiens de l'art céramique. Nous ne croyons pas qu'aucun d'eux ait parlé des particularités révélées par les pièces publiées ci-après. Il fallait que l'entrepreneur de cette fabrique fût arrivé à un haut degré de réputation pour qu'on songeât à solliciter en sa faveur des lettres de noblesse et le cordon de Saint-Michel, quand bien même le succès, comme il arriva sans doute, n'eût pas dû suivre cette démarche.

De plus, le mémoire rédigé par le sieur *Mignon* à l'appui de la demande nous signale deux ouvrages capitaux sortis de sa manufacture et évalués à trente mille livres au minimum. Nous ignorons si ce portrait de Louis XVI avec le manteau royal et la couronne cannelée surmontée du buste du Roi existent encore. Ceux de nos confrères qui sont particulièrement versés dans la science de la céramique pourront peut-être nous renseigner à cet égard.

1°

Lettre de Mme Turpin de Crissé à M. d'Angiviller demandant le cordon de Saint-Michel pour le s. Mignon[1].

Je suis désespérée, Monsieur, de n'avoir pas eu l'honneur de vous voir, et, quoique je n'aye pas celui d'être connue de vous, j'allois vous solliciter pour un homme qui m'intéresse particulièrement. Il seroit aussi téméraire qu'inutile de vous faire une demande qui ne seroit pas juste ; rassurée sur la mienne, je l'expose à vos yeux. Le petit mémoire joint à ma lettre en faveur du sieur *Mignon* vous prouvera qu'il est dans le cas de la grâce qu'il demande du cordon de Saint-Michel. Vous pourrés me dire, Monsieur, que cette faveur dépend de Monsieur de Vergennes, il est vrai ; mais le protecteur des arts décide l'opinion, et un mot de vous à ce ministre ainsi qu'à M. Amelot pour les lettres de noblesse dont il faut nécessairement être pourvu pour l'obtenir hâteront les effets de leurs bonnes volontés.

Les deux ouvrages que le sieur *Mignon* a eu l'honneur de présenter au Roy sont un objet de plus de trente mille livres, somme qu'il pourroit répéter, et pour entrer dans votre façon de penser, de joindre la justice et la récompense des arts avec l'ecconomie, le sieur *Mignon,* flatté de cette décoration, ne penseroit plus à réclamer cette somme.

Je vous demande avec instance votre appui ; vous ne pouvés le refuser au vrai talent, et je sçais, Monsieur, le plaisir que vous avés à les encourager.

J'ai l'honneur d'être, Monsieur, votre très humble et très obéissante servante,

Lowendal Turpin de Crissé.

En haut de cette lettre on lit : *Rép. 26 février 78.*

2°

Mémoire sur le s. Mignon, *entrepreneur de la manufacture de terre blanche de France au Pont-aux-Choux.*

Adrien-Pierre Mignon, entrepreneur de la Manufacture de terres blanches de France, à l'imitation de celles d'Angleterre,

---

1. Ces pièces sont conservées aux Archives nationales, carton O¹ 1919.

établie depuis trente-quatre ans au Pont-aux-Choux à Paris et que le feu Roy, par une protection marquée, honora du titre de Manufacture royale, supplie Sa Majesté de lui faire ressentir les effets des bontés de Louis Quinze; il ose se flatter de mériter la faveur portée dans l'arrêt du Conseil du 30 octobre 1767, par lequel il est dit que Sa Majesté se réserve d'accorder chaque année des lettres particulières d'annoblissement à deux d'entre les négociants en gros et entrepreneurs de manufactures qui se seront distingués dans leurs professions.

Dans le grand nombre d'objets qui occupent Sa Majesté, elle peut se resouvenir de son portrait revêtu du manteau royal et de son buste posé sur une colonne cannelée, ouvrage sorti de la manufacture du s^r *Mignon* et qu'il a eu l'honneur de présenter à Sa Majesté, le premier à la fin de décembre 1774, et le second au mois de may 1775, comme un hommage qu'il lui devoit et qu'il lui a rendu peut-être le premier lors de son avènement au trône. Elle peut juger avec le goût et les connoissances qu'elle a dans tous les arts des efforts et du travail du s^r *Mignon* pour perfectionner (aidé de ses seuls moyens) une manufacture qui a bientôt fait oublier celle d'Angleterre dans le même genre.

C'est d'après ces considérations que le s^r *Mignon* ose espérer de la bonté de Sa Majesté, comme un encouragement et comme récompense, le cordon de Saint-Michel; cet honneur qui rejaillira sur sa postérité, dont les filles sont unies à des Conseillers de Cours souveraines, sera regardé comme l'encouragement le plus flatteur pour parvenir à un plus haut degré de perfection dans la même carrière.

3°

Analyse de la réponse de M. d'Angiviller.

Le Comte d'Angiviller répondit à Madame Turpin de Crissé que, l'industrie du s^r *Mignot* (*sic*) ne relevant en aucune manière des Bâtiments du Roi, il ne pouvait intervenir auprès de M. de Vergennes en faveur de son protégé. Il lui conseille de s'adresser à la Direction générale des finances, ou plus particulièrement à l'intendant des finances qui est chargé des détails du commerce et des manufactures, comme était auparavant M. de Trudaine. Elle n'a pas d'ailleurs de démarche à faire auprès de M. Amelot pour des lettres de noblesse; quand le Roi accorde le cordon, l'expédition des lettres de noblesse en est la conséquence nécessaire et doit précéder la réception...

26 février 1778.

III.

DEMANDE DES ANIMAUX DU LABYRINTHE DE VERSAILLES POUR SERVIR DE MODÈLES AUX MANUFACTURES DE TERRE BLANCHE DE LORRAINE.

Il existait autrefois, comme on sait, dans le parc de Versailles, un labyrinthe décoré d'une figure d'Ésope et de groupes en plomb représentant les fables de la Fontaine avec des animaux de grandeur naturelle. C'est de cette collection de groupes qu'il est question dans les pièces suivantes. Il paraît que le bosquet du labyrinthe était à cette époque abandonné et que les animaux avaient été relégués dans un magasin. On en a utilisé, dans ces dernières années, certains débris pour la décoration d'un bosquet voisin du bassin de Neptune.

La manufacture de terre blanche de Lorraine a exécuté parfois de grandes pièces. Nous avons vu récemment un échantillon remarquable de sa fabrication dans l'escalier du régisseur du palais de Fontainebleau. Il semble résulter de la réponse envoyée à M. de Richeprey qu'il ne put obtenir la faveur qu'il sollicitait. Quoi qu'il en soit, les documents suivants nous révèlent un épisode curieux de l'histoire des manufactures de Lorraine, épisode inconnu, croyons-nous, de ceux qui ont écrit l'histoire de ces établissements célèbres.

1°

Mémoire de M. de Richeprey, proposant de concéder comme modèles les groupes du Labyrinthe de Versailles aux manufactures de Lorraine[1].

Il y a en Lorraine plusieurs manufactures où l'on fait avec beaucoup d'art des figures de faïence, de terre blanche et de porcelaine. Ces figures sont ordinairement dessinées correctement. Il y en a dont le sujet et la composition sont très heureuses. Tels sont les grouppes d'*Henri IV relevant Sully*, de *Renaud aux genoux d'Armide*, d'un *Soldat qui propose à Bélisaire de le venger*, etc.

On a dessein d'essayer dans une de ces manufactures l'exécution de statues aussi grandes que nature. Mais on est arrêté par la difficulté de se procurer de bons modèles. Il est à craindre que

---

1. En marge, on lit cette mention : *Rép. 28 décembre 1778.*

des artistes accoutumés à réussir pour des ouvrages d'une petite proportion n'ayent pas le même succès pour de plus grands.

On croit digne de la bienveillance de Monsieur le Comte d'Angiviller et des efforts qu'il fait pour le succès des Arts de s'intéresser à un projet dont l'exécution bannira des jardins et des sallons des particuliers les statues de mauvais goût qu'on a coutume d'y placer.

Ces motifs déterminent à supplier Monsieur le Comte de vouloir bien accorder pour servir de modèles quelques-unes des figures de plomb ôtées du Labyrinthe.

La plupart de ces figures sont de mains de maître; si, par leurs proportions, par le sujet qu'elles représentent, elles ne convenoient pas à la grandeur et à la magnificence du parc de Versailles, les imitations et les copies qu'on en fera ne seront pas déplacées dans des endroits moins vastes. On demande cette grâce avec d'autant plus de confiance qu'elles ne peuvent être d'aucune utilité au Roi et qu'elles se détruisent dans les magazins.

Versailles, le 12 novembre 1778.

Richeprey.

2°.

Observations sur le mémoire de M. de Richeprey.

Ce 15 décembre 1778[1].

J'ai vu M. de Richeprey pour sçavoir plus précisément de luy l'objet de sa demande, ayant pour objet d'obtenir pour une manufacture de Lorraine quelques figures du Labyrinthe.

Il m'a dit qu'il étoit précisément question de quelques figures d'animaux qui serviroient à cette manufacture à en exécuter en terre blanche et en porcelaine de grandeurs naturelles, et, sur ce que je luy ai observé que je sçavois déjà que Monsieur le Comte avoit refusé de les vendre au poids du plomb, il m'a témoigné qu'on pourroit y mettre un prix quelque peu supérieur à cette valeur.

Cela me donne lieu d'observer à M. le Comte que voilà déjà plusieurs années que ces figures, dont probablement il ne se fera

---

1. Note en tête. « M. le Comte veut attendre pour procéder à cette vente l'arrivée de M. Jambert, qui doit incessamment venir prendre possession de sa place. »

plus nul usage, sont déposées dans un supplément de magasin qu'elles occupent et qui pourroit être utile à autre chose.

M. *Heurtier* est fort d'avis de s'en débarrasser, mais à un prix au-dessus du plomb.

Il faudroit dans ce cas que M. le Comte fît annoncer cette vente, en sorte que les acheteurs puissent voir ces figures et y mettre un prix.

M. le Comte verroit ensuite quelle faveur il jugeroit à propos d'accorder à M. de Richeprey.

Quant aux colonnes de granit et autres morceaux en tables qui se trouve en Corse[1], je l'ai déjà prévenu que M. le Comte ne voyoit pas où les employer. Mais il est bon de sçavoir que cette espèce de trésor existe là.

Au mémoire de M. de Richeprey sur les faïances de Lorraine est jointe une lettre d'envoi, qu'il est inutile de reproduire, mais où il dit que les figures du Labyrinthe demandées par lui sont destinées à la manufacture de faïence d'un de ses parents.

Quant aux granits qui font l'objet de l'autre mémoire, il les aurait rencontrés dans ses recherches faites pour compléter la carte minéralogique de Corse, dont il a présenté au comte la première partie.

En tête de cette lettre se trouve une observation constatant que le Labyrinthe ne contient que des figures d'animaux et pas de figures humaines. Voir M. Richeprey à ce sujet. On a ajouté que c'était bien ce qu'il voulait.

3o

Réponse de M. d'Angiviller à la demande de M. de Richeprey.

A Versailles, le 19 X^{bre} 1778.

D'après la lettre, Monsieur, que vous avez pris la peine de m'écrire, je me suis fait rendre compte des figures qui composoient anciennement les fables du Labyrinthe. Je contribuerois bien volontiers à remplir les vues de la manufacture à laquelle vous vous intéressés, si la manière dont je me propose de faire la vente de ces objets n'y mettoit un obstacle. Des raisons particulières ne me permettent point d'en détacher des morceaux; mais, si je prends le parti de les vendre, ce sera par une vente générale

---

1. M. de Richeprey, en même temps qu'il s'occupait des terres de Lorraine, envoyait au directeur des Bâtiments, dans une lettre du 12 novembre 1778, l'avis qu'il se trouvait beaucoup de marbres ou de granits d'une exploitation facile dans l'île de Cavallo, entre la Sardaigne et la Corse.

et au plus offrant, et j'aurai soin, Monsieur, de vous en faire
avertir.

Je vous suis bien obligé de l'avis que vous me donnés sur les
colonnes de granit et autres ouvrages de même matière en partie
travaillés qui se trouvent dans l'île de Cavalo, dépendante de la
Corse...

J'ai l'honneur d'être, Monsieur...

Adresse : A M. de Richeprey, pavillon Roulland, au Marché-
Neuf, à Versailles.

IV.

OBSERVATIONS SUR LA FABRICATION DE LA FAIENCE
EXTRAITES DES CAHIERS DE DOLÉANCES DES COMMUNES DE VARAGES
ET D'AVESNES.

Les cahiers de doléances envoyés aux États Généraux de 1789, si incom-
plètement et si inexactement publiés dans les *Archives parlementaires*,
fournissent parfois des renseignements imprévus sur l'état de notre industrie en 1789. On n'a guère pris la peine jusqu'ici de les consulter à ce point
de vue. Les extraits suivants montrent ce qu'on peut tirer de ces volumi-
neux documents pour l'histoire des fabriques provinciales.

Extrait du Cahier de doléances de la communauté de Varages
(sénéchaussée d'Aix).

L'assemblée charge les sieurs députés de remontrer à Sa Majesté
que la fabrication de la fayence est d'une grande ressource pour
ce pays, que presque toute l'habitation participe aux avantages
qu'elle procure; mais qu'elle est surtout pour beaucoup de particuliers la cause de leur alimentation; que cette fabrication a reçu
un échec considérable par la conclusion du traité de commerce
entre la France et l'Angleterre, à cause de la quantité de faïence
étrangère qui entre dans le royaume; l'introduction de cette marchandise dans l'état a produit le double préjudice de faire diminuer la fabrication nationale et d'occasionner un rabais dans le
prix de la fayence; que, d'autre part, la cherté des matériaux,
surtout du plomb et de l'étain, et les droits exhorbitants qui se
payent à la ferme donnent aux fabricants un découragement dont
les effets sont trop sensibles et en même temps nuisibles à l'habitation pour ne point en réclamer auprès du souverain; que déjà

même on a vu des ouvriers s'expatrier et porter chez l'étranger leurs talents et leur industrie pour y chercher des secours que la patrie leur refuse. Qu'un autre objet qui ne doit point être passé sous silence est la différente perception des droits de sortie du plomb et de l'étain aux bureaux de Marseille; que cette différence est d'un bureau à l'autre d'environ trente-six sols par quintal, que cette perception plus forte de la part du commis au bureau des pennes ne peut qu'être une surexaction improuvée par la justice du souverain; en conséquence, l'assemblée charge les sieurs députés de dénoncer à Sa Majesté, lors des états-généraux, le préjudice que portent à la fabrication locale les causes que l'on vient de rappeler et les maux qui en résultent pour cette habitation, les suppliant de solliciter de sa justice et de sa bonté les moyens propres à rendre et à assurer à l'une et à l'autre leurs premiers avantages.

Cahier d'Avesnes (Hainaut).

Demande que les potiers puissent prendre de la terre à poteries partout où elle se trouve, en la payant au propriétaire des fonds à tel prix qui sera taxé par le gouvernement, et en dédommageant de gré à gré lesdits propriétaires pour l'ouverture du fond.

(Maubeuge.)

LA MANUFACTURE DE PORCELAINES DE SÈVRES

AU XVIIIe SIÈCLE.

Nous publions ci-après, en respectant l'ordre chronologique, plusieurs pièces de nature très différente sur la manufacture de porcelaines de Sèvres. Leur réunion présente, croyons-nous, de l'intérêt en rappelant certains détails curieux de l'histoire de la manufacture vers la fin du siècle dernier. Ainsi la lettre de M. d'Angiviller à *Pierre* sur les modèles de statues de grands hommes destinées à être reproduites en biscuit ne laisse pas que d'offrir de piquantes révélations sur les exigences des artistes de l'ancien temps. Le projet de four proposé par le s. Leroy et pouvant être chauffé au charbon de terre brut n'était sans doute pas pratique, puisqu'on n'a pas encore trouvé le moyen de remplacer pour le chauffage des fours de Sèvres le bois par un combustible moins coûteux. Enfin les lettres à *Pajou* et à *Duchelie* évoquent les noms de deux des collaborateurs les plus actifs de la manufacture. C'est leur principal intérêt.

V.

DEMANDE D'UNE PLACE A LA MANUFACTURE DE SÈVRES PAR LE S. PERSON DE BERAINVILLE, AVOCAT AU PARLEMENT.

(Décembre 1780.)

Un sieur Pierre-Claude Person de Bérainville, avocat en Parlement et ayant une maison de campagne à Sèvres, sollicitait de M. d'Angiviller une place de contrôleur sous-intendant, ou autre, vacante à la manufacture de porcelaines. Il invoquait ses connaissances en dessin, en chorographie (*sic*), calcul et littérature. Il avait présenté à M. d'Angiviller un tableau de seize allégories de sa composition sur les époques du règne de Louis XVI, gravées d'après ses dessins. L'impératrice-reine aurait récompensé plusieurs offrandes de son talent par un présent de médailles d'or de première grandeur. Il se recommandait de la comtesse de Neuilly, de M. *Hennin*, de M. Bignon, conseiller d'État, et de plusieurs autres personnes employées à la cour. (30 décembre 1780.)

. Le comte d'Angiviller lui répondit qu'il ne pouvait satisfaire à sa demande, la manufacture n'offrant aucune place vacante. D'ailleurs, ajoutait-il, la justice me paraît exiger que les places principales soient remplies par des sujets ayant déjà des services dans la manufacture à faire valoir en leur faveur.

VI.

PROJET D'UN NOUVEAU FOUR A PORCELAINE ADRESSÉ PAR LE S. LE ROY A M. D'ANGIVILLER.

(Décembre 1782.)

Monsieur,

J'ai l'honneur de vous écrire une autre lettre sur un objet tout différent, mais qui m'a tellement saisi que j'ai cru que vous me permettriez de vous le confier, n'en ayant encore parlé qu'à Monsieur Macquer. Voici, Monsieur, de quoi il est question.

Messieurs du Bureau de la ville ont jugé à propos de me nommer commissaire avec MM. Macquer et Sage pour assister aux épreuves et aux expériences des gens de la compagnie du charbon épuré, par lesquelles ils se proposent de montrer que le feu du charbon épuré peut être substitué, dans un grand nombre de manufactures, au feu du bois. En conséquence, je me suis trouvé dernièrement aux expériences qui ont été faites à la manufacture de porcelaines de Mgr le Comte d'Artois, faubourg Saint-Denis, pour déterminer s'il y a de l'avantage à chauffer un four à porcelaine

avec ce charbon épuré. Ayant bien examiné ce four, et ayant médité
sur sa construction, j'ai pensé, Monsieur, qu'on pourroit en faire
un d'une construction telle qu'on n'auroit nullement à craindre
dans ce four ni les boursouflures, ni les gersures, ni aucun des
effets de ce genre qu'on éprouve dans la cuite des pièces de porcelaine dans les fours ordinaires; enfin qu'on y pourroit brûler
toutes sortes de chauffages, même le charbon de terre brut.

En voici la construction dans laquelle je tâcherai, Monsieur,
d'être aussi clair que je pourrai, mais pas autant que je l'aurois
été si j'avois eu le temps d'en faire faire un dessein.

Le four que j'ai imaginé, Monsieur, sera formé d'une espèce
de calotte cilindrico-sphérique, comme celle des fours ordinaires
de porcelaines, mais, au lieu que cette espèce de calotte soit inté-
rieurement entièrement vuide, elle sera traversée dans son milieu,
de bas en haut, par un cilindre faisant tuyau qui traversera de
part en part le plancher du four et qui ira se rejoindre en haut
avec la calotte, en sorte que ce tuyau formera une cheminée pour
chauffer le four dans la partie qui l'environne. Le four sera chauffé
extérieurement par un brasier dont la flamme prendra de dessous
et montant tout autour, jusqu'en haut, exactement de la même
manière que la flamme chauffe une chaudière. Par cette disposition, la porcelaine sera cuitte dans ce four exactement comme
dans un creuset renversé, et, la flamme du chauffage ne pouvant
s'y introduire en aucune façon, vous voyez, Monsieur, qu'on
pourra y employer, comme je viens d'avoir l'honneur de vous le
dire, toutes sortes de chauffage. Mais, si je ne me trompe, il y
aura bien un autre avantage et une autre œconomie à s'en servir,
car alors on n'aura plus aucun besoin de garettes pour mettre les
pièces. Il suffira seulement de les tenir séparées entre elles pour
qu'elles n'adhèrent pas après la cuisson. Or, vous savez, Monsieur, combien ces garettes se cassent souvent et augmentent par
là les frais du travail. Je n'ai pas besoin d'ajouter qu'un pareil
four, n'ayant pas besoin de garettes pour cuire la porcelaine,
deviendra par là beaucoup plus petit et qu'en conséquence on
aura une masse bien moins considérable à échauffer. Telles sont
à peu près mes idées, Monsieur, sur la nature du nouveau four à
porcelaine que j'ai pensé qu'on pourroit substituer à l'ancien. Ces
idées sont bien grossières, mais j'espère que vous m'excuserez de
vous les communiquer aussi informes en attendant que je les aye
développées par un dessein qui les mette dans un plus grand

jour, n'ayant en cela d'autre objet que de vous faire part d'une idée que j'ai cru qui pourroit être utile.

J'ai l'honneur d'être avec respect, etc.

LE ROY.

De Paris; rüe de Seine, ce 21 décembre 1782.

Dans la réponse (du 31 décembre), dont le brouillon est joint à la lettre de Le Roy, le directeur des Bâtiments dit qu'avant de conférer de cette invention avec MM. Macquer et d'Arcet, chimistes de la manufacture de Sèvres, il attendra que l'auteur l'ait expliquée davantage par le dessin qu'il annonce.

VII.

LETTRE DE M. D'ANGIVILLER A *PIERRE* SUR LES MODÈLES DES STATUES DES GRANDS HOMMES DESTINÉS A ÊTRE REPRODUITS EN BISCUIT DE SÈVRES.

11 janvier 1783[1].

Monsieur,

D'après la dernière conversation, Monsieur, que nous avons eue ensemble, je vois la nécessité de me décider sur le prix à accorder aux artistes qui ont exécuté ou exécuteront des figures de grands hommes pour les modèles de ces figures à faire en terre cuite à l'effet d'être exécutées en porcelaine à la manufacture royale de Sèvres. Je donnerai pour chacun de ces modèles la somme de mille livres. Je ne puis au-surplus vous dissimuler mon étonnement de ce que des artistes qui doivent la plupart de leurs talens aux secours du Roy, qui ont à en espérer des grâces et des distinctions ou qui en jouissent déjà, montrent aussi peu de désintéressement et semblent vouloir faire payer au Roi plus cher qu'ils ne demanderoient à des particuliers. J'aurois assurément pensé qu'en leur donnant 25 louis pour chacun de ces modèles ils se fussent crus traités favorablement, car enfin M. *Pajou* lui-même ne m'a demandé que 25 louis pour un modèle groupe qu'il a fallu

---

1. Note. « Monsieur le Comte a à décider définitivement sur le prix qu'il juge à propos d'accorder aux artistes pour les modèles en terre cuite des figures de grands hommes pour la manufacture royale des porcelaines de Sèvres. Il est important de décider cet article pour que l'année prochaine il y en ait quelques-unes d'exécutées. »

Autre note. « Il est à propos et même nécessaire que vous préveniez les artistes qu'à l'avenir ils seront tenus de fournir gratis un pareil modèle avec la statue dont ils auront été chargés. »

étudier et pour lequel il a fait deux desseins ; tout est au contraire ici arrêté. Il n'y a ni dessin nouveau ni nouvelle étude à faire.

Quoi qu'il en soit, il est à propos que vous ne perdiez point de temps à avertir les artistes en question de se mettre à l'ouvrage. Les figures en question doivent être de 18 pouces de hauteur, y compris leur soubassement, et, comme la retraite de la porcelaine dans la cuisson est entre un 7ᵉ et un 8ᵉ, c'est-à-dire de 2/15 bien près, il faudroit que le modèle, encore humide et propre à être coupé en tranches, eût 2 pouces 1/3 de hauteur, en sus des 18, c'est-à-dire 20 pouces 1/3. Je le fixe néantmoins à 20 pouces, parce que les figures en résultantes auront 18 pouces moins quelques lignes.

Il est aussi nécessaire de prévenir les artistes que ces modèles doivent être livrés humides à la manufacture, et qu'en conséquence ils doivent vous avertir aussitôt qu'ils les auront arrêtés, pour que de votre côté vous en préveniez sur le champ M. Regnier.

J'ai l'honneur d'être...

Dans une note jointe à cette pièce, *Pierre* disait que, par une lettre du 12 mai 1782, le directeur général avait promis de payer ces modèles de 600 à 1,000 livres.

VIII.

PAJOU RÉCLAME LE PAYEMENT DE SES OUVRAGES
POUR LA MANUFACTURE DE SÈVRES.

Le Directeur des Bâtiments à Pajou.

26 novembre 1784.

J'ai reçu, Monsieur, la lettre par laquelle vous m'exposez le besoin que vous avez de quelques accomptes, tant sur vos ouvrages faits pour les Bâtiments de S. M. et le Musœum, que sur le restant de ceux que vous avez fournis à la manufacture royale de Sèvres. Je vais voir ce qu'il m'est possible de faire sur le premier objet. A l'égard du second, aussitôt que la rentrée de quelques fonds dus à la manufacture de Sèvres, que j'attens vers le milieu de décembre, sera effectuée, je vous ferai payer vos deux derniers modèles [1].

Je suis, M., votre...

---

1. Quels étaient ces modèles dont *Pajou* paraît avoir éprouvé de la peine à

IX.

DEMANDE DE CONGÉ PAR LE PEINTRE *BACHELIER*.

Monsieur le Comte,

Depuis 37 ans que je suis attaché à la manufacture de porcelaines du Roy, je ne me suis point absenté. Des affaires qui intéressent ma fortune exigent que je fasse un voyage à Rouen et à Caen. Je vous prie de vouloir bien m'accorder cette permission. Je ne serai pas plus d'un mois dans ce voyage.

Je suis, avec un profond respect, Monsieur le Comte, votre très humble et très obéissant serviteur.

Bachelier.

Paris, ce 6 septembre 1785.

Dans une réponse très gracieuse, le directeur des Bâtiments accorde à *Bachelier* un congé d'un mois ou six semaines, avec d'autant plus de facilité qu'il a dans M. *Lagrenée* un adjoint qui se ferâ un plaisir de mettre une nouvelle exactitude à le suppléer.

X.

PÉTITION DES EMPLOYÉS DE LA MANUFACTURE DE SÈVRES
A L'ASSEMBLÉE NATIONALE.

Les deux pièces suivantes sont conservées aux Archives nationales, dans les cartons du Comité de constitution à qui elles furent renvoyées pour instruire la demande des employés de Sèvres et y faire réponse. Nous ignorons si la réclamation, qui paraît assez légitime dans le fond, fut admise ; mais, comme on n'a que fort peu de renseignements sur l'état et le personnel de nos manufactures nationales pendant la période révolutionnaire, nous avons pensé que ces pièces ne manqueraient pas d'intérêt, sans toutefois ajouter des particularités bien importantes aux excellentes monographies de MM. Édouard Garnier[1], Vachon et Havard[2]. Les employés attachés à la

---

obtenir le payement? Il faudrait, pour élucider ce point, consulter les registres de la manufacture. Encore n'arriverait-on peut-être pas à une certitude absolue, car *Pajou* travailla beaucoup pour Sèvres, et, de la lettre elle-même, il résulte qu'il avait fait d'autres modèles que *les deux derniers*, dont le payement lui était annoncé en novembre 1784.

1. Édouard Garnier, *Histoire de la céramique*. Tours, Mame, 1882, 2ᵉ édit., in-8°. — Du même auteur : *la Manufacture de Sèvres en l'an VIII*, deux articles parus dans la *Gazette des beaux-arts* (tome XXXVI, 1887, p. 310, et tome XXXVII, 1888, p. 45).

2. Henry Havard et Marius Vachon, *les Manufactures nationales*. Paris, Decaux, 1889, gr. in-8°.

manufacture ont voulu faire montre de patriotisme. Le moindre détail sur leurs travaux et sur la manufacture éût bien mieux fait notre affaire.

A nosseigneurs de l'Assemblée nationale[1].

Nosseigneurs,

Supplient très respectueusement les personnes qui composent la manufacture des porcelaines du Roi à Sèvres, au nombre de près de 280 à 300 citoyens, dans lesquels se trouvent l'administration de cette maison, des artistes comme peintres, sculpteurs, chimistes et presque de tous les états qui tiennent aux arts. Ils ont l'honneur de représenter très humblement à Nosseigneurs que le privilège de ladite manufacture, par lequel ils étaient exempts de toute imposition, étant anéanti comme tous ceux qui existaient dans le royaume; qu'ils n'en sont pas moins citoyens français domiciliés dans cette paroisse depuis longtemps; qu'ils payent par abonnement la capitation, et même encore cette année 1790; qu'ils composent avec les habitants la garde nationale, font le service le jour et la nuit et doivent contribuer aux dons patriotiques. Les suppliants ont cru que ces marques de patriotisme les rendaient actifs et de droit et de fait. Cependant, pour ne rien laisser à désirer, ils ont présenté à la municipalité une demande par laquelle ils déduisent non seulement les raisons ci-dessus, mais encore qu'à l'exemple des bons citoyens, ils ont dans le cahier de doléances de cette paroisse demandé la suppression de leurs privilèges pécuniaires. Elle leur a répondu qu'aux termes du décret de l'Assemblée nationale, n'étant pas imposés d'un impôt direct de trois journées locales de travail, elle ne pouvait les reconnaître citoyens actifs pour l'élection prochaine, ny même pour celle de la Saint-Martin 1790; que, vu leur position, comme ils font une partie conséquente de la paroisse, si l'Assemblée nationale l'ordonnait, la municipalité se soumettrait à sa décision. Les suppliants ont observé à Messieurs les municipaux qu'il ne dépendait pas d'eux d'avoir été imposé pour cette année; que Nosseigneurs avaient décrété que les ci-devant privilégiés sans propriétés ne le seraient qu'en 1791, que cette distance d'une année ne devait pas porter préjudice à leur qualité active, surtout lorsqu'ils contribuent de tout leur zèle à la chose publique, qu'ils sont,

---

1. Arch. nat., Comité de Constitution, DIV, cart. 60, liasse 1786.

comme la municipalité, pénétrés de respect pour les décrets de l'Assemblée nationale comme ils le sont de sa justice; mais qu'elle n'a pas dû prévoir la circonstance où ils se trouvent; ce qui leur fait croire qu'elle n'entend sûrement pas dépouiller des citoyens du droit actif, lorsqu'ils ont demandé à faire le sacrifice de leur privilège pour le bien général; qu'ils se sont imposés une garde nationale et autres charges publiques pour le maintien de la constitution et le soutien de la liberté.

Ils ont l'honneur de présenter à Nosseigneurs la présente requête à laquelle ils joignent la demande qu'ils ont faite à la municipalité, pour supplier l'auguste assemblée des représentants de la nation de vouloir bien examiner leurs raisons et faire justice, promettant d'avance de se soumettre avec respect à ce qu'elle décidera à cet égard, comme aussi de verser leur sang pour soutenir ses décrets.

Les suppliants assurent Nosseigneurs qu'ils sont animés de l'amour de la patrie, qu'ils chérissent le meilleur des rois, notre auguste monarque, leur bienfaiteur, et qu'ils sont de l'Assemblée les très humbles et très respectueux serviteurs.

Les citoyens composant la manufacture
de porcelaines du Roy.

A Messieurs du Comité de Constitution [1].

Messieurs,

Exposent les ouvriers de la verrerie de Sèves, presque tous mariés et en famille :

Que la municipalité de Meudon formant depuis quelques jours un tableau des citoyens actifs de son ressort, dans l'arrondissement duquel se trouve la verrerie dite de Sèves, ils se sont présentés à la maison commune pour se faire inscrire sur ce tableau, et que les officiers municipaux leur ont refusé l'inscription, parce que, au terme du décret, il faut payer une contribution directe de la valeur de trois journées de travail, et qu'ils n'en payent pas.

D'après ce refus, voici les observations qu'ils ont l'honneur, Messieurs, de soumettre à vos lumières et que le sr Saget, directeur de la verrerie et major des volontaires de Meudon, a présenté en leur nom aux officiers municipaux :

---

1. Arch. nat., DIV, cart. 60, liasse 1767, 2.

1° Que la verrerie, malgré la déchéance de sa vente, provenant des circonstances actuelles, était imposée, pour 1790, à 2,000 livl de vingtième et à 900 liv. de taille et industrie; qu'ainsi les ouvriers qui la composaient, qui la mettaient en valeur, payaient donc bien réellement une somme d'impositions presqu'équivalente au quart de celle que paye l'étendue du ressort; qu'ils ne la payaient pas individuellement, mais en masse sous le nom de la verrerie, manière d'en rendre la perception plus facile; qu'il y aurait une véritable injustice à lever une pareille somme sur la totalité et à vouloir encore que chacun d'eux payât en particulier.

2° Qu'ils réunissaient toutes les conditions requises pour l'admission et qu'elle-même avait approuvé leur zèle, leur civisme, l'empressement avec lequel les plus gênés d'entre eux se sont fait faire des uniformes, se sont exercés et se sont portés partout où leur présence est devenue nécessaire pour la sûreté, l'ordre et l'exécution des décrets de l'Assemblée nationale.

Ces observations, qui devaient être bien accueillies par une municipalité judicieuse et amie du bien public, l'ont effectivement été par elle; mais, dans sa prudence, elle semble attendre et paraît désirer une décision du Comité de constitution et qu'il juge *qu'il y a lieu* à admettre sur le tableau trente volontaires qui ont fait preuve de patriotisme et de zèle et auxquels la garde du Bas-Meudon, poste assez dangereux, est spécialement confié.

(Signé :) Saget.

ARRÊTS DU CONSEIL, LETTRES PATENTES ET JUGEMENTS

SUR LES MANUFACTURES DE FAÏENCE ET DE PORCELAINE

AU XVIIIᵉ SIÈCLE.

Pour compléter les renseignements donnés ci-dessus sur nos anciennes manufactures de faïence et de porcelaine, nous avions songé à dresser un état des actes de l'autorité souveraine destinés à favoriser l'expansion de cette industrie nationale. Mais un scrupule nous vint. Un des érudits les plus compétents sur l'histoire de la céramique ayant récemment publié une bibliographie spéciale[1] sur la matière, les renseignements que nous avions l'intention de présenter à nos lecteurs n'allaient-ils pas faire double emploi avec un livre beaucoup plus complet que tout ce que nous possédions?

---

1 *Bibliographie céramique*, nomenclature analytique de toutes les publications faites en Europe et en Orient sur les arts et l'industrie céramiques depuis le xviᵉ siècle jusqu'à nos jours, par Champfleury, conservateur du Musée de Sèvres. Paris, Quantin, 1881, in-8°.

Après avoir comparé minutieusement la liste des arrêts du conseil relatifs aux faïences et aux porcelaines dressée sur les pièces de la collection Rondonneau, conservée aux Archives nationales, avec le livre de M. Champfleury, nous avons pensé que la publication de cette liste ne serait pas complètement sans utilité et pourrait combler certaines lacunes de la bibliographie du savant historien de la caricature. Seulement, au lieu de classer ces pièces sous des noms propres (Phélypeaux, Bertin, etc.), ce qui ne laisse pas que de rendre parfois les recherches assez compliquées, nous donnons tous les actes dont nous avons recueilli le titre analytique dans un ordre chronologique. Nous signalons par une étoile (*), placée avant le titre, les pièces conservées dans la collection Rondonneau et dont M. Champfleury nous paraît avoir ignoré l'existence. Il faut bien employer cette forme dubitative, le classement adopté pour la bibliographie céramique ne permettant pas de trouver aisément les articles cherchés.

Enfin nous signalerons à ceux de nos lecteurs qui s'intéressent particulièrement à l'histoire de la céramique les dossiers des Archives où ils ont chance de trouver des renseignements. Les cartons cotés O^1 2061 à 2064 contiennent les documents relatifs à l'ancienne manufacture de porcelaines de Sèvres. Les archives de la manufacture de Vincennes portent la cote O^1 1896 à 1902. Enfin, on trouvera des détails sur la manufacture de glaces du faubourg Saint-Antoine dans le carton V^7, n° 340.

J. J. G.

***1723.** — Arrêt du Conseil d'État du Roy, et lettres patentes sur iceluy, données à Versailles le 5 février 1723, registrées en la Cour des Aides le 6 mars 1723, qui fixent les droits d'entrée sur les fayances provenant des Manufactures établies dans les Provinces réputées étrangères. — 26 janvier 1723.

***1728.** — Arrêt du Conseil d'État du Roy, qui ordonne que la terre propre à faire de la Porcelaine venant de l'Étranger demeurera déchargée, à l'entrée de la Flandre, des droits portés par le tarif de 1671. — 31 août 1728.

1745. — Arrêt du Conseil d'État du Roy, qui accorde à *Charles Adam* le privilège pour l'établissement de la Manufacture de Porcelaine façon de Saxe, au château de Vincennes. — 24 juillet 1745.

***1746.** — Arrêt du Conseil d'État du Roy, qui ordonne que celui du 7 août 1725, rendu pour les faïences des Manufactures de Nevers, sera exécuté pour les faïences des autres Manufactures établies dans l'intérieur des cinq grosses fermes. — 4 octobre 1746.

***1747.** — Arrêt du Conseil d'État du Roy, en faveur des Entrepreneurs de la Manufacture royale de Poterie de terre, établie rue de Charenton, faubourg Saint-Antoine, contre le nommé *Beaufils*, maître Potier de terre, et les Jurés de sa Communauté. — 2 mai et 5 décembre 1747.

1747. — Arrêt du Conseil d'État du Roy, portant réglement pour les ouvriers de la Manufacture de Porcelaine façon de Saxe, établie au château de Vincennes. — 19 août 1747.

1748. — Arrêt du Conseil d'État du Roy, qui confirme le privilège exclusif accordé à *Charles Adam* pour la fabrique de la Porcelaine façon de Saxe, et fait deffense de former aucun nouvel établissement pour travailler à la porcelaine, etc. — 6 août 1748.

*1749. — Arrêt du Conseil d'État du Roy, et lettres patentes sur iceluy régistrées en la Cour des Aides, qui déboutent le sieur *Chazelle de la Forie* et les maîtres des Manufactures de faïence de Paris et de Nevers de leurs demandes; confisquent quatorze barrils et une tonne de matière appelée *Tendronne* ou *Tendrolle*, saisie sur le nommé René Arnault, voiturier, et au domicile du sieur de la Vallée, négociant à Châtellerault, commissionnaire dudit sieur *de la Forie*, comme étant ladite matière un véritable sel, superficiellement déguisé par le mélange d'un peu de cendre; défendent audit sieur *de la Forie* et à tous autres de fabriquer ni introduire à l'avenir de pareille matière dans les pays de gabelles, à peine de confiscation et de cent livres d'amende par chaque quintal d'icelle, le Roy se réservant néanmoins, dans le cas ou les maîtres verriers justifieroient avoir besoin de cette Tendronne ou Tendrolle, de faire pourvoir à la fabrication et délivrance de ce qui en sera nécessaire pour chaque verrerie. — 8 juillet 1749.

*1750. — Lettres patentes portant concession à *Robert Dromgold* et *Charles Dupin* pour l'établissement à Sèvres d'une verrerie et fabrique de cristaux, de toutes sortes d'émaux, de la matière dont on se sert à faire les colliers imitans les perles fines, des verres à vitres, et généralement de toutes sortes de matières vitrifiées, à la réserve des glaces seulement, accordées les 16 avril et 2 août 1725 pour durer jusqu'au 1er août 1756; le privilège est continué à Pierre-Jean-Joseph Bretonnier, écuyer et à ses héritiers à perpétuité, avec droit d'avoir un portier à la livrée du Roy et de mettre au dessus de la porte les armes du Roi avec l'inscription : Verrerie Royale. — Donné le 1er novembre 1750, enregistrées le 17 août 1752. (Arch. nat., Z, 6034, fol. 111.)

1753. — Arrêt du Conseil d'État du Roy, qui accorde à *Éloi Brichard* le privilège de la Manufacture royale de Porcelaine établie à Vincennes. — 19 août 1753.

*1754. — Arrêt du Conseil d'État du Roy, qui évoque les contestations nées et à naître concernant la construction des bâtiments destinés à la Manufacture royale de porcelaine de France au village de Sèvres; et en renvoie la connoissance à M. Berryer, Conseiller d'État, Lieutenant général de police. — 4 juin 1754.

1755. — JUGEMENT qui condamne en mille livres d'amende le nommé *Nouailhier*, ouvrier de la Manufacture royale de porcelaine établie à Vincennes, pour avoir copié les desseins de ladite Manufacture. — 25 janvier 1755.

*1757. — ARRÊT DU CONSEIL D'ÉTAT du Roy, qui condamne le sieur *Henri Trou*, entrepreneur de la Manufacture de porcelaine et faïence établie à Saint-Cloud, au payement des droits de tous les bois qu'il a fait et fera dans la suite arriver pour l'usage de sa Manufacture de Saint-Cloud, passant par la Ville, fauxbourgs et banlieue de-Paris; le condamne en outre au coût et signification de l'arrêt, liquidé à soixante-quinze livres. — 25 janvier 1757.

1757. — ARRÊT DU CONSEIL D'ÉTAT du Roy, qui fixe à cent livres du cent pesant brut les droits d'entrée dans le royaume sur les porcelaines venant de l'étranger, à l'exception de celles de la Chine et du Japon, provenant du commerce de la Compagnie des Indes qui ne payeront que les mêmes droits auxquels elles sont assujéties. — 29 mars 1757.

1758. — ARRÊT DU CONSEIL D'ÉTAT du Roy, qui commet M. Bertin, Maître des Requêtes, Lieutenant général de Police, au lieu et place de M. Berryer, pour connaître et juger toutes les contestations nées et à naître concernant la construction des Bâtiments destinés à la Manufacture Royale de porcelaine de France, au village de Sèvres. — 13 avril 1758.

*1759. — ARRÊT DU CONSEIL D'ÉTAT du Roy, qui accorde à *Éloi Brichard* et à ses cautions, propriétaires du privilège de la Manufacture royale des porcelaines de France, terme et délai pendant une année pour le payement des entrepreneurs et ouvriers qui ont travaillé aux bâtiments de la Manufacture. — 16 septembre 1759.

*1759. — ARRÊT DU CONSEIL D'ÉTAT du Roy, qui commet M. de Sartines pour juger toutes les contestations nées et à naître à l'occasion de la construction des bâtiments de la Manufacture royale de porcelaine de France. — 18 décembre 1759.

1760. — ARRÊT DU CONSEIL D'ÉTAT du Roy, portant que le privilège de la Manufacture royale de porcelaines de France, ci-devant accordé à *Éloi Brichard*, demeurera résilié à compter du premier octobre 1759; et, qu'à commencer du même jour, ladite Manufacture et tout ce qui en dépend appartiendra à Sa Majesté. — 17 février 1760.

1763. — ARRÊT DU CONSEIL D'ÉTAT du Roy, qui ordonne que les

maîtres des ponts de la ville de Paris ne pourront exiger, pour descendre et remonter les bateaux chargés des bois et autres marchandises destinés pour la Manufacture royale de porcelaine de France, établie à Sèvres, autres ni plus forts droits que ceux fixés par l'article XXIII du réglement de l'Hôtel-de-Ville de Paris du 28 janvier 1718, et par l'arrêt du Conseil du 23 mai 1741. — 11 avril 1763.

*1763. — ORDONNANCE DE M. LE LIEUTENANT GÉNÉRAL DE POLICE, Commissaire du Conseil en cette partie, concernant les privilèges accordés par différents arrêts du Conseil à la Manufacture royale des porcelaines de France établie à Sèvres; et qui renouvelle les défenses portées par lesdits arrêts et les peines prononcées au sujet des fausses fabrications de fleurs et autres pièces de porcelaines, et de leur vente et débit. — 26 mai 1763.

1763. — ARRÊT DU CONSEIL D'ÉTAT du Roy, qui décharge les cautions d'*Éloi Brichard* de l'exploitation qu'ils ont ci-devant faite du privilège de la Manufacture royale de porcelaines de France. — 12 juin 1763.

1764. — ARRÊT DU CONSEIL D'ÉTAT du Roy, portant Réglement sur les Droits qui seront payés aux Maîtres des ponts de Paris, pour la descente et la remonte des bateaux chargés de matières ou de marchandises destinées au service de la Manufacture royale de porcelaine de France, établie à Sèvres. — 31 mai 1764.

1766. — ARRÊT DU CONSEIL D'ÉTAT du Roy, qui permet, dans toute l'étendue du royaume, de fabriquer des Porcelaines à l'imitation de la Chine, tant en blanc que peintes en bleu et blanc, et en camaïeu d'une seule couleur; et qui confirme les privilèges de la Manufacture royale de porcelaine de France. — 15 février 1766.

*1779. — JUGEMENT DE M. LE LIEUTENANT GÉNÉRAL DE POLICE, qui déclare une saisie de marchandises de porcelaine, couleurs, pinceaux, etc., faite sur les nommés *Catrice* et *Barbé*, bonne et valable ; ordonne la démolition des four et fourneaux, et les condamne chacun en trois mille livres d'amende. — 3 mars 1779.

*1779. — ORDONNANCE DE M. LE LIEUTENANT GÉNÉRAL DE POLICE, Commissaire du Conseil en cette partie, portant que les Réglements rendus sur le privilège exclusif de la Manufacture Royale de porcelaine établie à Sèvres seront exécutés. — 21 avril 1779.

*1779. JUGEMENT DE M. LE LIEUTENANT GÉNÉRAL DE POLICE, qui déclare valables des saisies de porcelaines peintes et dorées, faites sur les sieurs *Lebœuf* et *Deruelle;* et qui les condamne en l'amende portée par les Réglements. — 27 septembre 1779.

1784. — Arrêt du Conseil d'État du Roy, confirmant les privilèges de la Manufacture royale des porcelaines de France; et portant réglement sur la fabrication des autres Manufactures de porcelaine. — 16 mai 1784.

DIPTYQUE D'OR ÉMAILLÉ ET GRAVÉ

OFFERT PAR LOUIS D'ORLÉANS AU DUC DE BOURGOGNE.

(1339-1400.)

Les archives départementales du Loiret possèdent un mandement de Louis Ier, duc d'Orléans (deuxième fils de Charles V), ordonnant à Denis Mariette, son argentier, de payer à Catherine, femme de feu Simon de Dampmartin, la somme de huit cents livres tournois. C'était le prix d'un diptyque d'or à deux volets gravé, émaillé et orné de fermoirs garnis de perles et de rubis. Ce document, provenant vraisemblablement de l'ancienne Cour des comptes de Blois, nous apprend que Louis d'Orléans offrit ce diptyque au duc de Bourgogne, son oncle, aux étrennes du 1er janvier 1399 (v. s.). En voici la teneur :

H. Herluison.

Loys, filz de Roy de France, duc d'Orliens, comte de Valois, de Blois et de Beaumont, à nostre amé et féal argentier Denis Mariete, salut et dilection. Nous voulons et vous mandons que des deniers de vostre recepte vous paiez, baillés et délivrez, tantost ces lectres veues, à Katherine, femme feu Symon de Dampmartin, la somme de huit cens livres tournois, en quoy nous lui sommes tenuz pour un tableau d'or à deuz ellez, l'un costé hachié d'ymages de haulte taille et l'autre costé esmaillé d'ymages, fermé de deux fermouers garniz de quatre perles et deux petitz rubiz, lequel tableau nous avons fait prendre et achater d'elle, et ycellui avons donné à beaux oncles de Bourgoigne aux estraines du premier jour de janvier derrenierement passé; et par rapportant ces presentes avecques quittance sur ce de la dicte Katherine, nous voulons ladicte somme de huit cens livres tournois estre alouée en vos comptes sans aucune difficulté ou contredit, nonobstans ordonnances, mandemens ou deffenses quelconques à ce contraires.

Donné à Senliz, le xvie jour de mars, l'an de grâce mil CCCIIII^{xx} et dix neuf[1].

Par Monseigneur le Duc,

(Signé :) Buno.

(Original sur parchemin. — Archives départementales du Loiret, série C.)

LA POISSONNERIE DE TOULON

CONSTRUITE, EN 1690, D'APRÈS LES PLANS DE *P. PUGET*.

La Communauté voulant agrandir l'ancienne halle au poisson, les Consuls, sur la proposition qui en fut faite dans la réunion du Conseil du 11 avril 1687, acquirent, le 12 janvier 1688, une maison contiguë à cette halle, au prix de huit mille livres, payables en rente viagère. Ils s'adressèrent à *Puget*, toujours propriétaire, à Toulon, de sa belle maison, bien qu'habitant Marseille depuis dix ans environ, pour obtenir de lui un dessin devant servir à la construction de la nouvelle Poissonnerie. Peu après, en suite du pouvoir que leur avait conféré le Conseil de ville dans ses réunions des 11 juillet et 14 octobre 1689, et de la permission qu'ils avaient obtenue de l'intendant de la province, ils passèrent marché, lors des enchères du 20 février 1690, à *César Aguillon*, maître maçon, sous la caution de *Jean Gerfroy*, aussi maître maçon de Toulon. Le prix-fait pour la construction de la nouvelle halle était de quatre mille cinq cents livres; mais, comme les matériaux de démolition de la maison acquise par les Consuls avaient été estimés, d'un commun accord, deux mille quatre cent soixante-quinze livres, le prix du marché s'élevait, en réalité, à six mille neuf cent soixante-quinze livres. Le bâtiment achevé, et le rapport de réception des travaux approuvé par le Conseil le 31 mars 1691, l'entrepreneur reçut, le 9 avril de la même année, cent francs pour l'entier payement de la Poissonnerie.

Le plan de la halle au poisson est un rectangle de 22^m40 sur 10^m20; sur chacun des grands côtés, on trouve cinq colonnes isolées d'ordre toscan, dont la hauteur, y compris le piédestal, qui a 0^m86, égale 7^m58, et le diamètre inférieur 0^m96. La couverture primitive de ce modeste édifice était d'un heureux effet. L'entable-

---

1. L'année 1399 a commencé le 30 mars 1399 pour finir le 18 avril 1400.

ment, composé seulement de la frise et de la corniche, couronnait harmonieusement, à cause de ses proportions et de ses formes, les colonnes toscanes, au galbe pur. En 1845, pour des raisons qui nous sont inconnües, on remplaça cette couverture, à quatre pentes, par une toiture en zing dont l'avant-toit ressemble à un auvent d'échoppe. On a beaucoup perdu à ce changement, tant sous le rapport du contentement de l'œil que sous celui de la commodité. En effet, par sa maigreur, sa pauvreté, la nouvelle toiture, de même que sa charpente en fer, ne s'accorde nullement avec la massivité des colonnes qui la supportent; et, à certaines époques de l'année, la chaleur et le froid, propagés au-dessous par le métal dont elle est composée, contrarient extrêmement les marchandes de marée. Il y a une dizaine d'années, pour amortir le froid et la chaleur, cette dernière si nuisible, comme on sait, à la conservation du poisson, on a bien établi à mi-hauteur du bâtiment une espèce de plancher en toile très forte; mais ce mince plafond est loin de garantir de toutes les intempéries les poissonnières et leur marchandise autant que l'ancienne couverture à la Marseillaise, c'est-à-dire composée de la superposition, sur les chevrons espacés, de briques à plat et recouvertes d'une couche de mortier ou de plâtre, et de tuiles courbes vernissées noyées dans une seconde couche de mortier qui les maintenait.

Ch. Ginoux.

I.

MARCHÉ POUR LA CONSTRUCTION DE LA POISSONNERIE POUR LA COMMUNAUTÉ DE TOULON, CONTRE *CÉZAR AGUILLON*, SOUS LA CAUTION DE *JEAN GERFROY*.

Devis des ouvrages qui doivent être faits pour la construction de la Poissonnerie que la Communauté de Toulon veut faire bastir.

Premièrement.

La vieille Poissonnerie et la maison acquise du s^r Antoine Laurent étant abatue, sera fait place nette pour faire les allignements pour construire ladite Poissonnerie suivant les allignements qui sont marqués sur le plan. Les fondations seront creusées jusques autant avant que le terrain le permettra pour y pouvoir faire une muraille de quatre pans à la droiture des colonnes, et aux

endroits où on ne trouvera pas le ferme sera mis des pillotis. La
fondation étant élevée jusques au rez-de-chaussée, on commencera à élever les piédestail et ensuite les colonnes par dessus qui
auront quatre pans (0ᵐ96) de diamètre et trente pans (6ᵐ72) de
hauteur, le tout avec ses proportions de l'ordre toscan. Le tout de
pierre dure. Il n'y sera fait aucune banquette quoy qu'ils soient
marqués par le plan. Les assises (tambours) de la colonne seront
pour le moins d'un pan (0ᵐ24) de hauteur et de cinq pierres pour
faire le rond de la colonne. Le pavé de la Poissonnerie sera élevé
de deux degrez du niveau de la rue. Lesdits degrez seront aussi
de pierre dure (calcaire) et d'un pan et demy de large, avec sa
mouchette sur le devant ou boudin comme est marqué à l'élévation, et lesdits degrez régneront d'une colonne à l'autre, attendu
qu'il ne sera point fait de banquette. Le dedans de la Poissonnerie sera pavé avec des échantillons de pierre dure reglés, par
assise le moins d'un pan de queue, travaillé grossièrement avec
l'aiguille et posé avec de bon mortier. Les colonnes étant à leur
hauteur, bien proprement taillées et bouchardées à petit grain, il
sera mis des pièces de sapin ou sablières de quatorze pouces de
hauteur et neuf de large, d'une colonne à l'autre et au-dessus des
chapiteaux, qui marqueront la frise pour lui faire supporter la
corniche qui servira d'avant-toit, aussi bois de sapin, et au-dessus
d'icelle sera fait la couverture, à sol négat[1] (première assise en
briques minces couvertes de mortier ou de plâtre ?) couvert de
tuiles de Marseille noyez dans le mortier. Les tirans (entraits et
sablières) qui traverseront d'un pilier à l'autre, au nombre de
cinq, auront quinze pouces de hauteur et dix d'épaisseur. Toute
la charpente sera de bois de sapin du Rhosne (arrivant par le
Rhône). Toutes les pièces bien clouées les unes contre les autres,
aussi bien que les chevrons qui seront au-dessus de ladite charpente. La couverture estant finie, il sera fait une gouttière de
plomb ou de fer blanc avec ses griffons, pour jeter l'eau en dessous, de la longueur qu'on trouvera à propos[2]. Pour toutes lesquelles ouvrages qui seront faites bien et deuvement, les entrepreneurs fourniront tous les matériaux nécessaires, comme chaux,
sable, pierre de taille, pierre brute, tuilles, plâtre et autres pièces
de charpente, chevrons, clous, ensemble et généralloment tout ce

---

1. *Sol,* surface; *négat,* noyé.
2. C'est le devis de *Puget,* annexé aux dessins (plan, coupe et élévation).

quy sera nécessaire, excepté seulement la corniche gouttière et les
pillotis, s'il en faut, qui seront fournis par la Communauté, et,
moyennant çe, la vieille gouttière appartiendra à la Communauté,
pour en disposer, ensemble les fers qui la soutiennent.

L'an mil six cens quatre-vingts-dix et le cinquième jour du
mois de février, après midy, sous le reigne heureux de nostre très
chrestien et victorieux prince Louis le Grand, roy de France et de
Navarre, comte de Provence, pardevant nous, notaire royal et
témoins soussignés, feurent présents en leurs personnes : Messieurs noble Lange de Ricard, escuyer; Joseph Flamenq; d'Estienne, adv<t> en la Cour; et Claude Légier, consuls, lieutenants
pour le Roy au gouvernement de cette ville de Toulon, seigneurs
de la Valdardennes, pour et au nom de la Communauté et suivant
le pouvoir de leur charge et en conséquence de cellui qui leur a
esté donné par délibérations du Conseil ordinaire du onzième juillet et quatorse octobre de l'année dernière, mil six cent quatre-
vingt-neuf, prinses en exécution de diverses autres délibérations,
et ensuite de la permission obtenue de Monseigneur l'Intendant,
de leur grè ont, par ces présantes, baillé et délivré à prix fait à
Céʒard Aguillon, m<e> maçon dudit Toulon, icy présant, stipulant, la construction et fabrique de la nouvelle Poissonnerie que
la Communauté veut faire construire à l'endroit où est présante-
ment l'ancienne Poissonnerie et la maison y joignant qui comprend toute l'île, qu'elle a pour cet effet acquis des hoirs d'Antoine
Laurens et de la demoiselle Clermonde de Catelin, et ce conformément au plan et dessin qui en a esté dressé et au devis transcrip
et enregistré à la tête du présent dont l'entrepreneur est deuvement
informé pour avoir signé l'un et l'autre; à l'effet de quoy l'entrepreneur fournira touttes les choses marquées dans ledit devis et
commencera à démolir et abatre ladite maison incessamment et
poursuivra le travail sans aucune discontinuation en façon qui
l'aye entièrement achevé par tout le mois de septembre prochain,
estant ledit entrepreneur obligé de faire place nette à ses despans
et de faire ledit ouvrage bien et deuvmant, sans pouvoir y rien
employer quy ne soit bon marchand et de recette, adjoutant audit
devis que la place que le couvert devoit être fait de tuiles de Marseille, ceux du dessus seront de tuiles vernissées en leur entier,
c'est-à-dire ceux de la Gouargue (les tuiles placées sous la gouttière et qui forment la « génoise » et contre lesquelles on fixa une

corniche en bois), du dessous de tuiles de Marseille. Ce marché
fait moyennant le prix et somme de quatre mil cinq cens livres,
auquel prix l'adjúdication et la délivrance en a esté passée audit
entrepreneur à l'estinction de la chandelle, comme ayant fait la
condition la meilleure au profit de la Communauté, ainsi qu'a
pert du procès-verbal des enchères sur ce faites ; sur laquelle somme
de quatre mil cinq cens livres a esté compansé, en faveur de la
Communauté, celle de deux mil quatre cens soixante-quinze livres
pour le prix des débris de ladite maison pareillement délivrez
audit entrepreneur par les mêmes enchères, lesquels débris appartiendront audit entrepreneur pour en disposer à sa volonté ;
moyennant laquelle compensation lesdits Consuls quittent ledit
entrepreneur du prix des susdits débris, et, par même moyen,
icelluy quitte la Communauté de pareille somme de deux mil
quatre cens soixante-quinze livres à compte de son prix sans rapel,
ayant été convenu entre les parties que la somme compensée sera
imputée sur le premier travail que ledit entrepreneur faira ; et, en
ce qui est des deux mille cinq cens livres restantes, elles seront
paiées, ainsi que lesdits sieurs, au nom de la Communauté, promettant et s'obligeant au fur et à mesure du travail après que le
prix des débris se trouvera consumé, ainsi dacord de pacte exprès.
Et pour meilleure assurance à la Communauté que dessus, icy
présants en personne : *Jean Gerfroy*, aussi maître maçon dudit
Tholon, lequel, à la prière et réquisition dudit *Aguillon*, de son
gré caution pour luy envers ladite Communauté, et lesdits sieurs
Consuls acceptant, randeu et constitué plege caution et principal
observateur du contenu aux présentes, renonce à la loy, et veu
esté le premier convenu duquel cautionnement ledit entrepreneur
promet se rellever en deue forme ; et pour l'observation des présantes, à paine de tous despans et dommages et intérêts, lesdites
parties, chascun à leur esgard, s'oblige sçavoir : le susdit principal et plege leurs biens présens et à venir solidairement, l'un pour
l'autre, le seul pour le tout, sans esclusion ni discussion alaquelle
ils ont deue renoncé, et pour lesdits Consuls ceux de la Communauté suivant leur pouvoir à toutes Cours avec leur renoncement
et serment requis ; concédant acte fait et publié à Toulon dans la
salle de l'hostel de ville, en présence de sieur Louis Mathieu,
bourgeois, et sieur Charles Chrestian, aussi bourgeois dudit Toulon, témoins requis et soubzsignés. Et, avant signer, a esté convenu qu'il sera permis audits entrepreneurs d'employer au susdit

travail leur débris de ladite maison qui se trouveront de recepte, et ont signé lesdits susnommés. Ayant aussi esté convehu que, nonobstant ce qui a esté dit cy dessus sur le terme du payement, il sera payé d'avance audits entrepreneurs la somme de cinq cens livres, pour lui donner moyen de faire les préparatifs nécessaires huit jours après qu'ils auront comancé de démolir ladite maison, et le surplus sèra payé à proportion de l'ouvrage, ainsy qu'il est dit cy dessus; et ont lesdites parties signé en présance desdits sieurs Louis Mathieu et Charles Crestian, témoins cy dessus nom-més et au lieu que dessus à l'original.

Collationné.

Delamer, notaire.

(Arch. comm., série DD, 16, p. 336 v° et suivantes.)

II.

PAYEMENT FAIT A *PUGET* POUR SON PLAN OU DESSIN.

Conseil du 12 juin 1690.

Sera payé au sieur *Pierre Puget,* un Louis d'or, pour avoir fait le modelle ou dessein de la construction de la Poissonnerie, de l'ordre de M^rs les Consuls et Conseil mandat est fait, et, rapportant acquit de ladite somme, sera admis ou de celui qui aura son ordre.

(Arch. comm., série BB, 70, registre.)

Par délibération du Conseil dudit jour, 12 juin, a esté délibéré qu'il sera payé à sieur *Pierre Puget* onze livres douze sols, valeur d'un Louis d'or, pour avoir fait un dessain de la construction de la Poissonnerie, de l'ordre des sieurs Consuls et Conseil, et raportant acquit d'icelluy ou de celuy qui aura son ordre, ladite somme sera admise, cy . . . . 11 l. 12 s.

J'ai reçu de Monsr le trésorier onze livres douze sols suivant l'ordre que mons^r *Puget,* mon beau-frère, m'a donné, à Toulon, le 25 juin 1690.

Boullet.

(Arch. comm., série CC. 280, registre.)

PHILIPPE CAFFIÉRI.

Document communiqué par M. H. Herluison.

« Le sept juin 1770 a été fait le convoy et enterrement dans l'église de sieur Claude Lambert-Roland, ancien officier de la Reine, actuellement officier de M. la Dauphine et premier valet de chambre de S. A. S. M. le prince de Condé, décédé la veille à l'hôtel, rue de Condé, âgé de soixante-quatorze ans passés. Témoins, sr Pierre-Lambert Roland, valet de chambre de S. A. S. M. le prince de Condé, fils, sr Élie Barie, apoticaire du Roy et de S. A. S. M. le prince de Condé, sr *Philippe Cafiery*, sculpteur et ciseleur du Roy, et sr Nicolas Paulmier, officier du goblet du Roy, gendre du défunct qui ont signé. » (Extrait délivré, le 24 janvier 1771, par Leclerc du Bradin, vicaire de la paroisse Saint-Sulpice de Paris.)

Philippe Caffiéri figure sur cet acte à cause de Antoinette-Rose Lambert-Rolland, sa femme, fille du décédé.

UNE LETTRE DE WICAR.

(1806.)

Cette lettre, écrite à Rome, paraît adressée au secrétaire de M. Alquier, ambassadeur français qui venait de perdre son fils. Elle renferme une phrase tout à l'éloge du statuaire *Milhomme*, artiste d'un talent austère qui, sans atteindre la puissance des *Roland*, des *Cartellier*, des *Chaudet*, des *Deseine*, des *Ramey* père, a laissé pourtant une réputation derrière lui. *François-Dominique-Aimé Milhomme* (1758-1823) est en effet l'auteur d'assez nombreux bustes et bas-reliefs placés aux musées de Versailles et de Valenciennes. Parmi les sculptures de lui appartenant à la ville de Paris, signalons le *buste colossal du fleuve* reproduit maintes fois comme modillon au tertre du Pont-Neuf, et la magistrale statue de l'*Abondance* qui décorait jadis le centre du marché Saint-Germain, statue conservée aujourd'hui au musée de la ville de Paris. (Hôtel Carnavalet.)

Paul Marmottan.

Monsieur et cher ami,

Oppressé par le chagrin et l'impression profonde que m'a causé la mort douloureuse du fils de l'incomparable M. Alquier, je n'ai point eu le courage de me présenter chez lui, mais je fus chez vous hier et tout était fermé, et je vous écris à la campagne. Ce matin j'ai vu Francesco Giangiacomo de qui j'ai appris sans surprise et avec attendrissement que votre projet était d'élever à votre ami un petit monument à sa mémoire. Ce serait faire insulte à votre bon cœur que de vous engager à exécuter une si noble idée et qui vous fait tant d'honneur.

Si vous faites exécuter cet ouvrage par M. *Milhomme*, il est le seul artiste qui, par les talents, la délicatesse et la discrétion, puisse répondre à vos intentions; ainsi je vous engage à vous servir de lui, et, si mon concours pouvait servir à quelque chose, ne doutez pas de mon zèle.

Mille sentiments affectueux à M. l'ambassadeur. Je vous embrasse et suis tout à vous.

Wicar.

Ce 28 juillet 1806.

LETTRE INÉDITE DE *LOUIS DAVID*
RELATIVE AU TABLEAU DES *AIGLES*.

Le tableau de *la Distribution des Aigles*, commandé par Napoléon, a été peint en 1809. Exposé au salon de 1810, il y obtint un grand succès, moins pourtant que le tableau du *Sacre*. Parmi les beautés de premier ordre qu'il contient, l'élan et l'heureux choix des groupements, autant que la richesse pleine de variété des costumes militaires, ne sont pas les moindres. L'expression du sentiment patriotique, élevé, fier, rendu avec noblesse, comme tout ce que composait le chef de l'École française d'alors, frappe également le spectateur. Napoléon avait une prédilection pour ce tableau, aujourd'hui si bien en valeur au musée de Versailles dans la superbe salle où figurait comme pendant, à une place d'honneur, qu'on s'était habitué à considérer comme définitive, *le Sacre*, transporté au Champ-de-Mars et exigé pour le Louvre par les ordres de M. Antonin Proust.

A la suite de l'exposition du tableau des *Aigles* en 1810, la question d'un emplacement à lui donner s'agita. La lettre que nous publions est relative à cet objet. Notre regretté collègue M. *Jules David*, petit-fils de l'illustre peintre, et auteur du meilleur et du plus important ouvrage sur *Louis David*, n'a pas eu connaissance de ce document. Comme on le verra, *David* donne son avis sur la pièce où doit figurer son tableau; il demande à être prévenu quand *Fontaine*, l'architecte du château, viendra à la salle des Gardes, aux Tuileries, pour exécuter l'ordre impérial. *David* veut se rencontrer avec lui et présider lui-même au placement de son œuvre.

La lettre du maître ne porte pas d'adresse nominative, mais, comme elle est adressée à l'Intendant général de la maison du souverain, l'almanach impérial de 1811, consulté, nous a appris que le comte Daru unissait cette qualité aux fonctions de ministre secrétaire d'État. La lettre est donc bien adressée au comte Daru, avec lequel d'ailleurs *David* entretenait déjà à l'époque une correspondance toute relative aux prérogatives de sa charge de premier peintre de S. M. l'Empereur et Roi, et aux commandes importantes qui en étaient la conséquence.

Paul MARMOTTAN.

A Monsieur l'Intendant général de la maison de S. M. l'Empereur, etc. [1].

Monsieur le Comte,

J'ai fait part à M. *Fontaine*, architecte de l'Empereur de l'ordre de Sa Majesté, de faire placer mon tableau du *Serment prêté par l'armée après la distribution des Aigles impériales*, soit dans la Salle des Maréchaux, soit dans celle des Gardes ; après avoir examiné l'un et l'autre sur le lieu même, nous avons pensé que l'ouvrage serait mieux éclairé dans la Salle des Gardes, que d'ailleurs son placement causerait bien moins de dérangements.

J'ai l'honneur de vous en prévenir, Monsieur le Comte, et je prends la liberté en même temps de vous prier de faire passer vos intentions à cet égard à M. *Fontaine*, pour qu'au premier moment favorable il remplisse l'ordre de l'Empereur, qui ne peut que m'être très flatteur, puisque je vois dans ce projet une nouvelle preuve du consentement de Sa Majesté.

Je vous prie, Monsieur le Comte, de faire dire à l'architecte qu'il me prévienne du jour qu'il aura choisi pour le placement de mon tableau, ma présence étant indispensable.

J'ai l'honneur d'être avec respect, Monsieur le Comte, votre très humble et très obéissant serviteur.

David.

Ce 3 avril 1811.

---

1. (En marge, d'une autre écriture :) N° 3558. Enregistré le 4 avril 1811. Répondu le 8 avril 1811. Écrit le même jour à M. Fontaine et à M. Denon.

LETTRES DE NOBLESSE

ET

DÉCORATIONS DE L'ORDRE DE SAINT-MICHEL

CONFÉRÉES AUX ARTISTES AU XVIIe ET AU XVIIIe SIÈCLE.

La *Revue historique*, publiée par l'ancien éditeur des premières *Archives de l'Art français*, a donné jadis [1] le texte d'un certain nombre de lettres patentes d'anoblissement accordées à des artistes éminents pendant le cours des deux derniers siècles. Dans la liste de ces artistes anoblis par un acte de l'autorité royale figuraient quatre peintres : *Charles Le Brun, Pierre Mignard, Antoine Coypel, Louis de Boullongne;* un dessinateur, *Charles-Nicolas Cochin* fils; six architectes, *Jules Hardouin Mansart, Robert de Cotte, Jacques Gabriel, Nicolas Dorbay, Jacques-Germain Soufflot, Pierre Desmaisons;* deux contrôleurs des bâtiments du Roi, *Jacques Desjardins* et *Armand-Claude Mollet;* un ingénieur, *Louis de Cotte;* un graveur de médailles, *Jacques Roettiers;* enfin *Pierre Outrequin,* directeur des projets d'embellissement de Paris, et *Charles-Julien Quévannes,* essayeur des monnaies. Le rapprochement de ces noms montre assez que, si le mérite transcendant avait la plus grande part dans la répartition de cette suprême distinction, la faveur avait aussi quelque influence sur le choix du souverain.

Les lettres patentes d'anoblissement publiées dans la *Revue historique* étaient accompagnées de quelques extraits de lettres relatives au même objet et d'une liste des artistes gratifiés du cordon de Saint-Michel. Ce tableau, assurément bien incomplet, faisait connaître un certain nombre d'individus dont les lettres d'anoblissement n'avaient pas été retrouvées. En effet, les chevaliers de Saint-Michel, pour être reçus, devaient faire preuve de noblesse. Aussi plusieurs des peintres et sculpteurs auxquels se rapportent les documents publiés ci-après figuraient-ils déjà sur la liste de l'ordre de Saint-Michel insérée jadis dans la *Revue historique.*

Il y a également une certaine quantité de noms à ajouter à cette liste, surtout pour la période postérieure à 1800. Enfin on groupe ici tous les renseignements nouveaux recueillis depuis 1873 sur les titres nobiliaires conférés aux artistes qui se sont illustrés dans des genres différents.

Peut-être ce complément d'un travail déjà ancien nous procurera-t-il quelques communications sur les oubliés. On recevra avec reconnaissance tous les renseignements de nature à compléter la nomenclature des artistes

---

1. Janvier et février 1873, n°s 1 et 2, pages 1 à 44. — Il a été fait un tirage à part à 50 exemplaires de cette publication. Cette brochure est épuisée.

anoblis ou décorés du cordon de Saint-Michel. La plupart des maîtres nommés dans les pièces suivantes jouissent d'une notoriété qui rend tout commentaire inutile, d'autant plus que l'exposé des titres de l'anobli fait suffisamment connaître ses fonctions et ses travaux.

J. G.

I.

Confirmation de noblesse pour le sieur *DE VIGARANI.*

(Mars 1688.)

Louis, etc., à tous presens et à venir, salut. Nostre bien amé *Charles de Vigarani*, natif de la ville de Rhege, au duché de Modène, nous a très humblement fait remontrer que nous ayant plu de le retenir auprès de nous dez l'année 1662, il auroit abandonné avec joye les charges de Surintendant des bastimens et grand maitre des eaux et forests aud. duché de Modene, dont il estoit lors pourveu en survivance du s^r *de Vigarani*, son père, et préférant ainsy l'honneur de nostre service aux titres desd. charges et autres avantages que sa naissance luy donne lieu d'espérer en son païs, il a toujours vescu suivant sa qualité en nostre Cour et suitte, où nous luy avons donné des establissemens convenables à son mérite et à l'estime que nous faisons des services qu'il nous a rendu et qu'il continue journellement de nous rendre à nostre entière satisfaction; mais, d'autant que les demeslez qu'il a eu avec sa famille pour raison des successions qui luy sont escheues légitimement et qui néantmoins luy sont contestées sous prétexte qu'il est devenu estranger en son païs, au moyen des lettres de naturalité qu'il a obtenues en France, et qu'à cause de ce on luy refuse les titres dont il a besoin pour justifier la noble et ancienne race de ses ancestres, il oze se flatter que, par la connoissance que nous avons de sa noblesse, mais principalement par une continuation de nostre bienveillance et de la protection que nous luy avons donnée en tous rencontres, nous voudrons bien suppléer au deffaut de ses titres. Pour ces causes et autres bonnes considérations à ce nous mouvant, avons, de nostre grâce spéciale, pleine puissance et authorité royalle, maintenu et confirmé et par ces présentes, signées de nostre main, maintenons et confirmons led. s. *de Vigarani* en sa qualité de noble et d'escuyer et, en tant que de besoin, l'avons d'abondant anobly et anoblissons et dud. titre de noble et d'escuyer décoré et décorons, pour en jouir, etc.....; voulons et nous plaist que led. *Vigarani*, ses enfans et posterité puissent porter les armes timbrées telles qu'elles sont cy empreintes et qu'elles ont toujours esté portées par ceux de sa famille en Italie.....

Si donnons en mandement, etc.....

(Arch. nat., O¹ 32, fol. 88.)

II.

LETTRES D'ANOBLISSEMENT DE *JEAN DE LA MOTTE*,
INTENDANT DES BATIMENS DU ROI[1].

(Juillet 1721.)

Louis, etc..... Nous croyons, à l'exemple des Roys, nos prédécesseurs, ne pouvoir donner de plus précieuses marques de nostre estime à ceux de nos sujets qui se distinguent, soit dans la magistrature, soit dans la profession des armes, soit dans les charges et dans les employs dont ils se trouvent revestus pour le service de nostre personne et de nostre maison, qu'en les honorant des prérogatives qui se perpétuent dans leurs descendans et qui transmettent à la postérité le souvenir de leurs bonnes qualitez, le zèle et l'application singulière qui ont distingué le sieur *Jean de La Motte*, intendant et ordonnateur de nos bastimens, jardins, arts et manufactures, dans les services qu'il a rendus non seulement sous le règne du feu Roy de glorieuse mémoire, nostre très honoré seigneur et bisayeul, mais encore depuis nostre avènement à la Couronne, nous l'ont fait juger digne des témoignages de nostre reconnoissance; il est employé depuis plus de vingt-cinq années dans les bastimens dont les affaires se trouvent aujourd'huy dans un si bon ordre par le travail qu'il y a donné sous les ordres de nostre cousin le duc d'Antin, surintendant de nosdits bastimens, que touttes les anciennes dettes ont esté liquidées et les mémoires des entrepreneurs et ouvriers totallement acquittez, en sorte que sa vigilance, son application et ses soins n'ont laissé dans nos bastimens aucune affaire ancienne à terminer; ledit sieur *de La Motte* a d'ailleurs épuisé pour nostre service dans les temps les plus difficiles les ressources que luy donnoit son crédit, ayant, dans les années 1713 et 1714, fait, par ordre du feu Roy, nostre

---

1. Bien que le s. *de la Motte* né touche à l'art que très indirectement, le rôle que lui attribuent les lettres patentes dans l'administration des bâtiments nous a semblé digne d'être signalé, et la meilleure manière de le faire était de donner le texte de la pièce qui le concerne.

bisayeul, sur ses billets particuliers, un emprunt de quatorze mille livres dont le fond fut remis à la caisse généralle de nos bastimens et fut employé à la dépense des ouvrages qui avoient esté commencez et qui ne pouvoient estre finis qu'avec un secours aussy considérable; les services dudit sieur *de La Motte*, qui avoient déjà mérité dès l'année 1708 une pension de mil livres qui luy fut accordée sa vie durant par le feu Roy nostre bisayeul comme une première marque de satisfaction, se trouvent aujourd'huy si remplis et l'avantage que nous en avons retiré si digne de nostre attention que nous croyons devoir en récompenser ledit sieur *de La Motte* par un privilège qui puisse égaler son estat à celuy de plusieurs familles nobles dont il est allié et qu'il devoit acquérir par l'exercice de la charge de nostre conseiller secrétaire dont il estoit cy devant revestu. A ces causes, etc....., anoblissons par ces présentes le sieur *Jean de La Motte*.....

Donné à Paris au mois de juillet, l'an de grâce 1721 et de nostre règne le sixième.

Enregistrées au Parlement le 5 juin 1722.

(Arch. nat., XIᴬ 8726, fol. 277.)

III.

Lᴇᴛᴛʀᴇs ᴅ'ᴀɴᴏʙʟɪssᴇᴍᴇɴᴛ ᴅᴇ *NICOLAS VLEUGHELS*, ᴘᴇɪɴᴛʀᴇ.

(Juillet 1726.)

Louis, etc... Le privilège de la noblesse a toujours esté regardé par les Roys nos prédécesseurs comme la plus précieuse marque de leur estime et comme la plus digne récompense qu'ils puissent accorder à ceux de leurs sujets qui s'estoient distingués soit dans les charges et dans les employs qui leur auroient esté confiés, soit dans les arts et dans les professions qu'ils auroient embrassées; nous croyons, à l'exemple de nos prédécesseurs, ne pouvoir mieux reconnoistre que par ce moien le zèle et les vertus de nos sujets qui s'élèvent et dont l'émulation et les talents les font mériter les témoignages de nostre satisfaction; et, dans cet esprit, nous sommes résolus d'honorer notre cher et bien amé le sieur *Nicolas Vleughels,* Directeur de l'Accadémie de peinture entretenue à nos frais en la ville de Rome d'un titre qu'il puisse transmettre à ses descendans et qui soit aussi durable que doit l'estre le souvenir des bonnes qualités qui l'ont fait mériter; ledit sieur *Vleughels*, natif de la ville de Paris et issu d'une famille originaire d'Envers et qui faict depuis longtemps profession de noblesse, s'estant, à l'exemple du sieur *Philippes Vleughels*, son père, appliqué à l'art de peinture, y a fait tant de progrès qu'à l'âge de vingt-deux ans il remporta le prix de l'Accadémie et que, dans les voyages qu'il a faits à Rome, à Venise et à Modène, il a laissé divers ouvrages qui ont acquis la mesme réputation que son père avoit méritée par l'excelence de son travail et la beauté des pièces dont se trouvent ornées la pluspart des églizes de notre ville de Paris et de nos maisons royalles, et enfin ledit sieur *Vleughels* fils, de retour en la ville de Paris, a esté choisi pour Directeur de l'Accadémie que nous entretenons à Rome et dans laquelle se forment par ses exemples et sous ses ordres les sujets les plus propres à soutenir l'art de la peinture et à le porter au poinct de perfection qu'ont atteint les plus grands maistres ; les services que nous rend ledit sieur *Vleughels* en qualité de Directeur de nostre Accadémie de peinture, aussi l'ancienne noblesse de sa famille et les rares [talens] qui ont distingué son père et qui le distinguent de mesme aujourd'huy dans un art si honnorable et si digne de nostre protection et de nos soins nous ont déterminé à marquer audit sieur *Vleughels* nostre satisfaction et nostre estime en luy accordant le privilège de la noblesse dont jouissoient ses ancestres et des prérogatives qu'il puisse transmettre à ses descendans et qui l'engagent à nous continuer les services que nous attendons de l'expérience et de la consommation (*sic, probablement pour* connoissance) qu'il s'est acquises. A ces causes...., avons anobli ledit sieur *Nicolas Vleughels*.....

Donné à Versailles, au mois de juillet, l'an de grâce 1726.

Enregistrées au Parlement le 30 may 1727.

(Arch. nat., X¹ᴬ 8732, fol. 278.)

IV.

LETTRES D'ANOBLISSEMENT

DE *JACQUES-FRANÇOIS-JOSEPH SALY*, SCULPTEUR[1].

(Décembre 1768.)

Louis, etc..... Le désir que nous avons d'encourager le progrès des sciences et des beaux-arts dans notre royaume par

---

1. Sur les sculpteurs *Saly* et *Larchevêque* et sur l'architecte *Jardin*, il est presque superflu de renvoyer à l'ouvrage de M. Dussieux sur *les Artistes français à l'étranger*.

des récompenses propres à exciter l'émulation dans la classe de ceux de nos sujets qui s'y destinent et qui, par leur application, parviennent à s'y distinguer, a toujours excité notre attention la plus particulière. La connoissance que nous avons des talens et de l'expérience qu'a acquise notre cher et bien amé le sieur *Jaques-François-Joseph Saly,* l'un de nos sculpteurs et membre de notre Académie de peinture et sculpture de Paris, Directeur de l'Académie royale de peinture, sculpture et architecture de Copenhague, associé libre honoraire de l'Académie Impériale des beaux-arts de Saint-Pétersbourg et membre de l'Académie des Arcadiens et de celles de Florence, de Bologne et de Marseille ; mettant aussi en considération la bienveillance que notre bien amé frère et cousin le Roi de Dannemarck nous a marqué avoir pour ledit s. *Saly,* auquel il a confié la direction de son Académie de peinture et de sculpture à Copenhague, et la satisfaction qu'il ressent du zèle avec lequel il travaille depuis nombre d'années pour son service ; étant aussi informé que le s. *Saly*, né à Valenciennes d'une famille honnête originaire de Toscanne, est élève de notre Académie de peinture et de sculpture de Paris, où il a remporté les premiers prix de la sculpture en 1737 et 1740 ; que, pour se perfectioner de plus en plus dans son art, il a travaillé à Rome pendant huit ans en qualité de notre pensionnaire ; qu'à son retour, voulant laisser dans la ville de Valenciennes, sa patrie, un témoignage permanent de sa reconnoissance et de ses sentimens en concourant à son embellissement, il proposa de lui consacrer gratuitement les prémices de ses talents en exécutant, en marbre blanc, notre statue pédestre pour être élevée sur la place de cette ville, ce qu'il a fait à notre satisfaction ; qu'il a encore été chargé de plusieurs autres travaux qui, quoique moins considérables, caractérisent son génie et lui ont acquis une réputation distinguée et justement méritée ; qu'ayant été appelé en Danemarck, où il ne passa qu'avec notre agrément, il fut choisi pour y donner les modèles et exécuter en bronze la statue équestre du feu roi Frédéric cinq, alors régnant, qui vient d'être élevée dans la place royale de Fréderichsstadt, à Copenhague ; que, depuis plus de quinze ans qu'il est dans ce royaume, il a partagé tout son tems entre les travaux de ce grand ouvrage et ceux qu'exige la place de Directeur de l'Académie Royale des Arts de Dannemarck qui lui a été confiée ; que le degré de perfection auquel elle est parvenue est dû à ses soins assidus par le grand nombre d'élèves qu'il a formés; et enfin qu'il ne s'est pas moins rendu estimable par la célébrité de son art que par son désintéressement, par la pureté de ses mœurs, et que c'est pour lui en procurer une récompense convenable que notre bien amé frère et cousin le roi de Dannémarck nous a demandé pour lui des lettres de noblesse que nous n'accordons qu'aux personnes recommandables par leur mérite et leur vertu; nous avons d'autant plus volontiers accordé audit s. *Sally* cette marque de notre bienveillance qu'avant de se transporter en Dannemarck il a laissé en France des fruits de ses talens et avoit commencé à y mériter la réputation dont il jouit.

A ces causes et autres à ce nous mouvant, désirant donner à notre cher et bien amé frère et cousin le roi de Dannemarck les preuves les plus signalées du cas infini que nous fesons de sa recommandation, nous avons, de notre grâce spéciale, pleine puissance et autorité royalle, annobli et par ces présentes, signées de notre main, annoblissons ledit sieur *Jacques-François-Joseph Saly*, et des titres et qualités de Noble et d'Écuyer l'avons décoré et décorons; voulons et nous plait qu'il soit censé et réputé Noble, tant en jugement que dehors, ensemble ses enfans, postérité et descendants, mâles et femelles, nés et à naître en légitime mariage; que, comme tels, ils puissent prendre en tous lieux et en tous actes la qualité d'Écuyer, parvenir à tous degrés de Chevalerie et autres dignités, titres et qualités réservés à notre noblesse; qu'ils soyent inscrits au catalogue des Nobles, et qu'ils jouissent et usent de tous les droits, prérogatives, privilèges, franchises, libertés, prééminences, exemptions et immunités dont jouissent et ont accoutumé de jouir les anciens nobles de notre royaume, tant qu'ils vivront noblement et ne feront acte de dérogeance; comme aussi qu'ils puissent acquérir, tenir et posséder tous fiefs, terres et seigneuries nobles, de quelque titre et qualité qu'elles soient. Permettons audit sieur *Saly* et à ses enfans, posterité et descendans de porter des armoiries timbrées telles quelles seront réglées et blazonnées par le sieur d'Hozier, juge d'armes de France, et aussi qu'elles seront peintes et figurées dans ces présentes [1], auxquelles son acte de réglement sera attaché sous notre contre-scel avec pouvoir et liberté de les faire peindre, graver et insculper, si elles ne le sont déjà, en tels endroits de leurs maisons, terres et seigneu-

---

1. Une place avait été ménagée pour les armoiries, mais elle n'a pas été remplie.

ries que bon leur semblera, sans que, pour raison de tout ce que dessus, le dit sieur *Saly*, ses enfans, postérité et descendans puissent être tenus de nous payer, et à nos successeurs Roys, aucunes finances ni indemnités, dont, à quelques sommes qu'elles puissent monter, nous leur avons fait et fesons don par ces présentes et sans qu'ils puissent être troublés ni recherchés pour quelque cause, occasion et prétexte que ce soit, à la charge par eux de vivre noblement et sans déroger. Si donnons en mandement à nos amés et féaux conseillers les gens tenant notre Cour de Parlement, Chambre des Comptes et Cour des Aydes à Paris, et à tous autres nos officiers et justiciers qu'il appartiendra que ces présentes ils ayent à faire registrer, et du contenu en icelles jouir et user ledit sieur *Saly*, ensemble ses enfans, postérité et descendants, mâles et femelles, nés et à naître en légitime mariage, pleinement, paisiblement et perpétuellement, cessant et faisant cesser tous troubles et autres empêchemens quelconques, et nonobstant tous édits, déclarations, arrêts et réglemens à ce contraires, auxquels et aux dérogatoires des dérogatoires y contenues nous avons dérogé et dérogeons pour ce regard seulement, et sans tirer à conséquence, car tel est notre plaisir; et, afin que ce soit chose ferme et stable à toujours, nous avons fait mettre notre seel à ces dites présentes, sauf en autre chose notre droit et l'autruy en tout.

Donné à Versailles, au mois de décembre, l'an de grâce mil sept cent soixante huit et de notre règne le cinquante quatrième.

(Arch. nat., O¹ 32.)

V.

Lettres d'anoblissement
de *NICOLAS-HENRY JARDIN*, architecte [1].

(Décembre 1768.)

Louis, etc..... Ceux de nos sujets qui se distinguent dans les armes et dans les sciences et qui cherchent à mériter les récompenses que nous destinons, comme la preuve la plus dis-

---

1. Appelé en Danemark sur le conseil de *Saly, Nicolas-Henry Jardin* fut chargé de construire l'église royale, dont il donna les plans, mais qui n'était pas encore terminée en 1811. Il avait emmené avec lui son frère Louis-Henri, qui mourut à Copenhague en 1759. Il revint en France en 1771 et ne mourut qu'en 1802.

tinguée de notre satisfaction, à ceux d'entr'eux qui par leur
travail et leur application se rendent recommandables et méritent notre protection la plus particulière, nous croyons ne pas
devoir traiter moins favorablement ceux auxquels nous avons
permis de passer en pays étrangers et qui y sont devenus célèbres
par l'étendue de leurs connoissances et l'intégrité de leur conduite.
Les premiers se rendent utiles à leur patrie en faisant fleurir les
arts dans son sein, les autres, en portant au loin les productions
de leur génie, travaillent à étendre sa gloire et sa splendeur et
ont une part égale à notre bienveillance; animés de ces puissans
motifs et sur les témoignages précieux que notre très amé frère et
cousin le Roi de Dannemarck vient de nous donner des talens
distingués et du mérite personnel de notre cher et bien amé *Nicolas-Henry Jardin*, Intendant de ses Bâtimens, son premier architecte, professeur de l'Académie Royale des arts de Dannemark,
correspondant de notre Académie d'architecture et membre des
Académies de Bologne, de Florence et de Marseille, et voulant
seconder le désir qu'a ce Monarque de récompenser ledit sieur
Jardin et de lui donner des marques de la satisfaction du zèle
avec lequel il a travaillé sans relâche depuis quatorze ans pour
son service et pour celui du feu Roi Fredéric V, son père; à cet
effet, étant informé que le sieur *Jardin* est né dans notre province
de Brie d'une famille honorable, qui s'est distinguée par son zèle
et par une charité toute particulière envers les pauvres; que son
père et son ayeul, citoyens utiles, ont nourri des villages presqu'en-
tiers dans des tems de disette et étoient choisis pour arbitres de
tous leurs voisins dans les contestations qui s'élevoient entr'eux;
que lui-même, après avoir remporté, à l'âge de vingt-deux ans, le
premier prix dans notre Académie d'architecture et avoir travaillé ensuite à Rome en qualité de notre pensionnaire pendant
quatre ans pour achever de se perfectionner dans son art, s'est
acquis, à son retour à Paris, par divers ouvrages dont il a été
chargé, une réputation distinguée; qu'il n'est sorti de notre
royaume en mil sept cent cinquante-quatre pour aller en Dannemarck, où il étoit appelé, qu'avec notre agrément; qu'à son arrivée
il y a donné les plans et les dessins d'une église qu'il fait actuelle-
lement battir; que, depuis quatorze ans, il est occupé des détails
de cet édiffice qui s'exécute entièrement en marbre et est unique
en son espèce; qu'il a fait construire sur ses desseins à Copenhague un corps de cazernes considérable et un hôpital général;

qu'il a travaillé pour la Marine; qu'il a fait planter des jardins[1];
qu'il n'est enfin aucune partie de l'architecture qu'il n'ait embras-
sée et où il n'ait réussi; qu'à la mort de Fredéric V, il a été chargé
du catafalque et de la décoration de la chapelle funèbre; qu'il a
eu la conduite et l'intendance de presque toute les fêtes qui se
sont données à l'occasion du mariage de notre très amé frère et
cousin le roi de Dannemark; et surtout de la décoration à demeure
d'un salon aussi vaste que magnifique qui a servi à cette auguste
cérémonie; que, comme professeur, il a aussi fait des élèves dans
son art, qui, dirigés par une main habile, s'y distinguent déjà, et
qu'il a réuni les suffrages et les applaudissemens de la nation
entière; que ce sont ces motifs qui ont déterminé notre très amé
frère et cousin le roi de Dannemark à nous demander pour lui
des lettres de noblesse, distinction que nous n'accordons qu'aux
personnes les plus célèbres dans les sciences et les arts, nous nous
sommes d'autant plus volontiers déterminé à accorder cette grâce
audit sieur *Jardin* que nous sommes informés qu'il n'a pas voulu
recevoir les offres qui lui étoient faittes de celles[2] qui l'auroient
attaché dans le pays étranger.

A ces causes et autres à ce nous mouvant, désirant donner à
notre très amé frère et cousin le Roi de Dannemarck les preuves
les plus signalées du cas infini que nous faisons de sa recommandation, nous avons, de nótre grâce spéciale, pleine puissance et
autorité royale, annobli et par ces présentes, signées de notre main,
annoblissons ledit sieur *Nicolas-Henry Jardin*, etc. (Le reste
comme aux lettres de *Saly*.)

Donné à Versailles au mois de décembre, l'an de grâce 1768, et
de notre règne le cinquante-quatrième.

(Arch. nat., O¹ 32.)

VI.

LETTRES D'ANOBLISSEMENT
DE *PIERRE-HUBERT LARCHEVÊQUE.*
(Décembre 1768.)

Louis, etc. A tous présens et à venir, salut. Le privilège de la

---

1. La plupart des travaux énumérés ici ont été ignorés de M. Dussieux.
Le Salon décoré pour le mariage du roi de Danemark, dont il est parlé plus
loin, ne serait-il pas la salle des Chevaliers, au château de Christianborg,
à Copenhague (Dussieux, p. 352)?
2. C'est-à-dire *des grâces*.

noblesse étant la distinction la plus glorieuse et la plus durable que puisse recevoir le mérite et la vertu, nous croïons, à l'exemple des Rois nos prédécesseurs, ne pouvoir donner de marques plus éclatantes de notre bienveillance à ceux de nos sujets qui s'en sont rendu dignes par leurs services qu'en leur accordant des prérogatives qui passent à la postérité pour y faire connoître l'estime dont nous les avons honnorés. Nous croïons particulièrement dignes de notre attention la plus particulière ceux qui, par un travail long et pénible, ont cherché, en perfectionnant les arts, à illustrer leur patrie; c'est dans cet espoir que, considérant la réputation dont jouit, tant dans notre royaume que chez l'étranger, notre cher et bien amé *Pierre-Hubert L'Archevêque*, membre de notre Académie royale de Peinture et Sculpture, premier sculpteur de notre très cher et très amé frère et cousin le Roy de Suède, directeur de l'Académie des arts et membre de celle des sciences à Stokolm, qui, dès sa plus tendre jeunesse, a fait voir les dispositions les plus heureuses qui, secondées par une application suivie et les leçons du célèbre *Bouchardon*, notre premier sculpteur, dont il est le seul élève, est parvenu à être l'émule de ce grand homme. Il remporta en 1744 le premier prix de peinture et de sculpture à notre Académie, ce qui lui a mérité d'être placé par nos ordres au nombre des pensionnaires entretenus aux frais de notre couronne à l'Académie de la cour de Rome, où il a achevé de se perfectionner; de retour en France, où sa réputation étoit déjà connue, il ne tarda pas à la justifier par le rétablissement qu'il fit de plusieurs morceaux de sculpture endomagés par leur vétusté dans les arennes de la ville de Nimes; il fut ensuite agréé au nombre des membres de notre Académie de peinture et de sculpture, et jugé digne par elle de remplacer à Stokolme le frère du feu s[r] *Bouchardon*, son maître, où il a été s'établir de nôtre agrément, depuis l'an 1754; il s'y est rendu célèbre par différens monuments, mais particulièrement par la statue pédestre de Gustave Vasa et de Gustave Adolphe[1] qui font à juste titre l'admiration des connoisseurs, et qui lui ont mérité de notredit frère et cousin le Roy de Suède la dignité de noble; tous ces motifs réunis nous ont déterminé à lui accorder la même grâce dans notre royaume. A ces causes..... (Voir pour la suite les lettres de *Saly*.) (Arch. nat., O[1] 32.)

---

1. On trouvera dans Dussieux la description de la statue pédestre de Gustave Wasa et de la statue équestre de Gustave-Adolphe.

VII.

Lettres d'anoblissement de *CHARLES-MICHEL-ANGE CHALLE*, dessinateur du Cabinet du Roi.

(Novembre 1770.)

Louis, etc...... Le désir de maintenir les arts dans la splendeur qu'ils ont acquise sous le règne de notre auguste prédécesseur Nous a toujours fait aporter l'attention la plus particulière à répandre nos faveurs sur ceux de nos sujets qui se sont distingués dans la carrière des talens par la fécondité de leur invention et la supériorité de leurs connoissances. Ces différens dégrés de perfection auxquels le génie seul peut atteindre, se trouvant réunis dans les ouvrages de peinture et de dessein du sᵣ *Charles-Michel-Ange Challe*, dessinateur de notre Cabinet, Professeur de notre Académie de peinture et de sculpture et membre de celle des Arts de Lyon et des Arcades de Rome, et principalement dans ceux qu'il a entrepris par nos ordres, Nous nous sommes déterminés à lui accorder une marque de notre satisfaction d'autant plus précieuse pour lui que, passant à la postérité, elle y retracera le souvenir de son mérite et de la réputation dont il jouissoit sous notre règne. Ses heureuses dispositions pour la peinture éclatèrent dans les premiers essais qu'il présenta à notre Académie; plusieurs y furent couronnés; mais le prix qu'il remporta en 1741 sembla indiquer dès lors le rang auquel il pouvoit aspirer dans la suite parmi les artistes célèbres. Il se rendit bientôt capable de les égaler par l'étude la plus suivie des monumens de l'antiquité, à laquelle il s'apliqua dans notre Académie de peinture et sculpture à Rome, et ses progrès y furent si rapides qu'il leur dut uniquement l'honneur d'être associé à celle des Arcades. De retour en France, le sᵣ *Challe* s'y fit d'abord connoître par les tableaux d'histoire admirés dans l'église de l'Oratoire de Paris et dans les cours de Berlin et de Russie. Le sujet allégorique à la gloire des Arts sous notre règne, qu'il composa pour sa réception dans notre Académie de peinture et de sculpture mit enfin le comble à sa réputation, et elle détermina le choix que nous fîmes de sa personne, en 1764, pour remplacer le sᵣ *Slodz*, dessinateur de notre Cabinet. Un grand nombre de pompes funèbres, exécutées successivement d'après ses dessins dans l'église de Saint-Denis et la cathédrale de Paris, surprirent également les connaisseurs, par l'ordonnance d'une belle et sage architecture et la nouveauté et la variété des formes et des ornemens. Les fêtes que nous venons de donner pour le mariage de notre très cher et très amé petit-fils le Dauphin ont été une nouvelle occasion de signaler son zèle dans une circonstance aussi intéressante pour notre cœur. Chargé de l'exécution du projet que nous avions formé d'une illumination générale dans le parc de notre château de Versailles, le goût, la magnificence et la diversité qu'il a su réunir dans la composition de ce brillant spectacle lui ont mérité une aprobation si universelle que nous n'avons pu lui refuser une récompense que la voix publique semblait solliciter en sa faveur. A ces causes et autres, de notre grâce spéciale, pleine puissance et autorité royale, Nous avons, par ces présentes signées de notre main, annobli et annoblissons ledit s^r *Charles-Michel-Ange Challe* et du titre et qualité de Noble et d'Écuyer l'avons décoré et décorons, etc. (Le reste comme aux lettres de *Saly*.)

Donné à Versailles, au mois de novembre 1770.

(Arch. nat., O¹ 32.)

<h2 style="text-align:center">VIII.</h2>

LETTRES D'ANOBLISSEMENT DE NOEL HALLÉ, PEINTRE.

(Novembre 1776.)

Louis, etc..... Le privilège de la noblesse a toujours été regardé, etc..... Le zèle, la capacité, la sage conduite et l'attachement qui depuis nombre d'années ont distingué notre cher et bien amé le sieur *Noel Hallé*, un de nos peintres, et un des principaux officiers de l'Académie royale de peinture, nous l'ont fait juger digne de jouir des honneurs et des prérogatives de la noblesse ; ses talents distingués l'ont placé à la tête de l'école françoise, et nous n'avons pas cru pouvoir lui donner de plus grande preuve de notre confiance qu'en le chargeant l'année dernière d'aller à Rome pour y faire dans l'Académie que nous y entretenons des réglemens propres à y rétablir la discipline que diverses circonstances avoient considérablement affoiblie, et à rendre cette école aussi utile au développement des talens de ceux que nous y envoyons qu'elle l'avoit été lors de son établissement. La manière satisfaisante avec laquelle il s'est acquitté de cette commission, l'honnêteté de ses mœurs, celle de sa famille qui est une des plus anciennes de la bourgeoisie de notre bonne ville de

Páris, et dont quelques branches jouissent déjà de la noblesse, le
rang distingué qu'il tient parmi les peintres françois sont autant
de considérations qui nous ont déjà déterminé à le nommer chevalier de notre ordre de Saint-Michel; mais cette première grâce
seroit imparfaite si en même tems nous ne lui accordions la
noblesse. A ces causes..... avons anobli et anoblissons le s* *Noel
Hallé*.

Donné à Fontainebleau au mois de novembre 1776.

Registrées en Parlement, le 3 mai 1777; à la Cour des Comptes,
le 20 août 1777; et à la Cour des Aides, le 2 avril 1778 [1].

(Arch. nat., Cour des aides, Lettres patentes.)

IX.

LETTRES D'ANOBLISSEMENT DE *CHARLES-PIERRE COUSTOU*,
ARCHITECTE.

(Septembre 1779.)

Louis, etc..... La protection dont, à l'exemple des Rois nos
prédécesseurs, nous croyons devoir honorer les arts, nous excite
à distinguer ceux qui par leur génie et la supériorité de leurs
talents s'y sont rendus célèbres, et la récompense la plus flatteuse
pour les artistes et la plus propre à exciter leur émulation est de
les élever à des honneurs qui soient pour la postérité une preuve
éclatante de leur mérite. Ce fut d'après ces motifs que nous nous
déterminâmes à désigner, en 1777, le sieur *Guillaume Coustou*,
l'un des sculpteurs les plus célèbres de nos jours, pour être admis
à notre ordre de Saint-Michel et même à lui permettre dès lors
d'en porter le cordon. Des différents ouvrages qui sont sortis de
son ciseau il n'en est pas de plus cher et de plus précieux à notre
cœur que le monument qui a été érigé dans l'église métropoli-
taine de Sens à la mémoire de feu M* le Dauphin, notre très
honoré père et seigneur. Nous nous disposions à lui expédier nos
lettres de noblesse afin qu'il parvînt à être reçu chevalier de Saint-
Michel, lorsque la mort a enlevé cet artiste aussy recommandable

---

1. L'*Annuaire-Bulletin* de la Société de l'histoire de France a publié en
1876 (p. 88) une lettre de M. d'Angiviller en date du 13 février 1777, proposant au Roi d'accorder à l'artiste une gratification de 6,000 livres sur les
fonds du marc d'or pour acquitter les droits que l'état de sa fortune particulière ne lui permettait pas de payer.

par ses talents que par ses vertus personnelles. Cet événement nous porte à étendre sur notre cher et bien amé le s^r *Charles-Pierre Coustou*, l'un de nos architectes et membre de notre Académie d'architecture, la grâce que nous avions bien voulu faire à son défunt frère. En exerceant cet acte de bienfaisance, nous récompensons tout à la fois les talents, le zèle et l'activité dont ledit *Charles-Pierre Coustou* n'a cessé de nous donner des preuves depuis vingt-cinq ans qu'il est attaché au département de nos Bâtimens, et ceux de la famille Coustou, dont le nom s'est rendu précieux dans les Arts depuis plus de cent ans. Non seulement nos maisons, nos palais et nos châteaux sont décorés des plus beaux ouvrages de sculpture dont les *Coustou* sont les créateurs ; mais il existe dans notre royaume des monuments, soit publics, soit particuliers, qui porteront à la postérité la plus reculée la célébrité de ces artistes, dont les deux derniers ont réuni les vœux honorables de notre Académie de Peinture et Sculpture et en ont rempli successivement tous les grades distingués de Directeur, Recteur, Chancellier, Professeur et Trésorier.

A ces causes, nous avons de notre grâce spéciale..... annobli et annoblissons ledit sieur *Charles-Pierre Coustou*, etc.....

Donné à Versailles, au mois de septembre l'an 1779.

Registrées au Parlement, le 15 février 1780.

(Arch. nat., X^{1B}, 9069.)

X.

DEMANDE DE LETTRES DE NOBLESSE EN FAVEUR DU Sr *PARIS*, ARCHITECTE.

Mémoire.

Les premiers gentilshommes de la Chambre, après avoir éprouvé pendant neuf années les talens, le zèle, la probité, l'intelligence et les services du s^r *Paris*, comme architecte du Roy et dessinateur ordinaire de sa Chambre et de son Cabinet, supplient très humblement Sa Majesté de vouloir bien lui en donner des marques de satisfaction en lui accordant des lettres de noblesse et le cordon de Saint-Michel, grâce dont ses prédécesseurs ont été honorés.

(Arch. nat., O¹ Cartons.)

XI.

Procès-verbal de réception de *CHARLES LÉCUYER*, architecte, dans l'ordre de Saint-Michel[1].

(2 décembre 1754.)

Extrait des titres produits par *Charles Lécuyer*, escuier, architecte du Roy et Controlleur des Bâtimens de Sa Majesté au château de Versailles, nommé par Sa Majesté Chevalier de son Ordre de Saint-Michel, pour les preuves de sa noblesse et de ses âge et religion.

Devant haut et puissant seigneur, messire Paul Galluccio de l'Hospital, marquis de Châteauneuf-sur-Cher, chevalier et commandeur des ordres du Roy, lieutenant général de ses armées, inspecteur général de cavalerie et dragons, premier écuyer de Madame Adélaïde de France, cy devant ambassadeur extraordinaire pour Sa Majesté auprès du Roy des Deux-Siciles, et chevalier de son Ordre royal de Saint-Janvier, commissaire député pour la vérification de ces preuves par lettres patentes du 23 novembre 1754,

(ARMOIRIE)

de gueules à 3 étoiles d'azur, avec une bande d'or en fasce.

Lettres patentes du Roy, Chef et Souverain Grand-Maître des ordres de Saint-Michel et du Saint-Esprit, adressées à son très cher et bien amé cousin le duc de Chaulnes, pair de France, capitaine-lieutenant des 200 chevau-légers de sa garde et lieutenant général de ses armées, et à son cher et bien amé Paul Galluci de l'Hospital, marquis de l'Hospital et de Châteauneuf-sur-Cher, premier écuyer de sa très chère fille Adélaïde, lieutenant général de ses armées, chevaliers et commandeurs de sesdits ordres et commissaires des mêmes ordres pour la présente année, l'un en l'absence ou au défaut de l'autre, portant que les services distingués que rend à Sa Majesté depuis trente-sept ans, tant dans ses ponts et chaussées que dans l'inspection et controlle de ses Bâtimens, son cher et bien amé *Charles Lécuyer*, controlleur des Bâtimens de son château de Versailles depuis 1742, l'ont déterminé à lui accorder, au mois de mars dernier, des lettres

---

1. L'original de cette pièce nous a été communiqué, en 1873, par M. Dumoulin, à qui il appartenait. — J. G.

d'annoblissement, mais que les preuves qu'il continue de lui donner de sa probité et de sés talens dans toutes les fonctions qu'elle lui a confiées l'ayant engagé à lui donner de nouveaux témoignages de la satisfaction qu'Elle a de son zèle pour son service, Elle a résolu de l'honorer de la croix de Saint-Michel et de le dispenser aussi par ces considérations de la preuve de deux races d'extraction de noblesse, qu'il seroit obligé de faire aux termes de l'article IV des statuts de sondit Ordre de Saint-Michel du 12 janvier 1665. A ces causes, elle les a commis pour examiner, sur le raport du s^r Clairambault, généalogiste de ses ordres, les titres qui lui auront été remis par le même s^r *Lécuyèr*, tant de son âge, religion catholique, apostolique et romaine, que de son annoblissement en sa personne seulement, etc. Et que s'ils les trouvent suffisans pour être admis, ils en signeront le procès-verbal avec ledit s^r Clairambault et le scelleront du cachet de leurs armes ; et ils indiqueront audit s^r *Lécuyer* le jour auquel ils recevront de lui le serment en tel cas requis, et lui donneront la croix dudit Ordre, en observant ce qui est porté par l'instruction qui leur est adressée à ce sujet. Ces lettres données à Versailles, le 23 novembre 1754, signées Louis, et plus bas..... (manque la suite).

Et ledit jour, deuxième du mois de décembre mil sept cent cinquante-quatre, nous, marquis de l'Hospital, chevalier et commandeur des Ordres du Roy, commissaire et présidant à l'assemblée de messieurs les chevaliers de l'Ordre de Saint-Michel, dans une salle du grand couvent des Cordeliers à Paris, en exécution du pouvoir et de l'instruction à nous donnée par le Roy, et cy dessus mentionnés, avons fait chevalier de l'Ordre de Saint-Michel mondit s^r *Lécuyer*, en lui donnant l'accolade en la manière accoutumée. Et après l'avoir entendu lire son serment qui lui a été présenté par l'huissier des Ordres du Roy et le lui avoir vu signer, nous, aidé du héraut des mêmes Ordres, lui avons passé le cordon noir et la croix de l'ordre de Saint-Michel pour les porter en écharpe sur son habit, le tout conformément à l'article IX des statuts de l'année 1665. En foy de quoy nous lui avons donné le présent acte signé de notre main et scellé du cachet de nos armes. Signé Gallucci de L'Hospital et scellé du cachet de ses armes.

Collationné.

CLAIRAMBAULT.

(Copie sur parchemin.)

XII.

Un de nos confrères, M. le comte Demarsy, veut bien nous signaler un certain nombre d'artistes décorés du cordon de Saint-Michel, dont les noms avaient échappé à nos recherches. Il les a relevés sur l'*Abrégé de la carte générale du militaire de France* de Léman de la Jaisse, parue en 1739. Nous faisons précéder ces citations de la date de la nomination :

1722. *Jacques Gabriel*, inspecteur général des bâtiments du Roi (celui dont on connaît déjà les lettres d'anoblissement).

1727. *Hyacinthe Rigaud*, écuyer, peintre ordinaire du Roi. On trouvera dans les *Mémoires inédits des Académiciens*[1] (t. II, p. 124, 134, 136, 139) tous les détails sur les honneurs dont fut comblé *Rigaud* : reçu noble citoyen de la ville de Perpignan le 18 juin 1709; confirmé par arrêt du Conseil d'État dans la noblesse à lui conférée par les lettres précédentes, le 8 novembre 1723; reçu chevalier de Saint-Michel, le 12 août 1727. Les pièces relatives à cette dernière nomination ont été insérées à la suite de la biographie de l'artiste.

11 mai 1732. *Armand-Claude Mollet*, écuyer, contrôleur général des bâtiments du Roi.

9 novembre 1738. *Nicolas Dorbay*, architecte de la première classe et contrôleur des bâtiments du Roi.

On croit inutile de répéter ici les noms des chevaliers déjà signalés, en 1873, dans la *Revue historique* de Dumoulin. Notons toutefois que le directeur des manufactures royales des Gobelins, *Julienne*, nommé chevalier en 1737 (29 janvier), s'appelait *Jean de Julienne*.

Le garde général des meubles de la couronne, Claude Nerot, avait reçu le cordon le 28 juin 1736.

Robert de Cotte, premier architecte du Roi et directeur de l'Académie d'architecture, aurait été nommé chevalier de Saint-Michel dès 1687.

---

1. Rappelons à cette occasion que, d'après les *Mémoires inédits des Académiciens*, *Jacques Stella* aurait reçu le cordon de Saint-Michel dès 1644 (tome I, p. 423), et que *René Frémin*, nommé premier sculpteur du Roi d'Espagne Philippe V en 1727 et gratifié en 1733 d'une pension de 2,000 ducats, fut anobli quelques années après, lui et ses enfants (tome II, p. 207). *Jean-François de Troy* fut fait chevalier de l'Ordre le 25 mai 1738 (II, 267).

De la Motte, conseiller secrétaire du Roi, intendant des bâtiments et jardins de Sa Majesté, associé honoraire de l'Académie,
porte le titre de chevalier de Saint-Michel sur l'Almanach royal
de 1725. C'est le *Jean de la Motte* dont on a publié plus haut
les lettres d'anoblissement portant la date de juillet 1721.

Nous avions dit, dans notre article sur les lettres d'anoblissement conférées aux artistes, que *Servandoni* prenait le titre de
chevalier (p. 37, note) et qu'il tenait sans doute ce titre d'un
prince italien. En effet, une liste des Académiciens le dit chevalier de l'ordre de Saint-Jéan-de-Latran (1735).

Enfin des lettres patentes, en date du 18 octobre 1738, ordonnant l'enregistrement de celles du mois de mai 1721, portent
anoblissement de *Louis de Cotte* et de ses enfants nés et à naître
en loyal mariage, nonobstant leur surannation.

XIII.

L'Almanach royal nous a révélé les noms de plusieurs chevaliers de Saint-Michel que nous n'avions pas rencontrés ailleurs :

1741. M. de Julienne, l'amateur bien connu, qualifié écuyer,
associé honoraire de l'Académie de peinture[1].

1744. *Gabriel* fils, écuyer.

1750. *Garnier d'Isle*, écuyer, contrôleur général des bâtiments
du Roi.

Sans doute, la liste des distinctions honorifiques accordées aux
peintres, sculpteurs et architectes sous l'ancienne monarchie est
encore loin d'être complète. Il faudrait, pour n'omettre aucun
nom, faire des dépouillements que nous n'avons pas le loisir
d'entreprendre. Au moins, pouvons-nous espérer que le résultat
de nos recherches et les communications obligeantes de nos
correspondants auront comblé les plus graves lacunes de notre
première publication.

La liste des chevaliers de Saint-Michel doit être augmentée d'un
certain nombre d'artistes célèbres qui reçurent le cordon sous la
Restauration.

Le 31 décembre 1816, une Ordonnance royale[2] nomma qua-

---

1. Les lettres de noblesse conférées à M. de Julienne sont transcrites dans
le registre portant la cote O¹ 80 aux Archives nationales.

2. Nous donnons ci-après le texte complet de l'Ordonnance.

rante-cinq chevaliers de l'ordre de Saint-Michel. Le nombre maximum était de cent. Dans cette promotion de 1816 figurent les noms de :

Brongniart, membre de l'Institut, directeur de la manufacture de Sèvres.

Girodet, peintre, membre de l'Institut.

Gérard, peintre, idem.

Lemot, sculpteur, idem.

Peyre, architecte, idem.

Gondouin, architecte, idem.

Tiollier, ancien graveur général des monnaies de France.

Hazon, ancien intendant des bâtiments du Roi, est nommé chevalier de Saint-Michel par Ordonnance du 26 avril 1817.

Regnault, peintre, est nommé le 22 mai 1819.

Le 1er décembre de la même année, nouvelle promotion qui comprend :

Le comte *de Forbin*, directeur des Musées, membre de l'Institut.

Gros, peintre, membre de l'Institut.

Guérin, peintre, idem.

Cherubini, directeur de l'Académie royale de musique, idem.

Lesueur, surintendant de la musique du Roi.

Bosio, statuaire[1].

Une Ordonnance du 1er mai 1821 contient la nomination de :

Andrieu, graveur en médailles.

Le chevalier *Bosio*, statuaire, professeur à l'école spéciale des Beaux-Arts.

Raphaël Morghen reçoit le titre de chevalier honoraire, comme graveur étranger.

Le graveur *Boucher-Desnoyers*, membre de l'Institut, obtient le cordon de Saint-Michel le 18 février 1822.

Le peintre *Granet*, le 21 mai de la même année.

Artaud, directeur du Musée de Lyon, le 18 octobre 1823.

Richard, peintre de l'école de Lyon, le 24 juin 1824.

En 1825, *Cartellier* et *Carle Vernet* recevaient à leur tour le cordon de Saint-Michel.

---

1. *Bosio* fut nommé premier sculpteur du Roi le 6 novembre 1822. Cette distinction était motivée par l'exécution de la statue de Louis XIV. Le traitement du premier sculpteur était fixé à 4,000 livres par la même Ordonnance.

L'architecte *Fontaine* fut nommé en 1828.

Le baron *Duvivier* avait reçu le titre de chevalier honoraire en 1821.

XIV.

Ordonnance du Roi relative à l'Ordre de Saint-Michel.

Au château des Tuileries, le 16 novembre 1816.

Louis, par la grâce de Dieu, roi de France et de Navarre, à tous ceux qui les présentes lettres verront, salut.

Voulant conserver à l'Ordre de Saint-Michel l'éclat dont il jouissait sous nos prédécesseurs, Nous avons ordonné et ordonnons ce qui suit :

Art. 1er. L'Ordre de Saint-Michel est spécialement destiné à servir de récompense et d'encouragement à ceux de nos sujets qui se seront distingués dans les lettres, les sciences et arts par des découvertes, des ouvrages et des entreprises utiles à l'État.

Art. 2. Le nombre des chevaliers est porté à cent.

. . . .

Ordonnance du Roi portant nomination de Chevaliers de l'Ordre de Saint-Michel.

A Paris, le 31 décembre 1816.

Louis, etc. — Art. 1er. Sont nommés Chevaliers de l'Ordre de Saint-Michel les sieurs.....

Quatremère de Quincy, membre de l'Institut.....;

Brongniard, directeur de la manufacture royale de Sèvres, membre de l'Institut;

Girodet, peintre d'histoire, membre de l'Institut;

Gérard, peintre d'histoire, membre de l'Institut;

Lemot, sculpteur, membre de l'Institut;

Peyre, architecte, membre de l'Institut;

Gondouin, architecte, membre de l'Institut.....

Tiolier[1], ancien graveur général des monnaies de France.....

(En tout quarante-cinq nominations.)

(Bulletin des Lois, 7e série, IV, nos 1460-1, p. 10-3.)

---

1. *Tiolier* fils avait été nommé graveur général des monnaies en remplacement de son père, démissionnaire, par Ordonnance du Roi du 9 septembre 1816. (*Bulletin des Lois*, 7e série, III, n° 1208, p. 279.)

LES STATUES ET LES BUSTES DE LOUIS XIV.

Dans un récent travail intitulé *Notices historiques sur la place des Victoires et sur la place Vendôme*[1], M. A. de Boislisle, avec l'autorité que lui donne une étude approfondie de toutes les sources historiques du règne de Louis XIV, a dressé une liste complète et fort intéressante de toutes les statues érigées au Roi, soit à Paris, soit en province, dans les trente ou trente-cinq dernières années de son règne. Nous n'avons pas la prétention d'analyser ou de résumer une étude aussi riche en renseignements de toute nature. Il y a là du reste de longues pages fort curieuses sur la spéculation des terrains au xviie siècle qui sortiraient tout à fait du cadre de notre publication. Nous voudrions seulement emprunter aux recherches de M. de Boislisle la nomenclature toute sèche des statues érigées à la gloire de Louis XIV, soit par des villes, soit par des particuliers, statues qui furent toutes détruites à peu près à la même époque, en août et septembre 1792. Voici donc cette liste dégagée de tous les détails que les mémoires du temps et les documents des archives ont fournis à M. de Boislisle.

Nous classerons ces monuments en quatre séries : 1° statues équestres; 2° statues pédestres; 3° bustes; 4° médaillons et sujets allégoriques. Dans chaque série nous suivrons le plus exactement que nous pourrons l'ordre chronologique, en commençant par les figures de marbre, suivies de celles de bronze, et en terminant par les effigies de pierre ou de plâtre et par les modèles non exécutés.

STATUES ÉQUESTRES.

1° La statue de marbre commandée au *Bernin* par Colbert déplut tellement qu'on enleva la tête du Roi et qu'on transforma le cavalier en Curtius. Elle est placée aujourd'hui à Versailles, au bout de la pièce des Suisses, en face de l'Orangerie.

2° Statue de bronze exécutée par *François Girardon*, de 1685 à 1687, pour la décoration de la place Vendôme, autrefois place Louis-le-Grand. Le bronze fut fondu par les *Keller* en 1692. Le Roi était représenté en costume romain. La statue ne fut posée sur son piédestal qu'en août 1699, et le piédestal achevé seulement en 1730. Détruite en 1792.

3° Statue de bronze exécutée en 1685 par *Hurtrelle* et *Mazeline* pour la ville de Montpellier. Elle ne parvint à destination qu'en 1717

---

1. Dans le tome XV (1888) des *Mémoires de la Société de l'histoire de Paris et de l'Ile-de-France*. Paris, Champion, 1889. Le travail de M. de Boislisle occupe 272 pages, soit presque tout le volume.

et fut érigée le 27 février 1718. Détruite en 1792 et remplacée sous la Restauration par une œuvre des sculpteurs *Joseph Debay* et *Carbonneaux*.

4° Statue en bronze par *Antoine Coyzevox*, commandée en 1686 par les États de Bretagne, érigée à Rennes, malgré les revendications de Nantes, le 25 juillet 1726. Les bas-reliefs de bronze qui décoraient cette statue, détruite en 1792, sont conservés au Musée de Rennes.

5° Statue en bronze commandée en 1688 à *Martin Desjardins* par la ville de Lyon. Fondue en 1694, elle ne fut érigée qu'en 1713. Le Rhône et la Saône qu'on voit encore à l'hôtel de ville avaient été exécutés par les *Coustou* pour la décoration du piédestal. La statue qui décore la place Bellecour, érigée en 1825, est de *Lemot*.

6° Statue en bronze commandée en 1690 à *Étienne Le Hongre* par les États de Bourgogne pour décorer la ville de Dijon. L'érection n'eut lieu qu'en 1725.

7° Statue en bronze commandée en 1694 à *Girardon* par le maréchal de Boufflers. La pose de la statue au château de Boufflers eut lieu en 1701. Transportée à Beauvais en 1788, cette statue périt sous la Révolution.

8° Statue en (?) commandée en 1685 au sculpteur *Gobert* par le duc de Richelieu pour la décoration du château de Rueil.

9° Statue commandée par la ville d'Aix à *Martin Desjardins* qui ne fit que le modèle.

10° Statue commandée en 1688 par la ville de Marseille à *Jacques Clérion* au refus du *Puget*. Cette statue ne fut pas exécutée.

STATUES PÉDESTRES.

1° Statue en marbre du Roi foulant aux pieds la Rébellion, commandée à *Gilles Guérin* en 1653[1] et placée à l'hôtel de ville de Paris. Remplacée en 1689 par la statue de *Coyzevox* dont il sera question plus loin. La figure de *Guérin* est à Chantilly. Le Musée de Versailles en possède un moulage.

2° Statue en marbre du Roi en empereur romain. Commandée par le duc de La Feuillade à *Martin Desjardins*, et exécutée de 1679 à 1684, cette statue fut offerte au Roi. Elle est placée au fond de l'Orangerie de Versailles. La tête, détruite sous la Révolution, fut refaite en 1816.

3° Statue en marbre représentant le Roi agenouillé pour compléter

---

1. Voyez le marché passé entre le sculpteur et les représentants de la ville pour l'exécution de cette statue, le 27 mars 1653, dans les *Nouvelles Archives de l'Art français*, 1882, p. 85-89.

la décoration du chœur de Notre-Dame de Paris, exécutée par *Coy-zevox* en 1713[1].

4° Statue colossale en marbre, commandée en 1689 à *Louis Le Conte* par Charles du Boisguérin, valet de chambre du Roi. Le prince était représenté foulant aux pieds l'Hérésie.

5° Statue en marbre du Roi couronné de lauriers et posant le pied sur le globe, exécutée vers 1695 par un sculpteur italien pour le prince Vaïni.

6° Statue en bronze du Roi, en costume du sacre et couronné par une Victoire dorée, exécutée par *Martin Desjardins* pour le maréchal de la Feuillade qui créa la place des Victoires pour recevoir ce monument. L'inauguration solennelle de la statue et de la place eut lieu le 26 mars 1686. La statue a péri en 1792; les quatre groupes de Captifs placés jadis aux quatre angles du piédestal décorent maintenant la façade de l'hôtel des Invalides.

7° Statue en bronze du Roi en triomphateur romain par *Antoine Coyzevox*, commandée pour remplacer la figure de *Gilles Guérin* à l'hôtel de ville de Paris. Elle fut inaugurée le 14 juillet 1689. Elle a été respectée par la Révolution et par l'incendie de 1871 et doit bientôt occuper une place d'honneur dans le Musée Carnavalet.

8° Statue en bronze exécutée par *Marc Arcis* de 1688 à 1690 d'après un modèle de *Girardon* et érigée sur la place Royale de Pau en 1692.

9° Statue en bronze de *Girardon*, fondue par les *Keller*, placée sur l'entablement d'un arc de triomphe érigé à Tours en 1692.

10° Statue en plâtre du Roi représenté en héros avec le bâton de commandement, érigée dans la ville du Havre, sur la place d'Armes, le 18 juin 1684, et portée par un piédestal flanqué de quatre figures allégoriques. L'auteur de cette statue est resté inconnu.

11° Statue en pierre, de huit pieds de haut, exécutée par *Jean Postel*, élève du *Bernin*, pour la ville de Caen où elle fut érigée en 1685.

12° Statue en pierre du Roi habillé à la romaine, avec manteau fleurdelisé, exécutée par le sculpteur poitevin *Girouard* pour la ville de Poitiers où elle fut inaugurée sur la place du Marché-Vieux le 25 août 1685.

13° Statue en pierre, sculptée par *Jacques Suirot*, érigée à Issoire.

14° Statue en (?) érigée en 1704 à Rueil par J.-B. de Waldor, résident de l'Électeur de Cologne.

15° Statue sculptée par *Poultier* pour le Romain Antonio Bagniera.

BUSTES.

1° Buste en marbre blanc d'un sculpteur inconnu, posé en sep-

---

1. Voyez, au sujet de ces statues, les *Nouvelles Archives de l'Art français*, année 1873, p. 356.

tembre 1685 sur le portail de l'hôtel de ville de Grenoble. Le projet primitif comportait une statue équestre en bronze qui ne fut pas exécutée.

2° Buste en marbre placé au-dessus du balcon de l'hôtel de ville d'Aix. Dans la même ville, statue à mi-corps sur la façade du palais où siégeaient les trésoriers de France.

3° Buste du *Puget* à l'hôtel de ville de Marseille.

4° Buste en bronze par *Antoine Coysevox*, placé en 1700 sur la cheminée de gauche de la grande salle de l'hôtel de ville de Paris.

5° Buste au pavillon du jardin de la mairie d'Angers (1686).

6° Buste de l'hôtel-manufacture de Périgueux.

7° Buste placé sur la place de Québec en 1686.

8° Buste inauguré en 1687 au Mans.

9° Buste en marbre placé à Metz dans un vestibule par le maréchal de Boufflers.

10° Buste en bronze exécuté par un élève de *Le Brun* pour M. du Plessis-Botherel, qui fit placer ce buste dans son jardin sur un socle de porphyre entouré de pots à feu.

11° Buste doré avec inscriptions, posé par le jurisconsulte Pierre Hévin, en 1689, sur la façade de sa maison à Rennes.

ALLÉGORIES, MÉDAILLONS, ETC.

1° La *Renommée écrivant l'Histoire du Roi*, groupe en marbre par *Dominico Guidi* (1679-1685). Il est placé devant le bassin de Neptune, à Versailles.

2° Bas-relief de *Mimerel* et *Bidault*, sur la paix des Pyrénées, placé dans l'hôtel de ville de Lyon en 1660.

3° Grand médaillon du Roi, en marbre blanc, offert par *Girardon* en 1687 à la ville de Troyes. Il se voit encore à l'hôtel de ville.

4° Trois morceaux de réception à l'Académie présentés par *Jacques Prou* (1682), *Jean Rousselet* (1686) et *Nicolas Coustou* (1693), contenant d'ingénieuses flatteries à la gloire du Roi.

Nous n'avons pas compris dans cette liste les nombreux bustes qui faisaient partie de la décoration des maisons, à Paris ou en province. Il ne faut pas oublier non plus le monument de bronze élevé sur le Pont-au-Change en 1648, où Louis XIV était représenté à l'âge de dix ans avec sa mère et son père. L'auteur de ces trois figures conservées au Louvre[1] était *Simon Guillain*.

Jules GUIFFREY.

---

1. N°° 165, 166, 167 du Catalogue de 1876.

LETTRES INÉDITES

DE

LOUIS-NICOLAS VAN BLARENBERGHE.

PEINTRE EN MINIATURE.

(1775 et 1776.)

Documents communiqués par M. Paul Marmottan.

Louis-Nicolas van Blarenberghe, peintre en miniature, originaire de Lille, est le père de *Henri van Blarenberghe*, le maître de dessin des Enfants de France et l'auteur des gouaches admirables du Musée de Versailles, représentant les campagnes de Louis XV. On peut considérer comme très rares les documents authentiques sur l'un et l'autre de ces artistes. J'ai copié les deux lettres ci-dessous sur les originaux conservés à Lille même, dans la famille Lenglart. *Louis-Nicolas van Blarenberghe* père est très peu connu. Son fils fut initié par lui aux principes de la miniature, art délicat dans lequel il le surpassa même.

M. Charles Lenglart, le correspondant dont il est ici question, né à Lille, en 1740, mort en 1816, était déjà, en 1775, un amateur distingué. Riche et considéré, homme de goût, il formait dès cette époque une collection de tableaux, conservée en grande partie encore aujourd'hui par ses descendants. M. Charles Lenglart se montra notamment l'ami et le protecteur des peintres *Louis* et *François Watteau*, dits *Watteau de Lille,* et organisa avec eux les Salons lillois qui se tinrent de 1773 à 1825.

Nous avons respecté l'orthographe fantaisiste de *Louis van Blarenberghe.* Ce n'est pas une des moindres curiosités de cette correspondance.

P. M.

I.

A Monsieur Lenglart, près la Comédie, à Lille.

Monsieur,

J'ay recus de vos nouvelle par Mr Maccielier (Masquelier) ce qu'il ma fait plaisir. J'ay tarde a vous répondre ne men voule poins jè suis toujours si occupe que jè ne trouve point de moment a moi. Vous me mande que votre miniatur et gate cé ce qu'il arrive à tous celle que l'on mé dans les Boite (tabatières). Si les bors du velins ne (sont) peins pouris par lumidite du tabas je peux le racomodé; vous pouve me l'envoier dans une lettre entre deux cartons et recommandé la lettre à la poste sans aucuns rique. Jè vous suis trés oblige de Lofre obligant que vous me fait ; je vous en suis autant oblige que si jen profitere. Jay toujour crus venir a lille cet été, mais jè commance a desesperer; la Saison avance et je ne suis point libre pour les tablaux don vous me parle ; ce ne pourois aitre que lanne prochaine. Je pris Madame de rece-

voir mes respe. Jay l'honneur Destre, Monsieur, votre trés humble
et trés trés obéissant serviteur.

Van Blarenberghe[1].

Paris, ce 31 août 1775.

De la main de Ch. Lenglart. *En tête* : Escrit le 9 8bre 1774 en
Envoyant la Migniature de ma boête d'or par Mr Pouille.

II.

A Monsieur Lenglart, négosiant, rüe du Palais, à Lille.

(Rép. le 20 août 1776[2].)

Monsieur,

Je vous ay fait atandre bien lontans apres votre miniature; mais
je ne vous cache poin que je lavais obliee par a sare elle se trouve
sous ma mains, je vous Endemande pardon du lontans; vous deve
lavoir recus ou cela ne dois poins tarde. Je vous lenvois sous le
contresing du Ministre pour quel vous arive plus surrement. Jay
fait ce que j'ay crus necesair. Je ne croi poins vous voir encor cette
étée à lille; je croi que vous a le voir ce mois Bien du changement
dans votre garnisons; je ne se point si les troupe sons bien contans;
suive vous toujours la peinture. Les peintres son tille contans
cons leur a oté leurs metrise j'f y (illisible) tous le Monde poin
contans sur tous les six cors; je croy pour Moi que tous cela et un
bien; des respe a Madame; jay l'honneur d'aitre, Monsieur, votre
trés humble et trés obeisant serviteur.

Paris, ce 2 avril 1776.

F.-A. VINCENT.

(1812.)

LES MAÎTRES D'AUTREFOIS.

Ne disons jamais de mal de notre temps, mais en retour honorons
le passé dans ce qu'il a d'aimable et de grand. Le peintre *Vincent*,
ancien membre de l'Académie royale de peinture, élu professeur le
31 mars 1792, peu avant le renversement de l'institution fondée sous
Louis XIV, était âgé de soixante-six ans lorsqu'il traça les lignes que
nous publions. Elles sont adressées à *David d'Angers*, alors pensionnaire de l'Académie de France. *Vincent*, membre de l'Institut, avait
témoigné au jeune *David* un intérêt tout paternel lorsque celui-ci

---

1. *Louis-Nicolas*, le père.
2. Écriture de Ch. Lenglart.

travaillait à l'École des Beaux-Arts. « Peu après l'obtention de mon deuxième grand-prix, a écrit *David*, le peintre *Vincent*, se trouvant à l'Institut auprès de M. de Lacépède, lui parla longuement de mon amour de l'art, et sans doute aussi de mon peu d'aisance : M. de Lacépède me fit remettre de la manière la plus délicate, avant mon entrée en loge, en 1811, un billet de cinq cents francs. » (*David d'Angers, sa vie, son œuvre, ses écrits*, t. I, p. 133.) Le lauréat du prix de Rome ainsi secondé par Lacépède ignora jusqu'en 1820 le nom de son bienfaiteur. Ce détail a son importance. En effet, la lettre de *Vincent* nous apprend que *Pierre-Jean David* a non seulement entretenu le peintre de la marche qu'il donne à ses études en Italie, mais des confidences plus intimes ont été faites par le pensionnaire de l'Académie de France à son correspondant de l'Institut. *David* est préoccupé de la situation précaire de son père, *Pierre-Louis David*, sculpteur sur bois à Angers. Peut-être ce modeste artiste a-t-il réclamé de son fils quelque secours nécessaire. Dans l'embarras où il se trouve, *Pierre-Jean David* a osé demander un conseil à *Vincent*. Il s'est enquis de ce qu'il y aurait de possible afin d'alléger la misère du vieillard qui là-bas végète dans son atelier désert. Et *Vincent* de répondre au jeune artiste que son projet dépasse la compétence du membre de l'Institut, mais doit être soumis à Son Excellence le Grand Chancelier de la Légion d'honneur. Or, cette Excellence, c'est Lacépède. *Vincent* n'a pas omis au surplus de faire part à *David* de l'affectueux intérêt que lui porte Lacépède; toutefois, il n'a pas voulu révéler à l'obligé toute l'étendue de la sollicitude du bienfaiteur, mais il en a dit assez pour que *David* ose exposer la situation de son père à Son Excellence le Grand Chancelier, celui-là même dont on a dit plus tard avec justesse que, « malgré les dons de la fortune, il ne fut jamais riche, sa bienveillance étant au service de tous les besoins. » Le ton de la lettre de *Vincent* révèle un homme de sens, de cœur et un lettré.

H. J.

A M. David, *statuaire pensionnaire de Sa Majesté Impériale et Royale à l'École impériale des Beaux-Arts* (*villa Médici*) *à Rome.*

Paris, le 29 décembre 1812.

Je suis fort sensible, Monsieur, à votre souvenir et aux témoignages d'affection que vous voulez bien me donner dans votre lettre. La crainte que vous marqués de me détourner de mes occupations fait sans doute honneur à votre discrétion, qualité si rare à la jeunesse, mais cette crainte n'est pas fondée; vous devés être pleinement convaincu que ce sera toujours avec un véritable plaisir que je recevrai de vos nouvelles, et que l'intérêt que je prends à vos talens, comme à votre personne, ne sçauroit s'affoiblir puisqu'il est fondé sur l'estime que votre conduite m'a inspirée.

La marche que vous suivés dans vos études me paroit excellente, et j'espère qu'elle vous garrantira des erreurs qu'on a pu reprocher à plusieurs jeunes artistes égarrés par de faux systêmes.

J'ai pris plaisir à communiquer votre lettre à M. *Pajou*, et, ainsi que moi, il a remarqué avec beaucoup de satisfaction que, s'il est vray, ainsi que vous l'affirmés, que votre première éducation n'ait pas été aussi soignée que vous eussiés pu le desirer, aucune trace des suites ordinaires de cette négligence ne s'apperçoit dans votre lettre. Cette remarque m'a fait naître la pensée de vous engager à écrire à Son Excellence le Grand-Chancellier de la Légion d'honneur. Il vous a donné des marques d'une grande bienveillance, et je suis convaincu qu'en remplissant envers lui ce que je crois un devoir, vous ferés, en même tems, beaucoup plus pour votre Père que quelqu'autre personne que ce soit; je vous engage d'autant plus vivement à cette démarche que je n'ai aucun titre auprès de S. E. qui puisse motiver de ma part de nouvelles sollicitations, à moins que quelque circonstance favorable, et que je ne dois attendre que du hazard, me mît à portée de les renouveller auprès de lui, ainsi que je l'ai fait antécédemment. Je le répète, Monsieur, je crois cette démarche, de votre part, et dans l'ordre des convenances et dans celui de vos intérêts. M. *Pajou*, à qui j'ai communiqué ma pensée à cet égard, ma parru parfaitement de mon avis.

Adieu, Monsieur. Recevés l'assurance de ma parfaite estime.

Vincent.

A.-J.-B. THOMAS.

(1827.)

LE PEINTRE *VINCENT* A SON LIT DE MORT.

On ne se souvient plus guère aujourd'hui du peintre *Antoine-Jean-Baptiste Thomas*, mort en 1834 à quarante-trois ans, après avoir produit un assez grand nombre de tableaux d'histoire. Le renom de cet artiste laborieux n'a point survécu au mouvement de 1830. La lettre que nous publions renferme quelques lignes curieuses sur *Vincent*.

H. J.

A Monsieur Grille.

Monsieur,

En réponse à votre circulaire imprimée, envoyée aux artistes, et par laquelle vous leur demandez des renseignements sur eux et ce qui les concerne, j'ai l'honneur de vous adresser ce qui suit :

Prénoms : *Antoine-Jean-Baptiste.*

Nom : *Thomas.*

Lieu de naissance : Paris.

Date de la naissance : 31 octobre 1791.

Maître sous lequel j'ai étudié : M. *Vincent.*

Lieux des études : atelier de M. *Vincent;* école spéciale de peinture, aux Quatre-Nations ; Musée.

Voyages : en Italie comme pensionnaire à l'Académie des Beaux-Arts, à Rome.

Époques de départ et de retour : novembre 1816 et décembre 1818.

Je devais rester cinq ans en Italie ; des soins à donner à mes affaires particulières et à ma famille me firent renoncer à trois ans de pension.

Ouvrages composés, exécutés et exposés : *les Vendeurs chassés du Temple*, tableau commandé par la Ville pour l'église de Saint-Roch ; exécuté de 1820 à 1821, exposé au Salon de 1822. Au même Salon, j'ai exposé un tableau de chevalet représentant : *une Éruption du Mont-Vésuve, pendant laquelle se fait la procession de saint Janvier.* Au Salon de 1824, j'ai exposé un tableau commandé par la Maison du Roi, pour le Conseil d'État, représentant : *les Seize au Parlement;* arrestation d'Achille de Harlay et des membres du Parlement. Cette année (1827) je viens de terminer le tableau qui doit faire pendant aux *Seize au Parlement*, et qui représente : *la Journée des Barricades;* Molé répondant aux factieux qui le menacent de la mort : « Quand vous me tuerez, il ne me faudra que six pieds de terre. » Les salles du Conseil d'État seront, je crois, ouvertes au public en janvier prochain ; on y verra mes deux tableaux.

Pendant mon séjour en Italie, j'ai occupé quelques moments de loisir à réunir de nombreux dessins que je considérai d'abord comme autant de souvenirs des scènes familières, des costumes et des usages du peuple que gouverne le Saint-Père. Des notes nombreuses ajoutées à ma collection en faisaient le complément. De retour à Paris, on me conseilla de publier mon recueil. Je le fis, et lui donnai pour titre : *Un an à Rome et dans ses environs.*

J'ai mis près de quatre ans à cet ouvrage; il a été terminé cette année; j'en suis éditeur.

A l'âge de quinze ans, je commençai les études de dessin. J'ai été assez heureux que de remporter les prix et les médailles dans les concours de l'Académie. Le prix du « torse, » ou demi-figure peinte, grandeur naturelle, m'ayant été décerné à l'unanimité par les professeurs de l'Académie. On obtint à ce sujet mon exemption de la conscription accordée par le souverain lui-même; faveur que je dois en partie aux démarches toutes paternelles de M. *Vincent*, mon maître, et de M. Mérimée, secrétaire général des Écoles. J'ai remporté le second prix de peinture en 1813. Cette année, le concours ayant paru assez fort pour récompenser les élèves qui avaient eu le bonheur de se signaler, on a décerné quatre prix et une mention honorable. Sur dix concurrents, cinq ont été récom-pensés.

En 1816, j'obtins le grand prix. Mon maître, M. *Vincent*, était près de quitter la vie. Il se fit porter mon tableau devant son lit, et me dit d'une voix faible : « Vous allez partir pour l'Italie, à Rome vous trouverez M. *Thévenin*, mon élève, qui est directeur de l'Académie; les pensionnaires peintres, MM. *Léon Pallière, Forestier, Picot, Allaux*, sont aussi mes élèves. Vous, mon ami, êtes le dernier des élèves que j'ai faits; ainsi, tous les peintres que l'on comptera à l'Académie de France à Rome sont sortis de mon atelier. Je puis mourir content. »

Voilà, Monsieur, à quoi se borne tout ce qu'on peut dire de moi dans le dictionnaire historique que vous rédigez et que vous allez publier. Le reste de ma vie est de trop peu d'importance pour en occuper le public, et c'est déjà beaucoup de vouloir bien lui mettre mon nom sous les yeux; je sens tout l'honneur que vous voulez bien me faire, et vous en exprime mes remerciements.

Agréez, Monsieur, mes civilités très respectueuses.

Thomas.

Rue Neuve et place Saint-Georges, nouveau quartier d'Antin.

BIBLIOGRAPHIE.

Deux catalogues de tapisseries. — Deux livres, importants tous deux pour l'histoire de la tapisserie, bien que de valeur fort inégale, viennent de paraître. Le premier est le *Catalogue général officiel des œuvres d'art envoyées par les manufactures nationales des Gobelins, de Beauvais et de Sèvres à l'Exposition universelle de 1889*.

Le volume a 80 pages gr. in-8°, dont les Gobelins et Beauvais occupent à peine le quart. On regrette de ne pas trouver dans cette publication officielle plus de détails sur des ouvrages qui, comme la *Filleule des Fées*, d'après M. *Mazerolle*, et les panneaux destinés à la Bibliothèque nationale, ont exigé des années de travail et coûté des sommes considérables. A défaut d'une description détaillée qui ne serait pas superflue, nous aimerions assez qu'on indiquât le prix de revient de chaque panneau et ses dimensions bien exactes. Un ouvrage tel qu'une grande tapisserie décorative mérite bien un peu plus d'explications qu'une coupe de porcelaine d'une forme plus ou moins heureuse avec une décoration souvent banale.

Nous préférons n'émettre aucune opinion sur l'ensemble de l'exposition des Gobelins. Aussi bien est-ce seulement pour signaler le Catalogue que nous en avons parlé. Notons, en passant, que le Catalogue des Gobelins donne l'état de l'état major de la manufacture en énumérant les chefs et sous-chefs des quatre ateliers. Le Catalogue de Beauvais va plus loin, en publiant la liste, non seulement des chefs et sous-chefs d'atelier, mais aussi des artistes et élèves tapissiers. Un préambule commun à toutes les manufactures nationales nous apprend encore que le budget annuel de Sèvres est de 624,450 francs, celui des Gobelins de 231,520 francs, celui de Beauvais de 116,350 francs, enfin celui de l'atelier de mosaïque de 25,000 francs.

L'autre volume sur les tapisseries récemment publié est un *Catalogue descriptif, critique et historique des cent six panneaux qui appartiennent en propre à la ville de Paris*. M. Lenfant, chef du contrôle du matériel de la Ville, s'occupe de ce travail depuis plusieurs années et n'a rien négligé pour le conduire à sa perfection. Cette publication peut servir de modèle à tous ceux qui auraient à inventorier des collections de même nature. Si la ville de Paris avait joint au texte le dessin ou l'héliogravure des plus belles pièces qu'elle possède, ce Catalogue ne laisserait rien à désirer.

M. Lenfant a divisé les tapisseries en sept séries :

1° Neuf panneaux antérieurs à la manufacture des Gobelins. (Parmi ceux-ci, M. Lenfant range deux sujets des Chasses de Maximilien, que je crois bien exécutés dans les ateliers des Gobelins.)

2° Trente-neuf pièces représentant toutes les époques de la manufacture des Gobelins.

3° Douze tapisseries tissées dans les ateliers de Beauvais.

4° Trente sujets exécutés à Aubusson, dont beaucoup sont modernes.

5° Huit tapisseries des fabriques de Lille.

6° Six de celles de Bruxelles.

7° Deux curieuses portières de l'atelier de Turin.

Dans un tableau récapitulatif qui termine le Catalogue, M. Lenfant a dû assigner à chaque pièce un prix d'estimation. Peut-être trouvera-t-on certaines évaluations exagérées. Mais nous ne saurions blâmer M. Lenfant. En présence de scandales tout récents, et dont on n'a pas besoin d'aller chercher le récit ailleurs que dans le livre que nous avons sous les yeux, on ne saurait jamais attribuer une valeur trop élevée à ces œuvres d'art, d'autant plus précieuses qu'on ne saurait aujourd'hui les remplacer.

J. J. G.

LE SCULPTEUR *MARTIN CLAUSTRE*, DE GRENOBLE.

(1514.)

Communication de *M. H. Herluison.*

Martin Cloître, de Cloître, Clostre ou *Claustre* est mentionné dans les *Archives de l'Art français* (t. I, p. 125 et 276). On avait supposé que ce maître était originaire de Blois. M. de la Saussaye voulut bien faire savoir, en 1862, à M. de Montaiglon que des pièces découvertes sur *Martin Claustre* permettaient d'établir que le célèbre imagier était né dans le Dauphiné (*loc. cit.*, t. VI, p. 384). A une date plus récente, M. Edmond Maignien, dans son excellent livre *les Artistes grenoblois* (1887, in-8°, p. 98-100), a revendiqué pour la ville de Grenoble l'honneur d'avoir vu naître *Claustre* vers 1480. On ne saurait, quant à présent du moins, ajouter beaucoup à ce que M. Maignien nous révèle sur l'habile maître de Grenoble. La notice très complète que lui consacre notre confrère renferme en substance les documents connus jusqu'à ce jour. Mais les pièces inédites s'ajouteront pour *Claustre*, comme pour tant d'autres, aux actes publiés. M. Herluison a eu la bonne fortune de découvrir un marché passé par l'imagier le 17 juillet 1514, à Orléans. Or, de son côté, M. Maignien avait mis au jour un prix-fait passé par notre artiste le 10 décembre 1515, à Grenoble. Ce prix-fait est la pièce qu'il était permis de considérer comme la plus ancienne sur *Claustre*. Elle constituait d'ailleurs, avec le marché intervenu entre *Claustre* et le baron de Montmorency en 1524, dont M. de Montaiglon a fait connaître la teneur dans la *Bibliothèque de l'École des chartes* (3° série, t. II, p. 264-278), à peu près tout ce qu'il était possible d'invoquer à l'appui des faits et gestes de l'artiste émérite. Et, puisque, en 1515, *Claustre* habitait Grenoble, sa ville natale, il y avait lieu de penser que son voyage à Blois, son séjour sur les bords de la Loire étaient postérieurs à cette date. La pièce découverte par M. Herluison détruit cette hypothèse. *Claustre* a quitté le Dauphiné au début de 1514, sinon plus tôt, pour y rentrer en 1515 et s'en éloigner de nouveau avant 1521, date à laquelle il décore le tombeau de Charlotte d'Albret, femme de César Borgia, érigé dans l'église de la Mothe-Feuilly (Indre). On trouvera dans l'ouvrage de M. Maignien d'intéressants détails sur ce tombeau.

H. J.

Ledict jour (17 juillet 1514).

Comme par lectres faictes et passées le quinzeyesme jour de ce présent moys derrenier passé, entre noble damoiselle Marguerite de Craesmes, vefve de feu noble et puissant seigneur Charles d'Argennes, en son vivant seigneur de Ramboullet, en son nom et aussi pour et ou nom de noble et discrète personne maistre Loys Du Bellay, archediacre de Paris et conseiller du Roy en sa court de Parlement à Paris, d'une part;

Et maistre *Martin Clostre*, marchant, tailleur d'ymages, demourant à Grenoble en Daulphinay;

Ait iceluy *Clostre* prins à faire et rendre fait et parfait dedans la feste de Pasques prochaine, quatre ymages de pierre d'albastre, selon la façon et devis contenu et déclairé, moiennant la somme de soixante escus d'or souleil; sur laquelle somme luy ayt esté paié et baillé ung escu d'or souleil, pour seureté de laquelle somme de vingt escuz et aussi pour faire, parfaire, rendre et livrer audit jour lesdictes œuvres et paier la somme de vingt escuz d'or souleil au deffault d'acomplissement du contenu esdictes lectres, dedans ledit jour de Pasques, ayt icelluy maistre *Martin* promis estoit tenu bailler pleige et caucion bourgeoise suffisante de ceste ville d'Orléans, dedans lejourduy et d'icelle caucion faire et passer lectres de ladicte damoiselle et icelles bailler à Jacques Joudon, escuier, en luy paiant et baillant oultre vingt trois escuz d'or souleil; ainsi que par lectres sur ce faictes et passées lesdicts an et jour, signées : Chevreau, est apparu.

Savoir faisons que ledict maistre *Martin Clostre* estably, etc., confessa que pour ce que bonnement il ne peut sondict pleige recouvrer et finir dedans le temps qu'il est tenu de ce faire, il avoit et a voulu et consenty, veult et consent par ces presentes que une pièce d'allebastre contenant quatre piedz de long et deux piedz ou environ, tant en largeur que espesseur, et une autre pièce aussi d'albastre contenant deux piedz en carreuze, en tous sens, et une tombe de marbre noir aiant six piedz de long et trois piedz de largeur ou environ, une autre tombe ou table de marbre blanc contenant cinq piedz ou environ de longueur, et de largeur deux piedz et demy ou environ, sept pièces de pillier, quatre de marbre blanc et bis, et autres pièces de marbre, le tout contenant le nombre et quantité de vingt six pièces de marbre et albastre à luy appartenant, estant à present ès mains de *Jehan Mignier*, maistre maçon des œuvres de maçonnerie pour le Roy notre sire, des ville et bailliage d'Orléans, demourent pour seureté, etc., en garde et despost ès mains dudit *Jehan Mynier*, etc.

(Minutes de Michel Deschamps, notaire à Orléans, aujourd'hui étude de Me Fauchon.)

CHARLES LE BRUN.

SES RELATIONS AVEC LES ARTISTES DE SON TEMPS.

(1647-1688.)

Nous achevons en ce moment la revision des épreuves d'un travail étendu sur *Charles Le Brun et les arts sous Louis XIV*[1]. Le peintre des *Batailles* a tenu trop de place au XVII° siècle pour que sa personne, en même temps que ses ouvrages, n'aient pas été l'objet de l'attention minutieuse des historiens, de l'éloge des uns, de la critique injuste ou de la calomnie des autres. Mainte légende a cours sur *Le Brun*. Nous avons essayé de faire la lumière sur les torts que l'on prête au Premier Peintre. Ce n'est pas à nous de dire si nous sommes parvenu à dégager la fière et noble personnalité de *Le Brun* des ombres dont elle reste enveloppée aux yeux des personnes qui n'ont pu recourir aux documents originaux. Nous avons tous lu que *Le Brun* fut un homme hautain, égoïste, sans pitié pour les artistes de son temps. La pensée ne nous vient pas de transcrire à cette page mainte anecdote de laquelle il résulte que le Premier Peintre de Louis XIV fut, au contraire, un homme conciliant et serviable. Nous ferons mieux que de nous citer nous-même, nous indiquerons les sources auxquelles nous avons puisé la preuve de cette obligeance, de cette camaraderie de bon aloi dont *Le Brun* sut donner à ses pairs des marques éclatantes et sans nombre. A la distance de deux siècles, toute tradition orale est naturellement évanouie. Nous ne pouvons parler que d'après des documents écrits. On va lire le résumé de soixante-quinze actes sur lesquels est apposée soit la signature de *Le Brun*, soit celle de Suzanne Butay, sa femme. Ce chiffre est respectable. Mais, si nous nous interrogeons nous-mêmes, nous nous rendrons compte que nous omettons à tout instant de laisser une trace écrite de nos relations les plus chères. Si l'histoire s'occupe dans deux siècles de quelque lecteur des *Nouvelles Archives de l'Art français*, il y a tout à parier qu'elle ne connaîtra qu'imparfaitement la vie privée, les préférences, les relations quotidiennes de l'homme d'aujourd'hui dont elle essaiera de parler. Ainsi le veut la coutume, ainsi l'exigent les convenances. Dangeau n'est pas au service de tout le monde. Nous n'avons cure, n'est-il pas vrai, d'inscrire le nom de nos amis, la date des joies qu'ils nous ménagent, dans un acte rédigé en bonne forme à l'usage des temps à venir. Il en a été de même pour *Le Brun*. D'Ormesson nous révèle par son *Journal* que le directeur de la manufacture des Gobelins lui fit, à deux reprises, l'honneur de dîner à sa table. Combien d'autres ont été les hôtes ou les convives du Premier Peintre et n'ont pas pris souci de nous l'apprendre! De ce nombre,

---

1. *Charles Le Brun et les arts sous Louis XIV. Le Premier Peintre, sa vie, son œuvre, ses écrits, ses contemporains, son influence, d'après le Manuscrit de Nivelon et de nombreuses pièces inédites.* Avec un portrait du maître, d'après le buste d'*Antoine Coyzevox*, spécialement gravé pour cet ouvrage par M. *Eugène Burney* (Paris, Imprimerie nationale, et H. Laurens, éditeur. 1 vol. in-4° jésus de 780 pages).

n'en doutons pas, il y a beaucoup d'artistes. Le relevé qui va suivre n'est donc nécessairement qu'un indice et non pas, il s'en faut, l'attestation rigoureuse de la cordialité du maître à l'égard de ses confrères, pour la plupart ses subordonnés.

Nous diviserons les artistes ci-après nommés en deux catégories : les alliés et les amis de *Le Brun*. Pour ne pas donner à ce relevé plus d'étendue qu'il ne convient, nous débuterons par un sommaire bibliographique qui nous dispensera de rappeler *in extenso* le titre des publications auxquelles nous renvoyons le lecteur à la suite de chaque mention d'acte.

Archives nationales. — Y 229, 237.

C. Nivelon, *Vie de Charles Le Brun* (Bibl. nat., ms. n° 12987).

Archives de l'Art français (Paris, Dumoulin, 1851-1860, 6 vol. in-8°).

Mémoires inédits sur la vie et les ouvrages des membres de l'Académie royale de peinture et de sculpture (Paris, Dumoulin, 1854, 2 vol. in-8°).

H. Herluison, *Actes d'état civil d'artistes français* (Paris, Baur; Orléans, Herluison, 1873, in-8°).

A. Jal, *Dictionnaire critique de biographie et d'histoire* (2° édit. Paris, Plon, 1872, in-8°).

E. Piot, *État civil de quelques artistes français* (Paris, Pagnerre, 1873, in-4°).

I.

ARTISTES ALLIÉS A *CHARLES LE BRUN*.

LES *BUTAY, CAFFIERI, FLAMEN, HOUASSE, JANS, LEGENDRE, TARDIF, TUBY, VAN DER MEULEN, VERDIER*.

1° *LE BRUN* CHEZ LES *BUTAY*.

1647 (26 février). *Le Brun* épouse Suzanne Butay, fille du peintre *Robert Butay* (Piot, p. 70).

1651 (20 novembre). *Le Brun* au mariage du peintre *Jean II Butay*, son beau-frère (Jal, p. 297)[1].

1658 (22 janvier). *Le Brun* aux obsèques de Marguerite Legrain, femme du peintre *Robert Butay*, sa belle-mère (Herluison, p. 61).

1662 (2 avril). La femme de *Le Brun* au baptême de Suzanne, fille du peintre *Claude Butay*, beau-frère du maître (Jal, p. 297)[2].

---

1. Jal n'a pas découvert la date du second mariage de *Jean Butay*. Nous devons à l'obligeance de M. Henri Stein de savoir que le contrat de mariage de ce peintre avec Michelle-Louise Lalobbe est conservé aux Archives nationales (Y 207, fol. 413). Cette nouvelle union de *Butay* eut lieu le 4 août 1665.

2. Au sujet de *Claude Butay*, voir *Nouvelles Archives de l'Art français* (2° série, t. III, p. 15).

1662 (4 avril). *Le Brun* aux obsèques du peintre *Robert Butay*,
son beau-père (Herluison, p. 61).

1675 (6 septembre). *Le Brun* au baptême d'Antoinette, fille du
peintre *Claude Butay*, son beau-frère (Jal, p. 297).

1686 (7 février). *Le Brun* aux obsèques du peintre *Jean II Butay*,
son beau-frère (Herluison, p. 61).

2° *LE BRUN* chez *PHILIPPE Ier CAFFIÉRI*.

1665 (20 juillet). *Le Brun* au mariage du sculpteur *Philippe Ier
Caffiéri* avec Françoise Renault de Beauvallon, cousine-
germaine du maître (Jal, p. 302).

1666 (5 mai). La femme de *Le Brun* au baptême de Suzanne,
fille du sculpteur *Philippe Ier Caffiéri* (Jal, p. 302).

1667 (26 juin). *Le Brun* au baptême de François-Charles, fils du
sculpteur *Philippe Ier Caffiéri* (Jal, p. 302).

3° *LE BRUN* chez *ANSELME FLAMEN*.

1680 (18 février). *Le Brun* et sa femme au mariage du sculpteur
Anselme Flamen avec Louise Blart, fille de défunt Jean
Blart, et de Marie Le Bé, cousine issue de germain et
pupille du maître (Jal, p. 581).

4° *LE BRUN* chez *RENÉ-FRANÇOIS HOUASSE*.

1673 (5 février). *Le Brun* au mariage du peintre *René-Antoine
Houasse* avec Marie Le Bé, cousine du maître (Jal,
p. 687).

1673 (27 novembre). La femme de *Le Brun* au baptême d'Agnès-
Suzanne, fille du peintre *René-Antoine Houasse* (Herluison, p. 91-92).

5° *LE BRUN* chez *JANS*.

Jean Jans, le chef des tapissiers de haute-lisse de la manufacture des Gobelins, semble avoir été très intime avec *Le Brun*. Sa
signature est apposée auprès de celle du maître sur un grand
nombre des actes d'état civil dont nous donnons ici le résumé.
Nivelon dit expressément que *Le Brun* avait uni à sa famille du
côté des Le Bé « le chef considérable et renommé artisan de la
fabrique de ces beaux ouvrages de tapisserie, le sieur *Jans* » (Ms.
fol. 381). Nous ne pouvons citer à l'appui des relations du maître
avec *Jans* ou ses proches que l'inventaire dressé dans la demeure

du tapissier au lendemain de son décès survenu le 21 ou le 22 mai 1668. La veuve de l'artiste, Pétronille Bouquet, restait avec deux enfants : Madeleine, âgée de dix-neuf ans, et Jean, tapissier. *Le Brun* accepta d'être le subrogé-tuteur de Madeleine Jans, par acte passé devant Me Jean Sagot, commis au greffe du Châtelet de Paris, le 23 mai 1668. C'est à M. Herluison que nous sommes redevable de la communication des pièces originales où se trouvent consignés ces faits.

6° *LE BRUN* chez *NICOLAS LEGENDRE*.

Guillet de Saint-Georges, dans son Mémoire historique sur le sculpteur *Nicolas Legendre*, s'exprime ainsi : « M. *Legendre* fut élu adjoint à professeur dans l'assemblée du 4 juillet 1665... Comme il se trouva veuf en ce temps-là, il épousa en secondes noces une fille qui étoit parente de M.. *Le Brun*. » (*Mémoires sur les membres de l'Académie*, t. I, p. 413.)

7° *LE BRUN* chez *MICHEL TARDIF*.

Nous avons vainement cherché l'acte de mariage du peintre *Michel Tardif*, qui, aux obsèques de Suzanne Butay, femme de *Le Brun*, le 26 juin 1699, signe, en même temps que *Verdier*, « neveu de la défunte. » Nous supposons que son mariage eut lieu avant la mort du maître (Jal, p. 753).

8° *LE BRUN* chez *JEAN-BAPTISTE Ier TUBY*.

1666 (27 juillet). *Le Brun* au baptême de Charles, fils du sculpteur *Jean-Baptiste Ier Tuby*, alors époux de Marguerite Cocuel (Jal, p. 1208).

1680 (22 septembre). *Le Brun* et sa femme au second mariage du sculpteur *Jean-Baptiste Ier Tuby* avec Suzanne Butay, fille du peintre *Claude Butay* et nièce de la femme du maître (Herluison, p. 434).

1681 (6 septembre). *Le Brun* et sa femme au baptême de Charles-Jean-Baptiste, fils du sculpteur *Jean-Baptiste Ier Tuby*, (Herluison, p. 434, et Jal, p. 1208).

9° *LE BRUN* chez *ADAM-FRANÇOIS VANDER MEULEN*.

1667 (15 décembre). *Le Brun* au baptême de Catherine-Charlotte, fille du peintre *Adam-François Vander Meulen* (Jal, p. 860).

1671 (4 août). La femme de *Le Brun* au baptême de Suzanne,
fille du peintre *Adam-François Vander Meulen* (Herluison, p. 298).

1677 (10 janvier). *Le Brun* aux obsèques de Catherine Huseweel,
première femme du peintre *Adam-François Vander
Meulen* (Jal, p. 860).

1681 (12 janvier). *Le Brun* au troisième mariage du peintre
Adam-François Vander Meulen avec Marie de By ou
Duby, fille de Claude, et de Charlotte Le Bé, nièce du
maître (Herluison, p. 299, et Jal, p. 860).

1684 (22 mars). *Le Brun* et sa femme au baptême de Charles, fils
du peintre *Adam-François Vander Meulen* (Herluison,
p. 299).

10° *LE BRUN* chez *FRANÇOIS VERDIER.*

1685 (20 février). *Le Brun* et sa femme au mariage du peintre
François Verdier avec Antoinette Butay, fille du peintre
Claude Butay, et nièce de la femme du maître (Jal,
p. 1251).

1685 (25 novembre). *Le Brun* et sa femme au baptême de Char-
lotte-Antoinette-Suzanne, fille du peintre *François
Verdier* (Herluison, p. 446).

1687 (13 février). *Le Brun* au baptême de Charles-François, fils
du peintre *François Verdier* (Herluison, p. 446).

1688 (16 novembre). *Le Brun* et sa femme au baptême de Charles-
François, fils du peintre *François Verdier* (Jal, p. 1251).

II.

RELATIONS AMICALES DE *CHARLES LE BRUN*
AVEC LES ARTISTES DE SON TEMPS.

(1647-1688.)

1647 (16 août). *Le Brun* au baptême d'un enfant du graveur
Pierre Ier Mariette (Jal, p. 837).

1647 (26 octobre). *Le Brun* au baptême de Marie, fille du graveur *Jean Humbelot.* — Sur cet acte, *Le Brun*, peintre
du Roi depuis dix ans, est qualifié « m^e peintre et valet
de chambre du Roy » (Jal, p. 694).

1648 (24 mai). *Le Brun* au baptême de Marie, fille du graveur
Gilles Rousselet (Jal, p. 1094).

1650 (6 février). La femme de *Le Brun* au baptême de Suzanne,
fille du graveur *Gilles Rousselet.* — Sur cet acte, Suzanne
Butay est dite « femme de *Charles Le Brun*, peintre et
valet de chambre du Roy » (Herluison, p. 391).

1659 (30 décembre). La femme de *Le Brun* au baptême de Fran-
çois, fils de m⁰ *Jacques Prou*, menuisier, et de Marie
Garraud. — Jal (p. 1010) appellera la femme de *Prou*
« Marie Enguerrand » (Communication de M. Th.
Lhuillier. — Archives paroissiales de Maincy).

1660 (19 janvier). *Le Brun* au baptême d'Évrard, fils du graveur
François Chauveau, et de sa femme Catherine Cucci,
« fille d'honorable homme *Dominique Cucci*, ébéniste
et fondeur ordinaire du Roy » (Jal, p. 375).

1661 (9 janvier). *Le Brun* et sa femme, par procureurs, au baptême de Charles, fils du sculpteur *Nicolas Legendre*
(Communication de M. Th. Lhuillier. — Archives
paroissiales de Maincy).

1663 (17 août). *Le Brun* au baptême de Charlotte-Marguerite,
fille du dessinateur du Roi, *Israël Silvestre* (*Renseignements sur quelques peintres et graveurs des XVII⁰ et
XVIII⁰ siècles : Israël Silvestre et ses descendants*,
par E. de Silvestre. Paris, 1869, in-8°, p. 11).

1664 (3 juillet). La femme de *Le Brun* au baptême de Henriette-
Suzanne, fille du dessinateur du Roi, *Israël Silvestre*
(Herluison, p. 408).

1664 (4 novembre). *Le Brun* au mariage du sculpteur *Gaspard II
Marsy* (Jal, p. 842).

1665 (4 avril). La femme de *Le Brun* au baptême de Charles,
fils du fondeur *Domenico Cucci* et de sa femme Jeanne,
fille du peintre *Paul Goujeon* (Jal, p. 461).

1666 (6 mai). La femme de *Le Brun* au baptême de Marguerite,
fille d'*André Félibien*, sieur des Avaux, architecte et
littérateur (*Inventaire sommaire des Archives commu-
nales antérieures à 1790. Ville de Chartres*, par M. L.
Merlet. Chartres, 1888, in-4°, p. 9).

1666 (10 mai). *Le Brun* au mariage du sculpteur *Jean II Legeret* avec Élisabeth, fille du peintre *Baudren Yvart* (Jal,
p. 758).

1667 (11 octobre). *Le Brun* et sa femme au baptême de Made-
leine-Suzanne, fille du peintre *Noël Coypel* et de sa

femme Madeleine, fille du peintre *Antoine Hérault* (Jal, p. 449).

1668 (20 juin). *Le Brun* au baptême de Jean-Charles, fils de Piot, marchand libraire, et d'Antoinette Humbelot, sa femme, fille du graveur *Jean Humbelot* (Herluison, p. 222, et Jal, p. 694).

1669 (22 avril). La femme de *Le Brun* au baptême de Suzanne, fille du peintre *Jean-Baptiste Monnoyer* (Herluison, p. 310).

1669 (15 juillet). *Le Brun* au second mariage du peintre *François Francart* avec Anne-Élisabeth, fille du sculpteur *Jean Iᵉʳ Legeret* (*Archives de l'Art français*, t. III, p. 174-175).

1669 (15 juillet). *Le Brun* au mariage du sculpteur *Pierre Mazeline* avec Jeanne-Françoise, fille du peintre *François Francart* (*Archives de l'Art français*, t. III, p. 175-176, et Herluison, p. 292-293).

1669 (21 juillet). La femme de *Le Brun* au baptême d'une fille du peintre *Jean Lemoyne*, de Joinville (Jal, p. 765).

1670 (23 août). *Le Brun* au baptême de Charles, fils du dessinateur du Roi, *Israël Silvestre* (Herluison, p. 408-409).

1671 (11 avril). *Le Brun* au baptême de Louis-Charles, fils du peintre graveur *Jean Le Moyne*, de Paris (Jal, p. 764).

1672 (8 février). *Le Brun* au mariage du peintre *François Bonnemer* avec Catherine, fille de *Jean Mosin*, tapissier ordinaire du Roi (Herluison, p. 46).

1672 (1ᵉʳ mai). *Le Brun* au mariage du graveur *Gérard Édelinck* avec Madeleine, fille du graveur *Nicolas Regnesson* (Herluison, p. 131).

1673 (1ᵉʳ avril). La femme de *Le Brun* au baptême de Charles, fils du graveur *Gérard Édelinck* et de sa femme Madeleine Regnesson (Herluison, p. 132).

1673 (21 novembre). *Le Brun* au mariage du graveur *Sébastien Le Clerc* avec Charlotte, fille de *Josse Vander Kerckhove*, « teinturier ordinaire du Roy » (Herluison, p. 225).

1674 (17 février). *Le Brun* aux obsèques de la femme du peintre *Nocret* (Herluison, p. 326).

1675 (.....). *Le Brun* au mariage du peintre *Joseph Cussat* ou *Cuxac* (Jal, p. 462).

1675 (21 avril). *Le Brun* au mariage de *Pierre Treilhé*, menui-

sier aux Gobelins, et de Marie Gourdin, fille de service·
du premier peintre (Communication de M. Henri Stein.
— Arch. nat:, Y 229, fol. 449).

1675 (23 juillet). *Le Brun* au baptême de Catherine-Charlotte,
fille du graveur *Sébastien Le Clerc* et de sa femme
Charlotte Vander Kerckhove (Herluison, p. 225).

1675 (18 août). *Le Brun* au baptême de Catherine, fille du dessi·
nateur du Roi, *Jean Berain*. — La marraine est *Catherine Duchemin*, femme du sculpteur *François Girardon*
(Jal, p. 197).

1675 (18 novembre). *Le Brun* au baptême du fils du peintre
Jean II Cotelle (Jal, p. 433).

1676 (10 février). *Le Brun* et Suzanne Butay au mariage de
Catherine Vander Kerckhove, fille de *Josse Vander
Kerckhove*, « teinturier ordinaire du Roy, » et de *Philippe Branchy*, « lapidaire ordinaire du Roy » (*Nouvelles Archives de l'Art français*, 3ᵉ série, t. III, p. 177).

1676 (23 février). *Le Brun* au baptême de Marie-Marguerite,
fille du peintre *Joseph Cussat* ou *Cuxac* (Herluison,
p. 96).

1677 (5 janvier). *Le Brun* au baptême de Laurent, fils du graveur *Gérard Édelinck* et de sa femme Madeleine Regnesson (Herluison, p. 132).

1678 (7 février). *Le Brun* et sa femme au mariage du graveur en
taille-douce *François Bermen* avec Jeanne Humbelot,
petite-fille du graveur et marchand de tailles-douces
Jean-Baptiste Humbelot (Jal, p. 694).

1678 (20 février). *Le Brun* au second mariage de l'ébéniste et
fondeur *Domenico Cucci* avec Catherine, fille du peintre
Guillaume Anguier (Jal, p. 461).

1679 (13 août). *Le Brun* au mariage d'Anne, fille du peintre feu
Louis Lemoyne, avec Pierre Guillier, bourgeois de Paris
(Communication de M. Henri Stein. — Arch. nat.,
Y 237, fol. 210).

1679 (5 décembre). *Le Brun* au baptême de Jean-Charles, fils du
peintre *Jean-Baptiste Corneille* et de sa femme Madeleine, fille du graveur *Pierre Iᵉʳ Mariette* (Jal, p. 430).

1681 (16 février). *Le Brun* au mariage du sculpteur *Jacques
Prou* avec Suzanne, fille du sculpteur *Jean-Baptiste
Tuby* (Herluison, p. 362, et Jal, p. 1010).

1681 (20 avril). *Le Brun* au mariage du peintre *Joseph Yvart*
avec Anne, fille de défunt Dominique Barrau, portier
des Gobelins (Herluison, p. 461, et Jal, p. 1325).

1681 (23 novembre). La femme de *Le Brun* au baptême d'un
enfant du sculpteur *Jacques Prou* et de sa femme
Suzanne Tuby (Herluison, p. 362).

1682 (16 septembre). *Le Brun* au mariage de Michel Cailleu,
avocat au Parlement, et de Madeleine de Villers, fille de
feu *Claude de Villers*, marchand orfèvre du Roi (la
minute du contrat appartient à M. Herluison).

1686 (24 janvier). *Le Brun* aux obsèques de Madeleine Regnesson, femme du graveur *Gérard Édelinck* (Herluison,
p. 132).

1688 (3 février). *Le Brun* au mariage du peintre *Louis Boulogne*
avec Marguerite, fille de feu *Denis Bacquet*, maître
potier d'étain (Jal, p. 267).

Henry Jouin.

GUILLAUME VENIAT.

(1659.)

MM. Anatole de Montaiglon, Charles de Beaurepaire, Maurice Tourneux
et P. Mantz se sont occupés de *Veniat* (*Nouvelles Archives de l'Art français,*
3ᵉ série, t. I, p. 102, 137-139, 146-147). Au cours de leurs recherches, nos
confrères ont découvert une épitaphe du célèbre ébéniste. C'est un sizain
anonyme. Voilà que le hasard nous fait rencontrer une deuxième épitaphe
de *Veniat*. A la vérité, nous n'oserions dire que celle-ci a été gravée sur la
pierre tumulaire de l'artiste dans l'église de l'Avé-Maria. Mais on ne nous
contestera pas le droit d'appeler « épitaphe » le sonnet qui va suivre, puisque
son auteur, le Père Carneau, intitule de la sorte les vers qu'il consacre à
Veniat. Le Père Carneau n'est plus connu. Il mériterait qu'on se souvînt de
lui. Ses sonnets à l'honneur des artistes de son temps révèlent un homme
que les arts du dessin ne laissaient point indifférent. La bibliothèque Maza-
rine possède un recueil manuscrit des *Poésies du Père Étienne Carneau*
(in-4°, n° 2024 L.). Ce recueil non paginé rend les recherches assez difficiles.
Le sonnet sur *Veniat* est perdu vers le milieu du volume. Le premier vers
a été l'objet de retouches. Le poète avait d'abord écrit « ouvrier. » Mécon-
tent, il a mis « artisan. » Peu satisfait, il s'est arrêté à l'expression plus noble
« homme expert. » On remarquera que le premier vers du dernier tercet
fait allusion au lieu de sépulture de *Veniat* et à la gratitude que s'est assu-
rée dans ce lieu le frère de l'artiste. Ce frère, menuisier du Roi, est *Charles
Veniat*, inhumé, lui aussi, à l'Avé-Maria et dont l'épitaphe latine est publiée
dans les *Nouvelles Archives* (loc. cit., p. 137-138).

H. J.

ÉPITAPHE DE M* *GUILLAUME VENIAT*
MENUISIER DU ROY.

Sonnet.

Cy gist un homme expert, illustre en ses pratiques,
Veniat que la Cour mit au rang des fameux,
Qui fut dans ses desseins aussi prudent qu'heureux,
Et mérita par tout des loüanges publiques.

Autels, plafons, réduits, alcoves et portiques,
Bastimens reguliers, ameublemens pompeux,
Par vous, ses ennemis estonnez et honteux
Changent leurs traits picquans en des panégyriques.

Il suivit la Vertu dès ses plus ieunes ans,
Et se veit estimé des Bons et des Scauans,
Faisant à l'ignorance une éternelle guerre.

Son frère en ce lieu saint rend son nom pretieux ;
Ses ouurages lont mis en honneur sur la terre ;
Sa piété l'elèue à la gloire des Cieux.

Étienne CARNEAU.

ANSELME FLAMEN, SCULPTEUR DU ROI.
(1694.)

Acte imprimé du 25 novembre 1694 portant constitution de rente viagère, par-devant notaires, de la somme de 136 livres de rente à *Anselme Flamen*, âgé de quatorze ans, demeurant rue du Cocq, parroisse Saint-Germain-l'Auxerrois, fils d'*Anselme Flamen*, sculpteur ordinaire du Roy, et de Louise Blard, sa femme, ses père et mère, constituée moyennant la somme de 1,904 livres, qui est sur le pied du denier quatorze, par les Prevost et Échevins de la ville de Paris.

Le 5 mars 1695, le s. *Flamen* père présente l'extrait baptistaire de son fils tiré des registres de Saint-Germain-l'Auxerrois, daté du 14 septembre 1680. Le père mourut en 1717 ; le fils en 1730.

J.-J. G.

(Collection Cottenet.)

L'ARCHITECTE *TOSCAT* ET LE SCULPTEUR *CHASTEL*.

FONTAINE DES TROIS-DAUPHINS.[1]

(1779-1782.)

Les anciennes fontaines du Roi et de Saint-Éloi tombant en ruines et ne pouvant plus servir, sur les plaintes des propriétaires des maisons voisines, il fut proposé, dans la réunion du Conseil municipal du 1er juin 1779, de refaire ces deux fontaines, et, le 12 du même mois, les conseillers délibérèrent de les reconstruire à neuf. *Brun*, architecte d'Avignon, fut chargé de dresser un devis estimatif. Mais l'intendant de la province n'approuva pas la reconstruction de ces deux fontaines et prit, le 3 mai 1780, un arrêté par lequel une seule fontaine devait être élevée sur la place de la Halle. Malgré les protestations des propriétaires, qui, pour la commodité et la propreté, préféraient voir rétablir les deux fontaines, et bien que le rapport des experts Sauvaire et Reynaud, en date du 28 juin 1780, leur fût favorable, le délégué général de l'intendance, en l'absence de l'intendant, renvoya, à cause de la dépense que nécessitait la réfection à neuf des fontaines du Roi et de Saint-Éloi, leur reconstruction à un temps plus opportun, la ville devant se borner à faire les réparations indispensables pour que les habitants du quartier ne manquassent pas d'eau.

Six mois après, l'architecte *Toscat*, venu à Toulon pour s'entendre avec la municipalité, qui avait approuvé le projet de n'élever qu'une seule fontaine, dressa, à son retour à Lorgues (Var), son lieu de résidence, un devis pour la construction, sur la place de la Halle, où se trouvait la vieille fontaine de Saint-Éloi, d'une nouvelle fontaine monumentale. Ce devis, à la date du 30 décembre 1780, porte la signature de *Toscat*. Le marbre devait être prodigué dans l'ornementation de cette fontaine. Dans le projet, on voyait, sur une face de l'édifice, un triton au-dessus d'une grande coquille, les armes de la ville et des tables devant recevoir des inscriptions; sur les côtés, des grenouilles projetant l'eau dans cette coquille; enfin, sur l'autre face, une statue de Latone, et, plus haut, un cadran solaire; le tout en marbre, excepté la statue qui devait être d'une seule pierre de Calissanne. Soit que la dépense

---

1. La place où se trouve cette fontaine monumentale était autrefois appelée place de la Halle; plus tard, elle prit le nom de place au Foin. Aujourd'hui, elle porte le nom de *Puget*.

pour l'exécution de ce projet fût trop forte, soit que la composition manquât d'unité, le devis, semble-t-il, ne fut pas approuvé, puisqu'un nouveau devis accompagné de plans, présenté par *Toscat,* fut approuvé, le 20 janvier 1781, par Sigaud, ingénieur des États de Provence, et le travail mis en adjudication le 12 février de la même année.

Charles GINOUX.

(Arch. comm., BB. 95, carton.)

Description [1].

Le périmètre du bassin est composé d'une demi-circonférence, de deux quarts de rond et de trois droites parfaitement raccordés, la plus grande de ces droites égalant 3 mètres, chacune des deux autres 1 mètre. Cette combinaison de lignes donne une forme des plus gracieuses audit bassin, dont les diamètres mesurent, hors-œuvre, 7^m50; ce qui attribue au rayon de la demi-circonférence 3^m75 et à celui de chaque quart de rond 2^m25. La hauteur totale de la fontaine, du sol de la place sur laquelle elle se trouve à l'extrémité des queues des dauphins, s'élevant en pyramide au-dessus d'une grande coquille placée sur son faîte, est de 7 mètres environ.

A la partie nord du bassin, à la distance de trois pieds quatre pouces (1^m08) de sa paroi intérieure et parallèlement à la grande ligne droite de son contour, émerge un massif d'architecture aux extrémités duquel sont deux pilastres trapus engagés, portant chacun une rosace pénétrée par un tuyau d'où sort l'eau à l'usage des habitants. Sur l'arrière-corps qu'encadrent les deux pilastres se trouve une table sans inscription. Un entablement mouluré, mais sans saillie, termine cette façade.

Sur le côté sud du massif d'architecture ou fontaine sont greffées trois grandes vasques superposées, de dimensions inégales, de manière à donner un aspect pyramidal à cette partie du monument, et, en même temps, obtenir trois chutes d'eau. Ces vasques ont, chacune, près de 3 pieds 8 pouces (1^m19) de hauteur, et la plus grande 5 mètres de longueur. Leur profil est évasé en quart de rond avec filet. Leur plan est rectangulaire, mais à pans coupés avec angles rentrants de façon à isoler ou séparer leurs côtés libres, et ajouter

---

1. La fontaine des Trois-Dauphins est, relativement, dans un bon état de conservation; mais il est à craindre que, dans un temps peut-être rapproché, il n'en soit pas de même, si, par ignorance que les végétaux sont les plus grands destructeurs des édifices, on persiste à laisser croître des arbres sur cette intéressante construction, rendue, aujourd'hui, presque entièrement invisible par l'envahissement progressif de mousses et de plantes de toute sorte. Cet envahissement est cause que nous n'avons pu mesurer exactement toutes les parties de cette fontaine, ni reproduire son architecture.

encore à la variété de l'ensemble. La vasque inférieure repose sur un
socle que baigne l'eau du bassin.

Le couronnement ou acrotère du massif d'architecture, composé
d'une seule grande pierre arrasant la vasque supérieure, est surmonté
d'un socle cylindrique supportant une grande coquille, au-dessus de
laquelle se trouve un groupe de trois dauphins, habilement entrela-
cés et pyramidant, de sept pans et demi (1m80) de hauteur.

De trois tuyaux terminés en éventail dans la gueule des dauphins
-s'échappe l'eau reçue par la coquille, qui, à son tour, la déverse par
ses bords, pour tomber en nappes, de vasque en vasque, dans la partie
du bassin qui sert d'abreuvoir.

Toutes les pierres dont se composent la fontaine et le bassin sont
en calcaire dur. Les dauphins ont été sculptés dans une seule pierre
de Calissanne, pierre tendre durcissant avec le temps.

*Devis de construction d'une fontaine publique à élever
sur la place au Foin, dans la ville de Toulon*[1].

Art. 1.

La fontaine à construire sur la place au Foin sera élevée suivant
les plans cotés, signés et approuvés, qui seront remis à l'entrepreneur.

Art. 2.

Le bassin de la fontaine sera formé de plusieurs portions circu-
laires vers la place, lesquelles s'ajusteront avec une ligne droite vers
la rue Royale ; cette partie du bassin formée en ligne droite sera ali-
gnée avec la rue Royale ; et le bassin sera posé de manière qu'il soit
au milieu de la place.

Art. 3.

La fontaine sera située dans le bassin parallèlement à la rue Royale
et du côté de cette rue elle sera éloignée à trois pieds quatre pouces
du paroi intérieur du bassin. Elle sera formée par le socle marqué A ;
par trois rangs de chutes d'eau posées au-dessus du socle et marquées B,
portant un socle cylindrique C surmonté d'une coquille D, dans
laquelle seront trois dauphins entrelassés E, tournés vers la place et
jettant chacun une nappe d'eau. Le côté de la rue Royale sera formé
par deux pilastres courts et un arrière-corps marqués GF ; chaque
pilastre portera un tuyau I d'où sortira l'eau destinée à l'usage du
quartier ; le côté opposé de la fontaine servira d'abreuvoir.

Art. 4.

Le bassin ayant la forme indiquée par l'article 2 aura son aire J

---

1. **Arch. comm., BB. 95, carton.**

construite en briques posées à plat et son enceinte où bordure K en pierre de taille dure de Cassis; l'aire sera faite de manière qu'il y ait un creux ou rigole pratiquée en caniveau entre le pied de la fontaine et la bordure du bassin; ce caniveau sera fait dans toute l'étendue du bassin et aura une pente vers la rue Royale, duquel côté le bassin sera percé d'un trou où aboutira le caniveau. Ce trou sera fermé en dedans par une bonde en cœur de chêne garnie de cuir. L'ouverture du trou sera de six pouces de diamètre. Les pierres formant l'enceinte du bassin seront assemblées l'une dans l'autre en pointe de diamant dite mâle et femelle.

Art. 5.

Le socle de la fontaine sera fondé sur le terrain ferme à quatre pieds de profondeur du sol actuel de la place; et, si à cette profondeur le terrain ne se trouvait pas ferme ou d'une résistance uniforme, on creusera les fondemens jusqu'à six pieds, et l'on en pilotera toute l'assiette, et il leur sera donné six pouces d'empâtement sur tout le pourtour, et cet empâtement sera monté jusqu'à la première assise du revêtement en pierre. Dans l'un ou l'autre cas, ces fondemens seront faits des plus gros moëlons qui seront sur le chantier; ils seront bâtis en mortier de Pozzolane, ainsi que toute la maçonnerie à faire pour cette entreprise. La partie du socle au-dessus de terre sera revêtue en pierre de taille dure par deux cours d'assises, dont le premier sera enraciné de six pouces au moins sous la ligne du terrain, et le corps du socle sera fait en maçonnerie. Le reste de la fontaine sera construit de la même manière, et son revêtement sera formé par les pierres de chûte d'eau du côté de la place, et par les deux pilastres et l'arrière-corps intermédiaire du côté de la rue Royale, ainsi que le tout est marqué sur les desseins, et le sommet sur lequel doit porter le socle cilindrique C sera couvert d'une pierre de taille dure en arrasement avec le dessus de la plus haute pierre de chûte, elle couvrira exactement le sommet de la maçonnerie et sera jointe en recouvrement avec les autres pierres qu'elle touchera. Le recouvrement sera de deux pouces au moins. Celui des côtés de cette pierre tourné vers la rue Royale laissera libre l'espace H pour la largeur de l'auget qui porte l'eau aux tuyaux I. Au-dessus de cette pierre de couronnement, on posera le socle cilindrique C. Les trois rangs de chûte d'eau (les vasques) seront faits en pierre de taille dure. La hauteur de chacune d'elles sera prise dans une seule pierre de trois pieds huit pouces de largeur, au moins depuis l'extrémité de sa saillie hors-œuvre jusqu'au bout de la queue en enracinement, et elles auront assez de longueur pour qu'il n'y ait pas de joints aux angles saillants et rentrans, ni même à un pied auprès; elles seront taillées suivant le profil en grand avec un quart de rond et un filet. Les deux pilastres et l'arrière-corps seront formés par trois assises, dont les deux inférieures formeront parement, et la supérieure sera isolée du corps de la fontaine, aura un pied d'épaisseur, non compris la saillie du pilastre; cet isolement formera l'intervalle nécessaire au-dessus de l'auget H. Toutes ces pierres seront prises à la carrière de Cassis, elles seront posées sur leur lit, elles ne seront point filandreuses, celles qui auront des défauts seront rebutées, toutes les arêtes seront bien vives et point écornées, les joints des chûtes d'eau proprement ragréées avec mortier de la couleur de la pierre et ceux du côté de la rue Royale seront apparents; toutes les faces seront bouchardées proprement, les moulures lisses et bien dressées.

Art. 6.

L'aire du bassin sera construite en briques dites tiercenaux, elles seront posées à plat sur une couche de mortier de Pozzolane de deux pouces d'épaisseur au moins, que l'on fera rebaver entre les joints. Cette couche de mortier sera étendue au-dessus d'un lit de maçonnerie qui aura un pied d'épaisseur au moins, faites avec petites pierres et Pozzolane. La bordure du bassin sera faite avec pierres de taille dures de deux pieds et demi de hauteur hors terre, enracinées de vingt pouces au moins dans un massif de maçonnerie bâtie en liaison avec celle de l'aire et qui aura deux pieds et demi de largeur et autant de profondeur. Cette maçonnerie sera faite aussi en Pozzolane et établie sur le terrain battu à la dame s'il n'a pas une bonne consistance. Le profil des bordures portera un réglet près du sommet ayant un congé au-dessous, et le pied sera marqué par un socle, ainsi que le tout est indiqué par le profil.

Art. 7.

Le tuyau qui portera l'eau dans la fontaine commencera au pied du bassin en dehors où il sera ajusté dans les tuyaux en poterie de la conduite existante, il passera sous le bassin et montera dans le massif de la fontaine; au-dessus de la coquille, il sera divisé en trois branches, chacune de ces trois branches sera terminée par un ajutoir de fonte élargi en éventail, posé dans la gueule de chaque dauphin. Le tuyau principal aura trois pouces de diamètre en dedans et trois lignes d'épaisseur. Chacun des tuyaux des branches aura un pouce et demi de diamètre en dedans et deux lignes d'épaisseur. Ces tuyaux seront faits de plomb laminé soudés de long, et l'embranchement sera soudé avec soin et recouvert d'une feuille soudée aussi par dessus sur toutes les jointures.

Art. 8.

Tous les ouvrages ci-dessus mentionnés seront faits en toute bonne façon dans l'espace de deux mois, comptables du jour de l'adjudication. Les termes de payement et les conditions de la recepte en seront fixés par le procès-verbal d'enchères; et pour le montant du présent devis il sera payé audit entrepreneur la somme de deux mille six cents seize livres, sur quoi il fournira, en outre de ce qui est mentionné, deux tuyaux de fonte pour le côté de la rue Royale, qui auront deux pouces et demi de diamètre en dehors et six pouces de saillie, bien arrêtés et soudés en incrustation, et toute la pierre sera de la carrière de Cassis.

Fait à Toulon, le 20 janvier 1781.

SIGAUD,
Ingénieur des États de Provence.

L'adjudication de ce travail eut lieu le 12 février 1781. Une seconde adjudication fut faite le 20 et une troisième le 28 du même mois. Ce fut *Modeste Mauric* qui fut déclaré adjudicataire pour le prix de 2,400 livres, prix le plus bas[1].

Soumission du sieur Chastel, *de la ville d'Aix, de faire en pierre de Calissanne les dauphins de la fontaine à construire sur la place de la Halle, et moyennant 1,384 livres*[2].

Il a été convenu entre Messieurs les Maire et Consuls de la ville de Toulon et le sieur *Chastel*, professeur de sculpture de la province, que ce dernier s'oblige de faire pour ladite ville, pour tout le mois d'octobre mil sept cent quatre vingt un, trois dauphins enlassés de la hauteur de sept pans et demy en pierre de Calissanne et la coquille les supportant en pierre froide selon le dessin et mesure du sieur Sigaud, ingénieur de la province, pour le prix et somme de treize cent quatre vingt quatre livres, dont quatre cents livres luy seront comptés au premier jour, pour le payement de la pierre de Calissanne. Le sieur *Chastel* n'étant obligé à autre chose qu'à assister au posage de son ouvrage, sans entrer dans aucun frais, ni de port, ni dudit posage.

Fait double, à Aix, ce huit may mille sept cent quatre vingt un. J'ai soussigné.

CHASTEL.
Lantier de Villeblanche, maire, Lt Caire,
consul, Bourguignon, consul.

Fontaine de la Halle.

Délibération du Conseil municipal du 4 septembre 1782.

Se retiendra la somme de six mille cinq cents quarante sept livres deux sols du montant de la dépense faite pour la construction d'une nouvelle fontaine à la Halle, en exécution de la délibération du Conseil du 19 septembre 1780, autorisée par Mgr l'Intendant le 9 décembre

---

1. Arch. comm., BB. 95, carton.
2. Arch. comm., BB. 95, carton.

d'après. Dans cette somme est compris le coût des augmentations d'ouvrages, et tous frais compris...

(Arch. comm., BB. 95, registre.)

D'après un état de la dépense pour la construction de la fontaine de la Halle, *Toscat*, architecte de Lorgues (Var), auteur des plans, reçut 144 livres pour frais de voyage et pour « la dresse du plan de la fontaine. »

(Arch. comm., série DD., supplément.)

LE SCULPTEUR *JOSEPH-CHARLES MARIN.*

(1834.)

VIEILLESSE D'ARTISTE.

On ne parle plus guère du sculpteur *Marin*. Sa personne se dérobe aux recherches de l'historien; ses œuvres sont dispersées ou détruites. Tandis que Nagler fixe la date de naissance de cet artiste à l'année 1749, d'autres biographes rajeunissent le sculpteur de dix années; d'autres, plus généreux encore, le font naître en 1773. Cette dernière date paraîtrait la plus probable, étant donné que *Marin* remporta le Prix de Rome en 1801. Mais le sculpteur prit part au Salon de 1791 avec deux bas-reliefs, trois groupes, trois statues et cinq bustes! Si nous admettons qu'il soit né en 1773, cette fécondité, la déférence dont on fait preuve à son égard en le laissant entrer toutes voiles dehors au Salon ne laissent pas de paraître surprenantes. On ne montre pas d'ordinaire tant de bienveillance à l'endroit d'un jeune homme de dix-huit ans, et lui-même est plus réservé, plus méfiant dans sa première rencontre avec le public. Accepterons-nous l'opinion de Nagler, qui est d'ailleurs conforme à celle de *Gabet*? Mais, si notre artiste est né en 1749, il aurait remporté le Prix de Rome à cinquante-deux ans! Voilà qui contredit tous les usages, et ce concours tardif est dénué de vraisemblance. Il faut pourtant s'y résoudre. *Marin* remporta le grand prix à cinquante-deux ans. L'année précédente, en 1800, *François-Dominique-Aimé Milhomme* avait obtenu la même récompense, étant âgé de quarante-deux ans. *Edme Gaulle*, en 1803, sera le lauréat du concours, bien qu'il ait atteint trente-trois ans. Ces faits s'expliquent. Ce n'est que postérieurement à 1803 que l'Institut estima prudent de fixer une limite d'âge à l'obtention du Prix de Rome. Désormais renseignés sur la date initiale de la vie de *Marin*, il nous reste à parler de sa mort. L'artiste est décédé le 18 septembre 1834, et M. Bonnassieux, membre de l'Institut, va nous raconter le dénuement, l'impuissance, la solitude du sculpteur à son déclin. Si l'on se reporte au début du siècle, rien ne laissait prévoir cette fin douloureuse. L'État, le duc de Bracchiano, la famille Canini, le maréchal de Gouvion Saint-Cyr, Châteaubriand avaient honoré *Marin* de leurs commandes. Il avait travaillé pour le château de Fontainebleau, le pont Louis XVI, l'église des Invalides, l'Arc de l'Étoile, Saint-Louis-des-Français à Rome. N'est-ce pas lui qui a sculpté, dans cette dernière église, le monument de Mme de Beaumont, dont on connaît le portrait, peint, en 1788, par Mme Vigée-Lebrun, et dont les funérailles ont été racontées en des pages si belles dans les *Mémoires d'outre-tombe*? De retour en France peu après 1810, *Marin* s'était fixé à Lyon. *Chinard* étant mort dans cette ville le 9 mai 1813, la charge de professeur de sculpture fut offerte à *Marin* qui la remplit jusqu'en 1818, époque à laquelle il eut pour successeur *Legendre-Héral*, âgé seulement de vingt-trois ans. Était-ce un premier avertissement donné au sculpteur vieillissant? *Marin* a tenu la plume. On connaît de lui une plaquette. Elle a pour titre : *Notice sur la statue de Henri IV exposée cour du Louvre, Salon de 1819*. Cette statue était son œuvre. En 1831, *Gabet* nous apprend que *Marin* donnait « des leçons de son art. » Trois ans après, il mourait de faim dans une mansarde de la rue de Seine-Saint-Germain.

H. J.

A Monsieur Henry Jouin.

Mon cher ami,

Le nom de *Marin* a été prononcé par vous l'autre jour, et, quand vous avez su que cet artiste ne m'était point inconnu, vous m'avez demandé de vous faire part de mes souvenirs sur lui.

Avant que je quittasse Lyon pour me rendre à Paris, j'avais beaucoup entendu parler de *Marin;* des amis m'avaient donné son adresse.

Au début de septembre 1834, je me présentai rue de Seine, au cinquième étage, chez le vieil artiste. Ancien Grand-Prix de Rome, ancien professeur de sculpture à Lyon, réduit en ses vieux jours à la plus profonde misère (il s'éteignait d'ailleurs deux semaines après ma visite), je le trouvai affaissé dans un large et vilain fauteuil, des lunettes sur les yeux et façonnant de ses doigts tremblants de petites figurines, grandes comme la main, dont le placement lui valait quelques sous. Ces figurines me parurent assez banales. Rien ne rappelait dans ces menus travaux l'ancienne habileté du statuaire. Pour produire de belles œuvres, il faut être heureux. L'âge et le chagrin avaient tué l'artiste. *Marin* n'avait gardé de son talent d'autrefois qu'une sorte de routine servie par des mains affaiblies, presque impuissantes.

Je parlai de cette visite à M. *Foyatier* chez qui je travaillais alors. Il était lui-même élève de *Marin*. Il me raconta qu'il avait fait obtenir au vieux statuaire, assez récemment, la commande d'une statuette de sainte. Ce travail avait été payé six cents francs. « Il y a bien longtemps, » ajouta M. *Foyatier*, « que le pauvre vieux n'avait eu pareille somme en sa possession !. »

Comment ce sculpteur, après une brillante jeunesse et d'importants travaux, en est-il venu là? Quel genre d'infortune a pu le réduire à cet état misérable?

BONNASSIEUX,
Membre de l'Institut.

HISTOIRE ANECDOTIQUE D'UNE STATUE.

LE MONUMENT DU MARÉCHAL NEY PAR *FRANÇOIS RUDE*.

(1850-1853.)

I.

DÉCISIONS PRÉLIMINAIRES.

La pièce initiale dont il soit opportun de rappeler le texte au début de ces pages est insérée au *Moniteur universel* du mercredi 20 février 1850. C'est un rapport au Président de la République. Il est ainsi conçu :

Paris, le 20 février 1850.

Monsieur le Président,

L'Assemblée constituante a ratifié le décret qui ordonne « qu'un monument sera élevé au maréchal Ney, sur le lieu même où il a été fusillé. »

Vous avez pensé, monsieur le Président, que le moment était venu d'exécuter ce décret, qui traduit si bien un des plus vifs et des plus profonds sentiments du pays. Je m'étais demandé s'il serait nécessaire de recourir, pour l'exécution de ce monument, à un crédit spécial, et je ne doutais pas qu'une assemblée présidée par l'un des illustres défenseurs du héros de la Moskowa n'accueillît avec sympathie une pareille proposition. Mais, en réfléchissant au caractère que devait avoir le monument à élever au maréchal Ney, j'ai reconnu que le crédit ordinaire des ouvrages d'art y pouvait suffire. Il m'a semblé en effet qu'un tel monument, par la nature des souvenirs qu'il réveillera, devait être d'un aspect sévère et d'une grande simplicité. Et ce qui prouve que tel est l'esprit de la loi, c'est qu'elle a désigné pour emplacement le lieu désert, où le maréchal Ney reçut la mort sans autres témoins que ses exécuteurs. Vous n'avez pas voulu, monsieur le Président, que le monument de celui que l'Empereur appelait *le Brave des braves* fût considéré comme la marque publique d'un irritant souvenir, mais

seulement comme le signe d'une réhabilitation proclamée déjà par
le cri de la conscience publique. Il fallait écrire quelque part l'expression de ce regret qu'avaient ressenti tant de cœurs, et il convenait de le faire à l'endroit même où le maréchal était tombé.

Le monument représentera le maréchal Ney montrant sa poitrine et ouvrant son cœur à la mort. Je n'ai pas besoin de vous
dire, monsieur le Président, que j'ai choisi, pour l'exécution de
ce projet, un de nos plus grands statuaires; son œuvre sera digne
du sentiment qui a dicté le décret dont vous m'avez prescrit l'exécution.

Je suis, avec un profond respect, monsieur le Président, votre
très humble et très dévoué serviteur,

Ferdinand Barrot.

Approuvé :

Le Président de la République,

Louis-Napoléon Bonaparte.

En dépit de l'approbation donnée au rapport de Ferdinand Barrot,
le projet d'élever un monument au maréchal Ney demeura lettre
morte durant plus de deux ans. Des difficultés budgétaires s'oppo-
saient à ce qu'on exécutât cet important travail. Toutefois l'ajourne-
ment devait avoir un terme. Le 27 mai 1852, Romieu, directeur des
Beaux-Arts, prit la plume et fit tenir au ministre, secrétaire d'État
au département de l'intérieur, de l'agriculture et du commerce, alors
M. de Persigny, le rapport qui suit :

Le moment est venu de mettre à exécution le décret du Prince
Président de la République, en date du 22 mars 1852, qui ordonne
qu'un monument sera élevé à Paris à la mémoire du maréchal
Ney et ouvre à cet objet au ministre de l'Intérieur un crédit extraordinaire de 50,000 francs.

Le projet du monument a été soumis conformément aux règlements à l'examen du Conseil des Bâtiments civils qui vient de
l'approuver sans restriction.

Lorsqu'il fut question en 1848 de ce projet, il fut décidé que la
statue du maréchal serait en bronze et que l'exécution en serait
confiée à M. *Rude*, un de nos statuaires les plus distingués. Vous
serez sans doute disposé, monsieur le Ministre, à confirmer cette
décision.

Postérieurement, M. *de Gisors*, architecte du palais du Sénat,
homme de talent et de goût, a été chargé de dresser le projet de
dessin et de devis du piédestal, et son travail a également reçu

l'adhésion complète du Conseil des Bâtiments civils. Je pense que vous voudrez, monsieur le Ministre, lui en confier la surveillance et l'exécution.

J'ai l'honneur de vous proposer :

1° De revêtir de votre signature le projet d'arrêté qui charge M. *Rude*, sculpteur, d'exécuter la statue en bronze du maréchal Ney en costume militaire, et lui allouer pour ce travail, le bronze compris, une somme de 20,000 francs.

2° De nommer architecte du monument M. *de Gisors*, actuellement architecte du palais du Sénat, et de le charger de préparer, pour être soumis à votre approbation, le cahier des charges et les soumissions des entrepreneurs du piédestal.

3° D'approuver le devis ci-joint dudit piédestal et des travaux accessoires, s'élevant à 30,000 francs, compris une somme à valoir pour cas imprévus et frais d'agence.

Agréez, etc.

A. ROMIEU.

Il résulte des deux documents qui précèdent qu'un décret antérieur au 20 février 1850 avait été pris relativement à la statue du maréchal Ney. C'est au Gouvernement provisoire que revient l'honneur de cette décision. Le décret visé par Ferdinand Barrot porte la date du 18 mars 1848. Ratifié plus tard par l'Assemblée constituante, le décret de 1848 aurait été suivi d'exécution si l'insuffisance, toujours croissante, des ressources ordinaires du budget des Beaux-Arts, sur lequel il avait d'abord été question d'imputer les frais du monument, n'avait empêché qu'on en fît immédiatement la commande. Il fallut recourir à l'expédient d'un crédit extraordinaire. C'est ce que nous apprend Romieu dans son rapport du 27 mai 1852. Le crédit en question, avait été ouvert par décret présidentiel du 22 mars précédent. M. de Persigny approuva le rapport du directeur des Beaux-Arts, et revêtit de sa signature les arrêtés concernant le statuaire et l'architecte du monument.

Après quatre années de pourparlers et d'entraves, l'entreprise allait suivre une marche régulière.

<h2 align="center">II.</h2>

<h3 align="center">FRANÇOIS RUDE.</h3>

Rude, on l'a vu, avait été désigné par le Gouvernement provisoire pour sculpter la statue du maréchal Ney. Encore que sa commande date seulement de 1852, il s'en faut qu'il soit demeuré dans l'inaction durant les quatre années qui s'écoulèrent entre ce qu'on aurait le droit d'appeler le décret platonique et le décret exécutoire. *Rude* avait l'oreille de Romieu, ce qui fait l'éloge de celui-ci. Les deux hommes se voyaient. On parlait volontiers du monument en projet. Les bruits colportés par la rumeur publique étaient l'objet de leurs entretiens. Un jour, quelque publiciste en détresse s'imagina de soulever une question de voirie. Le maréchal Ney ne pouvait avoir son monument « sur le lieu même où il avait été fusillé, » sans que la circulation se trouvât gênée. Grand émoi! Si l'on sapait ainsi dans sa clause essentielle le décret du 18 mars 1848, l'hommage projeté allait perdre de sa portée, de son éclat. Il était à craindre que la statue de Ney n'offrît plus qu'un intérêt secondaire, s'il devenait impossible de l'ériger à la place historique où elle revêt le caractère d'une mesure réparatrice. Romieu parut s'inquiéter de l'objection mise en cours et naturellement accueillie par la presse. Il manda le statuaire. Quel fut le nombre de leurs entrevues? Quelle en fut la durée? Les deux interlocuteurs ont disparu. Mais, ce qui ne fait pas doute, c'est que Romieu chargea *Rude* de procéder à une enquête réfléchie. L'artiste était trop intéressé à résoudre la question pour ne pas s'empresser de remplir l'office d'agent voyer. Il est à supposer qu'en quittant Romieu, il se dirigea vers le carrefour de l'Observatoire. Peut-être revint-il dès le lendemain vers le directeur des Beaux-Arts, mais il ne le rencontra pas. Quelques jours s'écoulèrent. Nouvelles et fréquentes visites au point choisi pour l'érection du monument. Et, au retour de l'une de ces excursions, le 16 avril 1850, *Rude* écrivait à Romieu :

Monsieur le Directeur,

Depuis que j'ai eu l'honneur de vous voir, j'ai visité bien souvent l'emplacement que vous m'avez désigné pour y élever une statue à la mémoire du maréchal Ney.

Je crois que l'on peut faire très facilement et à peu de frais une place parfaitement convenable au sujet; je crois aussi, Monsieur, que, si vous pouviez vous rendre sur les lieux, nous verrions mieux ensemble que moi seul et que vous jugeriez mieux sur place que d'après des plans accompagnés d'explications.

Ainsi, monsieur le Directeur, dans le cas où ma proposition vous conviendrait, veuillez me faire connaître votre jour et votre heure.

Recevez, monsieur le Directeur, l'expression de ma parfaite considération.

F. Rude.

La presse quotidienne a cela d'excellent qu'elle n'a pas le loisir de faire une opposition durable sur un point donné. L'actualité domine le journal, et qu'est-ce que l'actualité pour des esprits mobiles? C'est l'incident de la veille, le scandale du jour, un couplet incisif, une voix qui tombe, le nuage qui passe. On oublia bientôt de prévoir les embarras, d'ailleurs imaginaires, dont le monument du maréchal Ney pourrait être la source au point de vue de la voirie. Les jours succédèrent aux jours, et insensiblement on atteignit la date du 27 mai 1852, qui est celle de l'arrêté ministériel chargeant *François Rude* d'un travail dont il lui tardait de s'acquitter.

Donnerons-nous le texte de la pièce officielle?

M. *Rude*, sculpteur, est chargé d'exécuter la statue en bronze du maréchal Ney, en costume militaire.

Cette statue devra avoir 2^{m}70 de hauteur, plinthe comprise.

Il est alloué à M. *Rude*, pour tous frais d'exécution du modèle, fourniture du bronze nécessaire et fonte, une somme de vingt mille francs imputable sur le crédit extraordinaire de cinquante mille francs ouvert par le décret du 22 mars 1852, pour l'exécution d'un monument à élever à la mémoire du maréchal Ney.

En même temps que cet arrêté, une lettre à l'adresse du statuaire était soumise à la signature du ministre, M. de Persigny. Les termes de la dépêche sont à peu de chose près les mêmes que ceux de la décision dont on vient de lire le texte. Toutefois, *Rude* est invité à soumettre le modèle de la statue du maréchal avant de procéder à la fonte. Il est également prié de s'entendre avec M. de Gisors, nommé architecte du monument. Le statuaire ne put recevoir sa lettre de commande que le 28 mai. Il répondit dès le 1er juin :

Monsieur le Ministre,

J'ai reçu la lettre par laquelle vous m'annoncez que vous me chargez de l'exécution de la statue du maréchal Ney qui doit être érigée sur la place de l'Observatoire à Paris.

J'accepte sans réserve les conditions que vous m'indiquez : je ferai tout mon possible pour m'élever à la hauteur de ce beau sujet et mériter l'honneur que vous voulez bien me faire.

Recevez, monsieur le Ministre, l'expression de la haute considération avec laquelle j'ai l'honneur d'être votre serviteur.

F. Rude.

Le 3 octobre 1852, un inspecteur des Beaux-Arts se présentait chez l'artiste qui demeurait alors 61, rue d'Enfer, pour constater le degré d'avancement de la statue. Elle était entièrement modelée, mais nue. *Rude* estimait s'être acquitté du tiers de sa tâche. Un premier acompte de 2,000 francs fut alloué à l'artiste le 20 octobre 1852.

Rude reçut un nouvel acompte de 3,000 francs le 13 septembre 1853 et le solde de sa commande, soit 15,000 francs, le 18 décembre suivant.

On verra plus loin que la statue du maréchal Ney était terminée le 29 novembre 1853.

III.

ALPHONSE DE GISORS.

Le rapport de Romieu que nous citons plus haut est du 27 mai 1852. Dans cette pièce, il est fait allusion à l'avis favorable émis par le Conseil des Bâtiments civils sur les devis dressés par *A. de Gisors.* Le travail de l'architecte porte la date du 4 mars. Le Conseil des Bâtiments fit connaître son avis le 29 avril. Voici en quels termes s'exprima *A. Caristie,* inspecteur général chargé du rapport :

Par suite du décret rendu par le Prince Président de la République, le 22 mars dernier, décret ordonnant qu'un monument sera élevé à la mémoire du maréchal Ney, M. le Ministre de l'Intérieur présente à l'examen du Conseil ce projet.

Il se compose de trois feuilles de dessin d'un devis descriptif et estimatif s'élevant, compris somme à valoir et frais d'agence pour le piédestal seulement, non compris la statue, à la somme de 30,000 francs.

Je dépose sur le bureau ce projet. Le plan général indique l'emplacement que doit occuper le monument en dehors du jardin du Luxembourg.

Ce projet, qui m'a semblé bien conçu et convenablement étudié, ne donne lieu de ma part à aucune observation : il est regrettable qu'une coupe n'ait pas été jointe au dossier; elle aurait fait connaître le système de construction.

Toutefois, le devis indique d'une manière sommaire les travaux à exécuter pour les constructions destinées à recevoir la statue. Ce monument serait construit ainsi qu'il suit :

Les fondations sur un massif en béton, le surplus en pierre dure; les gradins sous le piédestal en granit; le piédestal en marbre blanc; le dallage à compartiments autour du piédestal en granit; la grille d'enceinte en fer et fonte de fer, et le pavage extérieur joignant la grille sur une largeur de 2^{m}50 en pavé refendu et échantillonné.

Ces travaux se divisent ainsi :

Charpente. . . . .   800 fr.
Terrasse et maçonnerie   2,500

Marbrerie. 15,336
Serrurerie. 3,200
Sculpture d'ornement 1,000
Pavage. 400

                                            23,336 fr.
Somme à valoir pour cas imprévus et frais d'agence   6,764

                      Total général. . . 30,000 fr.

Je pense qu'après revision de ce devis par le bureau de contrôle,
ce projet est susceptible de recevoir l'approbation de M. le
Ministre.

Aug. Caristie.

Nous aimons les écrits d'artistes, et *Caristie* est un artiste. Toutefois nous avouons sans peine que l'inspecteur général du Conseil des
Bâtiments ne s'est pas mis en frais pour tracer cette page. Après tout,
il se peut que l'approbation d'un devis de maçonnerie prête modéré-
ment aux développements oratoires. Retenons donc la prose sans
apprêt de *Caristie* pour les renseignements qu'elle renferme. L'avis
du Conseil des Bâtiments étant favorable aux plans de *A. de Gisors*,
celui-ci fut nommé, le 27 mai 1852, architecte du monument.

Quel fut le rôle de *Gisors* durant les dix-huit mois qui s'écoulèrent
entre sa nomination et l'inauguration du monument? Celui de tout
architecte qui n'a point à faire œuvre personnelle. Le piédestal d'une
statue est chose importante sans doute, mais peu compliquée. *Gisors*
se borna donc à surveiller les constructeurs et les marbriers, après
avoir eu soin d'obtenir la remise du terrain et l'alignement sur lesquels devait être érigé le monument du maréchal Ney. C'est seulement le 7 mai 1853 que M. *Charle*, architecte et commissaire voyer
divisionnaire de la ville de Paris, obtint de l'administration municipale l'autorisation de procéder à la remise du terrain dans des conditions déterminées. Cette remise eut lieu le 14 mai. Les délais subis
par M. *Charle* provenaient des exigences d'un travail d'ensemble
entrepris à la Préfecture de la Seine relativement au « boulevard de
Strasbourg, » aboutissant rue d'Enfer. Tel était le nom qu'en 1853
on se proposait de donner à l'artère en voie d'exécution, qui depuis
est devenue le boulevard Sébastopol, dont le prolongement sur la rive
gauche aboutit à la statue du maréchal Ney.

Nommerons-nous M. *Bex*, chargé de la marbrerie et des inscriptions du piédestal? M. *Huber*, sculpteur ornemaniste? M. *Travers*,
qui dessina la grille et l'exécuta? Soit, mais nous n'irons pas au delà.
Les autres coopérateurs de l'architecte ne sont pas des artistes.

Le travail achevé, les devis se trouvèrent dépassés. Un crédit sup-

plémentaire de 16,950 francs dut être ouvert. *Rude* s'était scrupuleusement renfermé dans les limites qu'on lui avait tracées. Les
20,000 francs mis à sa disposition lui avaient suffi. Lorsque *de Gisors*
dut réclamer un supplément de crédit, il eut soin de mettre en lumière
l'exactitude, la correction et jusqu'à un certain point le désintéressement du statuaire. Les déconvenues ne s'étaient produites qu'à l'occasion du piédestal. L'excédent des dépenses pour cette partie du
monument atteignit 7,000 francs. Les frais de l'inauguration s'éle-
vèrent à 9,950 francs. D'où un déficit de 16,950 francs qu'il fallut
combler. La situation fut régularisée par décret le 25 février 1854.

Il nous faut parler maintenant de l'inauguration.

IV.

INAUGURATION.

Le 28 novembre 1853, *de Gisors* fut officiellement informé de l'achèvement de la statue du maréchal Ney, dont le bronze lui serait remis
dans la matinée du 4 décembre.

L'inauguration avait été fixée au mercredi 7 décembre, à une heure
après midi.

Le Ministre de la guerre, le Gouverneur de Paris, le Préfet de
police furent avisés de cette date et reçurent le programme de la
cérémonie.

Une commande de 4,150 cartes destinées aux invités fut faite à
l'Imprimerie impériale.

Huit brassards en soie verte avec glands or fin furent achetés pour
servir d'insigne aux commissaires chargés de surveiller l'entrée de
l'enceinte réservée.

Pendant ce temps, *de Gisors* faisait dresser des tribunes pour les
membres des grands corps de l'État, les officiers généraux et les personnes invitées par la famille.

En homme qui veut tout prévoir, *de Gisors* demanda dès le 1er décembre qu'un factionnaire fût placé à demeure auprès des tribunes
en construction. Le 3 décembre, il n'avait pas reçu satisfaction et il
écrivait :

Il n'est point encore arrivé de troupes au Luxembourg pour le
service de garde du monument du maréchal Ney. Ce retard me
met dans l'embarras, parce que, les travaux des tribunes étant
commencés, il est à craindre que, faute d'une surveillance de nuit,
on ne cause quelque dommage au monument ou qu'on n'enlève
les matériaux, c'est-à-dire les bois déjà disposés pour les tribunes.

Je prie donc très instamment que l'on envoie quelqu'un au

ministère de la Guerre pour hâter la constitution du poste que je regarde comme indispensable.

Il est également indispensable de dégager le monument des sept ou huit arbres qui en cachent la vue.

De Gisors obtint gain de cause. Le monument fut gardé jusqu'au moment de l'inauguration, et, soit pour honorer la mémoire du maréchal Ney, soit pour défendre sa statue d'un outrage éventuel, le général commandant la place de Paris rétablit le 12 décembre le poste de l'Observatoire, anciennement fixé à l'angle de la rue d'Enfer et de la rue de Port-Royal, afin qu'il fût possible de fournir un factionnaire à demeure au pied du monument.

A la dernière heure, le 5 décembre, il fut arrêté que l'archevêque de Paris, Mgr Sibour, assisté des membres du clergé, prendrait part à la cérémonie et ferait l'absoute en face de la statue. Un chœur exécuterait le *De Profundis* avant que l'archevêque récitât les prières liturgiques. Le prélat devait partir de la chapelle de la Visitation pour se rendre, escorté de quarante prêtres, dans l'enceinte du monument.

En conséquence, le Ministre de la guerre donna des ordres pour qu'une haie de troupes fût formée sur le chemin que parcourrait le clergé. D'autre part, le curé de Saint-Jacques-du-Haut-Pas reçut la mission de former le chœur. Il fut composé de quinze ténors, de quinze basses, de dix soprani, d'un organiste et d'un maître de chapelle.

Furent officiellement invités à assister à la cérémonie la maison de l'Empereur, la maison de l'Impératrice, les Princes et Princesses de la famille impériale, les Ministres, le Sénat, le Corps législatif, le Conseil d'État, l'État-Major de l'armée de Paris, l'État-Major de la garde nationale, les Invalides, la grande chancellerie de la Légion d'honneur, la Préfecture de la Seine, le Conseil municipal, les Mairies, la Préfecture de police.

Le programme de la cérémonie ne manque pas d'une certaine ampleur. En voici le texte :

L'inauguration de la statue du maréchal Ney aura lieu le 7 décembre, à une heure.

Des détachements pris dans chacun des corps de l'armée de Paris, et en même nombre que pour les obsèques des Maréchaux, figureront dans cette cérémonie.

Ces détachements se rangeront en bataille sur le boulevard et l'avenue de l'Observatoire, de façon à encadrer la place où s'élève le monument, en laissant libre toutefois l'espace qui avoisine la statue.

Les autorités, les députations militaires, les officiers en uniforme et les invités seront admis dans cette enceinte réservée et prendront place sur une estrade couverte, dressée autour du monument; les autorités et les membres de la famille se placeront à la droite de la statue.

A un signal donné, le voile qui couvrira la statue sera enlevé, la musique militaire se fera entendre et des salves d'artillerie auront lieu.

M. le Ministre d'État donnera ensuite lecture du décret qui a autorisé l'érection du monument.

Des choristes, sous la direction d'un maître de chapelle, exécuteront le *De Profundis*.

Sa Grandeur Mgr l'Archevêque, entouré du clergé de Paris en habits de chœur, fera l'absoute.

Les personnes qui doivent prendre la parole se seront placées sur le devant de l'estrade; elles prononceront leurs allocutions.

La cérémonie se terminera par le défilé des troupes qui y auront assisté.

Le défilé aura lieu devant la statue.

Telle fut dans sa sévérité la cérémonie d'inauguration du monument du maréchal Ney. Cette statue est plus qu'un hommage rendu à un vaillant capitaine, elle est une réparation. La peine de mort en matière politique est abolie et le sang versé par le maréchal Ney, au lieu même où se dresse aujourd'hui l'œuvre de *Rude*, n'a pas été sans influer sur l'esprit des législateurs qui se sont prononcés en 1848 pour l'adoption de cette mesure de prudence. Ainsi s'explique, croyons-nous, non pas la présence de l'archevêque de Paris et de son clergé à la cérémonie, cette présence n'ayant rien d'insolite, mais le caractère que revêtit dans cette fête la participation de l'Église. C'est le *De Profundis*, le psaume des funérailles, c'est l'absoute, la prière des sépultures qui rappelèrent aux témoins de cette solennité brillante, de ce triomphe éclatant et décisif que le sol sur lequel ils posaient le pied avait bu le sang d'un soldat, jeté sans l'avoir désiré, sans une préparation préalable, dans un conflit politique de telle nature que l'histoire d'un peuple n'en offre pas de semblable dans l'espace de plusieurs siècles.

Rude, n'en doutons pas, fut l'un des témoins de cette fête. Ce dut être sa dernière joie. Le sculpteur n'avait plus que quelques mois à vivre.

On connaît la statue inaugurée le 7 décembre 1853, en commémoration du supplice infligé au maréchal Ney, le 7 décembre 1815. L'attitude n'est pas celle que laissait pressentir le rapport de Ferdi-

nand Barrot. « Le monument, » avait écrit le ministre de l'Intérieur,
« représentera le maréchal Ney montrant sa poitrine et ouvrant son
cœur à la mort. » *Rude* composa sa statue en se conformant à ce
programme. L'œuvre parut violente. L'artiste dut modifier sa composition. Un Dijonnais, M. Charles Poisot, décrit ainsi la première
esquisse :

Le brave des braves y était représenté en petite tenue militaire ; à ses pieds était le bonnet de police de l'Empire ; sa tête nue
allait commander le feu pour la dernière fois ; de la main gauche
il écartait sa longue houppelande, et l'index, étendu vers le cœur,
disait que là les balles devaient frapper. Geste éminemment sculp-
tural, ayant le mérite de rappeler les dernières paroles du fusillé.

Nous comprenons que *Rude*, qui n'était pas l'homme des nuances,
ait écrit ce drame avec l'irritation d'un patriotisme ulcéré. L'art
compterait sans doute dans notre pays une page de plus à l'actif de
Rude parmi les œuvres originales, personnelles qui dominent une
époque, mais, si dur qu'ait été le sacrifice exigé du sculpteur, on a eu
raison de le lui imposer. Sa statue, telle qu'il l'avait conçue, n'eût pas
été l'image héroïque d'un vaillant soldat, elle eût rappelé des heures
d'oubli, un châtiment démesuré, une faute politique, une tache de
sang. Des pareilles évocations ont leur place dans le livre, dans un
musée peut-être, mais non dans la rue, sous le regard des masses
assez promptes aux colères et aux imprécations.

Autre est le sentiment qu'éveille l'œuvre définitive du statuaire.
Je n'en veux pour preuve que ce placard anonyme distribué le soir
même de l'inauguration dans les rues de Paris :

Les discours terminés, la foule s'est approchée pour contempler
le nouveau chef-d'œuvre de M. *Rude*, qui a représenté le maréchal dans l'immortelle attitude du commandement, le sabre nu
au poing, le feu de l'enthousiasme dans le regard, foulant un sol
fait de débris et de mitraille, tel que nos pères le virent à Elchin-
gen, à Smolensk, à la Moskowa, à la Bérésina, à Montmirail, le
bras levé comme la tête, avec ce geste qui lui était habituel et que
la Grande Armée appelait « le bras de Ney. »

Cependant le sacrifice consenti par *Rude* hanta longtemps les
esprits. On en parlait dans les ateliers. On a pu voir au salon de 1868
une statue en plâtre, de M. *Henri-Alfred Jacquemart*, représentant
« Michel Ney, le 7 décembre 1815. » Elle ne passa point inaperçue.
Le maréchal ouvrait les plis de son manteau militaire d'un geste plein
d'ampleur et de crânerie, comme s'il eût voulu serrer sur sa poitrine

le plomb meurtrier qui allait l'atteindre. Nous ne pensons pas que
l'œuvre de M. *Jacquemart* ait été traduite en bronze.

VI.

ÉPILOGUE.

LE BUSTE DE DUPIN AINÉ.

Que notre lecteur se reporte aux premières lignes de cette étude.
Dans son rapport au Prince Président, Ferdinand Barrot, faisant
allusion au vote du Parlement qui ratifia le décret du Gouvernement
provisoire, s'exprime ainsi :

« Je ne doutais pas qu'une assemblée présidée par l'un des illustres
défenseurs du héros de la Moskowa n'accueillît avec sympathie une
pareille proposition. »

Le président dont parle ici Ferdinand Barrot n'est autre que le
jurisconsulte André-Marie-Jean-Jacques Dupin, l'aîné des trois frères
qui, à des titres divers, se sont acquis une juste notoriété. C'est en
effet André Dupin qui, en 1815, après avoir publié sa brochure *Libre
défense des accusés*, avait été appelé à disputer la vie du maréchal
Ney au conseil de guerre résolu à prononcer une sentence de mort.
C'est également André Dupin qui présida l'Assemblée législative depuis
le 1ᵉʳ juin 1849 jusqu'au jour de sa dissolution. *Rude* connaissait
Dupin. Dès 1838, le statuaire exposait le buste en marbre du jurisconsulte. La légende, — que vaut une légende ? — veut que ce buste
ait été, à peu de chose près, un présent de l'artiste à son modèle.
Peut-être le projet d'élever un monument au maréchal Ney fut-il
agité entre *Rude* et Dupin au moment où le premier sculptait le buste
de son ami. Le fait est probable. La générosité du statuaire à l'égard
de l'orateur politique eut-elle sa source dans l'espoir que pouvait fonder l'artiste sur le talent de l'avocat pour faire accepter par l'opinion
l'opportunité d'un hommage au maréchal Ney ? Ce qui est certain,
c'est que le buste réaliste mais débordant de vie d'André Dupin est
une œuvre rare. *Rude* n'a pas souvent traité la glaise avec cette âpreté
savante qui fait palpiter chaque ride du masque plébéien d'André
Dupin. Le marbre devint naturellement la propriété du modèle.
Rude voulut garder un plâtre de cette effigie robuste qui rappelle la
manière de *Falconet* et de *Caffiéri* par l'abandon de l'ajustement, qui
fait songer à *Houdon* par le modelé des chairs. Ce plâtre, conservé
depuis la mort du maître dans l'atelier du statuaire *Soitoux*, vient
d'être acquis par celui qui écrit ces lignes et placé au musée d'Angers.

Henry JOUIN.

LE TOMBEAU DES CASTELLAN

A SAINT-GERMAIN-DES-PRÉS

PAR *FRANÇOIS GIRARDON.*

(1678.)

Le tombeau des Castellan avait été placé à Saint-Germain-des-Prés, dans la chapelle Saint-Maur, proche le chœur. Voici comment Dargenville décrit ce monument : « Il est orné d'une colonne qui porte une urne antique, laquelle est accompagnée des figures de la Fidélité et de la Piété, qui tiennent des médaillons où sont représentées des personnes pour qui ce monument a été fait. » On trouvera dans la notice sur *Girardon* de M. Corrard de Bréban une description plus complète et plus précise de ce monument qui n'a jamais passé pour une des œuvres maîtresses de l'artiste.

Scotin en a donné une gravure originale.

Détruit en partie sous la Révolution, le tombeau des Castellan, ou ce qui en avait été sauvé, trouva asile au Musée des Petits-Augustins. Les deux statues de femmes furent ensuite rendues à Saint-Germain-des-Prés, où l'on refit un sarcophage en plâtre qui a remplacé celui que *Girardon* avait exécuté [1].

On voit que le tombeau des Castellan était commencé en novembre 1678 et déjà assez avancé pour que le sculpteur reçût un premier acompte assez important. Il n'aurait été terminé et mis en place qu'en 1683.

Le travail fut payé dix mille livres. Sans doute le marbre était fourni par le client. C'était alors l'usage, comme on le voit par le débat sur le tombeau de Richelieu que nous publions plus loin. Chaque figure n'était guère évaluée que 3,000 à 3,500 livres. Ce prix est d'accord avec les renseignements fournis par le document concernant le tombeau de la Sorbonne.

Jules GUIFFREY.

Devis et marché des sculptures du tombeau des Castellan par Girardon.

1678.

Par marché faict par *François Girardon,* sculpteur ordinaire du Roy, recteur de l'Académie royalle de peinture et sculture, avec m^re François de Castellan, seigneur du Mesnil le Blaisneau,

---

1. Voir *Inventaire général des richesses d'art de la France :* Paris, monuments religieux, t. I, p. 114.

légataire universel de m^re Charles de Castellan, vivant abbé des abbaye de' Eure et de la Sauve-Mazeure, passé par devant Clément et le Normant, l'un des notaires soubsignez, le 21 octobre 1678, pour raison du tombeau y mantionné de messieurs de Castellan, appert avoir esté convenu de la somme de dix mil livres, sur laquelle ledit s^r *Girardon* a recognut en avoir receu trois mil livres, et pour les sept mil livres restant ledit s^r de Castellan a promis les luy payer, scavoir : unze cens douze livres dix neuf solz à la fin du mois de novembre de ladicte année; deux mil neuf cens quarante trois livres dix sols six deniers au jour de Noel prochain; et les deux mil neuf cens quarante trois livres dix sols six deniers restans au jour de Pasque ensuivant. Et, pour faciliter le payement desdictes deux dernières sommes montant ensemble à cinq mil huict cens quatre vingt sept livres un solz, ledit s^r de Castellan a ceddé, transporté et promet guarentir, promet faire valloir, mesme payer après une simple saumation, sans autre poursuitte, discution ni dilligence faire, sy bon ne semble audit *Girardon*, pareille somme de cinq mil huict cens quatre-vingt sept livres un sol à prendre sur les Reverends Pères, Prieurs et Religieux de l'abbaye de Saint-Germain-des-Prés à Paris, debiteurs de ladicte somme, conjointement et solidairement avec les Révérands Peres Prieurs et Religieux de l'abbaye de la Sauve, comme leurs cautions solidaires du revenu de ladicte abbaye, qu'ils doibvent de reste de celle [la somme] porté au compte et transaction passé le 21 juin dernier, sans préjudice des autres clauses portées en lad. transaction, comme plus au long le contient iceluy marché, sur l'expedition duquel estant en papier ce que dessus a esté pris, tiré, extraict et collationné par les conseillers du Roy, notaires garde nottes de Sa Majesté du Châtelet de Paris soubsignez, ce faict à l'instant, rendue ce jourdhuy quatriesme novembre 1678. Ainsy signé, Clement et Lenormand, avec paraphe.

L'an mil six cens soixante dix - huit, le septiesme jour de novembre, après midy, à la requeste de *François Girardon*, sculpteur ordinaire du Roy et recteur de l'Académie royalle de peinture et sculpture, y demeurant aux Galleryes du Louvre, parroisse de Saint-Gormain de l'Auxerrois, où il a eslu son domicille, j'ay, Jean Arnoult, sergent à verge au Chastellet de Paris, y demeurant rue Saint-Louis, paroisse Saint-Roch, soubsigné, signiffié, monstré et deuement faict assavoir l'extraict du marchez passé

par devant Clement et Le Normand, notaires gardenottes du Roy
au Châtelet de Paris, dont coppie est transcripte de l'autre part
aux Reverands Pères Prieurs et Religieux de l'abbaye de Saint-
Germain-des-Prez-lez-Paris, en parlant au frère Jean, portier,
auquel parlant que dessus je leur ay faict deffence de par le Roy,
nostre sire, de payer à autre que aud. s^r *Girardon*, la somme de
5,887 liv. 1 sol, qu'ils doibvent solidairement avec les Religieux,
Prieurs de l'abbaye de la Sauve, ainsy qu'ils y sont obligés par
transaction en forme de compte du 21 juin dernier, à peine de les
rendre responsables en leurs propres et privés noms de lad.
somme de 5,887 l. 1 s., et de les faire payer icelle somme deux
fois, et sans que la presente signiffication puisse nuire ny preju-
dicier aud. s^r *Girardon* et puisse l'obliger à faire plus ample
discution, sy bon ne luy semble, et laissé coppie tant du present
extraict de marchez dont coppie est cy-dessus.

Signé : ARNOULT.

(Archives nationales, fonds de Saint-Germain-des-Prés.)

LE TOMBEAU DU CARDINAL DE RICHELIEU
PAR *FRANÇOIS GIRARDON.*

Communication de M. Jules Guiffrey.

1690.

Le tombeau du cardinal de Richelieu, placé dans l'église de la
Sorbonne, est généralement considéré comme le chef-d'œuvre de
Girardon.

Germain Brice et, à sa suite, tous les historiens de Paris,
déclarent qu'il fut achevé en 1694. L'auteur de la *Description de la
Ville de Paris* est nécessairement bien informé, puisqu'il s'agit d'un
événement contemporain, dont il a été témoin, et qui avait dû exciter au plus haut point l'intérêt de tous les curieux. Or, la phrase
concernant ce monument est aussi catégorique que possible : « Ce
bel ouvrage, qui est de *Girardon,* n'a été posé qu'en l'année 1694. »
Sous cette affirmation concise, il est facile de surprendre les sous-
entendus de l'auteur, qui était le fidèle interprète de l'opinion
publique. Le cardinal ayant cessé de vivre le 4 décembre 1642 et le
tombeau n'ayant été achevé qu'en 1694, il s'écoula plus d'un demi-
siècle avant que le grand ministre reçût une sépulture digne de lui.

Il y avait donc dans ce retard une sorte d'ingratitude, d'oubli, propre à choquer les sentiments légitimes de la nation. Mais à qui imputer cette faute? Le sculpteur chargé de cette œuvre glorieuse s'était-il laissé détourner par d'autres occupations, par des travaux plus lucratifs? Ou bien la famille avait-elle apporté une négligence coupable à payer la dette de reconnaissance due à son illustre chef? La pièce suivante répond à cette question d'une manière qui ne laisse aucun doute sur les véritables coupables.

Dans son testament, le cardinal avait ordonné que son tombeau fût érigé dans l'église de la Sorbonne, construite par ses soins. La nièce préférée du défunt, Marie-Madeleine de Vignerol, dame de Courbalet, duchesse d'Aiguillon, avait été chargée spécialement de veiller à l'exécution de la dernière volonté du défunt. Or, des déclarations de *Girardon*, non contredites par ses adversaires, qui avaient cependant un grave intérêt à en contester l'exactitude, il résulte que la duchesse ne s'inquiéta de la construction du tombeau que très peu de temps avant sa mort. Le premier traité fut signé le 12 avril 1675, plus de trente-deux ans après la mort du cardinal, et la duchesse termina sa vie cinq jours après. Nous n'entrerons pas dans le détail des conditions convenues entre les parties; il suffira de remarquer que tous les marbres devaient être fournis au sculpteur, qui recevrait pour son modèle, son travail, son temps et ses frais divers la modique somme de quatorze mille cinq cents livres. Certes, pour un pareil monument ne comprenant pas moins de trois grandes figures et deux enfants, ce n'était pas cher!

La nièce de Richelieu meurt le 17 avril 1675, laissant, semble-t-il, une succession assez embarrassée. Cependant la nouvelle duchesse d'Aiguillon semble vouloir remplir les intentions de sa mère; l'artiste est à l'œuvre, le modèle est presque achevé. De nouveaux contrats interviennent entre les parties en 1677 et 1678, modifiant quelques-unes des clauses primitives, confirmant le surplus des conditions arrêtées. On a l'intention d'en finir sans retard; mais ces bonnes dispositions ne durent pas longtemps, et l'artiste, fatigué d'attendre les marbres promis, est obligé de s'en procurer de ses propres deniers et de poursuivre devant le Parlement sa noble cliente pour obtenir le remboursement de ses avances et le prix de ses peines. Ces faits paraîtraient incroyables, si les coupables eux-mêmes ne reconnaissaient le bien fondé des plaintes de l'artiste, en plaidant seulement les circonstances atténuantes et en se rabattant sur de pitoyables équivoques. « Ils devaient fournir la matière à l'ouvrier (le mot est d'eux), ils étaient donc libres de retarder les travaux, et *Girardon* n'eût pas dû prendre les devants. » Tels sont les piètres raisonnements par lesquels ils essaient d'effacer l'impression qu'a dû laisser dans l'esprit des juges l'apostrophe virulente du sculpteur : « Certai-

« nement MM. les commissaires ne verront point sans quelque sorte
« de dépit que l'on ait négligé les cendres et les précieux restes d'un
« si grand homme pendant plus de vingt-sept ans, et qu'on les ait lais-
« sés sans nom, sans titre et sans leur faire aucun honneur. Et, à vrai
« dire, cet oubli et cette négligence sont d'autant plus honteux aux
« héritiers du cardinal de Richelieu que sa mémoire est plus présente,
« plus chère et plus recommandable à tout le reste des hommes. »
Qui n'approuverait cette sortie indignée ? Certes le sculpteur, après
s'être chargé pour un prix modeste de l'exécution d'une œuvre aussi
importante, avait bien le droit de reprocher vivement cette coupable
négligence aux héritiers négligents ou intéressés.

Il ressort avec la dernière évidence de l'arrêt du Conseil, où se
trouve heureusement rappelée toute la procédure antérieure, que
Girardon ne fut pour rien dans les lenteurs apportées à l'exécution
de la volonté du cardinal, et même que, sans l'énergie qu'il déploya
en cette circonstance, le tombeau n'eût peut-être jamais été terminé.

Un bruit, répandu par Florent le Comte, attribuait à *Charles
Lebrun* le dessin du tombeau de la Sorbonne. Grosley, dans sa notice
insérée dans les *Mémoires des Académiciens*, proteste énergiquement
contre le dire de Florent le Comte ; ses arguments, nous devons
l'avouer, ne sont pas décisifs. Si le premier peintre de Louis XIV
avait collaboré à une des œuvres les plus célèbres de *Girardon*,
celui-ci n'eût peut-être pas vu ajourner si longtemps l'exécution de
ses projets. Dans tous les cas, nous ne trouvons dans les développements du long arrêt rendu par le Conseil privé aucun détail qui per-
mette de contester au sculpteur la paternité complète du tombeau
du cardinal. Il n'était pas sans intérêt de le faire remarquer.

Jules GUIFFREY.

*Arrêt du conseil privé ordonnant la visite et l'expertise par le
s^r Tuby, sculpteur du Roi, des ouvrages de sculpture faits
par François Girardon, sculpteur du Roi et recteur de l'Académie royale de peinture et de sculpture, pour le tombeau du
cardinal de Richelieu.*

26 avril 1690.

Sur la requeste presentée au Roy en son Conseil par *François
Girardon*, sculpteur ordinaire de Sa Majesté, recteur de l'Académie royale de peinture et sculpture, contenant que monsieur le
cardinal duc de Richelieu, decedé le quatorziesme decembre 1642,
a ordonné par son testament que sa sepulture fust faite en l'eglise
de Sorbonne de la ville de Paris, et que son tombeau y fust cons-

truit, suivant le dessein qui en seroit arresté par feu madame la
duchesse d'Aiguillon, sa nièce et son heritière et legataire, lad.
dame ne s'est mis en devoir d'executer cette dernière volonté que
tres peu de temps avant son deceds, et le douziesme avril 1675
seulement, qu'elle fit avec le supliant un traicté par devant nottaire, qui contient par le detail tous les ouvrages de sculpture,
dont il a esté convenu que le tombeau seroit composé, et qui porte
entre autres choses que les ouvrages seroient faits et composez par
le supliant jusques à leur entier achèvement et perfection, suivant
le modèle qui en avoit esté fait, et que la dame duchesse d'Aiguillon de sa part fourniroit au supliant tous les marbres necessaires
et luy payeroit ou au porteur, en la ville de Paris, la somme de
quatorze mil cinq cens livres à fur et à mesure que l'ouvrage
avanceroit et qu'il seroit bien et deument executé au dire d'ouvriers; mais, faute par lad. dame duchesse d'Aiguillon d'avoir
satisfait de sa part à ce traicté et fourny au supliant les marbres
qui luy estoient necessaires pour l'exécution, il n'a rien esté fait
de son vivant; le tresiesme febvrier 1677, le modèle qui avoit
esté fait en grand de tout le tombeau ayant esté exposé pendant
plusieurs jours dans la cour de l'eglise de Sorbonne, madame la
duchesse d'Aiguillon d'aujourd'huy, heritière et legataire universelle de la deffunte, ayant sur cela pris les avis de plusieurs personnes entendues au fait de sculpture, fit un nouveau traicté avec
le supliant, aussy par devant nottaire, par lequel il a esté convenu
qu'il seroit apporté quelque changement à la proportion de toutes
les figures de l'ouvrage, mais qu'au surplus le premier traicté
seroit ponctuellement suivy et executé; et par autre acte, passé
entre les parties par devant Carnot et son compagnon, nottaires
au Châtelet de Paris, le 17e juillet 1678, le supliant s'obligea de
travailler sans discontinuation à la construction du tombeau et
de l'achever au plus tard de ce jour en deux ans et demy; et pour
cet effet la dame duchesse d'Aiguillon s'engagea de fournir au
supliant dans un an tous les marbres necessaires pour finir l'ouvrage et de luy payer les quatorze mil cinq cens livres auxquelles
le prix en avoit esté fixé, en quatre payemens égaux, dont il fust
stipulé que le premier se feroit lorsque l'ouvrage seroit à moitié
fait, le second quand il seroit prest d'estre achevé, le troisiesme
quand il seroit achevé, avant qu'il fust transporté, et le dernier
lorsqu'il seroit mis en place et jugé finy. Le supliant a, de sa part,
remply ses obligations; mais la duchesse d'Aiguillon n'a pas fait

de mesme, en sorte qu'après plusieurs demarches de civilité le
supliant a esté obligé de la faire sommer, dès le dix huitiesme
decembre 1682, de luy fournir les marbres necessaires pour achever l'ouvrage, et, attendu qu'il estoit de ce temps là à moitié fait,
de luy payer le premier quart de la somme de quatorze mil cinq
cens livres, à quoy la dame duchesse d'Aiguillon n'ayant tenu
compte de satisfaire, le supliant l'a encore sommée, par acte des
6 et 18e avril dernier, d'executer le traicté du 17e avril 1678 et de
luy fournir 40 pieds cubes de marbre ou environ qui luy manquent
pour achever son ouvrage, dont il y a plus des trois quarts de fait,
et aussy de luy payer la somme de sept mil deux cent cinquante
livres faisant la moitié de celle de 14,500 livres, qu'elle s'est obligée de payer lorsque les ouvrages seroient prests d'estre achevez,
comme ils le sont; mais toutes ces interpellations n'ayant rien
opperé, il s'est pourveu au Parlement et y a demandé, par requeste
du 13 may dernier, que la dame d'Aiguillon fust tenue de luy paier
une somme de 3,010 livres pour le prix d'un bloc de marbre de
86 pieds cubes qu'il a achepté dès le 29e novembre 1679 du
sr Formont fils; 7,250 livres pour moitié de celle de 14,500 livres,
attendu que l'ouvrage est prest d'estre achevé, et les interests de
ces sommes, aux offres de déduire celle de 4,320 livres pour le
prix de quelques figures et morceaux de sculpture que lad. dame
d'Aiguillon a vendu au supliant; de luy fournir en son atelier au
Louvre 40 pieds cubes de marbre blanc et les autres choses nécessaires pour achever le tombeau, sinon qu'il luy fust permis
d'achepter et fournir les marbres et autres choses necessaires et
d'en avancer les frais dont il sera remboursé; et encore que la
dame duchesse d'Aiguillon fust condamnée en ses dommages et
intérests, faute par elle d'avoir fourny les marbres et autres choses
necessaires et fait les payemens conformément aux traictez. Sur
quoy, il a obtenu un arrest, le septiesme juillet dernier, qui la
condamne de payer au supliant les sommes de 3,010 livres d'une
part, et de 7,250 livres d'autre; ordonne que, suivant les offres du
supliant, deduction sera faite sur ces sommes de celle de 4,380 livres,
et qu'au payement du surplus, montant à 5,880 livres et aux interests de cette somme, à compter du treiziesme may dernier, lad.
dame d'Aiguillon sera contrainte par toutes voyes deues et raisonnables; la condamne de fournir au supliant 40 pieds cubes de
marbre blanc et les autres choses necessaires pour achever le tombeau, et ce dans quinzaine du jour de la signiffication qui lui sera

faite de cet arrest, sinon permis au supliant d'achepter les marbres et autres choses necessaires dont il sera payé et remboursé, la dame duchesse d'Aiguillon au surplus condamnée aux dommages et interests du supliant et aux despens. Les choses en cet estat, le supliant doit sans difficulté estre payé par preferance à qui que ce soit sur les biens et effetz de la succession de M. le cardinal de Richelieu des 5,880 livres à luy deues, et des interests à compter du 13ᵉ may dernier, mesme la somme de 1,500 livres, à laquelle il se restraint pour ses dommages et interest; et pour les despens qui luy ont esté adjugez, il doit aussy estre fait dès à present un fond de 9,000 livres pour la seureté du remboursement qu'il faudra faire au supliant, tant du prix du marbre et des autres choses necessaires pour l'achevement et perfection des ouvrages dont il s'agit, que du payement de la somme de 3,625 livres qui luy sera deue lorsque les ouvrages seront achevez, et de pareille somme qu'il faudra encore lui payer quand les ouvrages seront placez et que le monument en question aura esté trouvé finiz par des personnes experimentez, c'est ce qui oblige le supliant d'avoir recours à Sa Majesté. Ses moyens sont sy naturels qu'ils s'expliquent d'eux mesmes. Le supliant ne doit pas estre consideré comme simple créancier, soit de la deffunte dame duchesse d'Aiguillon, qui estoit heritière de M. le cardinal de Richelieu, soit de la dame d'Aiguillon, sa niepce et heritière, il est créancier de l'un et de l'autre de leur chef, à cause des obligations qu'elles ont contractées personnellement par les actes dont a esté fait mention cy-dessus; mais cela n'empêche pas qu'il ne soit aussy directement créancier de M. le cardinal de Richelieu et de sa succession..... parce qu'il a fait des impanses pour la construction de son tombeau..... Le supliant ne doute point que MM. les commissaires n'ayent quelque resentiment du peu de soin que l'on a eu de satisfaire les manes de M. le cardinal de Richelieu..... Certainement, ils ne verront point sans quelque sorte de depit que l'on ayt negligé les cendres et les precieux restes d'un si grand homme pendant plus de vingt-sept ans et que l'on les ait laissez sans nom, sans tiltre et sans leur faire aucun honneur; et à vray dire cet oubli et cette négligence est d'autant plus honteuse aux heritiers du cardinal de Richelieu que sa memoire est plus presente, plus chère et plus recommandable à tout le reste des hommes. A ces causes, Sire, requeroit le supliant qu'il plust à Sa Majesté ordonner que sur les biens et effets de la succession de M. le cardinal de Richelieu le supliant sera payé par preferance à tous autres de la somme de 5,880 livres et des interests à compter du 13e may dernier, et encore de celle de 1,500 livres, à laquelle il se restraint pour ses domages et interests et les despens à luy adjugez par l'arrest du septiesme juillet 1689; à ce faire les possesseurs et detempteurs de ses biens et effets contraints par toutes voyes deues et raisonnables; quoy faisant, bien et valablement dechargez, et le supliant payé et remboursé de ses sommes, il sera sur le revenu des mesmes biens et effets fait un fond de la somme de 9,000 livres pour la sureté tant des avances que le supliant se trouve obligé de faire pour l'achèvement des ouvrages que du payement des sommes qui luy seront deues dans la suitte, pour achever le payement de celle de 14,500 livres; sur laquelle somme de 9,000 livres le supliant sera remboursé des avances qu'il aura faittes en les justiffiant, et payé de la somme de 3,615 livres, lorsque les ouvrages seront achevez avant qu'ils soient posez ni transportez, et de pareille somme quand ils seront placez et qu'ils auront esté jugez finis par personne à ce experimentez, lad. requeste signée : *Girardon* et Aubry, avocat au Conseil. Au bas de laquelle est une ordonnance : soit la requeste communiquée à la dame duchesse d'Aiguillon et aux directeurs des créanciers et legataires de la deffunte dame duchesse d'Aiguillon pour, leur response veue, estre ordonné ce qu'il apartiendra, lad. ordonnance dattée du cinquiesme decembre 1689; signiffication d'icelle le sixiesme du mesme mois à lad. dame duchesse d'Aiguillon, à son domicille et auxd. directeurs des creanciers au domicille du sr de Nemond, l'un d'iceux; trois sommations faites à la dame duchesse d'Aiguillon des 6, 7 et 9 decembre 1689, qui n'auroit tenu compte de faire aucune reponse et une quatriesme au domicille de son avocat, le 14e febvrier de la mesme année, lequel n'auroit pareillement fait aucune reponse; requeste desd. Directeurs et legataires de la feue dame duchesse d'Aiguillon, servant de reponse à celle dud. *Girardon*, contenant entre autres choses que la question qui est à juger entre les parties, dans laquelle les suplians soutiennent en premier lieu que le demandeur ne peut pretendre le prix de ses ouvrages, parce qu'il ne luy estoit pas permis de les faire avant que la dame d'Aiguillon luy eut fourny des materiaux et en second lieu que cette pretendue preferance, fondée sur la faveur de la dette et la necessité imaginaire d'eslever des mausolées à la memoire des hommes illustres, n'est qu'une belle idée dont le

demandeur se flatte, parce que le privilege des impenses funeraires
se renferme uniquement dans les frais de l'inhumation du corps
et dans la pompe funebre qui doit l'accompagner suivant la dignité
et les facultez de la personne decedée. Avant que d'etablir ces veri-
tés, il est necessaire d'observer qu'il y a plus de quarante-sept ans
que le s^r cardinal de Richelieu est decedé; l'on pretend que, par
son testament, il a ordonné sa sepulture dans l'eglise de Sorbonne
et que son tombeau y fust construit suivant le dessein qui en
seroit arresté par la deffunte dame duchesse d'Aiguillon ; mais on
est obligé en mesme temps de convenir que l'execution de cette
volonté a esté negligée jusques en l'année 1675, en laquelle la
dame d'Aiguillon fit un traicté avec le demandeur pour la construction d'un tombeau moyennant la somme de 14,500 livres
pour le travail de l'ouvrier, à qui elle devoit fournir tous les
marbres necessaires; ce marché demeura sans effet, celle qui l'avoit
fait est decedée sans l'executer, et la dame d'Aiguillon d'aujour-
d'huy a fait deux autres traictez avec le demandeur, le 13 febvrier
1677 et 17 juillet 1678, dans lesquelz on demeure d'accord qu'il
y a plusieurs changemens ; mais ils n'ont pas eu plus d'effet que
la première convention, parce qu'elle n'a pas trouvé à propos de
satisfaire à l'obligation qu'elle avoit contractée de fournir les
materiaux necessaires. Les choses en cet estat, il est certain que le
demandeur ne pouvoit pas valablement commencer ce grand
ouvrage de son chef et de son autorité particulière; il avoit bien
la faculté de demander l'execution des derniers marchez, sinon
des dommages et interests resultans du dessein et du modèle qu'il
avoit fait; mais il n'estoit point en droit d'achepter des marbres
et de travailler de son mouvement; cependant il pretend l'avoir
fait sans aucun ordre, et contre les termes des traictez, suivant
lesquels il falloit que les materiaux luy fussent fournis avant qu'il
pust commencer ses ouvrages, et il a la temerité, après avoir luy
mesme contrevenu aux marchez, d'en demander l'execution. Un
seul moyen suffit pour detruire entièrement sa pretention, et
voicy de quelle manière les suplians l'establissent. Les contrats
doivent s'executer de la manière et dans les termes qu'ils sont
conçus, ny l'un ny l'autre des contractans ne peut en changer les
conditions et les clauses. Or, les traictez portent (ainsy que le
demandeur en convient) que les marbres doivent luy estre four-
nys pour travailler ensuitte suivant le dessein et le modèle, et par
consequent il ne pouvoit rien faire qu'après la livraison de ces

materiaux ; c'estoit la dame d'Aiguillon qui devoit la fournir ; c'estoit elle qui devoit commencer l'execution des marchez, et, jusques là, le demandeur avoit les mains liées. Mais, dira-t-on, un ouvrier est-il obligé d'attendre quinze ou vingt années pour executer un traicté, surtout lorsqu'il a fourny des desseins et un modèle qui luy a coûté du temps et de l'argent. Deux reponses : la première, qu'il n'a tenu qu'à luy, lorsqu'il a contracté, de stipuler le payement des avances faites pour le modèle dans un certain temps, si on ne luy fournissoit pas les marbres et si le traicté n'avoit pas son execution ; la deuxiesme, qu'il pouvoit intenter son action contre la dame d'Aiguillon et demander des domages et interests pour l'execution du marché..... Enfin les suplians avouent et reconnoissent avec toute la France le merite du defunt s^r cardinal de Richelieu, ministre d'un genie le plus estendu qui ayt jamais esté dans les veues penetrantes et la sage politique, lesquelles ont beaucoup contribué à rendre le royaume aussi florissant qu'il est, dont l'affection au service de son prince et de sa patrie et sa fidelité inviolable doivent faire respecter sa memoire, ministre admirable dans ses conseils et dans ses entreprises et incomparable dans les moyens de les faire réussir ; mais, pour conserver le souvenir de ce grand homme, l'ouvrage de *Girardon* n'est pas necessaire ; le superbe edifice de l'eglise de Sorbonne est son veritable mausolée ; ces vastes batimens, ces riches fondations pour entretenir tant d'ilustres sçavants qui main-tiennent la pureté de la doctrine et la regularité de la discipline de l'Eglise, ces echoles celèbres ou s'enseignent les mistaires de la religion, tout cela publie la grandeur de son genie, de sa genero-sité et de sa gloire, et les histoires de son siècle immortalisent son nom et ses vertus ; après cela, peut-on dire que pour conserver sa memoire on ayt besoin de quelques figures sur un tombeaux, et que pour une chose sy vaine et sy inutile il faille sacrifier à un ouvrier une somme considerable destinée pour payer de legitimes créanciers et acquiter des legs plains de justice et de piété..... lad. requeste signée Montargon, avocat au Conseil, et desd. Direc-teurs..... Autre requeste desd. Directeurs par laquelle ils concluent qu'il plaise à Sa Majesté leur donner acte de ce que, pour reponse à la requeste de *Girardon* du 6 decembre dernier, ils emploient le contenu en la presente ; mesme, de ce qu'au cas qu'il reporte des traictez en bonne forme, ils consentent qu'il soit procédé à la visite des ouvrages ; à l'effet de quoy, ils nomment pour leur expert le s^r *Tuby*, sculpteur du Roy, demeurant aux Goblins, pour pro-

ceder avec celuy qui sera pareillement nommé par led. *Girardon*
à la visite et raport de l'estat auquel sont lesd. ouvrages, et pour
connoistre s'ils sont bien et deument faits, conformement aux
prétendus marchez, aux offres qu'ils font, en qualité de Directeurs,
de le payer comme les autres créanciers et sans preferance de ce
qui se trouvera luy estre legitimement deub, deduction préalablement faite tant des sommes qu'il a receues, que du prix des figures
qu'il a prises en payement, apres l'estimation qui en sera pareillement faite, et condamner led. *Girardon* à tous les despens ; lad.
requeste signée Montargon..... Veu lad. requeste, ensemble les
traictez dés 19 juin 1674, 12 avril 1675, 17 juillet 1678, et l'arrest du Parlement du 7 juillet 1689, acte par lequel led. *Girardon* consent que par led. *Tuby*, expert nommé par lesd. Directeurs par leur requeste du 6 mars dernier, il soit procédé à la
visite des ouvrages en question pour connoistre s'ils ne sont pas
aux termes des traictez et à plus des trois quarts de leur perfection,
led. acte signiffié le 13 avril 1690 à l'avocat desd..Directeurs, et
autres pièces attachées auxd. requestes.

Ouy le raport des sieurs Benard de Rezay et de Fieubet, conseillers d'Estat ordinaires, commissaires commis, tout consideré ;

Le Roy en son Conseil, avant faire droit sur les demandes
dud. *Girardon*, contenues en sa requeste du 5 decembre 1689,
ordonne, du consentement des parties, que, par le sieur *Tuby*,
sculpteur de Sa Majesté, expert convenu par elles,.par leur requeste
et acte mentionnez au present arrest, serment préalablement de
luy pris par le s* Benard, conseiller d'Estat, commissaire commis,
les ouvrages en question seront veuz et visitez, à l'effect de
cognoistre s'ils sont aux termes des traictez des 19 juin 1674,
12 avril 1675 et 17 juillet 1678, et à plus des trois quarts de leur
perfection, ainsy qu'il est mis en faict par led. *Girardon*, ou s'ils
sont moins avancez ; lesquelz traictez seront à cette fin représentez
aud. *Tuby*, et du tout par luy dressé procès-verbal pour iceluy
rapporté par devant led. s* Benard et le s* de Fieubet, aussy conseillers d'Estat, estre ordonné ce qu'il appartiendra, et le present
arrest declaré commun avec lad. dame duchesse d'Aiguillon.

Signé : BOUCHERAT,   BENARD,

DE FIEUBET.

A Paris, le 26 avril 1690.

(Archives nationales, V⁶ 721.)

PIERRE ET ANTOINE COYZEVOX.

(1642-1675.)

Communication de MM. Natalis Rondot et Henri Stein.

Le docteur Fermelhuis, de l'Université de Paris, conseiller honoraire de l'Académie royale de Peinture, ayant été chargé par cette Compagnie de prononcer devant elle l'Éloge funèbre du sculpteur, s'acquitta de sa tâche le 1ᵉʳ février 1721. L'Académie fut si parfaitement satisfaite du travail de Fermelhuis qu'elle pria l'auteur de vouloir bien en donner une seconde lecture. C'est ce qui eut lieu le 1ᵉʳ mars suivant. Enfin, le 3o mai de la même année, les académiciens décidaient que l'*Éloge* de *Coyzevox* serait « imprimé par l'imprimeur de l'Académie. »

Le panégyriste du statuaire débute en ces termes :

« *Antoine Coyzevox*, Espagnol d'origine, naquit à Lyon en 1640; c'est ainsi que la nature jeta les premiers fondements de ce génie supérieur, par l'heureux assemblage du caractère de la noble gravité des Espagnols et de la vivacité et des grâces de la nation française. »

Lorsque nous avons nous-même écrit la *Vie de Coyzevox*, cette question d'origine nous a préoccupé. Nos recherches, si patientes qu'elles aient été, ne nous ont pas permis de résoudre le problème. Aussi, après avoir rappelé l'opinion émise par Fermelhuis, nous ajoutions : « Il faut le croire, Fermelhuis ayant été l'ami du sculpteur. La parole de cet écrivain est d'ailleurs le seul témoignage autorisé que nous possédions de l'origine espagnole des *Coyzevox*[1]. »

Que faut-il entendre par « Espagnol d'origine ? » Est-ce à dire que le père de *Coyzevox* soit né en Espagne ? Fermelhuis est-il remonté plus haut parmi les ascendants de notre artiste pour asseoir sur un fait précis l'origine étrangère du sculpteur ? Il ne l'a pas dit, aussi le doute subsiste. Si Fermelhuis a voulu parler de *Pierre Coyzevox*, menuisier à Lyon en 1640, père d'*Antoine*, et qu'il ait vu dans cet artisan un Espagnol, Fermelhuis s'est trompé. S'il a parlé de l'aïeul ou du bisaïeul d'*Antoine Coyzevox*, nous n'avons pas la preuve qu'il soit dans l'erreur. Mais un pas est fait vers la lumière. *Pierre Coyzevox* n'est pas Espagnol.

Par une coïncidence singulière, deux érudits, plus soucieux du plaisir qu'ils procurent à des travailleurs que du renom qu'ils pourraient attendre de leurs découvertes, MM. Natalis Rondot et Henri Stein, sans s'être concertés, nous ont spontanément offert le même document tiré des Archives de Lyon. L'un et l'autre se sont désintéressés de la publication de cette pièce qu'ils étaient heureux d'abandonner au biographe de *Coyzevox*. Tant de courtoisie leur fait honneur, et celui qui en est l'objet, touché d'un semblable procédé, reporte aux donateurs le mérite d'une propriété dont il ne saurait bénéficier.

Le document en question est tiré du registre BB 440, dans lequel sont consignées les déclarations faites au Consulat par des gens étrangers à Lyon

---

1. *Antoine Coyzevox, sa vie, son œuvre et ses contemporains* (Paris, 1883, in-12, p. 22).

et désireux de s'y établir dans le but d'acquérir le droit de bourgeoisie. Comme on va le voir, ces déclarations n'étaient pas facultatives. Louis XIII les avait prescrites par lettres patentes du 9 novembre 1617.

Du jeudy, treiziesme jour de febvrier mil six cens quarente deux, après midy, en l'hostel commun de la ville de Lyon, y estans Messieurs Mascranni, prévost des marchands, Guiston, Raton, Chappuis, Boniel, eschevins.

Estant comparu *Pierre Coyzevau*, maistre menuisier, natif *(sic)* dampierre sur le dou en Compté, luy a dict et déclairé qu'il a résidé actuellement en ceste ville plus de sept années, et despuis le mois d'avril de l'année 1636 qu'il auroit esté receu à la maistrise dudict art par sentence du sieur lieutenant général en la séneschaussée et siège présidial dudict Lyon, du dix-neufviesme dudict mois d'avril. Il a assisté aux guet et garde qui luy ont esté ordonnées, et desirant ledict *Coizevau* continuer son habitation en ceste dicte ville apprès avoir déclairé au Consulat qu'il entend estre subject à l'advenir ausdicts guet, garde et autres fonctions et supporter sa part des charges auxquelles les autres habitans de la dicte ville sont tenus, il a supplié le Consulat luy voulloir octroyer acte de sa dicte déclaration et ordonner qu'il sera registré au livre tenu en l'hostel commun de la dicte ville de ceux qui viennent habiter en icelle. Lesdicts sieurs ont octroyé acte audict *Coyzevau* de sa dicte déclaration, icieluy receu habitant de la dicte ville, et ensuitte de ce il a faict et presté entre leurs mains le serment en tel cas requis et accoustumé, sçavoir, de vivre et mourir en la religion catholique et appostolique romeyne, se comporter en bon concitoyen et advertir le Consulat de tout ce qu'il apprendra importer au service du Roy, bien et repos de la dicte ville, dont et du tout lesdictes présentes ait esté dressées, registrées par ordonnance des dicts sieurs au présent livre tenu par le secrettaire de ceux qui viennent habiter en la dicte ville suivant et au désir de l'arrest du Conseil du Roy du iij⁰ juillet M V⁰ IIIIˣˣ dix sept et lettres patentes de Sa Majesté, du neufviesme novembre M VI⁰ dix sept, pour servir et valloir audict *Coyzevau* en temps et lieu que de raison. Signé : Mascranny, Guiston, Raton, Chappuis, Boniel. [Fol. 143 recto.]

M. Stein s'est assuré que le lieu natal de *Pierre Coyzevox* n'a pas changé de nom. Dampierre-sur-le-Doubs est une commune aujourd'hui comprise dans le canton de Pont-de-Roide, arrondissement de Montbéliard. De son côté, M. Natalis Rondot ajoute à sa copie de la pièce qu'on vient de lire les variantes diverses du nom de *Coyzevox* qu'il a relevées dans les Archives de Lyon. Nous avions nous-même signalé dans notre ouvrage (p. 22-23) les cinq variantes què voici : *Quoyʒeveau*, *Quoyʒeuaux, Coësévaux, Coësuaux* et *Coyʒeuaux*. M. Rondot y ajoute : *Coiseueau* et *Couaiseuaux*.

C'est également à M. Rondot que nous devons de savoir qu'une fille de *Pierre Coyʒevox*, nommée Madeleine, mariée au menuisier *Pierre Phili-bert*, fit baptiser une enfant à l'église Saint-Nizier, le 10 janvier 1664. (Registres de Saint-Nizier.)

Enfin nous devons à l'obligeance du même collaborateur de connaître le texte du mandement de 2,100 livres délivré à *Antoine Coyʒevox* par les Consuls de Lyon, en 1675, pour les exemplaires du buste de l'archevêque, qu'il avait sculpté.

Voici cette pièce :

19 novembre 1675.

Autre mandement pour *Anthoine Coyʒevaux*, maistre sculpteur de cette ville, de la somme de deux mille cent livres, a laquelle lesdicts sieurs ont ce jourd'huy modéré et arresté le mémoire qu'il leur a présenté de la despense qu'il a faicte pour les deux busqs de bronze et douze de plastre de monseigneur l'archevesque de Lyon, qu'il a fait de l'ordre du Consulat, et rapportant ledict mémoire avec le présent mandement et quittance.

(Archives de Lyon, BB 231, fol. 143 v°.)

L'archevêque dont il.est question ici est Camille de Neuville de Villeroi, qui occupa le siège épiscopal de Lyon du 28 mai 1653 au 3 juin 1693, soit durant quarante années. L'exécution du buste de l'archevêque, en 1674 ou 1675, vient à l'appui de ce que nous avons écrit (voir notre ouvrage, p. 37-40) sur le séjour probable de *Coyʒevox* à Lyon à cette époque de sa vie, qui est celle de son second mariage. Il nous est donc permis de penser, jusqu'à preuve authentique du contraire, que l'union du statuaire avec Claude Bourdict a pu être célébrée à Lyon, aucune pièce relative à cette union n'ayant été découverte à Paris.

Henry JOUIN.

PEINTRES ET SCULPTEURS OFFICIELS
DE LA VILLE DE TOULON[1].
(1639-1786.)

Communication de M. Charles Ginoux.

LAURE (HONORÉ), peintre.

1639. — Paiement au sieur *Laure*, peintre, de la somme de

---

1. Documents extraits des registres des délibérations et des comptes trésoraires de la Communauté de Toulon. (Séries BB et CC.)

dix-sept livres, pour le portrait et les armoiries du cardinal de Richelieu qu'il a peint et qui sont placés dans la salle de la maison commune. — 25 mai 1639.

1643. — Sera payé à *Laure*, peintre de ceste ville, vingt-huit livres pour deux portraits qu'il a fait pour la communauté. — 27 mars 1643.

1643. — Sera payé à maître *Honoré Laure*, peintre, la somme de dix-huit livres quatre sous, pour vingt-six armoiries qu'il a fait, armes du Roy pour la ville. — 23 juin 1643.

1644. — Payement à *Laure*, peintre, de douze livres pour le portrait qu'il a fait, pour ceste communauté, de madame La Bomédon, et mandat sera fait, au bas duquel rapportant acquit, sera admis. — 16 mars 1644.

1646. — Sera encore payé à maître *Laure*, peintre, quatre livres seize sous, pour taut d'armoiries qu'il a fait, par ordre des Consuls, aux obsèques de feu le ducq de Brézé. Mandat est fait au trésorier de payer, avec acquit tout sera admis. — 13 octobre 1626.

1651. — Du 1er février 1651. — Par délibération dudit jour, est mandé au sieur trésorier de payer à *Honoré Laure*, maître peintre, la somme de huitante-quatre livres, pour prix des étoffes, peines et vacations employées à la peinture de l'entrée que la ville a faict à l'arrivée de M. d'Aiguebonne; et, raportant acquit, sera admis... 84 l.

2° Pour treize armoiries de la ville qu'il a faict, par ordre desdits Consuls, lors des funérailles de feu M. Anthoine Garelly, vivant un des conseillers de la ville.

Garelly, notaire.

Jey reseu, de monsieur le trésorier, les huitante-quatre livres desdits mandats, à Thollon, 30 mars mil six sens cinquante et un.

H. Laure.

1652. — Payement de vingt livres à *Honoré Laure*, maître peintre, pour le portrait du duc de Mercœur. — 2 décembre 1652.

1658. — Payement au sieur *Laure*, maître peintre, pour le travail qu'il a exécuté lors de l'entrée à Toulon de la reine de Suède. — 13 mai 1658.

JACQUES (JEAN), peintre.

1639. — Payement de 20 livres au peintre *Jean Jacques*, qui a peint le portrait du comte d'Alais. — 22 août 1639.

1643. — Sera payé à *Jean Jacques*, maître peintre, habitant de cette ville, septante-cinq livres, pour satisfaction du prix-fait de la peinture nouvellement faicte à la monstre de l'orloge de ceste ville par contract public de la présante année. — 15 avril 1643.

1643. — Ledit Conseil a délibéré qu'il sera payé à *Jean Jacques*, peintre, pour peinture et dorer le cadre du tableau de la chapelle de la maison commune, noirci escabeau, vernis un cadre et une grande table à côté du cadre. — 17 août 1643.

1646. — Du 22 octobre 1646. — De mesme, sera payé à *Jean Jacques*, maître peintre de la ville, la somme de sept livres dix sols, pour vingt-cinq armoiries par lui faites pour la Communauté, de l'ordre des sieurs Consuls, pour les funérailles de monsieur de Sollier; mandat est fait au sieur trésorier de payer quand acquit sera admis.

1649. — Payé à *Jean Jacques*, peintre, sept livres dix sols, pour les armoiries qu'il a fait aux funérailles de monsieur le chevalier de Gaveniel (?), gouverneur pour le Roy en ceste ville, et rapportant acquit sera admis. — 26 janvier 1649.

1649. — Payé à *Jean Jacques*, peintre, sept livres, pour la peinture de quatre douzaines de banderolles faite à l'entrée de monsieur le comte d'Alais, le mois d'avril dernier, et portant acquit sera admis. — 10 mai 1649.

1653. — Sera payé à *Jean Jacques*, peintre, la somme de trante livres, pour avoir peint la cheminée de la chambre de plain-pied de la salle du premier de la maison de ville, fait les frises autour de lesdites chambres et ditte salle; mandat est fait au sieur trésorier de payer, et avec acquit sera admis...   30 l.

Cogorde, greffier.

Je, soubsigné, confesse avoir resseu, des mains du sieur Cogorde, la somme de trante livres à moy ordoné au mandat cy-dessus, et l'acquitte; à Toullon, le dernier octobre 1653.

J. Jacques.

JACQUES (JEAN) et AUZIÈRE, peintres.

1653. — Sera payé à *Jean Jacques* et *Auzière*, peintres, la somme de cent cinquante livres, à bon compte, du portrait qu'ils ont fait de monseigneur de Mercœur, gouverneur de cette province; faisant acquit sera admis. — 5 juin 1653.

1653. — Sera payé à *Jean Jacques* et *Auzière*, peintres, la somme de cent soixante-trois livres dix sols, pour reste et entier payement des travaux qu'ils ont fait à l'entrée de monseigneur de Mercœur. — 23 juin 1653.

1653. — Du dernier juillet 1653. — Payé à *Jean Jacques* et *Auÿière* 61 livres 10 sol.

1653. — Du quatre août 1653. — Payé à *Jean Jacques* et *Auÿière* 150 livres.

CARAVAQUE (LOUIS), sculpteur.

1643. — Sera payé à *Louis Caravaque*, menuisier, la somme de dix-sept livres douze sous, pour la besogne qu'il a faicte pour la ville. — 14 décembre 1643.

CARAVAQUE (LOUIS) et MELLON (ANTOINE), sculpteurs.

1650. — Sera payé à *Louis Caravaque* et *Antoine Mellon*, sculpteurs, sçavoir : audit *Caravaque*, dix-huit livres pour le travail qu'il a fait durand neuf jours à l'entrée de monseigneur d'Aiguebonne, à raison de deux livres par jour seu égard qu'il fit le désaing, et, audit *Mellon*, quatorze livres huit sous pour neuf journées qu'il a employée à ladite entrée à raison de trente-deux sous par jour, faisant tout trente-deux livres huit sous, et mandat sera faict. — 16 janvier 1650.

1651. — Janvier 1651. — A *Caravaque* et *Mellon*, 18 livres pour l'entrée de monsieur d'Aiguebonne.

PUGET (?).

1648. — Conseil du dix-huitiesme jour du moys de juin mil six cens quarante-huict. — Sera payé à monsieur *Puget*, intendant de la fabrique (directeur des travaux?) de la maison (Poudrerie) fait à Dardenne, la somme de trente livres, par dessus la somme qui luy sera esté payée.

JULLIEN (JEAN), peintre.

1651. — 1er febvrier 1651. — Par délibération dudit jour, sera mandé au sieur trésorier de payer à *Jean Jullien*, peintre, quatre livres dix sous, pour les armoiries qu'il a fait de monseigneur d'Aiguebonne, par ordre de messieurs les Consuls; et, raportant acquit, vous sera admis...   4 l. 10 c.

Garelly, greffier.

En présence de moy, soubsigné, *Jean Jullien* a receu du cieur trésorier quatre livres dix soubz, mandat et signé; à Toulon, le 14 febvrier 1651.

J. Jullien.

JACQUES (FRANÇOIS), peintre.

1657. — Payé à *Jacques*, peintre, quatre livres dix sols pour les armoiries mises sur la porte de monseigneur le premier Président. — 8 mai 1657.

(La quittance est de « Anne Bonifasse, » veuve à feu mons' Fran. Jacques.)

JACQUES (PIERRE), peintre.

1665. — Du 22 octobre 1665. — Par délibération du Conseil, est mandé au sieur trésorier payer à *Pierre Jacques*, peintre, neuf livres, pour avoir fait les armes de monseigneur le Présidant, et l'a requ étant dans cette maison de ville, rapportant acquit sera admis...   9 l.

Je resu de monsieur Martin, trésorier, la somme de neuf livres mantionée au manda si-dessus; le quitte, à Tollon ce quatorze desambre 1665.

Pierre Jacques.

1690. — Délibération du 3 avril 1690. — Par délibération ordinaire dudit jour, troisième jour du mois d'avryl mil six cent quatre-vingt-dix, sera payé à *Pierre Jacques*, peintre, douze livres, pour son payement d'avoir fait un plan et veue figurée du cartier Saint-Antoine, pour servir au procès de la Communauté contre Antoine Arnaud; mandat fait et raportant acquit, ladite somme sera admise...   12 l.

Delamer, greffier.

Je, soussigné, confesse d'avoir reçu la somme à mie ordonnée; fait à Tollon le 9 avril 1690.

Pierre Jacques.

FLOUR (FRANÇOIS), peintre.

1665. — Conseil du 17 novembre 1665. — Par délibération dudit jour, est mandé au sieur trésorier payer à *Flous*, maître peintre, la somme de cinquante-quatre livres, pour septante-deux armoiries qu'il a fait pour ladite Communauté, et qui ont servy pour les funérailles de monseigneur l'admiral Reyson, de quinze solz la pièce, contenue en parcelle adressée par P. Durand et

Sauvaire du jourd'huy; rapportant ycelle et acquit sera admis...
54 l.

Aubert, notaire.

J'ay reseu du sieur trésorier la somme de 54 livres mansioné au manda si-descus, de coi le quitte, à Tollon, ce 24 novambre 1665.

François Flour, peintre.

1666. — Du 5 mars 1666. — Par délibération du Conseil, je mande au sieur trésorier payer à *Flous*, peintre, la somme de trente-sept livres dix sols, et ce pour cinquante armoiries faictes aux funérailles de la défunte Reyne-mère, rapportant acquit sera admis...   37 l. 10 s.

Aubert, notaire.

Jey resseu de monsieur Martin, trésorier, les 37 l. 10 s. mansioné au manda si de desseue, et le quitte; à Tollon, ce 16 mars 1666.

Flour.

1666. — Du 20 juin 1666. — Par délibération du Conseil, est mandé au sieur trésorier payer à *Flous*, maître peintre, la somme de neuf livres, à quoy a esté d'accord faire les armoiries de monseigneur de Tollon; rapportant acquit, sera admis... 9 l.

Jey resseu de monsieur Martin, trésorier, les neu livres mantioné au mandat si-descu, et le quitte; à Toulon, le 21 jeun 1666.

Flour.

1667. — Du 20 juin 1667. — Sera payé à *François Flour*, peintre, douze livres pour les causes contenues en sa parcelle adprouvée; et, raportant acquit, sera admis.

Arnaud, notaire.

Jey resseu de monsieur le trésorier Gibert la coume de dousse livres, et le quitte; fait à Tollon ce juille ce 4 1667.

F. Flour.

1681. — Par délibération du Conseil dudit jour, 29 septembre 1681, a esté ordonné qu'il sera payé au sieur *Floux*, peintre, la somme de soixante-quinze livres, pour avoir donné un vernis au balcon et à l'entrée de l'hôtel de ville, et fourny tout ce qu'il a été nécessaire; tant peintures que travail d'ouvriers, suivant le marché fait avec luy; et, rapportant son acquit, ladite somme sera admise.

Renoux, greffier.

Je comfesé avoir réséu des mains de monsieur le trésorier la somme de sétante sin livres, à moy ordonnée sy-dessus, et quitte; à Toullon, le 7 octobre 1681.

Flour.

1682. — Par délibération dudit jour, 24 juin 1682, a esté ordonné qu'il sera payé à *Floux*, peintre, huit livres, à quoy a esté réglé le travail et peintures qu'il a fait, tant dans l'hostel de ville qu'à la maison de mademoiselle Brun, pour réparer le dommage causé par le logement de l'ambassadeur du Maroc. Le tout par ordre du Conseil, et, raportant acquit, ladite somme sera admise...   8 l.

Renoux, greffier.

Jey reseu de Monsieur Tournier, trésorier, les huit livres à moy si-deseu ordonée, et le quitte; à Toulon, le 7 juillet 1682.

Flour.

1685. — Par délibération dudit jour, 29 octobre 1685, a esté délibéré qu'il sera payé à *François Flour*, peintre de ceste ville, vingt-deux livres, pour des armoiries représentant les armes du Roy en relief, surdorées, qu'il a vandues à la Communauté, et pour quelques petits ouvrages en une couleur jaune qu'il y a faict pour elle à l'hostel de ville, et, rapportant acquit, ladite somme sera admise...   22 l.

Moutton, greffier.

En ma présence, ledit *Floux* a reseu dudit sieur Barthélemy, trésorier, les vingt-deux livres à luy ci-dessus ordonnées par délibération, dont les quitte; à Tollon, ce dernier octobre 1685, et a signé.

Flour. — Moutton, greffier.

1692. — Conseil du 1er décembre 1692. — Par délibération du Conseil dudit jour, a esté délibéré qu'il sera payé à *François Flour*, maître peintre de cette ville, la somme de soixante-quinze livres pour avoir donné et mis un vernis sur les figures (les Cariatides de *Puget*) et au reste de ce qui compose le balcon de l'hostel de ville du cousté du port pour le conserver, suivant le marché qui avoict esté aresté; et, rapportant acquit, ladite somme sera admise.

Roustan, greffier.

Je reseu de monsieur Reison, trésorier de la Communauté, la soume de septante-cinq livres sy de seue ordonée, et l'acquitte; à Toullon, le 3 décembre 1692.

Flour.

1694. — Conseil du x décembre 1694. — Par délibération du Conseil dudit jour, a esté ordonné qu'il sera payé ou se retiendra encore la somme de neuf livres qu'il a payées à *François Flour*, maître peintre, pour avoir peint la caisse de l'horloge de l'hôtel de ville, de quoy ledit *Flour* a donné son reçu au bas du mandat fait par messieurs les Consuls, lequel rapportant et donnant le sien, sera admis... 9 l.

Roustan.

Je me suis retenu ladite somme de neuf livres si-dessus, dont en quitte la Communauté; à Toulon, le 5 janvier 1695.

Jean Lèbre, trésorier.

PANON (JEAN), sculpteur.

1667. — Par délibération du 13 avril 1667, il est ordonné audit sieur trésorier de payer à *Jean Panon*, sculteur, dix-huit livres pour travail de son mestyer, pour le piédestaux de Saint-Sébastien, en suite du vœu que le Conseil a fait à l'occasion de la peste, de marché fait avec lesdits sieurs Consuls, et, reportant acquit, sera admis... 18 l.

Arnaud, notaire.

J'ai reçu du sieur Guibert la somme de dix-huit livres, contenues au mandat si délivré, dont le quitte; à Tollon, le dus may 1667.

Jean Panon.

JACQUES (LAURENT), peintre.

1681. — Par délibération dudit jour, 9 décembre 1681, il a esté ordonné qu'il sera payé à *Laurent Jacques*, peintre de ceste ville, vingt-quatre livres, pour son payement de deux armoiries de S. A. monseigneur le duc de Vandosme qu'il a faict pour son arrivée, pour le service de la Communauté, à raison de 12 livres pièce, suivant la parcelle aincérée ce jourd'huy par messieurs Albert et Aycard, consuls de céans; et, rapportant icelle parcelle et acquit, ladite somme sera admise... 24 l.

Renoux, greffier.

Jey reseu de monsieur Tournier, trésorier, les vingt-quatre livres à moy ordone, et le quitte; à Tollon, le vinstième désembre 1681.

Laurent Jacques.

1685. — Délibération du Conseil du 4 juin 1685. — Par délibération du Conseil dudit jour, a esté délibéré qu'il sera payé à

Laurent Jacques, maître peintre de ceste ville, dix-huit livres pour les deux armoiries qu'il a faites par ordre de messieurs les Consuls, des armes de monseigneur le maréchal d'Estrée, employées à son entrée, lors de son arrivée en ceste ville au mois d'avril dernier; et, raportant acquit, la somme sera admise. 18 l.

Brémond, greffier.

Jey reseu de monsieur le trésorier de sete ville de Tollon, Jean Légier, la somme de dix-huit livres contenue au mandat, et le quitte; à Tollon, le 27 juin 1685.

Laurent Jacques.

1687. — Conseil du xxj juin 1687. — Par délibération du Conseil dudit jour, 21 juin 16huitante-sept, a esté délibéré qu'il sera payé à *Laurent Jacques*, peintre de cette ville, vingt livres, pour les deux armoiries qu'il a faictes, de l'ordre de messieurs les Consuls et du Conseil, de monseigneur Lebret, intendant de justice en cette province, et, raportant acquit de ladite somme, sera admis, et sic...   20 l.

J'ey reseu de monsieur Melon, trésorier de cete ville de Tolon, vingt livres qu'ils me sont esté ordonées pour des armoiries que jy fait pour la Communauté, et le quitte; à Tollon, le 28 juin 1687.

Laurent Jacques.

1693. — Conseil du 4 juin 1693. — Par délibération du Conseil dudit jour, a esté ordonné qu'il sera payé à *Laurent Jacques*, maître peintre, la somme de vingt-cinq livres, pour le prix des armoiries qu'il a faites de l'ordre du Conseil, tant celles de monseigneur le comte du Luc, pour servir à son entrée en ceste ville, que pour dix différentes de celles de monseigneur de Vandosme, de quoy est fait mandat; et, reportant acquit, sera admis...   25 l.

Roustan, greffier.

Jey reseu du sieur Reisson, trésorier de la Communauté de sete ville de Tollon, la somme de 25 livres sy-desus ordonée par le Conseil, et le quitte; à Tollon, le 8 jeun 1693.

Laurent Jacques.

1698. — Conseil du 20 juin 1698. — A esté délibéré qu'il sera payé à *Laurent Jacques*, maître peintre, la somme de vingt livres tournois, pour avoir racomodé et repassé les vieux tableaux des Archives, suivant le marché qui en avoit esté arresté; de quoy est fait mandat, et, raportant acquit, sera admis...   20 l.

Roustan.

Jey reseu de monsieur Bouier, trésorier de la Communauté, la somme de vingt livres qui me sont esté ordonée pour avoir racomodé dus tablaux, et le quitte; à Tollon, le 5 juillet 1698.

Laurent Jacques.

1700. — Sera payé au sieur *Laurent Jacques*, maître peintre, la somme de quatre-vingt-dix livres, pour le travail et peinture qu'il a employée à la réparation du balcon de l'hôtel de ville, et des figures (Cariatides de *Puget*) qui le soutiennent; de quoy est fait mandat, et, rapportant acquis sera admis.

Jey reseu la çomme de quatre vent dis livres, sy-dessus ordonnées, de monsieur Gressy, trésorier moderne; à Tollon, le 18 août 1700.

Laurent Jacques.

IMBERT (LOUIS), sculpteur.

1683. — Par délibération dudit jour, huictième de novambre 1683, a esté délibéré qu'il sera payé à *Louis Imbert*, esculteur de ceste ville, la somme de 15 livres pour le travail d'esculture faite en la cornisse nouvellement construite dans la chambre..., de marché fait par messieurs les Consuls avec le sieur *Imbert*; mandat est fait, et, raportant acquit, la somme sera admise... 15 l.

Gayroard, greffier.

Je, soussigné, avoir recseu la somme de quinze livres, suivant mandat si-dessus; à Toulon, le 8ᵉ novembre 1683.

L. Imbert.

1685. — Délibération du 14 may 1685. — Par délibération du Conseil dudit jour, a esté délibéré qu'il sera payé à *Louis Imbert*, exculteur, pour avoir fait les armes en relief de la ville, sur une pierre blanche qu'on doit poser sur la porte du Piquet neuf, la somme de vingt-quatre livres; et, rapportant acquit de ladite somme, sera admis...   24 l.

Brémond, greffier.

Jey reseu du sieur Légier, trésorier de la Communauté, les vingt-quatre livres du mandat sy-dessus, et les quitte; à Toulon, le 21 may 1685.

L. Imbert.

BOUNIER (JEAN), peintre.

1683. — Par délibération du Conseil dudit jour 22 novembre 1683, a esté délibéré qu'il sera payé au sieur *Bounière*, peintre de ceste ville, la somme de vingt-quatre livres pour le travail de peinture par lui faicte au-dessus de la cornisse de la chambre de ladite Communauté, à laquelle somme ce travail a esté réglé par messieurs les Consuls avec ledit *Bounière*, de laquelle, en présentant acquit, ladite somme sera admise.

Gairouard, greffier.

J'ay reçus du monsieur trésorier de la ville la somme ci-dessus à moy ordonnée; à Tollon, ce 27 novembre 1683.

Bounier.

1685. — Par délibération dudit jour, 23 juin 1685, a esté délibéré qu'il sera payé à *Jean Bounière*, peintre, la somme de cinquante-quatre livres, à quoy a esté réglé le travail de la peinture qu'il a fait à la cheminée de la salle de l'hôtel de ville, et vernis donné à l'entrée (Portique et Cariatides) dudist hostel, du côté du port, et balcon qui y est au-dessus, et grisseure donné à la porte dudit balcon, laquelle somme, rapportant acquit, sera admise.

Brémond, greffier.

J'ay recus de monsieur le trésorier la somme cy-dessus mentionné, dont je le quitte; à Tollon, ce 25 juin 1685.

Bounier.

GUILLAUME, sculpteur.

1687. — Délibération du Conseil du 9 juin 1687. — Par délibération dudit jour, a esté délibéré qu'il sera payé à *Guilheaume*, esculteur, dix-huit livres pour l'effigie qu'il a faicte de saint Lazare, taillée de pierre, pour mettre sur la consone de la fontaine de la place Saint-Lazare; et, rapportant acquit, ladite somme sera admise, et cy...   18 l.

J'ay resseu du sieur Mellon, trésorier de la Communauté de cette ville, dix-huict livres, à nous adjugé pour payement de cy-dessus; fait à Tollon, le 17 juin 1687.

Jinard. — (Marque dudit *Gileaume*.)

PUGET (PIERRE).

1690. — Conseil du 12 juin 1690. — Sera payé au sieur *Pierre Puget*, un Louis d'or, pour avoir fait le modelle (dessin de la construction) de la Poissonnerie, de l'ordre de messieurs les Consuls et Conseil; mandat est fait, et, raportant acquit de ladite somme, sera admis ou de celui qui aura son ordre.

JULLIEN (LOUIS), peintre.

1694. — Par délibération dudit jour, a esté ordonné qu'il sera payé au sieur *Louis Jullien*, peintre, la somme de trente-trois livres, pour la peinture et le travail qu'il a employés aux poteaux possés aux chemins du terroir, pour indiquer les chemins, ce qui a esté fait en suite des ordres de monseigneur l'intendant, de quoy est fait mandat, et, rapportant acquit sera admis...   33 l.

> Roustan, greffier.

Je, soubné, et receus du sieur Vaccon la somme de trente-trois livres contenue au mandat si-dessu, dont le quitte; à Toulon, ce 9 avril 1694.

> *Jullien.*

1694. — Pour des guidons et banderolles, au sieur *Jullien*, peintre, 6 l. 10 s. — 26 juillet 1694.

1700. — Sera payé à *Louis Jullien*, maître peintre, la somme de sept livres dix sols, pour avoir fait en mignature les armoiries de la ville qui ont été nécessaires et mandés à Paris; de quoy est fait mandat, et, rapportant acquit, sera admis.

> Roustan, notaire.

J'ay receu de monsieur Gressy, trésorier de la Communauté, la somme de sept livres dix sols cy-dessus ordonnée; à Toulon, le 23 septembre 1700.

> *Jullien.*

GAVOTY (JOSEPH), peintre.

1695. — Conseil du 9 mars 1695. — Par délibération du Conseil dudit jour, a esté ordonné qu'il sera payé au sieur *Gavoty*, peintre, la somme de douze livres, pour la façon des armes de monseigneur Phélipeaux, qui doivent servir à son entrée dans cette ville; de quoy est fait mandat, et, rapportant acquit, sera admis...   12 l.

> Roustan.

J'ay resseu du sieur Pèbre, trésorier de la Communauté, la some de douze livres ordoné sy-dessus, dont le quitte; à Toullon, le 14 may 1695.

> *Gavoty.*

1699. — Conseil du 12 janvier 1699. — A esté délibéré qu'il sera payé à *Joseph Gavoti*, maître peintre, la somme de vingt-quatre livres, pour avoir peint, en deux différents cartouches, les armes de monsieur le marquis de Chamasel, commandant de cette ville; de quoy est fait mandat, et, raportant acquit, sera admis...   24 l.

J'ey resseu de monsieur Arnaud, trésorier de la Communauté de sette ville, la somme de vingt-quatre livre, pour les armes que j'ay fait; à Toulon, le 24 janvier 1689.

Gavoty.

CASTILLON (JEAN-BAPTISTE), peintre.

1701. — Dépenses à l'occasion de l'arrivée de nos seigneurs les Princes.

Au Conseil du 20 juin 1701.— Se retiendra le sieur trésorier :

. . . .

Cinquante-trois livres à *Jean-Baptiste Castillon*, peintre.
Cent cinq livres au sieur *Julien*, peintre.
Cinquante-cinq livres au sieur *Bruel* (*Dubreuil?*), sculpteur.

TOMBARELLI (PIERRE), sculpteur.

1701. — Au Conseil du 22 juin 1701. — A esté ordonné qu'il sera payé à *Tombarelli*, sculpteur, la somme de douze livres, pour les deux tiers de celle de dix-huit livres du prix d'une pierre de taille dure sur laquelle il a gravé des caractères d'escriture pour servir à la couverture de la tombe de la famille des Cabassons que la Communauté et le Chapitre ont fait reffaire à cause que ledit couver avoit été rompu lors de la réparation de l'église; mandat est fait, et, raportant acquit, sera admis...   12 l.

Ressu de monsieur Cressy, trésorier de la Communauté, la somme de douze livres, pour les deux tiers de 18 livres, à compte d'une pierre que j'ai faict de sculpture de messieurs les Cabasson; à Toulon, le 25 juin 1701.

P. Tombarelli.

VOLAIRE (JACQUES), peintre.

1729. — État général de la dépance faite par la Communauté de Toulon, à l'occasion de la réjouissance de monseigneur le Dauphin.

Au sieur *Volaire*, peintre, pour les peintures, guidons et ornements desdites trois fontaines (fontaines de vin), suivant le mandat quittancé, n° 13, deux cent trente livres, cy...   230 l.

(Il fut dépensé, en outre, 300 livres pour peintures, devises et inscriptions faites à l'Arc de triomphe par *Kapeller*, et 5o livres pour emblêmes et inscriptions exécutés par le père Isnard, de l'Oratoire, qui, n'ayant pas voulu recevoir de payement, reçut un cadeau consistant en un objet d'orfèvrerie.) ·

1734. — Dépense que la Communauté a faite à l'occasion de la venue de monseigneur le marquis de Villars, gouverneur de Provence, et de cette ville en particulier. 7 juin 1734.

Au sieur *Volaire*, peintre, pour avoir peint les armoiries de monseigneur de Villars, qui furent mises à ·l'Arc de triomphe de la Porte-Royale, suivant le mandat et quittance qui sera joint au présent état, la somme de vingt-une livres, cy...   21 l.

Monsieur Trouchet, trésorier de la ville, vous êtes prié de payer au sieur *Volaire*, peintre, la somme de soixante-douze livres, pour le prix de vingt-six armoiries petites et sept grandes sur le carton, le tout doré et argenté, représentant les armes de feu le maréchal de Villars, employées pour le service que la Communauté lui a fait faire dans la cathédrale en qualité de gouverneur de la Provence et de cette ville en particulier, et en rapportant le présent mandat, quittance de la somme, revenant à trente-six sols la pièce desdites armoiries, vous sera passé décharge; à Toulon, le 21 août 1734.

Bon pour soixante-six livres (*sic*); signé Portalis, maire, et Pavès, consul, à l'original. Pour acquit, signé *Volaire*, à l'original.

1743. — Arc de triomphe à l'occasion de la venue à Toulon,
le... septembre 1743, de monsieur de Mirepoix.

Payé au sieur *Vollaire*, peintre, pour avoir fait les armoiries de monsieur de Mirepoix, trante livres...   3o l.
 Pour acquit de trante livres,

Volaire.

1744. — État de la dépense à l'occasion de la venue de monseigneur le prince de Conti, le 23 mars 1744.

. . . .

Au sieur *Vollaire*, peintre, pour les guidons, grands et petits, et autres choses employées à l'Arc de triomphe, cent cinquante livres, cy...   15o l.
 Pour acquit de cent cinquante livres,

Vollaire.

Au sieur *Vollaire*, peintre, pour avoir fait les armoiries de monseigneur le prince de Conti, dorées et émaillées, trente livres.

Pour acquit de trente livres,

Volaire.

1744. — Réjouissance à l'occasion de l'heureux rétablissement de la santé du Roy, dimanche 20 septembre 1744.

Au sieur *Vollaire*, peintre, pour les guidons, grands et petits, et autres choses employées à l'Arc de triomphe, cent cinquante livres, cy...   150 l.

Pour acquit de cent cinquante livres,

Volaire.

1752. — État général de la dépense faite par la communauté de Toulon, ensuite de la délibération du Conseil du 1er août 1752, au sujet de l'arrivée et séjour de monsieur le marquis de Paulmy, ministre et secrétaire d'État de la guerre, arrivé à Toulon le 7 dudit mois d'août, et parti le 11.

Article premier.

A *Volaire*, peintre, pour avoir peint les armes dudit seigneur placées à l'Arc de triomphe érigé à la porte Saint-Lazare, suivant mandat quittancé, n° 1.

1761. — Au sieur *Volaire*, dessinateur, proposé par monsieur Milet de Montville, directeur des fortifications de Provence, pour les divers travaux et frais déboursés par luy à cette occasion, suivant l'état que ledit sieur *Volaire* en a donné, certifié par mondit sieur Milet, au bas duquel est le mandat du 24 décembre 1761, quittancé, pièce n° 1, et cy...   101 l. 4 s.

(Délibération du 18 décembre 1761.)

1766. — Dépense à l'occasion du service que la communauté a fait dire à la cathédrale, le 13 février 1766, pour monseigneur le Dauphin.

Au sieur *Volaire*, peintre, pour les armoiries, dauphins, emblêmes et autres fournitures par lui faites suivant le compte qu'il en a donné, au bas duquel est le mandat du 20 mars quittancé, cotté n° 8, cy...   636 l. 3 s. 3 d.

DUBREUIL (JEAN-BAPTISTE) et VOLAIRE (JACQUES), peintres.

1754. — Dépense à l'occasion de l'arrivée et séjour de S. A. S. monseigneur le duc de Penthièvre, amiral de France.

1° Au sieur *Dubreuil*, peintre, et à Aurenge, brouilleur, pour peintures faites tant aux appartements de l'hôtel qu'à ceux de monsieur Trullet (maison Trullet attenante à l'hôtel de ville et louée par les Consuls), suivant deux mandats des 8 et 18 octobre, cottés n⁰ 5.   56 l.

2° A. *Volaire*, peintre, pour avoir peint les armes du Prince placées à l'Arc de triomphe, suivant le mandat du 25 septembre, cotté n° 29, cy...　　　　　　　　26 l. 8 s.

KAPELLER.

1729. — État général de la dépense faite par la communauté de Toulon, à l'occasion de la réjouissance de monseigneur le Dauphin.

Payé au sieur *Kapeller*, peintre, pour les peintures, devises et inscriptions de l'Arc de triomphe, suivant le mandat et quittance n° 11, trois cens livres, cy...　　　　　　　300 l.

LA ROSE (ALEXANDRE DE), peintre.

1739. — Plan de la ville et des deux rades, par *de la Rose*, peintre.

Délibéré le 11 septembre 1739. — Monsieur Saurin, trésorier de la ville, vous êtes prié de paier au sieur *de la Rose*, fils, peintre, la somme de cinquante livres, pour avoir levé un nouveau plan de la ville et des deux rades, avec les remarques et notations nécessaires pour l'entrée et mouillage des bâtiments, et pour avoir, aussi, retouché sur le plan ci-devant fait (on le voit à l'hôtel de ville; il porte la date 1729) de la ville et arcenal et les deux darces, à chacun desquels deux plans il y a mis les armes de la ville. Et, en rapportant le présent mandat quittancé, ladite somme vous sera passée en décharge; à Toulon, 14 septembre 1739.

Pour 50 livres, Montenard; Beaussier, consul; Tournier, consul.

    Pour acqui,

                       A. Delarose.

LECUREUX (SIMON), peintre.

1752. — État de la dépense au sujet de l'arrivée à Toulon, le 7 avril 1752, de monsieur le marquis de Paulmy, secrétaire d'État de la guerre.

Article 7.

A *Simon Lecureux*, pour les dorures et peintures aux appartements, miroirs et tableaux de l'hôtel de ville, suivant mandat du 7 août, quittancé, n° 7, cy...   48 l.

CHARPIN, peintre.

1763. — Dépense à l'occasion de l'arrivée de monsieur de Coincy, commandant de la ville de Toulon.

A *Charpin*, peintre, pour avoir peint en grand les armes placées à l'hôtel de ville le jour de la réception et jours suivants.

Le mandat, du 7 octobre 1763, quittancé...   18 l.

PANISSE (JEAN-JOSEPH), peintre.

1766. — A l'occasion de la mort et funérailles de monsieur Amant Ricard, consul, lieutenant du Roy, décédé le 1er février 1766.

Au sieur *Panisse*, peintre, pour 42 armoiries petites, à 25 sous, et 3 des grandes, à 50 sous...   60 l.

    Pour acquit,

Panisse.

1766. — A *Jean-Joseph Panisse*, peintre, pour avoir peint en rouge à l'huile huit bras de la chapelle de Notre-Dame-des-Saintes-Reliques, qui furent prêtés à la communauté par les marguilliers de ladite chapelle et qui avaient été gâtés; suivant le mandat du 9 may quittancé, cotté n° 16, cy...   9 l.

1777. — État général de la dépense faite par la communauté de Toulon, à l'occasion de l'arrivée de Monsieur, frère du Roy.

1° Au sieur *Panisse*, peintre, pour avoir peint et doré, sur les deux étendards, les armes du Roy et de la ville; suivant le mandat quittancé, pièce n° 5...   48 l.

2° Au sieur *Panisse*, pour la valeur de l'écusson aux armes du prince, placé au haut de l'Arc de triomphe; suivant le mandat quittancé, pièce n° 24...   24 l.

Toulon, le 13 août 1777.

GARRON et BARALLIER, peintres.

1769. — État de la dépense faite à l'occasion de l'arrivée de monseigneur le marquis de Rochechouart, lieutenant général et commandant pour le Roy dans la province.

Au sieur *Garron*, peintre, pour le coût des premières armes de ce seigneur que la communauté fit faire pour mettre au haut de l'Arc de triomphe...   6 l.

Au sieur *Barallier*, peintre, pour le coût des secondes
armes que la communauté fut obligée de faire refaire pour
les causes contenues au mandat du 6 juin, cy joint... 27 l.

                 ——

                 33 l.

PANISSE (JEAN-LOUIS), peintre.

1786. — État de la dépense faite pour le service de feu
   monseigneur l'évêque de cette ville.

Au sieur *Panisse*, peintre, pour sept grandes armoiries et deux
emblêmes, et pour avoir enluminé divers ornements ; suivant son
compte ci-joint, quittance réduit à...   48 l.

LES COPIES DE *RAPHAEL* AUX GOBELINS.

(1759.)

*Mémoire des tableaux venus de Rome représentant différents sujets
exécutés sur les tableaux de* Raphaël *à Rome que monsieur Bailly,
garde des tableaux du Roy, a remis à monsieur Le Bel, inspecteur
des Gobelins, pour être employés à faire des tapisseries et dont
M. Bailly m'a remis copie le* 12e *may* 1759.

Hauteur.			Largeur.	
Pieds.	Pouces.		Pieds.	Pouces.
14	2	*L'Attila.*	24	6
13	1	*La Bataille de Constantin.*	33	7
17	9	*La Dispute du Saint-Sacrement.*	25	0
13	6	*Le Baptême de Constantin.*	15	3
13	8	*Le Parnasse.*	21	4
13	3	*L'Apparition de la Croix à Constantin.*	15	4
14	7	*Le Miracle de la messe.*	21	3
17	8	*L'École d'Athènes.*	25	0
14	10	*L'Embrasement du bourg Saint-Pierre.*	22	4
14	2	*L'Héliodore.*	24	9

(Bâtiments du Roy. — Contrôle de Paris, année 1759. — Envoyé le 8 may.)

Déjà deux tentures de 10 tapisseries chacune avaient été exécutées
aux Gobelins sous *Le Brun ;* elles ne comportaient ni le *Baptême de
Constantin* ni la *Dispute du Saint-Sacrement,* mais elles avaient l'*aile
droite* et l'*aile gauche* de la *Bataille* à l'état de pièces détachées.

                   GERSPACH.

ACTES D'ÉTAT CIVIL.

(1607-1767.)

Communication de M. H. Herluison.

Les orfèvres : *BÉGUIN, BEME, BERGNAU, BOILDIEU, DE BONNIÈRE, DÉSORMEAUX, DESLANDES, DOLIN, DRAIS, FRANÇOIS, FREMIN, HURDAN, LAGNEAUX, LE PREUX, LE COULON, NOLIN, PELANT, REVÈSE, ROUSSEL, TETARD, SAUVAGE, VALLAYER, DE VILLIERS.*

Le lundy 22° novembre 1660, convoy de 20 d'*Antoine Beguin*, m° orphebvre, pris rue des 2 Portes, reçu 20 l.

(Registres de Saint-Germain-l'Auxerrois.)

Le mardy 27 septembre 1672 fut inhumé Elisabeth, aagée de 26 mois, decedée le minuit, fille de *Pierre Beme*, orphebvre du roy, pris au galleries du Louvre.

(Saint-Germain-l'Auxerrois.)

Le mardy 28 (?) 1647, convoy et messe de 6 et 4 de feu *Boildieu*, m° orphebvre, pris rue Saint-Germain, offerte 12 l.

(Saint-Germain-l'Auxerrois.)

Germain, fils de *Claude de Bonnier*, marchand orfebre, et de Jeanne Cosson sa femme, fut baptisé le 29° jour de may 1641, parrain Germain Gardin, bourgois de Paris, et marraine Marie de Bonnier, fille de *Nicolas de Bonnier*, orfebvre.

(Saint-Benoît.)

Le 6° jour de febvrier 1660, convoy, service et transport aux Jacobins du faubourg de *Jean Bonaire*, marchand orfebvre, pris rue Saint-Dominique, proche le cadran.

(Saint-Sulpice.)

Le jeudy 3 janvier 1675 fut inhumé *François de Bonniere*, m° orfeuvre, agé de 43 ans, decedé hier à 4 h. du soir, pris rue Frementeau.

(Saint-Germain-l'Auxerrois.)

Le samedy 5 avril 1670, convoy de 20 vesp. s. e. de feu monsieur *Desormeaux*, marchand orfevre et ancien garde de la dicte marchandise, pris rue des Lavandieres. Reçu 36 l. 10 s. pour mon mémoire, je n'ay reçu pour autre.

(Saint-Germain-l'Auxerrois.)

Le dimanche 22 may 1672, Marie de la Cour, 70 ans, decedée hier au matin, femme de *Jean Dolin*, m° orphebvre, pris rue des Deux-Portes.

(Saint-Germain-l'Auxerrois.)

Le vendredi 27 decembre 1669, convoy de 20 s. c. de monsieur de *Bergnau* le Jeune, marchand orfebvre et bourgeois de Paris, pris rue Jean Lointier. Reçu 37 l. 10 s. pour moy seul.

(Saint-Germain-l'Auxerrois.)

Le 16 mars 1767 a été inhumée en cette église Anne Simon, veuve de *Jean-François Drais,* marchand orfebre, decedée d'hier, rue de la Barillerie, 71 ans. Ont assisté au convoi *Pierre-Eustache Deslandes*, marchand orfevre, son gendre, pont Saint-Michel, de cette paroisse; *Jean François*, marchand orfevre, ancien marguiller de cette église, son neveu, et plusieurs autres parens et amis, lesquels ont signé : Deslandes, Soyer, Drais, Fremin.

(Saint-Barthélemy.)

Le lundy 16 octobre 1651, convoy de 6 et 4 vespres de feu *Claude Fremin*, marchand orfevre, pris rue Saint-Germain.

(Saint-Germain-l'Auxerrois.)

Le vendredy 22 juillet 1672 fut inhumée en l'église Ange-Roussel, femme de mons. *Hurdan*, marchand jouaillier, lapidaire et bourgeois de Paris.

(Saint-Germain-l'Auxerrois.)

Le vendredy 7° aoust 1648, convoy g¹ s. c. de feu deffunct honeste personne *Jean le Preux*, vivant marchand orfebvre, bourgeois de Paris, pris rue Saint-Germain. Reçu 54 l. 10 s.

(Saint-Germain-l'Auxerrois.)

Jeudy 11° juin 1705, inh. de *Daniel le Coulon*, orphebvre, decedé hier, rue des Deux-Portes, époux de Sara Varnier.

(Saint-Germain-l'Auxerrois.)

Le 21° jour d'apvril 1641, furent espousés avec toutes les solemnitéz requises Barquillet et *Nolin*, tous deux de la paroisse Saint-Severin, assistez de M. Le Brun, m° vitrier, Nicolas du Parquet, aussi m° vitrier, *Pierre Nolin*, m° orfevre, et *Vincent Nolin*, m° orfevre.

(Saint-Séverin.)

Le samedy 27 (sept. 1659), convoy de 30 s. c. de feu M. *Pelant*, marchand orfebvre, l'un des doyens de la communauté, pris devant S. Lenffroy.

(Saint-Germain-l'Auxerrois.)

Le vendredy 29 decembre 1668, convoy de 20 s. c. de feu monsieur *Pelan*, marchand orfebvré, bourgeois de Paris, pris rue Saint-Germain.

(Saint-Germain-l'Auxerrois.)

Le 23 juin 1626 fut enterré au cimetiere des Innocents monsieur *Roussel,* vivant mᵉ orfebvre.

(Saint-Sulpice.)

Le dernier jour de janvier 1607 fut baptisée Marie, fille de Lois David, marchand plumalier, et de Nicole Thomas. Son parein *Pierre Tetard*, mᵉ orfevre du Roi, paroisse Saint-Germain-de-Lauxerrois, sa marine Marguerite David, femme de *François Revese*, mᵉ orfevre, de la paroisse Saint-Jacques.

(Saint-Symphorien.)

Du vendredy 1ᵉʳ mars 1652, convoy de 6 et 4 de *Robert Sauvage*, mᵉ orphebvre, pris rue Saint-Germain.

(Saint-Germain-l'Auxerrois.)

L'an 1744, le 22 decembre, a été bapt. ... fille de *Joseph Vallayer*, marchand orfevre du Roy, et de Anne des Fontaines, demeurant en l'hôtel royal des Gobelins.

(Saint-Hippolyte.)

Le 19 janvier 1690 a été baptisé un enfant femelle, de *Claude Villiers* le jeune, orfebvre ordinaire du Roy, et de demoiselle Martine André, sa femme.

(Saint-Hippolyte.)

Le 22 janvier 1690, bapt. d'une fille de *François de Villiers*, orphebvre joaillier ordinaire du Roy, et de Marie-Anne Le Bé, sa femme.

(Saint-Hippolyte.)

Le 14 mars 1695, bapt. d'une fille de M. *de Villiers*, marchand orfebvre, joaillier ordinaire du Roy, et de demoiselle Marie-Anne Le Bée, pareins M. *Léonard Lagneaux*, marchand orfevre joaillier, et demoiselle Anne-Françoise Houasse.

(Saint-Hippolyte.)

PIERRE PUGET.

(1688.)

Cette lettre n'est pas inédite. On la trouve dans la publication *Musée des Archives départementales, recueil de fac-similés héliographiques, de documents tirés des archives des préfectures, mairies et hospices* (Paris, Impr. nationale, 1878, in-4°). Mais, outre le prix élevé et la rareté du recueil dont nous donnons le titre, ce qui explique qu'il soit peu connu des travailleurs, ce volume ne renferme que des pièces étrangères aux questions d'art. Il n'est donc pas superflu d'en distraire la lettre qui va suivre et que les éditeurs du *Musée* ont insérée aux pages 380-381 (pièce 166, planche 60).

H. J.

Le sculpteur *Pierre Puget* écrit aux échevins de Marseille pour s'entendre avec eux au sujet d'une statue équestre de *Louis XIV*, qu'il devait faire pour cette ville.

A Paris, ce 25 septenbre 1688.

Mesieurs, il est de mon devoir de vous faire savoir de mon arivée à Paris; et aiant veu monseigneur l'intendent à Aix, il m'asura qu'on ne bougeroi rien de nostre entreprisse que je n'usse parlé a monseigneur de Colbert Croisy, et mesme qu'il en escriroit encorre par l'ordinaire : sela m'atandri beaucoup le ceour et je fus confus de son honnesteté. Je considera encorre a mesme temps le desir en general que ma patrie a d'avoir l'estatue du roy de ma main; j'ay résolu, mesieurs, d'acorder le pris a cent sinquante mil livres de set ouvrage, conforment le contenu de contrat passé, a la reserve que, sy, quand l'ouvrage sera en pied dens mon atelié, ne pouvoit tenir en pied en y metant et ajustant encorre dix ou douze quintal desus entre le col du cheval et la figure, ne pouvant suporter le dict pois, je ne pourois retourner faire un autre asay sans une considerable despance, despance capable à m'acabler. A ce cas, je serois obligé de faire le roy et le cheval come seux qu'on faict a Paris, car je ne conseille pas de metre rien soubs le vantre du cheval, de quelle maniere qu'on le fasse; car nous pourions metre quelque trophée soubs le vantre du cheval, si la machine ne povoit se soutenir, mes je ne l'csti meroit pas come autrement. Voila, mesieurs, ce que je me suis pancé de vous donner avis. En atandent l'honneur de vostre res-

ponce, je suis avect tout mes respects, mesieurs, vostre très
humble et très affetiné et bien obeisant serviteur,

P. Puget.

Iert matin, j'ariva, le 24 du corant. Je me mest en estact qu'on
me presente au roy, car il sé que je suis arivé à Paris.

LE PEINTRE *JACQUES VOLAIRE.*

(1745.)

Jacques Volaire, longtemps peintre officiel de la ville de
Toulon, appartenait à une famille de peintres nés dans cette
localité. Le plus ancien des peintres de ce nom, prénommé *Jean*,
avait étudié sous *Pierre Puget* et mourut en 1721. L'un des
derniers, *Pierre-Jacques*, fils de *Jacques* et petit-fils de *Jean*,
plus particulièrement élève de *Joseph Vernet*, avec lequel il col-
labora aux *Ports de France*, finit ses jours à Naples, où ses
productions l'avaient mis en grande considération, et où il avait
été surnommé « *le chevalier Volaire.* » De tous les artistes du
nom de *Volaire*, qui ont alternativement travaillé pour la
marine, la ville, les églises, etc., il ne reste que trois tableaux
connus par nous : une *Pieta*, de *Jean*, qu'on voit à l'église Saint-
Louis de Toulon ; une *Gloire*, de *Jacques*, dont il va être parlé ;
et une *Éruption du Vésuve*, par *Pierre-Jacques*, que possède le
musée de Rouen.

Délibération pour faire faire un tableau au sieur Volaire, *peintre,
du 12 juillet 1745*[1].

Aujourd'hui lundi, douzième juillet mille sept cent quarante cinq,
nous Estienne Garnier, Louis Marin, Jean Légier, François Légier,
recteurs de la chapelle *Corpus Domini*, et Joseph Marquisan, trésorier d'icelle, étant assemblés dans la sacristie de ladite chapelle, les
marguilliers y étant aussy, avec nous, nous aurions remontré qu'au-
dessus de leur banque il y seroit nécessaire un tableau de dix sept
pans (3^m09) largeur et de dix pans et demy (2^m52) de hauteur, pour
couvrir la muraille et représenter une Gloire ornée de tous les attri-

---

1. Ce tableau, qui représente des Anges adorant le Saint-Sacrement, se
trouve aujourd'hui dans la chapelle de la Vierge.

buts convenables; sur quoy et à l'instant nous nous serions portez sur les lieux, pour examiner la cause, et aurions trouvé la demande juste et raisonnable, avec d'autant plus de fondement que le sieur Péguier, l'un desdits marguilliers, nous auroit assuré que le sieur *Volaire*, pintre de cette ville, qui en a déjà donné le dessein, lequel est au pouvoir dudit trésorier, s'oblige de le faire conformément et proportionelement pour le prix et somme de deux cents livres, pourvu qu'il luy soit fourni la toile et le châssis en sus, sur quoy, après nous être consultés, veu la modicité du coust, l'absolu besoin et l'obligation indispensable des fidelles à décorer le temple du Seigneur, nous aurions délibéré et délibérons par la présente que ledit sieur Marquisan, trésorier de ladite chapelle, est prié de faire faire cet utile et nécessaire meuble d'abord qu'il se trouvera des fonds en caisse pour survenir à cette dépense, luy donnant, à ce sujet, tout le pouvoir nécessaire, ainsy et de même que si nous étions tous présents en personne, de passer convention avec ledit sieur *Volaire* aux conditions cy-dessus énoncées et nous sommes soussignés.

Légier; Légier; L. Marin; Garnier.

Convention entre M. Volaire et moy pour un tableau représentant une Gloire, à faire dans six mois de ce jour, pour le prix de 200 livres. Le 16 juillet 1745.

Nous, soussignés, *Jacques Volaire*, me pintre de cette ville, d'une part, et Joseph Marquisan, trésorier de la chapelle *Corpus Domini* de cette cathédralle, d'autre part, sommes convenus ce qui suit, savoir :

Que moydit *Volaire* m'oblige envers ledit Marquisan en sa qualité et pour ladite chapelle *Corpus Domini* de leur faire dans quatre mois, à compter de ce jour, un tableau de dix-sept pans largeur et de onze pans hauteur, représentant une Gloire conforme au dessein que j'en ay moy fait et de nous signé pour y avoir recours en cas de besoin; laquelle Gloire est pour mettre au-dessus de la banque des marguilliers en dehors de la grille de ladite chapelle pour laquelle je donneray tous mes soins et fourniray toute la pinture nécessaire pour le prix et somme de deux cents livres qui me seront comptées, savoir : cent livres en commencent ledit ouvrage, et les cent autres livres à la fin d'iceluy, et moydit Marquisan, en madite qualité, me soumet aux conditions cy-dessus, m'obligeant de plus de fournir le châssis en bois et la toile qu'il faudra pour ledit tableau. Fait double, à Toulon, le seize juillet mil sept cens quarante cinq.

Marquisan.

Je dis six mois de temps pour être randu.

Volaire.

***Pouvoir donné au trésorier pour faire confectionner un cadre doré,
destiné au tableau sus mentionné.***

Du mardy vingtième du mois de juillet mille sept cent quarante
cinq, le bureau de la chapelle *Corpus Domini* estant encore assem-
blé, nous, soussignés, recteurs de ladite chapelle, pour éviter la mul-
tiplicité du travail, serions convenus de faire faire un cadre au
tableau dont mention est faite cy-dessus, et le faire dorer afin qu'une
fois mis en place ne plus le déplacer; à cet effet, aurions prié ledit
sieur Marquisan, trésorier de ladite chapelle, de se charger du soin
de faire faire ledit cadre ainsi que de convenir du prix de la dorure
avec le maître doreur, luy donnant à cet égard tout le pouvoir nécessaire, aprouvant toujours ce que par luy sera fait et convenu à ce
sujet, et nous sommes soussignés.

Légier; Marin; Garnier; Légier.

(Arch. comm., GG. 12, carton.)

Dans son 3ᵉ compte, au 20ᵉ article, Joseph Marquisan, trésorier, se décharge, le 30 décembre 1745, de la somme de trois cent
cinquante-neuf livres, seize sols, trois deniers, qu'il a payée à
sieur *Jacques Volaire*, maître peintre, à Jean Dot, menuisier,
etc. Le texte de cet article a été publié dans les *Nouvelles Archives*
(IIIᵉ série, t. III, p. 327).

Charles GINOUX.

LORTHIOR

GRAVEUR EN MÉDAILLES.

(1770.)

M. Jules Guiffrey a publié, dans les *Nouvelles Archives de l'Art français*
(3ᵉ série, t. I, 2ᵉ partie, p. 89-92, 103-106), un intéressant mémoire de
Lorthior. Cette pièce est datée de 1790. Notre confrère constate avec raison
que le « graveur des médailles du Roi » n'est guère connu de nos contemporains. Une seule médaille de l'artiste est mentionnée sur le *Catalogue du
musée monétaire* de l'Hôtel des monnaies. Je suis en mesure d'ajouter une
œuvre à celle que l'on conserve sur le quai Conti. C'est le jeton de Marie-
Antoinette.

En voici la description :

Anépigraphe : Deux écus ovales; le premier à gauche écartelé
de France et Dauphiné; le deuxième à droite écartelé au 1ᵉʳ de
Hongrie, au 2ᵉ d'Autriche, au 3ᵉ de Bourgogne ancien, au 4ᵉ de

Médicis et brochant sur le tout un écu parti de Habsbourg et de Lorraine, timbré de la couronne impériale; le tout dans un cartouche orné de fleurs et de guirlandes, timbré d'une couronne de Dauphiné et entouré d'une bordure d'oves.

R/. JETTONS DE MADAME LA DAUPHINE, 1770, en cinq lignes dans le champ, entouré d'une couronne de lauriers et dans une bordure d'oves. Dans le coin à gauche : LORTHIOR F.

Cette médaille est octogone; on en connaît des exemplaires en argent et en bronze. Elle est fort remarquable comme gravure. J'ajoute que j'en possède un bois.

J. ROMAN.

BEAUVARLET A SOISY-SOUS-ÉTIOLLES.

Communication de M. G. Mauban.

(1788.)

Extrait du registre des concessions des bans et places situés dans l'église de Notre-Dame de Soisy-sur-Seine-sous-Étiolles, diocèse de Paris.

L'an mil sept cent quatre vingt huit, le quinze juin, l'assemblée annoncée au prône, la grosse cloche sonnée trois fois en la manière accoutumée, se sont assemblés au bureau de l'œuvre et fabrique de ladite paroisse messieurs les curé, marguilliers en charge, anciens marguilliers et habitans de la paroisse; et, sur la représentation faite par Julien Jacquet, marguillier en charge, qu'il avoit fait pendant trois dimanches consécutifs la criée d'un ban bourgeois, situé dans la tribune, occupé cy-devant par M. et Mme Méry, et que M. *Jacques Beauvarlet*, graveur du roi, et dame Marie-Catherine Riolet, son épouse, avoient mis la dernière enchère de quatre-vingt livres une fois payées ès mains du marguillier comptable; messieurs les curé, marguillier en charge, anciens marguilliers et habitans ont accordé et accordent par le présent acte, dont sera donnée copie collationnée auxdits sieurs et dame *Beauvarlet* le susdit ban avec la banquette, moyennant la somme de quatre vingt livres une fois payées ès mains du marguillier comptable, pour lesdits sieurs et dame jouir dudit banc, et leurs enfants après leur décès, moyennant la reconnaissance ordinaire comme d'un bien à eux appartenant, tant que lesdits sieur et dame possèderont leur maison ou toute autre dans le païs, et ce pour entendre la service divin, et ont signé : Jacquet, Lagarde, Léwis, Lévêque, Merlier, Morel, Narteaux, Hebert, fiscal, Moreau, Philippon ; Millet, curé.

Collationné à l'original et délivré par nous soussigné les jour et an que dessus.

Signé : Millet, curé.

Un second extrait délivré dans la même forme, en date du 8 avril 1792, an quatrième de la liberté (fête de Pâques), constate que le banc bourgeois situé dans la tribune, ci-devant occupé par M. *Beauvarlet* et devenu vacant par la vente de sa maison, a été adjugé à M. Salvan, ancien caissier et correspondant des États de Bourgogne, moyennant 80 livres une fois payées.

L'extrait est délivré par le même Millet, curé.

PAIEMENT DE PENSION

AU PEINTRE

VANBLARENBERGHE.

(1792.)

Document communiqué par M. Paul Marmottan.

Pour compléter les renseignements que j'ai publiés ici même sur les *Blarenberghe,* je me dessaisis, en faveur des lecteurs de la *Revue de l'Art français,* d'un nouveau document relatif à la pension que faisait Louis XVI au peintre *Vanblarenberghe, Henri,* très vraisemblablement.

Six derniers mois 1791.

1,200 liv.

Trésorier général de ma liste civile, le s. Jean-Baptiste Tourteau de Septeuil, payez comptant au s. *Vanblarenberghe,* ancien peintre des batailles, la somme de douze cents livres, que je lui ai accordée en considération de ses services, pendant les six derniers mois 1791, à raison de 2,400 l. par an. Fait à Paris, le 5 mars 1792.

Louis.

Par le Roi :
(Signat. illisible.)

ESTIMATION

DES

ANCIENNES TAPISSERIES DE SAINT-SATURNIN DE TOURS

AUJOURD'HUI A LA CATHÉDRALE D'ANGERS.

(1793.)

La cathédrale d'Angers possède une riche collection d'anciennes tapisseries parmi lesquelles on peut signaler deux suites, l'une de quatre pièces représentant la Passion de Jésus-Christ, l'autre de trois pièces, le martyre de saint Saturnin. Ces tapisseries, qui sont, les premières de la fin du xvᵉ siècle et les secondes de 1527, comptent au nombre des plus remarquables de ces deux époques. Elles proviennent de l'église de Saint-Saturnin de Tours, où leur présence est attestée au siècle dernier par M. de la Grandière, auteur d'une histoire manuscrite de Tours conservée à la bibliothèque municipale [1]. Vendues à la Révolution, elles étaient passées, au moins celles du martyre de saint Saturnin, à la paroisse de Saint-Étienne de Chinon, d'où, par suite de l'incurie et de l'ignorance d'un curé et de ses fabriciers, elles sont devenues la propriété de la cathédrale d'Angers.

M. de Farcy les a décrites dans son intéressante *Notice sur les tapisseries de la cathédrale d'Angers*, mais il ne semble pas que cette église ait recueilli toutes les pièces qui composaient ces belles suites. Pour la Passion de Jésus-Christ, M. de Farcy en compte quatre, d'une longueur totale de 20 mètres, et pour le martyre de saint Saturnin trois, d'une longueur de 9ᵐ20.

Le document suivant, qui est le procès-verbal d'estimation desdites tapisseries, dressé à la Révolution par deux tapissiers de Tours, donne, pour la Passion, une longueur de 38 aunes et, pour le martyre, 10 aunes.

Or, l'aune valant 1ᵐ20, on arrive dans le premier cas à 45ᵐ60 au lieu de 20ᵐ, et dans le second à 12ᵐ au lieu de 9ᵐ20. Il manque donc 28ᵐ40, c'est-à-dire près de la moitié, qu'on peut espérer retrouver un jour, au moins en partie.

On remarquera l'extrême modicité du prix auquel étaient alors

---

1. Bibliothèque de Tours, mss. 1244.

estimées ces belles tapisseries, qui aujourd'hui ont une valeur considérable.

Ch. DE GRANDMAISON,
Archiviste d'Indre-et-Loire.

Nous soussignés, *Amable Remono*, tapissier, nommé par messieurs du bureau de la fabrice de la paroisse de Saint-Gatien de Tours, et *Jean Grellet* l'aîné, aussi maître tapissier, nommé par messieurs du bureau de la fabrice de Saint-Martin de Tours, pour estimer ensemble les tapisseries de la ci-devant paroisse de Saint-Saturnin ; après les avoir examinées scrupuleusement et d'après nos connaissances, d'une voix unanime, nous les avons estimées comme il suit, savoir :

Six morceaux de tapisseries à personnages, représentant la mort et passion de Jésus-Christ, contenant 38 aunes de cours, à 13 liv. l'aune, pour 494 l.

Plus, deux morceaux représentant le martire (*sic*) de saint Saturnin, de 10 aunes de cours, à 8 fr. l'une, pour 80 l.

Plus, six mauvais pieds de tapis, contenant 15 aunes de cours, à 40 sous l'aune, pour 30 liv. ; total 604 liv.

En foi de quoi, nous avons signé :

Etienne-Aimable Remono. — Grellet[1].

FRANÇOIS DEBRET, ARCHITECTE[2]

ET LE PALAIS DE L'ÉCOLE DES BEAUX-ARTS.

(1832.)

Document communiqué par M. Paul Marmottan.

Pour qui *François Debret* a-t-il rédigé cette note, entièrement écrite de sa main ? — Nous l'ignorons, car il n'existe sur elle aucune rubrique indicatrice. Mais il est vraisemblable, vu l'allusion, sous forme de conclusion, faite au budget d'entretien des bâtiments, que l'éminent architecte, constructeur de l'École des Beaux-Arts, l'a préparée pour un ministre, appelé à appuyer sa proposition d'allocation annuelle auprès de la Chambre des

---

1. Archives d'Indre-et-Loire, série L. — La pièce n'est pas datée, mais la mention de la *ci-devant* paroisse de Saint-Saturnin et de celle de Saint-Martin nous porte à la placer en 1792, ou dans les premiers mois de 1793.

2. *François Debret* (1777-1850), élève de *Percier* et *Fontaine*, frère du peintre de ce nom.

députés. Quoi qu'il en soit, ce document, d'un caractère bien historique, a sa place marquée dans les *Archives de l'Art français*. Les ouvrages anciens et récents publiés sur l'École nationale des Beaux-Arts ne la contiennent pas.

P. M.

École des Beaux-Arts aux Petits-Augustins.

Les arts et les lettres qui, plus que les victoires de Louis XIV, illustrèrent son siècle, dès la fondation des Académies, trouvèrent un asile dans le Louvre en attendant qu'un local leur fût approprié.

Ils attendirent assez longtemps, il est vrai ; car ce fut encore dans les combles de ce palais que les plus habiles professeurs, tant peintres que sculpteurs et architectes, que nous possédons aujourd'hui, tressèrent pour ainsi dire leurs premières couronnes et obtinrent leurs premiers succès.

Le cahot de 93 suspendit un moment l'étude des arts ; mais leur indispensable nécessité les fit bientôt considérer comme une des branches les plus utiles à la gloire, à l'industrie, en un mot à la prospérité de l'État.

Alors fut formé l'Institut de France, dépôt conservateur des connaissances humaines. Plus tard, Napoléon fit jeter sur le quai des Invalides les premiers fondements d'un immense palais, destiné aux lettres et aux arts, fondements dont les moindres traces disparurent avec lui.

En 1819, sous le ministère de M. Decaze, une ordonnance royale affectait à l'École des Beaux-Arts les localités des Petits-Augustins, propriété du gouvernement, connue sous le nom du Musée des monuments français, mais qui devenait disponible par le transport tant au Louvre qu'à Saint-Denis des objets précieux qu'il renfermait.

Le 3 mai 1820, dans le jardin des Petits-Augustins, fut posée la première pierre du palais de l'École des Beaux-Arts. Ces travaux, évalués à 1,500,000 fr., ne furent alimentés que par une somme annuelle de 60 à 80,000 fr., fonds sur lesquels on dut prélever les dépenses urgentes qu'il fallut faire pour l'installation provisoire des salles d'études dans les bâtiments en délabre tant du couvent que de la vieille église.

Pour donner une idée de l'état dans lequel se trouvent les bâtiments, nous rappellerons ici que, fondés en 1605, par Marguerite de Valois, première femme de Henri IV, ils n'existent encore qu'au moyen d'étais qui y furent placés lorsqu'on en fit un dépôt

de monuments, et qui supportent encore aujourd'hui une grande
partie de ses planchers et même de ses principales constructions.

Le nouvel édifice, fondé dans toute sa superficie, présente un
parallélogramme dont l'aile gauche est en ce moment terminée.

Dans son rez-de-chaussée sont déjà placés la belle galerie de
fragments d'architecture, léguée à l'École par feu M. Dufourny,
l'un de ses professeurs, et le cabinet d'anatomie également légué
par M. Sue.

C'est dans les salles du premier étage de ce bâtiment qu'ont été
exposés les concours de peinture et de sculpture, ouverts par le
gouvernement, tant pour les tableaux qui doivent orner la Chambre
des députés que pour la statue qui doit être placée sur la colonne
de la place Vendôme[1].

L'aile droite et le corps de bâtiment du fond sont élevés jusqu'à
la hauteur du premier étage.

Cet édifice, élevé sans luxe, mais cependant construit d'une
manière monumentale, souffrirait extrêmement et serait bientôt
dans l'état de celui du quai d'*Orçay*, si des fonds annuels ne lui
étaient alloués.

Sa disposition et celle de son chantier permettent d'y dépenser
de 200 à 300,000 fr. par an jusqu'à son entier achèvement.

Distraction faite des travaux d'entretien et d'installation dans
les vieux bâtiments, ainsi que d'un grand corps de logis entièrement terminé et livré aux études (dit bâtiment des Loges), la
dépense faite pour le Palais est aujourd'hui d'environ 800,000 fr.,

---

1. C'est dans le premier de ces concours pour la décoration des plafonds
de la Chambre qu'*Eugène Delacroix* exposa ses cartons, qui fixèrent le
choix du jury. Les peintures exécutées à la Chambre des députés par *Delacroix*, de 1834 jusqu'à 1837, sont des œuvres superbes de couleur et de
puissante originalité. Leur réputation est établie sans conteste.

Charles Seurre, statuaire (1798-1858), fut l'artiste élu dans le second
concours auquel notre document fait allusion. La statue de l'empereur est
connue : l'artiste ne chercha pas l'allégorie, mais représenta le grand
homme dans sa tenue ordinaire avec la redingote et le petit chapeau. Le
concours date de 1831; l'exécution de la statue de 1833. — Montée au
faîte de la colonne en 1833, la statue de *Seurre* y resta jusqu'en 1863,
année où l'œuvre primitive de *Chaudet*, plus en conformité avec le style du
monument et l'idée de ses auteurs, fut reproduite par *Dumont* et placée.

On sait que la statue originale de *Chaudet* fut fondue en 1815 sur l'ordre
des Bourbons et qu'on se servit de son bronze pour la statue de Henri IV
au Pont-Neuf.

d'où résulté que cet édifice pourrait être entièrement terminé pour la somme d'environ 800,000 fr., répartie en trois ou quatre années.

On propose donc une allocation de 200,000 fr. par an, jusqu'à concurrence de quatre années.

Paris, ce 15 janvier 1832.

Debret,
Architecte de l'École des Beaux-Arts.

BIBLIOGRAPHIE.

Mgr Dehaisnes, *La vie et l'œuvre de Jean Bellegambe.* Lille, Quarré, 1890, gr. in-8°, 8 planches. — Nul n'était mieux préparé, par de longues études sur l'art du nord de la France, à donner une biographie définitive de l'auteur du célèbre tableau d'Anchin que Mgr Dehaisnes. Aussi est-ce avec le plus grand intérêt qu'on lira cet ouvrage, plein de faits et de preuves, véritable monument élevé à la gloire d'un des plus grands artistes de la Renaissance française. Le travail est divisé en huit chapitres : 1° Exposé de l'art dans la Flandre à la fin du xv° siècle; 2° *Jean Bellegambe* dans sa vie privée; 3° ses travaux pour là collégiale Saint-Amé et la ville de Douai; 4° ses travaux pour la cathédrale de Cambrai, l'abbaye de Flines et l'abbaye de Marchiennes; 5° ses travaux pour l'abbaye d'Anchin; 6° ses travaux pour des familles de Douai; 7° travaux à Arras et travaux divers; 8° *Jean Bellegambe* dans sa descendance et dans l'histoire. Documents concernant *Jean Bellegambe* et sa famille. Les planches reproduisant les œuvres principales du maître par l'héliogravure représentent le portrait de *Bellegambe* d'après un tableau de Lille, le *Pain mystique* du musée de Lille, *Sainte Anne et saint Joachim,* triptyque conservé à Douai, l'*Adoration de l'Enfant Jésus,* triptyque conservé dans la cathédrale d'Arras, le *Christ entre les mains de ses bourreaux, Saint Antoine, Saint Roch,* aussi à Arras, le *Jugement dernier,* triptyque conservé à Berlin, deux planches; enfin, le dessin au trait de tous les panneaux du tableau polyptyque d'Anchin, aujourd'hui dans la sacristie de l'église Notre-Dame de Douai. L'illustration de ce volume, on le voit, ne le cède en rien au texte. — J. G.

Paul Marmottan, *Notice historique et critique sur les peintres Louis et François Watteau, dits Watteau de Lille.* Lille, Danel, 1889, pet. in-8°, 90 pages. — L'auteur a réuni dans cette notice tous les renseignements connus, complétés par plusieurs pièces inédites, sur deux peintres provinciaux fort estimés dans leur pays natal. Il présente la biographie détaillée : 1° de *Louis-Joseph Watteau,* né à Valenciennes le 10 avril 1731, le neveu du peintre des fêtes galantes, mort à Lille le 10 fructidor an VI (28 août 1798); 2° de *François Watteau,* né à Valenciennes le 18 août 1758 et mort à Lille le 1er décembre 1823. Ces deux artistes ne s'étant guère éloignés de la ville où ils ont vu le jour, c'est dans les musées du nord de la France que se rencontrent leurs meilleures œuvres. C'est dans ces musées que M. Marmottan a été les étudier, et de cette excursion il a rapporté une appréciation fort complète du talent de chacun des deux artistes valenciennois.

Les actes de naissance, mariage et décès découverts par M. Marmottan et publiés ici pour la première fois, ainsi que les diverses quittances recueillies par le biographe ajoutent beaucoup à l'intérêt de cette notice, qui forme un chapitre important de l'histoire de l'art provincial au xviii* siècle. — J.-J. G.

H. BERALDI, *Les Graveurs du XIX* siècle*. Tome IX : *Laemlein-Mécou*. Paris, Conquet, 1889 (deux eaux-fortes). — Nos lecteurs connaissent depuis longtemps cette publication. Personne n'était aussi capable de la mener à terme que M. Beraldi. Aussi voyons-nous avec plaisir cette œuvre colossale approcher de son couronnement. Elle rendra de signalés services aux historiens de l'avenir, les renseignant sur des noms et des dates parfois peu connus, et surtout leur révélant mille particularités piquantes qu'un curieux très répandu dans le monde, doublé d'un érudit, peut seul connaître. Chacun de nous pourrait fournir à la rigueur quelques lignes ou un chapitre à ce vaste recueil; mais la difficulté était de condenser dans un ouvrage unique tous ces souvenirs épars dans les ateliers, et dont la tradition va se perdant chaque année.

Les notes bien personnelles de l'auteur n'offrent pas moins d'intérêt que les catalogues. C'est grâce à ces impressions sincères, autant qu'à la masse énorme de documents authentiques amassés sous le volume le plus réduit, que cette immense compilation occupera une place à part dans la bibliographie des livres d'art. Non seulement M. Beraldi est un connaisseur émérite, chacun le sait; mais il joint à son impeccable érudition les qualités du passionné, du convaincu. Il aime sans réserve l'art de la gravure; il a voué un culte fervent à la gravure moderne dans ses manifestations les plus variées. Aussi rencontre-t-on dans le volume qui vient de paraître des pages charmantes et bien convaincues sur la modernité dans l'art.

Plus l'ouvrage approche de sa fin, plus les noms de ceux qui se présentent pour entrer dans cette galerie deviennent nombreux; c'était inévitable. Et il faudra sans doute un supplément quand le catalogue en sera aux dernières lettres de l'alphabet. Voici déjà plus de cent pages à ajouter aux articles de MM. Bracquemond, Desboutins et Achille Devéria. C'est assez avouer qu'un pareil livre n'est jamais fini. Toutefois, on peut dès maintenant affirmer hardiment que M. Beraldi laissera peu de chose à glaner après lui.

Voici un aperçu des graveurs les plus connus auxquels une notice suivie de catalogue est consacrée dans le tome neuvième : *Laemlin, Laguillermie, Maxime Lalanne, Lalauze, Eugène Lami, Lançon, H. Langlois, Émile Lassalle, Jules Laurens, Jean-Paul Laurens, Eug. Lavieille, Lavoignat, Achille Lefèvre, Henri Lefort, Alphonse Legros, Louis et Maurice Leloir, Aimé de Lemud, Alfred Le Petit,* le comte *Lepic, Eug. Lepoittevin, Paul Le Rat, Eugène Le Roux, Henri Leys, Léon Lhermitte, Lignon, Ricardo de los Rios, Madou, Manet, T. de Mare, Marilhat, Marin Lavigne, Achille Martinet, Louis Marvy,* les nombreux *Massard, Noël Masson,* le graveur sans mains mort phtisique à trente-cinq ans. Que de souvenirs dans cette rapide énumération ! — J. G.

Inventaire général des richesses d'art de la France. Le dixième volume de la publication vient de paraître chez Plon, Nourrit et Cⁱ⁰. C'est le tome II de la série des *Monuments civils de Paris.* Il renferme les monographies des mairies, des places, des squares et des avenues, du palais de la Bourse, du palais du Tribunal de commerce, de l'hôpital militaire du Val-de-Grâce, du Museum d'histoire naturelle et du Jardin des Plantes, du Panthéon et de l'ex-Chapelle expiatoire. Les auteurs de ces monographies, très étudiées, sont MM. L. Michaux, Ruprich-Robert, Henry Jouin, H. Stein, marquis de Chennevières. Une table analytique et raisonnée, par M. Henry Jouin, complète cet intéressant volume. — P. N.

Compte-rendu de la treizième session des Sociétés des beaux-arts des départements, tenue en 1889 à Paris. Ce volume vient de paraître à la librairie E. Plon, Nourrit et Cⁱ⁰. Il forme un volume in-8° de 1086 pages, orné de treize planches hors texte. On trouve dans ce curieux recueil trente-trois mémoires sur des artistes de l'ancienne France, des monuments ou des collections d'art conservés dans les départements. Le discours du ministre de l'Instruction publique prononcé à la Sorbonne en juin dernier, des allocutions du directeur des beaux-arts, de MM. de Fourcaud, Narjoux, de Montaiglon, et le rapport général de M. Henry Jouin sur les travaux de la session sont également publiés dans ce volume. — P. N.

TABLE

ANALYTIQUE ET RAISONNÉE

SIGNES ET ABRÉVIATIONS :

A. signifie Architecte. — Aq., Aquarelliste. — Art. dr., Artiste drama-
tique. — Art. lyr., Artiste lyrique. — Br., Brodeur. — Caric., Caricaturiste.
— Cér., Céramiste. — Cis., Ciseleur. — Comp., Compositeur. — Dess.,
Dessinateur. — Éd., Éditeur. — Ém., Émailleur. — Fond., Fondeur. —
G., Graveur. — Gr. en méd., Graveur en médailles. — Hist., Historien. —
Imp., Imprimeur. — Jo., Joaillier. — Lap., Lapidaire. — Lith., Litho-
graphe. — Méd., Médailleur. — Men. éb., Menuisier ébéniste. — Mod.,
Modeleur. — Mon., Monnayeur. — Mos., Mosaïste. — Orf., Orfèvre. —
P., Peintre. — P. sur porcel., Peintre sur porcelaine. — P. verr., Peintre
verrier. — Phot., Photographe. — Sc., Sculpteur. — Stuc., Stucateur. —
Tap., Tapissier. — Verr., Verrier.

Le mot *Bibliogr.* indique un article bibliographique spécial ou une mention d'ouvrage.

Un astérisque (*) précède les noms de lieux.

Nous faisons observer ici que la « Table des Portraits exposés aux Salons
du xviiie siècle jusqu'en 1800 » par M. Jules Guiffrey (pages 1 à 47 du présent volume) ayant été dressée suivant l'ordre alphabétique, nous n'avons
pas cru devoir la refondre dans la Table générale qui va suivre. Le lecteur
est donc invité à rechercher soit au début du volume, soit dans les pages
ci-après, l'indication des « Portraits » qu'il souhaiterait de découvrir. Les
notes des pages 2, 4, 19, 20, 30, 38 ont été relevées et comprises dans
notre Table qui renferme, suivant l'usage, l'analyse raisonnée de tout le
volume depuis la page 47 jusqu'à la fin.

ABBATE. — AMELOT.

31 décembre 1889.

Henry Jouin.

Nogent-le-Rotrou, imprimerie Daupeley-Gouverneur.